刑事法研究

第六卷
司法改革论

张智辉 著

中国检察出版社

图书在版编目（CIP）数据

刑事法研究. 第六卷，司法改革论 / 张智辉著. —北京：中国检察出版社，2023.2
ISBN 978 – 7 – 5102 – 2806 – 3

Ⅰ.①刑… Ⅱ.①张… Ⅲ.①刑法 – 中国 – 文集②司法制度 – 体制改革 – 中国 – 文集 Ⅳ.①D924.04 – 53 ②D926.04 – 53

中国版本图书馆 CIP 数据核字（2022）第 177685 号

刑事法研究（第六卷·司法改革论）

张智辉　著

责任编辑：	吕亚萍
技术编辑：	王英英
美术编辑：	曹　晓
出版发行：	中国检察出版社
社　　址：	北京市石景山区香山南路 109 号（100144）
网　　址：	中国检察出版社（www.zgjccbs.com）
编辑电话：	（010）86423787
发行电话：	（010）86423726　86423727　86423728
	（010）86423730　86423732
经　　销：	新华书店
印　　刷：	北京联兴盛业印刷股份有限公司
开　　本：	710 mm × 960 mm　16 开
印　　张：	31.25
字　　数：	360 千字
版　　次：	2023 年 2 月第一版　2023 年 2 月第一次印刷
书　　号：	ISBN 978 – 7 – 5102 – 2806 – 3
定　　价：	112.00 元

检察版图书，版权所有，侵权必究
如遇图书印装质量问题本社负责调换

作者简介

　　张智辉，男，陕西武功人，1954年10月生。法学博士，国务院政府特殊津贴享有者，首批"当代中国法学名家"。现任湖南大学教授、博士生导师，最高人民检察院咨询委员，中国行为法学会理论研究专业委员会主任。兼任国际刑法学协会中国分会副主席、中国刑法学研究会学术委员会副主任。曾任最高人民检察院检察理论研究所所长，中国检察官协会秘书长，中国检察学研究会秘书长，最高人民检察院司法体制改革领导小组办公室主任，国家检察官学院教授，中国廉政法制研究会副会长。

自 序

人到了老年往往会怀旧，喜欢回忆曾经的辉煌和趣事。一个学者，当学术思想枯竭的时候，也会追溯以往的成就，一方面是总结学术研究之路，宽慰自己的一生没有白过；另一方面也是给自己的家人、同行、亲友及弟子一个交代，留下一生劳苦的瞬间喜悦。

我与大多学者有所不同。一方面，我不是一个专门从事学术研究或教学的学者。自1984年从中国人民大学刑法专业硕士研究生毕业之后，在中国人民公安大学学报编辑部（后来并入中国人民公安大学出版社）当编辑、编辑部主任、副总编辑，到1996年调入最高人民检察院检察理论研究所（亦称"中国检察理论研究所"）担任编译部主任、《检察理论研究》副主编、《中国刑事法杂志》主编（2012年卸任），我一直从事为他人作嫁衣裳的工作。同时，在最高人民检察院检察理论研究所和司法体制改革领导小组办公室工作期间，我的主要精力是科研管理和行政管理工作。直到2014年退休以后被湖南大学聘为全职教授，才算专门从事法学教学研究工作。所以，我的理论研究，在很大程度上是一种业余爱好。另一方面，我虽然学的是刑法，但研究的范围并不全是刑法。围绕着刑法学的研究，我把自己的视野扩展到与刑法学密切相关的国际刑法学、犯罪学、犯罪被害者学、刑事诉讼法学、检察学、司法制度及其改革等多个领域，形成刑事一体化的研究领域。《刑事法研究》中所汇集的就是我这些年来围绕刑事法学进行研究所取得的部分成果。这些成果，对于现今的学者是否有参考意义我不敢断言，但对我个人而言，毕竟是值得珍视的。

（一）关于刑法学的研究

在大学读书时，我虽然每一门功课都是优秀，但自己还是比较喜欢刑法，觉得刑法是惩恶扬善、伸张正义的法律。大学三年级选择学年论文时，我写了《论过失犯罪》，其中第二部分以《试论过失犯罪负刑事责任的理论根据》为题发表在《法学研究》1982年第2期上。1982年2月，我提前毕业，考入中国人民大学，跟随高铭暄、王作富教授攻读刑法专业硕士学位。硕士学位论文《我国刑法中的流氓罪》，由群众出版社1988年出版（1991年获北京市高等学校第二届哲学社会科学中青年优秀成果奖），成为新中国成立以来第一部以单个罪名为题出版的学术著作。1999年重返中国人民大学跟随高铭暄教授攻读博士学位。博士学位论文《刑法理性论》（2003年获中国人民大学优秀博士学位论文，2004年获教育部和国务院学位委员会颁发的"全国优秀博士学位论文"），由北京大学出版社2006年出版。

在刑法学研究中，我针对当时刑法立法中"宜粗不宜细"的指导思想，首次提出了刑法立法的明确性原则（1991年）；针对不同地方的不同定罪标准，首次提出了刑法的公平观（1994年）；针对刑法适用中存在的问题，把刑事司法引入刑法学研究的视野，首次指出了刑事司法中的地方化、行政化、大众化对刑法适用的负面影响（2002年）；首次在我国台湾地区出版了大陆学者撰写的"学术著作·大学用书"《刑事责任比较研究》(1996年)。

作为一名业余的刑法学者,我未能参加每年的全国刑法学年会,但在30年来的历届刑法学年会优秀论文评选中,我都获得了一等奖或特别奖,成为最幸运的学者:我撰写的《论刑法的公平观》一文,2000年获中国法学会"海南杯世纪优秀论文"(中国法学会刑法学研究会1984—1999优秀年会论文)一等奖;《论贿赂外国公职人员罪》一文,2006年获中国法学会"西湖杯优秀论文"(中国法学会刑法学研究会2000—2005优秀年会论文)一等奖;《社会危害性的刑法价值》(与我的博士研究生陈伟强联合撰写)一文,2011年获中国法学会"马克昌杯优秀刑法论文"(中国刑法学研究会2006—2010优秀年会论文)特别奖;《网络犯罪:传统刑法面临的挑战》一文,2016年获中国法学会刑法学研究会(2011—2016)优秀年会论文一等奖。我撰写的《刑事责任通论》一书(警官教育出版社1995年出版),1999年获全国检察机关精神文明建设"金鼎奖"图书奖一等奖第一名;《刑法改革的价值取向》一文(《中国法学》2002年第6期),2003年获全国检察机关精神文明建设"金鼎奖"文章类一等奖第一名,并被收入《改革开放三十年刑法学研究精品集锦》(中国法制出版社2008年版)。

此外,我有幸参与了高铭暄教授主编的系统总结新中国成立30年刑法学研究的代表作《新中国刑法学研究综述》(河南人民出版社1988年出版),高铭暄、王作富教授联合主编的代表新中国成立30年来刑法学研究最高水平的著作《新中国刑法的理论与实践》(河北人民出版社1989年出版)的撰写;参与了中国与法国刑法合作研究项目(该项目的研究成果以中文版三卷本在中国人民公安大学出版社出版、法文版四卷本在法国巴黎第一大学出版社出版）；参与了香港城市大学与中国人民大学为香港回归所做的香港法律中文文本的编撰工作。有幸作为最高人民检察院刑法修改研究小组成员参加了1997年刑法修改的相关工作。

（二）关于国际刑法学的研究

我在1983年就与大学同学刘亚平合作翻译了巴西奥尼代表国际刑法学协会起草的《国际刑法及国际刑法典草案》（译稿全文经夏登俊、杨杜芳老师审校，西南政法学院《国外法学参考》以1983年增刊的形式印发），该书的部分内容收录在群众出版社1985年出版的《国际刑法与国际犯罪》和四川人民出版社1993年出版的《国际刑法概论》等著作中，是中国大陆最早出现的国际刑法学译著。1991年应邀撰写了《中华法学大辞书·刑法学卷》中国际刑法部分的全部词条。1993年出版了《国际刑法通论》（中国政法大学出版社1993年出版），1999年出版了《国际刑法通论》（增补版），2009年出版了《国际刑法通论》（第三版）。20多年来，该书一直被一些大学作为刑法专业研究生的教材或必读参考书。

我从1990年加入国际刑法学协会以来，参加了一系列国际刑法方面的会议、论坛及活动。1995年起担任国际刑法学协会中国分会秘书长，2002年起担任国际刑法学协会中国分会副主席，2009—2014年担任国际刑法学协会理事。2002年起草了中国分会向国际刑法学协会提交的国别报告《国际经济交往中的贿赂犯罪及相关犯罪》，2003年带领中国法学会代表团出席了在东京大学召开的第17届国际刑法大会专题预备会，2004年全程参与了国际刑法学协会第17届世界刑法大会的筹备和会务工作,并担任了第三单元大会讨论的联合主持人,2005 年参加了在北京召开的第 22 届世界法律大会,并作为中方代表作了题为《惩治腐败犯罪应加强国际合作》的大会发言。这些活动,促使我不得不关注国际刑法问题,也为我研究国际刑法提供了素材和灵感。

(三) 关于刑事诉讼法学的研究

尽管在大学读书时就学习过刑事诉讼法学,但只是初步地了解这门科学。1984 年研究生毕业后分配到《中国人民公安大学学报》编辑部继而并入出版社工作期间,因为负责法学方面的稿件,就开始学习有关刑事诉讼法学方面的知识。在检察院工作期间,经常接触到刑事诉讼方面的问题,于是开始了对刑事诉讼法学的研究。特别是 2000 年,我带领最高人民检察院代表团应香港保安局的邀请赴香港对内地与香港的刑事诉讼制度进行比较研究,为香港市民撰写了宣传内地刑事诉讼制度的小册子,这件事进一步激发了我研究刑事诉讼法学的兴趣。2000 年,我协助主编完成了国家哲学社会科学研究规划基金资助的重点课题"庭审改革后的公诉问题研究",并撰写了该项目的结题报告;2003 年主持召开了"预防超期羁押与人权保障研讨会";2006 年主持完成了国家哲学社会科学基金项目"刑事非法证据排除规则研究";2009 年主持完成了福特基金会资助项目"辩诉交易制度比较研究";2011 年主持完成了丹麦人权研究中心资助项目"附条件不起诉制度研究"。此外,我还主持完成了"认罪案件程序改革研究""强制措施立法完善""简易程序改革研究"等刑事诉讼方面重要课题的研究。作为最高人民检察院刑事诉讼法修改研究的职能部门负责人,我有幸参与了 2012 年刑事诉讼法修改后期的部门协商工作。

在刑事诉讼法学研究领域，我不仅是一个业余研究人员，而且是一个后学者，对刑事诉讼的许多问题都缺乏深入的研究。值得一提的是，从2007年起，我们单位就协同全国8个地方的公检法机关开展认罪案件从简从轻处理试点研究，2009年在我主持召开的"认罪案件程序改革试点"总结会议上，我提出的对犯罪嫌疑人认罪的案件在程序上应当从简、在实体上应当从轻的观点，受到与会的全国人大法工委刑法室的领导和其他刑事诉讼法学界专家们的认同。这个观点与2012年修改后的刑事诉讼法关于简易程序的规定高度契合，即对认罪案件，除特殊情况外，都可以适用简易程序审理，对不认罪案件适用普通程序审理。此外，我在1999年就提出了刑事司法的理性原则；2005年提出了检察机关有权介入死刑复核程序的观点；2006年提出了"二审全面审理制度应当废除"的观点等，都受到了有关领导机关和刑事诉讼法学界的关注。

（四）关于犯罪学与犯罪被害者学的研究

在读研究生期间，我翻译了《经济犯罪学》（载北京政法学院1984年编印的《犯罪学概论》），和同届研究生一起翻译了《新犯罪学》（华夏出版社1989年出版）。此后，我出版了个人著作《犯罪学》（四川人民出版社1993年出版）。1992年，中国犯罪学研究会成立时，我有幸成为第一批理事（以后担任常务理事，后来由于工作繁忙未能坚持参加研究会的活动而脱离了中国犯罪学研究会）。我参与了《美国犯罪预防的理论实践与评价》（中国人民公安大学出版社1993年出版）的翻译，参与了《中国劳改法学百科辞书》（中国人民公安大学出版社1993年出版）犯罪学部分的联合主编和部分词条的撰写，参与了《犯罪学大辞书》（甘肃人民出版社1995年出版）部分犯罪被害者词条的撰写，参与了国家哲学社会科学"九·五"规划重点科研项目《中国预防犯罪通鉴》（人民法院出版社 1998 年出版）第一编的联合主编和部分章节的撰稿。1997 年参与了司法部法学教材编辑部编审的高等学校法学教材《犯罪学》（法律出版社 1997 年第一版）的撰写，该书此后曾多次再版。2009 年，我与国务院法制办副主任张穹联合主持完成了国家社会科学基金重点项目《权力制约与反腐倡廉》。

在犯罪学与犯罪被害者学的研究方面，我首次提出了犯罪的制度性原因；首次把日本学者宫泽浩一的《犯罪被害者学》三卷本编译成中文；针对国内学者多数运用第二、第三手资料研究西方犯罪学的状况，邀请从国外留学回国的学者，首次运用不同国家的第一手资料共同编写了《比较犯罪学》；首次提出了治安预防、技术预防、刑罚预防三位一体的犯罪预防思路。

（五）关于检察学的研究

我调入最高人民检察院检察理论研究所（原称"中国检察理论研究所"）工作后，研究重心转向了检察学的研究。特别是在我主持检察理论研究所工作期间，我力主检察机关的研究机构要把研究检察理论作为自己的中心工作，并身体力行带领研究人员从事检察理论研究。幸运的是这期间的三任检察长和主管领导都非常重视检察理论研究，最高人民检察院还专门下发了《关于加强检察理论研究的决定》。据此，我主持筹备了 12 届全国检察理论研究年会（2000—2011），主编了《中国检察》（1—20 卷），创办了《中国检察论坛》，先后主持完成了加拿大刑法改革与刑事政策国际中心资助项目"检察官作用与准则比较研究"（2001 年）、最高人民检察院重点研究课题

"检察改革宏观问题研究"(2004年)、国家社会科学基金重点项目"检察权优化配置研究"(2014年)等课题,主持编写了最高人民检察院教材编审委员会审定的《拟任检察官培训教程》(2004年),与朱孝清副检察长联合主编了《检察学》。我独立撰写的《检察权研究》(中国检察出版社2007年版)于2008年获得了最高人民检察院2007年度检察基础理论研究优秀成果特等奖;同年获得了中国法学会首次评审的"中国法学优秀成果奖"三等奖。此外,我主持了《法制日报》"检察话语"专栏52期(2004—2005年)。

在检察学研究领域,我重点论证了中国把检察机关作为国家的法律监督机关来建设的历史必然性和现实合理性,论证了法律监督的基本内涵及其与其他类型监督的异同,论证了检察权的基本构造和运行机制,提出了检察权优化配置的指标体系。

(六)关于司法改革的研究

1997年党的十五大报告提出司法改革的任务之后,我与国内的多数学者一样,对中国的司法制度及其改革投入了较大的热情,一直关注司法改革的进程,并就司法改革中的问题进行研究。2000年,在与刘立宪联合主编的《司法改革热点问题》一书中,我提出了把理想与现实结合起来,理性地对待司法改革的观点。同年,我在《检察日报》上分期介绍了法国、澳大利亚、日本、德国的司法改革,希望借鉴国外司法改革的经验,冷静地思考和对待中国司法制度和司法实践中存在的问题。由于工作原因,我对司法改革的研究重点在检察制度的改革方面,先后提出了检察改革的宏观目标和切入点。特别是2012年担任最高人民检察院司法体制改革领导小组办公室主任以后，有幸参与了第四轮司法体制改革的顶层设计，并主持完成了司法部重点课题"司法体制改革问题研究"（2014年）和国家社会科学基金重点项目"优化司法职权配置研究"（2018年），就司法体制改革中的一些重大问题提出了自己的看法。

马克思说过"人是最名符其实的社会动物"[1]。人的一生，都与他所处的社会有着千丝万缕的联系，既离不开前人所创造的物质财富和精神文明而独自生存，也不能摆脱社会环境的羁绊而天马行空地去遐想。一个人的学术道路和学术思想总是不可避免地印着他所处时代的烙印。我们这一代人处在新旧交替的改革年代，我们的学术研究无论在内容上还是在深度上都难以避免地带有这个时代的特殊性和局限性。就个人而言，我是在农村长大的孩子，骨子里有着天然的吃苦耐劳的精神，从不吝啬自己的体力和智力，但是学术上的每一个成就，一方面离不开部队的锤炼、老师的教诲、领导的要求、同学同事的帮助、家人的支持；另一方面离不开改革开放的时代所提出的研究课题、所提供的学术环境，以及研究空间所能供给的学术资源。加之我本人又是在工作与生活的缝隙中进行学术研究的，难以进行深邃的思索和系统的考证。在我个人的学术生涯中，我虽然奉行刑事一体化的道路，倡导理性地对待犯罪问题，力图多视角地研究犯罪及其对策，但还没有能够把这些方面有机地结合为一个整体。所研究的成果也未必都是自己的理想之作。但它毕竟是时代的产物，是自我思考的成果。诚望这个《刑事法研究》能给后来的学者提供一些研究的线索和批判的笑料。

---

[1]《马克思恩格斯全集》（第12卷），人民出版社1962年版，第734页。

需要说明的是，为了反映研究的历史足迹，《刑事法研究》中收集的文章基本保留了发表时的原貌，只是为了减少重复，对个别文章作了删节。原文中引用的法律条文，也是以当时有效的法律为蓝本。由此给阅读带来的不便，敬请读者见谅。

张智辉

2019年10月12日于北京广泉小区

目 录

理性地对待司法改革 …………………………………………（ 1 ）
 一、理性与理想的分野：如何设计司法改革的目标
  …………………………………………………………（ 1 ）
 二、"接轨"与"变轨"：如何对待西方法律制度
  …………………………………………………………（ 9 ）

关于中国特色社会主义司法制度自我完善与发展的研究
 报告 ……………………………………………………（ 17 ）
 一、关于中西方司法制度的形成与发展 ………………（ 17 ）
 二、我国司法体制的特点和优势 ………………………（ 20 ）
 三、中国特色社会主义司法制度的发展与完善 ………（ 22 ）

论检察职能面临的问题与改革 ………………………………（ 29 ）
 一、检察机关职务犯罪侦查职能的优化 ………………（ 30 ）
 二、完善刑事诉讼监督程序 ……………………………（ 33 ）
 三、完善民事、行政诉讼监督 …………………………（ 47 ）
 四、明确规定最高人民检察院的提请审议权 …………（ 53 ）

检察改革宏观问题研究……………………………………（54）
  一、检察改革的目标设计……………………………（54）
  二、检察改革的进路…………………………………（69）
  三、检察改革的切入点………………………………（94）

检察改革与刑事诉讼制度的完善……………………（112）
  一、检察改革的简要回顾……………………………（112）
  二、检察改革对刑事诉讼制度完善的实践意义……（119）
  三、刑事诉讼法修改对检察改革提出的新课题……（124）

司法体制改革背景下检察体制改革的总体思考………（132）
  一、明确一个前提……………………………………（132）
  二、确立两大目标……………………………………（133）
  三、健全检察改革的三个途径………………………（133）
  四、把握四个切入点…………………………………（135）
  五、正确处理五个关系………………………………（139）

检察改革要以检察职权优化配置为核心……………（142）
  一、检察改革实践给我们的启示……………………（143）
  二、优化检察职权配置需要重点考虑的问题………（153）

应当重视检察机关内设机构改革……………………（157）

优化司法职权的瓶颈…………………………………（162）

优化检察职权配置的实践探索………………………（170）
  一、强化检察机关的法律监督职能…………………（170）
  二、检察职权在检察系统内部的优化配置…………（176）
  三、进一步优化检察职权配置的前景展望…………（179）

目 录

司法改革：问题与思考 …………………………………… （182）
  一、如何看待司法改革 ………………………………… （182）
  二、司法改革面临的深层次问题 ……………………… （187）
  三、司法改革的路径选择 ……………………………… （194）
  四、进一步深化司法改革的指导思想 ………………… （204）

司法体制改革的价值追求 ………………………………… （208）
  一、一以贯之的价值追求 ……………………………… （208）
  二、价值追求的问题指向 ……………………………… （215）
  三、司法体制改革的路径选择 ………………………… （223）

司法体制改革的重大突破 ………………………………… （237）
  一、地方法院、检察院人财物统一管理的
    时代背景 …………………………………………… （237）
  二、人财物统一管理是司法体制改革的
    重大突破 …………………………………………… （239）
  三、地方法院、检察院人财物统一管理的
    法治意义 …………………………………………… （243）
  四、地方法院、检察院人财物统一管理的
    改革进路 …………………………………………… （247）
  五、地方法院、检察院人财物统一管理的
    具体内容 …………………………………………… （250）

论司法责任制综合配套改革 ……………………………… （256）
  一、反思：司法责任制改革的缘起与进程 ………… （256）
  二、构建：综合配套司法改革的理论基础 ………… （265）
  三、举措：全面推进司法责任制的综合配套措施 … （274）

优化司法职权配置的原则 …………………………………（292）
一、坚持党的领导 ……………………………………（292）
二、符合权力配置的一般原理 ………………………（298）
三、遵循司法活动的基本规律 ………………………（311）
四、满足社会的司法需求 ……………………………（317）

优化司法职权的外部配置 …………………………………（322）
一、优化司法职权配置的问题指向 …………………（322）
二、司法职权独立行使的制度保障 …………………（339）
三、司法职权与相关职权的配置问题 ………………（377）

论司法职权内部关系的优化配置 …………………………（395）
一、司法职权内部配置中的突出问题 ………………（396）
二、法院、检察院上下级之间的职权配置问题 ……（403）
三、同一法院、检察院内部司法职权配置问题 ……（408）
四、法院、检察院内部关系与司法职权配置问题 …（414）

论捕诉一体 …………………………………………………（426）
一、理论之维：捕诉分离抑或捕诉合一 ……………（426）
二、实践之维：捕诉一体的实践探索 ………………（442）
三、制度之维：捕诉一体的制度构建 ………………（447）

刍议国家统一司法考试与检法机关用人制度的衔接 ……（462）
一、国家统一司法考试制度的初衷与检法录用制度的冲突 ………………………………………（462）
二、解决国家统一司法考试制度与检法用人制度冲突的途径 ……………………………………（468）

有关司法改革的成果索引 …………………………………（474）

理性地对待司法改革

自从1997年9月党的十五大报告中提出"依法治国，建设社会主义法治国家"和"推进司法改革，从制度上保证司法机关依法独立公正地行使审判权和检察权"以来，社会各界，尤其是法学理论界和司法机关围绕着"司法改革"进行了许多理论上的探讨和实务上的探索，提出了诸多司法改革的构想。这些构想之间，存在着明显的差异甚至对立的观点。面对关于司法改革的各种构想，如何确定中国司法改革的实际道路，方法论的选择将是解决问题的"瓶颈"。

一、理性与理想的分野：如何设计司法改革的目标

在司法改革中，首先面临的问题是目标设计。如何确定中国司法改革的总体目标以及如何实现这个目标，是从一个崭新的起跑线出发追求完美的理性化的法治，还是从实存的现状出发追求最优化的法治，是司法改革研讨中，两种思维方式的分野之一。这种分野，在司法改革的目标设计和道路选择中通过许多方面表现出来。其中最突出的表现在司法体制的改革上。

如果说，司法改革的目标是追求司法公正，消除司法腐败，提高诉讼效率，那么，什么样的司法体制能够保障司法公正的实现？这是理论工作者和实务工作者普遍关注的问题，也

是司法改革研讨中议论最多、争议最大的一个问题。司法体制的核心问题是司法机关和司法人员的独立性问题。"司法的独立性是其公正性的必要条件,离开了独立性,公正性就失去了保障,就无从谈起。"[1]

但是,作为实现司法公正这样一种状态的制度选择,中国应当建立一种什么样的司法体制?司法独立是法院、检察院独立还是法官、检察官独立,是绝对独立还是相对独立;司法权是一种终结性权力,还是一种受监督的权力?与之相关的是两大司法机关的格局应当保持和发展,还是应当改变和废除?对这些问题,存在着两种迥然不同的看法。

有的学者认为,司法权是一种终局性的裁判权,不应当受到权力机关和法律监督机关的监督和制约,否则就丧失了司法权的权威性;因此司法独立只是审判独立,说到底是法官独立,法官独立审判案件,只服从法律,既不受法院外部的各种因素特别是权力机关和法律监督机关的监督制约(干预),也不受法院内部的院长、庭长、审判委员会以及上级法院的监督制约(干预),只受法官个人的道德自律。如有的学者撰文指出:司法独立又称为审判独立、法官独立。司法独立的核心内容是,从事审判的人员在进行审判活动和制作司法裁判方面拥有独立性和自由性,除服从宪法和法律之外,不受外界任何组织和个人的干预,包括不受立法和行政部门、民情特别是传媒的干预,也包括不受法官所在法院的院长、庭长和审判委员会的干预和上级法院的干预。[2] "司法独立的核心内容是法官独立,法官除了向法律负责外,不向任何人负责。"[3]

---

[1] 谭世贵:《论司法独立与媒体监督》,载《中国法学》1999年第4期。
[2] 李德海:《论司法独立》,载《法律科学》2000年第1期。
[3] 贺日升:《司法改革:从权力走向权威》,载《法学》1999年第7期。

有的学者认为，司法权是一种受制约的权力，司法权的运作必须受到国家权力机关和法律监督机关以及社会各方面的监督和制约，司法独立不仅是指法院独立，而且包括检察院独立；法官、检察官的独立是必要的但只是相对的，不能将其绝对化。如一些学者指出的："司法独立只是相对的，人民法院独立行使审判权，依法应受权力机关、检察机关的监督及社会的监督"。[1] 特别是在目前的司法体制下，过多强调法官独立反而会助长法官专断，加剧司法腐败。目前所要强调的司法独立是宪法意义上的独立，即宪法所规定的人民检察院、人民法院在行使司法职权时不受任何行政机关、社会团体和个人的干涉。[2]

这两种观点，就其结论而言都有一定的理论基础和一定的合理性，但是在思维方式和立论根基上存在着根本性的分歧。主张前一种观点的学者，是从建立一种完美的司法体制的理想出发，设计司法改革的目标，进而研讨中国司法改革道路的；主张后一种观点的学者，则是从中国司法体制的现实出发，设计司法改革的目标，进而研讨中国司法改革道路的。

笔者认为，研讨司法改革问题，在思维方式上，应当倡导理性思考而不是追求理想境界。

第一，理性与理想的分野，首先是对现实的态度：是正视现实，立足实存，从实际出发来确定可行的改革目标，还是无视现实，否认实存，从逻辑推论出发来设计向往的改革目标。

司法制度作为社会政治制度的一个组成部分，在社会制度没有发生根本变革的情况下，司法改革必然是并且只能是在现

---

[1] 王利明：《司法改革研究》，法律出版社 2000 年版，第 87 页。
[2] 莫纪宏、李晓明：《中国法学会宪法学研究会 98 年会综述》，载《中国法学》1998 年第 6 期。

有的基础上进行的，因而不能脱离中国法制的现实来选择中国司法改革的道路。正如党的十五大报告中指出的："面对改革攻坚和开创新局面的艰巨任务，我们解决种种矛盾，澄清种种困惑，认识为什么必须实行现在这样的路线和政策而不能实行别样的路线和政策，关键还在于对所处社会主义初级阶段的基本国情要有统一认识和准确把握。"[1] 在司法改革的研讨中，有的学者就指出："任何一种法治国家或社会的建立，都不是面对一个空白的社会，即在'真空'式的社会中落成法治大厦。"[2] 司法改革的目标设计和道路选择，不能不顾中国社会的现实，单纯强调理想法治的美妙，希图在真空中建立一个完美的法治社会，而必须从中国国情的实际出发，必须通过对中国法制建设的实际状况特别是中国司法的制度和机制、传统和条件、观念和素质等因素的具体分析和全面了解并以此为基础来寻求中国司法改革的道路。[3]

中国在进行司法改革时所面临的客观现实是：人们普遍希望依法治国，但是法律并不是人们解决问题的首选手段和途径，人治思想在许多人包括许多司法人员的观念中还根深蒂固地支配着人们的行为选择；新中国成立50年来，特别是党的十一届三中全会以来中国法制建设有了长足的发展，但是与西方国家的法律制度特别是法律实际运行的操作规则相比，还很不完善；中国司法人员的队伍比较庞大，多数人政治立场坚

---

[1] 江泽民：《把建设有中国特色的社会主义事业全面推向21世纪》，中国言实出版社1997年版，第15页。

[2] 李权、汪太贤：《突破中国法治现实难题的一个视角》，载《法学》1999年第2期。

[3] 强调司法改革必须正视现实，立足中国法制建设的实际，并不是主张闭关自守，望洋兴叹。笔者承认司法活动中有许多共同的规律，中国在司法改革中学习借鉴西方国家法治的成功经验是十分必要的。但是司法改革的基本点应当是从中国国情的实际出发，解决在中国这样一个特定的国度里实现依法治国所面临的实际问题。

定、政治敏感性强，但是法律素质在整体上比较低特别是法律至上的意识淡薄；随着经济的发展，司法机关的经费和设备不断改善，但是无论是技术装备、办公条件和经费还是司法人员的生活条件和福利待遇，都不能与发达国家同日而语，甚至不可能在短时间内基本赶上发达国家的水平。这种状况，作为一种客观现实，无论人们是否意识到、是否意愿面对，它都必然要制约我国司法改革的目标设计和道路选择。进行司法改革，必须正视我们所面对的现实，在这个基础上选择具有现实可能性的改革方案。如果不承认这种现实，希图通过否定实存来建设理想化的法治国家，追求改革的完美，只能是掩耳盗铃式地建设空中楼阁。

例如，在关于司法独立的研讨中，有的学者主张实现完整意义上的法官独立，取消对法官审判案件的任何外部监督，完全通过法官个人的自律来实现审判独立。如果撇开中国法官队伍的现状而不顾，以某些人所幻想的"精英化"的法官为前提，这种司法独立或许是司法公正的保障。但是如果正视中国法官的现实状况，任何一个思维正常的人都会看到，这样的司法独立，在目前的中国，根本不可能实现司法改革所追求的司法公正目标，只会加剧司法腐败，甚至引起社会动荡。正如有学者指出的：我国法官整体素质较低，而且审判工作中已经暴露出办"关系案""人情案"的丑恶现象，如果没有必要的监督，一些法官将更加为所欲为，审判腐败更如添薪助火。[1] 那么，我们能否设想把现有的几十万法官全部革除，重新组建一支所谓的"精英化"的法官队伍来实行法官自治基础上的司法独立呢？理智告诉我们，这不仅是不可能的，而且是不可

---

[1] 王安异、毛卉：《论审判的自治与控制》，载《法律科学》2000年第1期。

取的。

诚然，承认现实，并不是要维持现状、否定改革的必要性。但是承认现实，至少可以使我们清醒地认识到改革的艰巨性和改革目标的分阶段性，不去追求一步登天式的可望而不可即的改革方案。

理性地研讨司法改革问题，还涉及对我国现行司法体制的态度问题：是实事求是地分析现行司法体制的利弊得失，从中选择改革的突破口，还是全盘否定现行的司法体制和实际运作机制，另建一套全新的司法制度？主张从实际出发，并不等于承认实存的都是合理的，但是至少应当通过对实存的具体分析了解它所产生的历史环境，权衡它的利弊得失。不顾历史与可能，完全否定实存的一切，并不是科学研究应有的态度。例如，对"两大司法机关格局"的问题，有的学者既不研究它的历史发展，也不分析它的现实状况，甚至不顾基本的历史事实，就宣布"我国检察机关的设置，是20世纪60年代按照原苏联的模式照搬过来的"，进而主张取消"两大司法机关"并存的格局，消除检察院与法院"二虎相争"的局面。[1] 这种对待现行司法体制的态度，既缺乏科学研究应有的慎重，也没有对现行体制的客观分析。[2][3] 在中国，两大司法机关并存，事实上是植根中国国情的理性选择，它的存在与中国法制的实

---

[1] 崔敏：《论司法权力的合理配置》，载李林、信春鹰主编：《依法治国与司法改革》，中国法制出版社1999年版，第371—382页。

[2] 中国两大司法机关并存的格局，虽然在思想渊源上直接来自列宁的法律监督思想，但它是在20世纪50年代初就形成了的，而不是苏联60年代的模式；中国的检察制度与苏联的检察制度存在着许多明显的重大差别，如不具有一般监督的性质和职能、没有实行垂直领导等，并不是"照搬"而来的。

[3] 在体制设置上，法院与检察院有明确的职能分工，审判权与检察权根本不存在"二虎相争"的问题。至于法律适用中的观点分歧，与司法体制并没有必然的联系。

际状况密切相关。两大司法机关并存的体制，在实际运作过程中，应该说既有利又有弊，而不可能是百弊而无一利。我们需要分析的是这种体制弊大还是利大，进而确定是完全改变还是部分调整，哪些方面应当改革、哪些方面应当坚持和加强。对这样一个关系到整个司法构架的重大问题，从简单的逻辑推导出发，不加分析地全盘否定，至少在方法论上是不可取的。

因此，我们主张，对司法改革的研讨，应当以实事求是的科学态度，理性地分析中国司法制度的实际，在权衡利弊得失的基础上选择改革的方案。没有深入细致地分析，就不可能找到中国司法体系的症结所在。而仅仅凭借一孔之见、一时冲动，来给司法改革开药方，未必能真正解决司法体制中的弊端，未必有助于消除反而可能加剧司法腐败。

应当看到，我国司法体制的最大弊端是不能有效地防止司法权的滥用，司法权的行使以及对司法权的监督制约不是按照司法活动的特殊规律在运作，而是按照一般行政管理的方式在人治传统的阴影下运作。从表面上看，制约司法权的因素很多，但是实际上这些因素，有的妨碍了司法权的正确行使，有的起不到监督制约的作用。[1] 因此，司法腐败的严重现实，并不意味着对司法权的现行监督机制都是无效的、都是应当摒弃的，更不意味着在中国司法权可以不要任何监督，只要通过法官的道德自律就可以保障司法权的公正行使。相反，中国的司法改革要想真正取得实效，真正有利于实现司法公正、有效地保障公民权利，就必须选择既有助于调动司法人员的积极性和责任感、保障司法独立，又有利于强化监督、防止司法权滥用的改革方案，在司法独立与司法受制的结合中选择司法改革的

---

[1] 这正是我们强调司法改革要以保障司法独立为突破口的理由。

道路，而不能一面强调司法独立，一面主张放弃对司法权的监督制约。

第二，理性与理想的分野，还在于对理想的态度：是寻找积极可行的道路一步步地去努力实现理想，还是仅仅沉溺于对美好理想的憧憬之中而不考虑如何达到理想的境界。

理想是美好的，但是理想如果离开了现实，就是虚无渺茫的、没有实在性的东西。理想通往现实的桥梁是理智地选择实现理想的道路。

有的学者认为，"在我国，法官的职业化程度还相当低，与职业化相关联的职业意识、行业规范、伦理准则及行为方式均没有配套成型，以我国法官目前整体的业务素质和道德水准，如果不能形成一套行之有效的对审判权制约的机制，很难说会出现什么局面，特别是在审判方式改革不断深化、审判组织权力得到落实的今天，对审判权的监督制约不仅必要，而且很迫切"。但是这些学者又认为，"审判监督，是对法官不信任的产物，因为担心法官裁判不公，所以需要监督。但是，在法官之上设立一个监督者并赋予监督者改变法官处理意见的权力，以这样一种方式进行监督，并不科学。既然法官的裁判可能错误，那么有什么理由使人相信监督者的指示和意见就一定正确呢？"[1] 诚然，在现实的社会里确实不可能找到完美无缺的监督者，谁也不能保证监督者一定比被监督者高明、监督者永远正确。但是既然承认对审判权的监督是必要的，那就必然应当有监督者来监督法官的审判活动，保障审判权的正确行使。不能因为找不到完美的、理想的监督者，就放弃监督。我们不能因为中国缺乏理想的"精英化"的法官队伍就对审判制

---

[1] 薛阿平、姚旭斌：《从监督走向制约》，载《法学》1999年第9期。

度采取不信任态度，否定法院的终局裁判权，废除审判制度，相反，我们既然看到和承认法官队伍中存在的问题，就要通过采取有力措施，加强管理教育，不断提高法官队伍的整体素质，改革审判方式，强化监督制约等途径，完善审判制度，促进司法公正。同样的道理，监督者的意见不一定正确并不能成为取消监督者的理由，不能因为监督过程中出现的某些问题而对监督机制采取全面的不信任态度。我们承认监督者也可能、事实上确实也存在不正确的监督意见，就要通过积极地努力不断提高监督者的监督水平，减少监督的错误率，同时要通过改革制度设计完善监督机制，防止监督权的滥用。

在司法改革的目标设计上，有必要借助经济学上的一个理论，即最优化理论：如果不存在另一种生产上的可行配置，能够使所有个人都感到同现行的配置相比至少同样或更好一些的结论，那么现行的配置就是最优的配置。按照最优化理论，"最优"并不意味着它是十全十美的，而是在各种可能的资源配置方式的相互比较中，一种配置方式比其他各种配置方式更具有优越性。在司法改革的研讨中，我们也应当把最优化理论作为方法论选择，从在中国国情特别是法制环境的制约下可能采取的各种方案中选择最好的改革方案。这种方案可能并不是我们所理想的法治状态，但它应当是在目前条件下可能实现的"最优"的改革选项。

二、"接轨"与"变轨"：如何对待西方法律制度

在司法改革的研讨中，我们必然面对的另一个问题是如何对待西方发达国家法律制度。由于西方发达国家实行法治的历史比较长，并且已经形成了一整套相对完备的法律制度、司法体制、运作机制、操作规则和司法理念，我们实行依法治国，必然要涉及对西方发达国家法治的学习和引进的问题，即所谓与国际社会"接轨"的问题。在这个问题上，同样存在两种方法论的冲突：是全面接轨、完全照搬，还是有选择地引进并结合中国国情进行必要的改造变通？从中国社会的文化背景、人文环境、法治基础、经济条件出发，在学习借鉴中走内部"新陈代谢"的道路，还是从西方国家现成的法律规则出发，设计中国司法改革的道路，走外部"器官移植"的道路？

目前在司法改革的研讨中，出现了一股盲目照搬西方法治的模式，希图按照西方法治的模式全面改造中国司法制度的理论思潮。说"盲目照搬"，也许严重了一些，但是一些观点不能不令人这样认为：一是对西方法治一知半解，就推崇备至，强调引进。例如，有的主张按照西方司法独立的法治原则改造中国司法体制的学者认为："大凡了解西方司法制度的人都知道，检察机关皆隶属于行政，而我们则采取了一种完全不同的制度设计"[1]。然而事实是，任何一个"大凡了解西方司法制度的人"都知道，在西方国家，检察机关并不是"皆隶属于行政"，如大陆法系最具代表性的德国和法国，检察机关均设在法院，而不是隶属于行政。又如，主张取消我国两大司法机关并存格局的学者提出："全世界没有一个国家在法院之上再设一个超越审判权的监督机关。"[2] 然而事实是，在海洋法系最具代表性的英国，行使立法权的上议院几百年来一直受理来自上诉法院、高等法院、军事上诉法院的诉讼案件，一直有权改变英国各级法院的判决。更不用说，作为世界上第一个社会主义国家的苏联以及现在依然存在的多数独联体国家，始终是把检察机关作为国家结构中的一个独立机关与法院并存的。我们

---

[1] 李德海：《论司法独立》，载《法律科学》2000年第1期。
[2] 崔敏：《论司法权力的合理配置》，载李林、信春鹰主编：《依法治国与司法改革》，中国法制出版社1999年版，第381页。

不能说这些学者有意违背事实，但是至少可以说，他们对西方法治的了解是片面的。建立在这种片面认识基础上的改革建议，其合理性和正确性就不能不令人怀疑。二是认为西方法治可以解决中国的实际问题。有的学者认为，司法独立作为现代法治的基本原则，不应为西方所独有，也不只与特定的经济和社会制度联系在一起。"我们的立法难免会有漏洞，我们的行政权力也可能会侵害公民权利，但只要我们有独立的健全的司法，这一切都可以迎刃而解。"[1] 且不说"独立的健全的司法"从何而来，就是有了所谓"独立的健全的司法"就果真能使立法上的漏洞和行政权力对公民权利的侵害"迎刃而解"吗？三是认为国家权力的划分只有一种模式，即国家权力只能划分为立法权、行政权和司法权，并以此为坐标而研讨中国司法体制的改革问题。一些学者在评论检察机关的法律地位和检察权的性质时，有意无意地将其放在司法权与行政权二者必居其一的推论之中（因为检察权无论如何不可能是立法权），进而否定检察机关在国家结构中独立存在的可能性。有的学者认为，"在西方，检察机关要么附设于法院系统内（如法国），要么附设于行政部门内（如德国），要么与行政机构合署（如美国）"，"将法、检两种性质不同的权力混杂在一起统称司法机关"，"有悖法治国家权力架构的通行规则"[2] 与之相联系，一些学者强调司法独立只能是审判权的独立，并且只能是由法官独立行使审判权。如认为"司法权又称审判权或曰裁判权"，所以，"司法独立又称审判独立、法官独立"[3] 对此，有的学者指出："必须看到，我国宪法所规定的司法独立原则与西

---

〔1〕 李德海：《论司法独立》，载《法律科学》2000年第1期。
〔2〕 徐显明：《司法改革二十题》，载《法学》1999年第9期。
〔3〕 李德海：《论司法独立》，载《法律科学》2000年第1期。

方国家的司法独立制度存在明显的区别，不能完全照搬西方的司法独立的概念。"[1] 我国的司法独立并不是按照"三权分立"的模式建立的，而是在国家权力机关的监督之下的司法独立，司法机关在行使司法权时应置于权力机关的监督之下。[2]

笔者并不是反对学习借鉴西方法治，相反，笔者认为，学习借鉴西方国家在依法治国中的成功经验，对于革除中国司法制度和司法体制中的某些弊端以及司法理念中的某些陈腐之见，是非常必要的。但是学习借鉴必须建立在如下三个基点上：

第一，有选择地学习借鉴。

对于西方国家的法治，要有历史地全面地分析，并从中选择对中国法制建设有益的部分来学习借鉴，而不能看到什么学什么、有什么学什么。例如，西方国家"三权分立"的制度，不仅与我国宪法规定的根本政治制度不相容，而且与我国的法制传统和文化底蕴相冲突[3]，所以就不能学习，不能按照"三权分立"的模式来进行司法改革。又如，对于西方国家的法官制度，我们应当学习其高标准严要求的职业化制度，但是不能学习引进其法官终身制和"法官造法"制。因为我国法官队伍的现状与西方发达国家法官队伍的现状特别是法官终身制所要求的法官职业道德和法律素养之间存在巨大的差别，如果

---

[1] 王利明：《司法改革研究》，法律出版社2000年版，第85页。

[2] 马俊驹：《当前我国司法制度存在的问题与改进对策》，载《法学评论》1998年第6期。

[3] 西方发达国家多数具有个人本位主义的文化底蕴，人们把个人的权利、自由和尊严看得高于一切，在行使权利（权力）的过程中特别强调个人意志的独立性；而中国人的文化底蕴恰恰是与个人本位主义相对立的集体本位主义，家国观念根深蒂固，人们在行为选择时总是有意无意地要顾及与其他人的关系以及其他人对自己行为的评价，这种集体本位主义构成了中国几千年来权力结构的根基。

照搬西方国家的法官制度，必将加剧我国的司法腐败，导致更大的司法不公。

第二，注意制度的配套性。

一种制度、做法或规则，往往是在其他因素的配合下发挥作用的，离开了与之相配套的制度、做法或规则，就很难保持它的价值。例如，关于法官独立：西方发达国家普遍实行的法官独立制有利于维护司法公正。但是，这种制度是靠一系列相关的措施保障其正确运行的。如法官遴选制度的严格和高标准保证了法官行使审判权的高水准；法官的社会地位和职业保障使法官始终处于上流社会从而保证了法官对其职业的尊重和行使审判权的谨慎；特别是陪审团制度的设置使法官的自由裁量权受到很大程度的限制（在海洋法系国家，庭审法官对于他们所审理的重罪，只有量刑权而没有审判权中最重要的定罪权；在大陆法系国家如法国，陪审团和庭审法官都享有定罪权和刑罚裁量权，但是陪审团有9名成员而法官只有3名）。在我国目前还缺乏这种类似的制度保障的情况下，引进法官独立制，不但不能发挥法官独立的优越性，而且可能使推行这种制度的实际效果与初衷背道而驰。又如，关于沉默权：沉默权是遏制刑讯逼供、保障被告人权利的制度。但是西方发达国家实行这种制度，通常具有相应的配套措施，如确认供认的有效性：一旦被告人供认有罪，只要不存在明显的与事实不符的情况，无需其他证据，法官即可对被告人判处刑罚；证人证词的作用：在被告人不认罪的情况下，陪审团可以根据证人证词以及法庭辩论的情况，依据自己的良心来认定被告人有罪；秘密调查手段的使用相当广泛，使侦查机关有可能获取更多的证据以证明犯罪。没有这些必要的配套措施，仅仅引进其沉默权制度，显然是不可取的。

第三，进行必要的变通。

学习借鉴西方发达国家的法治，必须结合本土资源进行必要的变通，不能完全照搬。因为人类的思维方式具有共性，但是也有差异性，这种差异性不仅是由于不同民族、不同地区和不同生活方式引起的，而且是由不同民族的思维基因的差异引起的。而任何成功的经验都有其生长的特殊土壤和与之相配的条件，离开了特定的历史条件和文化背景，离开了相应的社会基础和人文环境，成功的经验也会把改革引入歧途。单纯强调接轨、照搬，最终会失去民族特色。

学习借鉴外国的东西，存在两种思维方式的争论。一种观点认为，既然是学习人家的东西，就应当学得像个样，完全按照人家的做法办，学走样了，就会"变味"，就达不到学习的目的。另一种观点认为，学习是借鉴而不是照搬，别人的东西照搬是搬不来的，能够学习的只是精神，只有人家的成功经验中所贯穿的基本精神与自己的实际情况相结合找出最能体现这种精神的适合自己的道路，才能达到学习的目的。

1992年，当中国提出建设社会主义市场经济的时候，有人指责，市场经济就是市场经济，既然中国要学习西方发达国家实行市场经济，就不应当提什么"社会主义"市场经济。但是多数经济学家指出，一般意义上的市场经济只是观念上的，在现实中，市场经济始终是与特定的社会经济组织形式相联系的，当今世界上有德国的社会市场经济体制，有法国的计划市场经济体制，有日本的政府主导型市场经济体制，有美国的垄断型市场经济体制，有瑞典的福利型市场经济体制，但是没有一个没有具体内容的抽象化、概念化的市场经济体制，市场经济与社会主义相结合，正是中国市场经济的特色。我们学习借鉴西方发达国家的法治，同样存在一个使西方的法律制度与中国法制建设的实际情况相结合的问题。这种结合就是变通。

例如，在中国，要引进司法独立的制度，就不能像西方发达国家那样实行司法独立，而只能是结合中国宪政的实际，实行人民代表大会制度下的相对意义上的司法独立，法院行使审判权、检察院行使检察权，都要受到国家权力机关的监督；法官审判案件更要受到法院内部以及来自法律监督机关的监督，而不可能完全由法官根据个人的意志来决定对案件的裁判。这不仅是因为中国权力结构的组织形式与西方发达国家不同，而且是因为中国司法腐败的严重现实使人们无法相信法官完全独立审判案件时能够实现司法公正。因此，我们在引进司法独立的制度时，应当认真研究中国社会的现实容许国家赋予司法机关多大限度的独立性，这种独立性在司法机关内部如何分配，实行司法独立后如何保障司法公正和防止司法权的滥用。对这些问题的清醒认识和相对合理的解决，是推行司法独立制度不可或缺的先决条件。

又如，关于权力制衡问题。在西方发达国家，由于实行"三权分立"，立法权、司法权和行政权之间彼此独立，不存在谁向谁负责的问题，所以形成了一个"三权鼎立、相互制衡"的制度。但是在中国，由于实行议行合一的人民代表大会制度，国家权力由人民代表大会统一实行，不可能形成"三权鼎立"的格局。而制衡制度中所体现的权力需要制约的原理，在中国的国家结构中就顺理成章地导致了法律监督机关的产生，由一个原则上不享有实体处分权的检察机关来监督具有实体处分权的审判权和行政权的依法行使，以保障国家法律的统一正确实施。这种在国家权力结构单独划分出一个法律监督权，并设置一个独立的机关来行使这种权力的制度，从形式上看，与西方发达国家的法律制度是不同的，但是这种制度产生的原理与西方发达国家制衡制度的原理却是相通的，是制衡制度在中国的变通。当然，中国的法律监督制度如何完善、如何才能真正发挥监督作用，需要进一步研究和改进，但是这种制度存在的必要性则是毋庸置疑的。

此外，在司法改革的方法论选择中，还应当注意不同价值的优先选择问题和各种司法制度、体制和规则的协调发展问题。法治所追求的价值并不是只有一个，在公正、自由、秩序、效率等不同价值之间，应当保持平衡和统一，但在彼此冲突的时候，哪个应当优先考虑，是司法改革中不可回避的。而司法改革在实践中必然要牵一发而动全身，涉及若干方面的问题，如何保持相关方面的协调发展，是司法改革研讨中需要全面考虑的。

（原载《司法改革热点问题》，中国人民公安大学出版社2000年版）

关于中国特色社会主义司法制度自我完善与发展的研究报告[*]

一、关于中西方司法制度的形成与发展

司法是人类社会发展到一定历史阶段的产物,是随着阶级、国家和法律的产生而产生的一种上层建筑现象。由于社会矛盾的复杂化和冲突的尖锐化,私力救济(由当事人自己解决纠纷)不足以解决社会纠纷,就产生了一种公力救济方式,即司法。随着国家立法的发展,司法的机构设置、权力配置和工作程序逐步建立,从而形成了司法制度。司法制度作为上层建筑的组成部分,是建立在一定经济基础之上的,是统治阶级的利益和意志的体现。人类社会迄今经历了四种历史类型的司法制度,即奴隶制的司法制度、封建制的司法制度、资本主义的司法制度和社会主义的司法制度。历史类型的更替是司法制度发展的一般规律。

古代中国,在州县一级实行司法与行政合一,州县长官同时也是司法长官;在省和中央则设有专门的司法机关,但司法

---

[*] 本文是2009年作者与谢鹏程、李勇一起以最高人民检察院专题研究小组的名义撰写并提交给中央政法委员会办公室的专题研究报告。

从属于行政，省司法机关做出的判决须经省行政长官批准，垄断最高司法权的是皇帝，皇帝指派的行政官员都有权参与司法。清朝末期变法，开始仿效西方国家建构司法制度，即按照司法独立原则建立法院组织和审判制度。1949年中华人民共和国成立后，在废除旧中国司法制度的基础上，建立了新型的人民司法制度，并在体制上仿效苏联的做法，建立了独立于行政机关、平行于审判机关的检察机关。经过发展、曲折、恢复、改革，中国特色社会主义司法制度逐步形成和完善。

古希腊时期，亚里士多德曾在比较研究当时城邦国家政治制度包括司法制度的基础上，提出了一个分权的政治框架：思辨官、执政官、司法官。当时各城邦的实际政治结构是多种多样的。在亚里士多德提出的这种分权结构中，各部门职能的区分并不十分明确。罗马共和国的政治结构基本上建立在分权的基础之上，古希腊历史学家波里比阿（生于公元前3世纪）在其《罗马帝国的兴起》中系统地总结和阐述了罗马共和国实行分权和限权的意义。但是，后来罗马帝国和中世纪欧洲各国的政治结构基本上是皇权或者教权至上的封建体制。12世纪末产生的宗教法庭是教会从政治、社会经济、思想文化等方面进行控制的重要武器之一。

在思想观念上，洛克是近代系统地阐述分权和限权的先驱。他认为，国家具有立法、行政、联盟三种权力。但他没有提到司法独立的观念。孟德斯鸠首先提出了立法、行政、司法三权分立，并在其《论法的精神》中说道："如果司法权不同立法权和行政权分立，自由也就不存在了。如果司法权和立法权合而为一，则将对公民的生命和自由实行专断的权力，因为法官就是立法者。如果司法权和行政权合而为一，法官便将握有压迫者的力量。"欧洲国家很早就有司法不受干涉的传统，当英国国王要干涉司法时，大法官柯克告诉他，法律是一门技术，需要长期地学习和实践才能掌握，从而说服了国王，放弃了亲自审理案件的要求。通过分权来控制权力、防范权力滥用的观念，经过几百年的政治实践，已在西方国家被视为公理。

在政体上，美国率先将司法权从立法中分离出来，构建了三权分立的政治形式。但美国的这种三权分立即便在西欧也没有被照搬照抄。从欧洲各国的政治体制格局来看，没有像美国那样构造出一个全新的政治制度，而是在原有基础上进行改造，既保持了政治制度的稳定性，又具有一定程度的发展。

严格地说，各国和各个历史时期的司法制度是各不相同的。所谓的"司法模式"只是一个相对的概念，既可以从历史类型的角度来划分，也可以从地域分布或者文化圈的角度来划分。各国和各个时期的司法制度及其特点和弊端都是由特定的国情所决定的。同时，司法制度的任何一种特点在其兴起的时期和适度的范围内往往是一种优势，而在其他条件下则可能形成某种弊端。纵观世界历史，我们很难找到衡量司法制度优劣的简单标准。无论是三权分立还是议会至上，司法制度无论是完全独立出来，还是与议会有着千丝万缕的联系，评价一国司法制度是否合理的标准不是来自理论或逻辑，而是来自各国的司法实践。例如同为西方发达国家和同一个法系的英美两国的司法体制就有很大的不同，美国司法权的终极性形成了对立法权的防控，而英国司法权则对行政权形成了监督和制约，这是英美两国司法实践演进的结果，也是由其特定国情所决定的。

改革开放以来，我国在政治、经济领域里所取得的成绩举世瞩目。比较而言，西方国家的发展缓慢得多。西方政治体制如多党竞选、轮流执政消耗了大量变革的动力，大大降低了社会治理的效率。从司法制度来看，西方司法制度在维护法律秩序、保障公平正义方面享有极大的权威,发挥着巩固政权的基础性作用,但是从20世纪后叶以来,司法独立和司法职业化的过度强化,使其越来越脱离日常生活和广大民众,对社会变迁反应迟缓,许多国家兴起了将这种"遥远的司法"转变为"亲近的司法"的变革运动。

我国实行司法改革十几年来,对司法改革的认识一直存在较大的分歧。有人提出,司法机关应当从人民代表大会制度中独立出来,与人民代表大会平行设置,并与人民代表大会和行政机关相互制衡。这实际上是推销美国式的"三权分立",显然与我国政治体制的主旨和理念相矛盾,违背了我国宪法设定的基本政治框架。也有人提出,取消与审判机关平行设置的检察机关,将检察机关改造为纯粹的公诉机关,取消检察机关的法律监督职能。这实质上是主张改变我国司法体制乃至人民代表大会制度的基本结构,否定公、检、法三机关在办理刑事案件中分工负责、互相配合、互相制约的宪法原则,否定我国人民代表大会之下行政、审判、法律监督等权力相对分离并相互制约的宪法体制设计。诸如此类的主张有一个共同的特点,那就是完全脱离了当代中国的实际,忽略了中国政治体制自身的合理性和必然性,盲目照搬西方的司法制度。

二、我国司法体制的特点和优势

中国特色社会主义司法体制是中国特色社会主义政治制度的重要组成部分。我国司法制度是以人民民主专政理论、人民代表大会制度理论等为理论基础,根据我国国情,借鉴其他国家司法制度的基础上逐步形成和发展起来的,是马列主义基本原理同中国实践相结合的产物。改革开放特别是党的十六大以来,我国稳步推进司法体制和工作机制改革,取得了重要的阶段性成果。从总体上看,我国司法制度与社会主义初级阶段的国情是基本适应的,与经济社会发展和人民群众的要求是基本适应的。

1982年彭真在五届全国人大二次会议上指出:"我们国家可以而且必须由全国人民代表大会统一行使国家权力;同时在这个前提下,对于国家的行政权、审判权、检察权和武装力量的领导权,也都有明确的划分,使国家权力机关和行政、审判、检察机关等其他国家机关能够协调一致地工作……既避免了权力过分集中,又可以使国家的各项工作有效地进行。"彭真同志的这番讲话是对党的领导、人大制度与人大下的各种权力关系的高度概括和总结,说明了中国的政体不是简单的历史延续,而是基于中国国情的深思熟虑的选择。

中国特色社会主义司法制度,在制度本质上,是政治属性、人民属性、法律属性的有机统一;在权力来源上,司法权来源于人民,服务于人民;在宪法地位上,司法机关(包括审判机关和检察机关)与行政机关平行,由人民代表大会产生,对它负责,受它监督;在职责任务上,司法机关以保障在全社会实现公平正义为使命;在职权行使上,司法机关依法独立行使司法权,又接受党的领导、人大监督和社会各界的监督;在职权运行方式上,坚持专门机关工作和群众路线相结合;在决策机制上,各级司法机关实行民主集中制。

中国特色社会主义司法制度具有明显的优越性:它坚持党的领导、人民当家作主和依法治国的有机统一,这就为司法工作的发展提供了坚强的政治保证;它明确司法机关在国家机构体系中并列并独立于行政机关,强调行政机关、社会团体和个人不得干涉司法活动,这就为依法独立公正行使司法权提供了制度保障;它实行党对司法工作的领导和人大对司法机关的监督,这既有利于司法机关整合全国资源,形成纵向指挥有力、横向协作紧密、反应迅速灵敏、运转高效有序的工作机制，有效地同各种违法犯罪作斗争，又有利于司法机关坚持人民属性，实现执法为民；它规定司法机关实行民主集中制，与其他机关分工配合，相互制约，这既有利于提高决策效率，又有利于防止个人专断，保证重大决策的慎重和正确。

当然我们也应当看到，我国尚处于社会主义初级阶段，社会主义经济建设、政治建设、文化建设和社会建设不断发展，中国特色社会主义司法制度的发展不可能一蹴而就，必将随着中国特色社会主义事业的发展而不断创新和发展。

三、中国特色社会主义司法制度的发展与完善

随着经济社会的发展和人民群众司法需求的日益增长，现行的司法体制、工作机制以及相关的法律制度在某些方面也出现了一些不适应的问题，需要进一步推进改革，以充分发挥社会主义司法制度的优越性。

十几年来，司法改革在党中央统一领导下积极稳妥地推进，中国特色社会主义司法制度逐步完善和发展。总结司法改革的进程，有三条重要的经验：一是坚持从我国国情出发，立足于我国现阶段仍处于并将长期处于社会主义初级阶段的基本国情和我国发展的阶段性特征，同时注重吸收借鉴人类法治文明有益成果；二是坚持群众路线，充分体现人民意愿，着眼于解决群众不满意的问题，真正做到改革为了人民、依靠人民、惠及人民；三是坚持党的领导和依法推进，既适应我国经济社会发展要求，又积极推进政法事业科学发展。

中国特色社会主义道路的一个重要特点就是，坚持改革与发展的阶段性，在保持政治和社会秩序稳定的前提下，逐步推进改革，谋求发展。从当前和今后一个时期司法体制改革的发展趋势来看，中国特色社会主义司法制度的自我完善和顺利发

展，关键在于处理好以下八个方面的关系，把握好司法改革的路径和节奏。

(一) 继承与创新相结合，保持改革的连续性

改革本质上是继承与创新的有机结合。改革是发展的动力，同时必须以稳定为前提；改革要在推动发展和维护稳定两者之间找到平衡，就必须在继承与创新之间找到平衡。在当代中国，司法制度作为政治制度组成部分，必须服务党和国家的工作大局。司法改革既是国家政治制度改革的一部分，也是推动国家法治不断向前发展的重要路径。司法改革的速度和节奏必须与经济、政治、文化和社会发展的需要相适应，太快了难以成功，太慢了难以满足人民群众的司法需求。特别是在当前国内国际政治经济形势复杂的环境和条件下，根本的政治制度不能动摇，基本的司法制度不能改变。司法改革必须在继承我国社会主义基本司法制度的基础上，根据党和人民群众的新要求新期待进行创新，注重发展的阶段性，稳步推进，逐步发展。

继承与创新的平衡既有操作层面的制度设计问题，也有理念层面的文化整合问题。中国特色社会主义司法制度的根本立足点是中国特色社会主义事业，继承和创新都必须坚持以我为主、为我所用。我国社会主义经济、政治、文化和社会制度同西方发达国家有着本质的区别，吸收借鉴人类文明的优秀成果决不意味着可以照抄照搬，更不能以西方发达国家的法治理念、司法制度来评判我国的法治理念和司法制度，盲目追求接轨。将一种司法制度从一个国家原封不动地转移到另一个国家的做法从来没有成功的先例。没有完美无缺的理念，也没有完美无缺的制度，中国的法治之路只能由中国人自己走出来。

（二）服务大局与公正司法并重，防止两个极端

服务大局是社会主义法治理念的重要内容，也是司法机关的重要使命。同时，司法机关服务大局的基本途径是依法独立公正地行使职权，保障在全社会实现公平正义。"大局"是多层次的，司法也是多层次的，两者之间要达到平衡就必须保证司法公正，否则，各个层次的司法在服务相应的大局中可能迷失方向，丧失本职，甚至导致司法秩序的混乱。当前，保增长、保民生、保稳定是全党和全国的首要任务，也是司法机关服务大局的首要任务。如果我国的司法制度中缺乏一种维护法制统一、法律权威和司法公正的有效机制，不能在服务大局与公正司法之间保持平衡，就很难推行改革和保证司法工作的科学发展，司法机关也难以持续地发挥保增长、保民生、保稳定的作用。

（三）司法的民主性与专业性并举，探索两者结合的新途径

司法职业同其他技术职业一样，具有专门性、技术性和经验性。强调司法职业的专业性是司法工作顺利展开的必要条件。司法专业化之路是司法体制改革的必由之路，但是，司法的专业性并不是绝对的，必须服从和服务于司法的人民性。因为人民当家作主，维护人民群众的根本利益是社会主义国家建立的目的和根本的政治基础。我国的司法是为人民服务的司法，是人民的司法。坚持司法的民主性，进一步发挥我国人民司法的民主性优势并从制度上加以完善。只有通过人民参与司法，司法工作受到群众的监督，人民的利益才能得到有效保护，司法改革的成果才能由人民群众共享，司法的公信力才能有效提升。健全司法领域的民主制度，扩大公民参与的途径，借鉴外国的经验，通过一定形式如陪审团让人民群众分享对案件事实的司法裁决权，对专业的司法职能形成直接的制约，化

解涉法上访重访等难题。

从诉讼程序的角度来看，司法的民主性主要通过两条途径来实现：一是人民群众参与司法；二是司法过程的公开透明。但是，这两条途径都应当受到司法专业性的制约，排斥专业性的"大民主"容易导致司法秩序的混乱。司法的核心功能是判断，包括对案件事实的判断和对法律适用的判断，对案件事实的判断属于常识的范畴，人民群众不仅可以作出公正的判断，而且可以赢得社会的公认；对法律适用的判断则属于专业的范畴，应当由专业的司法人员作出。我国人民法院实行的人民陪审员、人民检察院试行的人民监督员都是人民群众参与司法的重要形式，但是，都没有区分事实判断与法律判断，也不具有判断的独立性和刚性，其监督和制约司法权的功能以及对提高司法公信力的作用都有一定的局限。因此，创新人民群众参与司法的形式和程序是未来司法改革的一项重要课题。

（四）根据诉讼程序和环节的性质对独立行使司法权和接受监督制约分别作出相应的制度安排

审判机关和检察机关依法独立公正地行使司法权是一项宪法原则，是政治文明发展的重要成果，体现了司法权的特质和要求。这些年来，我国在司法机关依法独立公正行使司法权方面进行了多方面改革，取得了长足的进步。另外，任何权力都应当接受监督制约也是宪法的一项基本原则。加强对司法机关的监督制约仍是今后一段时期司法改革的重点。

对司法权的监督和制约，最有效的手段就是合理分权并完善监督制约的程序和手段。当前我国司法体制中分工与监督制约的原则在某些领域里还没有全面贯彻，在某些领域还有待进一步细化。司法权的适当分工是发挥监督与制约机制的作用的基础和条件。

对司法权的监督制约,最关键的问题是与独立行使司法权并行不悖。独立行使司法权既是排除干扰,保证公正的措施,也是明确责任、保持专业性的要求,因而是当今世界公认的一项司法原则。因此,加强对司法权的监督制约,首先,要研究和明确哪些权力、哪些程序、哪些诉讼环节应当或者必须由司法人员独立地行使司法权。当独立行使职权的,应把权力配足。其次,要研究和明确通过哪些程序、运用哪些手段对司法权进行监督制约。当监督制约的,应把监督制约的手段和程序配置到位。只有根据不同程序和诉讼环节的性质分别做出独立行使职权和监督制约的适当安排,才能保证两个方面并行不悖,相得益彰。

(五)进一步发挥司法权对行政权的保障和制约作用

人民代表大会制度在人民当家作主,表达人民意愿,保持与行政机关的紧密联系等方面具有明显的优越性,也形成了我国权力运行在效率方面的优势。但是一个精细设计的体制既要保障权力有效运行,尽量提高效率,同时也要进行充分监督,防止权力滥用。司法从行政中分离出来本身就是为了形成对行政权的一种约束机制。但是,我国司法权对行政权滥用的制约作用较小(如仅限于对具体行政行为的行政诉讼),在行政执法中造成国家和公共利益损失的行政不作为、以罚代刑、有案不移送等现象,都缺乏相应的司法监督和制约。这固然有政治体制的因素,但司法制度的不健全也是一个因素。司法机关作为中国特色社会主义事业的建设者和捍卫者,必须把司法改革放到中国特色社会主义事业发展全局中来谋划、来推进,为保障经济平稳快速发展,促进政府职能转变,建设高效廉洁政府,有必要建立健全司法机关与行政机关之间的监督制约机制,譬如行政公诉制度、行政处罚的检察监督制度等,通过强化司法权对行政权的监督制约力度,与行政机关自身的监督以及党内监督形成监督合力,切实维护国家利益和社会公共利益。

(六) 惩治违法犯罪与保障诉讼权利并重,在构建和谐社会中建设司法文明

改革开放以来,特别是党的十六大以来,我国司法机关在加强人权保障和惩治违法犯罪行为两个方面做了大量细致的工作,特别是近年来各级司法机关贯彻落实宽严相济刑事政策,在促进社会和谐方面发挥了重要作用。但是,惩治违法犯罪与保障诉讼权利如何保持平衡,在制度、工作机制,乃至执法观念等方面还有待于进一步完善。在未来的司法改革中,我们既要进一步加大惩治违法犯罪的力度,提供多样化的程序选择,繁简分流,当快则快,当慢则慢,有效地维护社会和谐稳定;又要赋予当事人更多的诉讼权利并保障其实现,进一步加强人权保障,建设司法文明。

(七) 保护合法权利,抑制权利滥用

改革开放初期,当国家开始进行司法制度的立法时,就把保护公民权利作为有关立法的一项重要内容。1979年,全国人大常委会相继通过了逮捕拘留条例、人民法院组织法、人民检察院组织法、刑事诉讼法,这些法律都有关于保护公民权利的规定。随着改革开放的深入,国家还通过立法确立了律师制度和法律援助制度,人民陪审员制度等,这些制度对于保护公民合法权利都发挥了重要的作用。在保护公民权利,体现社会主义司法制度优越性的同时,我们也应当清醒地认识到,不仅权力会滥用,没有限制的权利也可能被滥用。一方面,随着改革开放和政治民主的发展,人民群众的权利意识逐步增强,但还处于觉醒阶段,没有形成完整的公民意识,对权利的边界意识

比较模糊,有的人甚至形成了"闹则有理""闹则有利"的观念;另一方面,境内外一些敌对势力打着"人权""民主""自由"的旗号,煽动并利用不明真相的群众以维护人权为借口,扰乱社会秩序,威胁社会稳定,冲击司法、行政机关,甚至殴打、威胁执法人员生命的事件也有所发生。

权利滥用现象在社会转型时期对社会秩序和政治秩序构成了严重威胁。遏制权利滥用现象固然涉及政治制度和法律的全面发展以及公民社会的构建,但是,首当其冲的是司法机关和司法制度。司法机关要本着对国家、社会利益和多数人负责的精神,依照法定程序对权利滥用现象进行遏制。司法制度要本着保障权利和防止权利滥用的精神,通过改革制度和健全程序,制裁和制止无理的上访、缠访等扰乱秩序的行为,在有效保障合法权利的同时,有效地遏制权利滥用现象,从而保障社会和政治的稳定。

(八)在党的统一领导下开展地方实验

党的总揽全局、协调各方的领导作用是司法改革顺利推进的政治保证。没有党的统一领导,司法改革不可能有效地推进。但是,党的统一领导并不排斥地方性的探索和创新,不能简单地把党的统一领导理解为党中央对司法改革的全面的、具体的安排。由于我国司法体制改革的阶段性、原创性和本土性,在许多方面还要"摸着石头过河",地方的探索和经验可能是一些突破性创新的先导。我们应当在党中央的统一部署下,允许地方实验,以增强司法改革的活力和创造力。

论检察职能面临的问题与改革[*]

中国检察机关是宪法确定的法律监督机关,在维护国家法律的统一正确实施、保障在全社会实现公平和正义方面承担着重要职责。检察机关的设立和宪法赋予的法律监督职责,是中国特色社会主义司法制度的重要组成部分,也是人民代表大会制度的政治体制的重要组成部分。为了保障法律监督职能的有效实施,宪法及人民检察院组织法和刑事、民事、行政三大诉讼法律等,规定了检察机关的职权范围和履行职权的程序。其中,批准和决定逮捕、提起公诉、查办职务犯罪以及对诉讼活动的法律监督等,是检察机关依据宪法和法律实施法律监督所必须履行的重要职责。从宪法和法律赋予检察机关的职责看,检察机关既是打击刑事和经济犯罪、维护社会稳定的重要机关,又是反腐败斗争的一支重要力量,还肩负着依法对诉讼活动和执法活动实施法律监督、维护公正执法、公正司法的职责。随着中国社会主义市场经济发展、依法治国深入推进和社会全面进步,法律监督在国家政治和社会生活中的地位越来越重要。然而,从司法实践看,检察机关的上述这些功能和作用

---

[*] 本文原标题为《论中国大陆检察职能面临的问题与改革》。

还没有得到充分发挥，一个重要原因在于法律规定过于笼统和原则，导致监督手段不充分，监督程序不具体，监督力度不到位，有的规定甚至与宪法定位不协调。为了在坚持依法治国、依法执政中充分发挥检察制度的功能和作用，以更有力地维护社会的安宁和秩序，保障在全社会实现公平和正义，为全面建设小康社会创造良好的法治环境，在未来的立法和司法改革中切实完善和优化检察机关的法律监督，是十分迫切的和必要的。

一、检察机关职务犯罪侦查职能的优化

从法律属性讲，职务犯罪侦查权从属于法律监督权，是法律监督权不可分割的组成部分。检察机关对职务犯罪的侦查，实质上是对国家机关和国家工作人员是否依法履行职责的法律监督。特别是对司法工作人员职务犯罪的侦查，不仅表现为检察机关对国家工作人员职务活动的监督，同时是对诉讼活动实行法律监督的重要保障。在中国目前的法治体制下，检察机关在国家机构体系中具有的独立宪法地位，决定了由检察机关行使职务犯罪侦查权，不仅从体制运行方面讲是适宜的，而且在制度选择上也是一种比较可行的模式。从实践看，当前职务犯罪侦查工作存在的问题，归结起来主要有三方面：一是侦查手段不足，造成地方检察机关的办案能力不强，查处职务犯罪的力度同党和人民的要求还有一定差距；二是职务犯罪侦查工作的一些环节尚缺乏有效的外部监督制约，少数地方检察机关存在办案不规范和滥用侦查权的现象；三是一些地方检察机关的职务犯罪侦查工作，受到地方保护主义和个别党政领导的法外干扰，依法独立行使职权、排除阻力突破案件的能力不强。因此，在推进司法体制改革中，既要加强对职务犯罪侦查工作的监督和制约，又要切实提高查办职务犯罪的能力，为检察机关履行职务犯罪侦查职能提供必要的保障。

我们认为,当务之急是通过刑事诉讼立法,增加检察机关在职务犯罪侦查中使用技术侦查手段的内容,适用对象限于重特大职务犯罪案件嫌疑人,并建立严格的审批程序。我们提出这一立法建议,主要是基于如下考虑:

(一)职务犯罪手段的现代化客观上要求对这类犯罪的侦查手段随之现代化

随着经济全球化和信息化的快速发展,职务犯罪活动日益呈现出现代化态势,具体表现为犯罪的技术化、高智能化乃至有组织化,犯罪手段更加狡诈、隐蔽,犯罪分子的反侦查能力不断增强。但从实践看,检察机关侦查这类犯罪的手段单一、落后,大多数检察机关侦查这类犯罪时仍然依靠传统的调查方法进行,以致实践中一些重大案件无法突破,有的案件一经接触犯罪嫌疑人,与之有关的涉案人就闻风而逃,有的甚至逃往国(境)外。按照刑事诉讼法规定,检察机关在查办职务犯罪案件时,对犯罪嫌疑人进行一次传唤、拘传持续的时间不得超过12小时,且不能连续拘传,这就从客观上要求优化传唤、拘传前的秘密调查工作。由于职务犯罪分子实施犯罪后留下的书证、物证很少,特别是对贿赂、贪赃枉法等犯罪案件的侦破,需要通过技侦手段获取相关情况,为侦破案件和证实犯罪提供辅助。

(二)职务犯罪侦查手段应当与控制犯罪和保障人权的宪法精神相适应

十届全国人大二次会议通过的宪法修正案强调:"国家尊重和保障人权。"为维护人权提供有效的司法保障,特别是在诉讼活动中维护犯罪嫌疑人、被告人的合法权益,是司法机关的一个重要使命。从其他国家法治发展的历史看,对人权的司法保障水平与国家控制犯罪的能力是相辅相成的，也就是控制犯罪的能力弱，对人权司法保障的水平就不会高。从这个意义上讲，为了有力地保障人权，就应大力提高国家控制犯罪的能力。实践证明，适时采取技术侦查手段，有利于及时准确地获取犯罪证据，有利于提高控制犯罪能力，有利于减少超期羁押等侵犯人权现象的发生。因此，检察机关在侦查职务犯罪中认真贯彻宪法关于保障人权的精神，客观上需要拥有与控制职务犯罪及保障人权相适应的手段、能力和水平。否则，开展工作将是相当困难的。

（三）从法律规定看，《人民警察法》第16条和《国家安全法》第10条分别规定，公安、安全机关因侦查犯罪的需要，根据国家有关规定，经过严格的批准手续，可以采取技术侦察措施。

这些是公安、安全机关行使技术侦察措施的法律依据。在侦查手段的要求上，检察机关侦查职务犯罪与公安、安全机关侦查刑事犯罪或危害国家安全犯罪并无两样。现行法律对检察机关技术侦查措施的运用没有做出明确规定，实际工作中，检察机关在侦查职务犯罪案件中需要运用技术侦查手段时，经过党内批准程序后，由公安或安全机关协助。这种做法由于启动程序复杂，运作时间长，且公安、安全机关技术人员不完全了解检察机关意图等，在办案中往往贻误战机。尤其是对于涉及公安、安全人员职务犯罪案件的侦查，由公安、安全机关协助运用技术侦查手段，不利于案情保密和案件侦破。为此，从法律上赋予检察机关决定和实施技术侦查的权力，使侦查手段与检察机关承担的侦查职务犯罪的任务相适应，是必要的。

（四）从国际看，许多国家都在法律上明确规定负有侦查犯罪职能的机关运用电信侦控、电子监听等技术侦查的权力及其程序要求。

如日本《关于犯罪侦查中监听通讯的法律》第 3 条规定，检察官或者司法警察员认为有充分理由怀疑将进行犯罪的通讯时，依据令状对与犯罪相关联的通讯进行监听。2001 年《俄罗斯联邦刑事诉讼法典》第 186 条规定，如果有足够的理由认为，犯罪嫌疑人、刑事被告人和其他人的电话和其他谈话可能含有对刑事案件有意义的内容，则在严重犯罪和特别严重犯罪案件中允许监听和录音。中国政府于 2003 年 12 月 10 日签署的《联合国反腐败公约》（以下简称《公约》）也有类似规定，该《公约》第 50 条第 1 项规定，为有效打击腐败，各缔约国均应当在其本国法律制度基本原则许可的范围内并根据本国法律规定的条件在其力所能及的情况下采取必要措施，允许其主管机关在其领域内酌情使用控制下交付和在其认为适当时使用诸如电子或者其他监视形式等特殊侦查手段，并允许法庭采信由这些手段产生的证据。

二、完善刑事诉讼监督程序

人民检察院依法对刑事诉讼实行法律监督，是刑事诉讼法确立的一项重要原则。多年来的司法实践表明，检察机关依法履行法律监督职责，对于维护国家刑事法律的统一正确实施，保证刑事诉讼依法顺利进行，保障诉讼当事人的合法权益，实现社会公平和正义，具有重要意义。目前，由于相关法律规定不够完备等原因，检察机关履行这项职责面临不少困难。归纳起来，主要是三个方面：一是缺乏了解有关部门执法情况的机制和渠道。如对行政执法机关以罚代刑问题缺乏获取信息的渠道。二是现有的监督手段软弱，不能保证监督的效力。如对刑事诉讼中存在的违法情况，法律规定检察机关可以提出纠正违法。但是这种意见的监督效力缺乏法律保障，监督对象的义务不明确。三是监督范围和程序不完善。如对一些诉讼行为特别是涉及剥夺或者限制公民人身、财产权利的强制性侦查措施，缺乏有效的监督手段和方式。现行刑事诉讼法关于监督程序的规定，有的不够具体，有的不够科学，缺乏有效监督的制度保障。这些问题的存在，影响了检察机关监督刑事诉讼的效力。因此，我们主张从以下几个方面完善刑事诉讼法律监督制度：

（一）拓宽检察机关对诉讼活动的知情渠道，增强其发现诉讼违法的能力

1. 完善检察机关介入侦查的法律规定

对于社会影响较大的案件，检察机关通知公安机关立案的案件，当事人反映侦查人员有违法行为的案件，以及检察机关认为有必要介入的其他案件，检察机关可以介入公安机关侦查活动，参加公安机关对案件的讨论，参与案件的讯问、询问、勘验、检查、复验、复查等，并可对依法取证发表意见，加强对侦查活动的监督。

在侦查阶段，检察机关通过介入侦查，不仅可以在一定程度上防止侦查中违法行为的发生，而且对于及时发现和纠正侦查中已经发生的违法行为，具有重要作用。根据现行刑事诉讼法的规定，检察机关对于公安机关侦查活动的介入主要限于参与公安机关对重大案件的讨论，对案件的复验、复查等。从加强监督的需要考虑，无论是介入的手段还是范围，均有必要作适当调整。至于介入到什么范围，有的人主张，检察机关为了履行监督职责，介入侦查不应有范围的限制，对所有案件在认为必要时都可以介入侦查。国外也有类似的立法例。如《俄罗斯联邦刑事诉讼法》第37条规定，检察长在刑事案件的审前

程序中，有权参加审前调查并在必要情况下亲自进行某些侦查行为。这里并无范围的限制。我们认为，尽管从理论上说，检察机关作为法律监督机关，为了履行监督职责，可以对侦查机关侦查的任何案件在必要时予以介入，但是根据中国刑事诉讼的特点和刑事案件的发案情况以及检察机关自身的工作性质和实际情况，要求检察机关对所有案件都介入侦查是不现实的。检察机关介入侦查的着眼点和落脚点，不是联合办案，而是为了履行监督职责，及时发现和纠正违法，保证侦查活动的依法进行。因此，既要根据监督需要适当扩大介入案件的范围，增强检察机关发现和纠正违法的及时性和实际效果，又要防止走过头，重点不突出，甚至因为介入案件过多、过深而影响监督的客观性和公信力。笔者主张，通过修改刑事诉讼法，对检察机关介入公安机关侦查案件的目的和范围作出明确的规定。

2. 赋予检察机关对行政执法机关不移交涉嫌犯罪案件的监督调查权

检察机关根据举报、控告或者办案中发现的线索，认为行政执法机关在执法中存在以罚代刑、不移交刑事案件等问题时，有权要求行政执法机关提供该案的相关材料和进行必要的调查，并有权要求其依法移交涉嫌犯罪案件，行政执法机关应当配合和执行。

依照法律规定，涉嫌犯罪的案件应当由公安机关或者检察机关等按照管辖分工立案侦查。目前，实践中存在一些行政执法机关由于对刑事立案标准不熟悉，或者出于利益驱动，对于执法中发现的涉嫌犯罪的案件以罚代刑，不向或不及时向公安机关或者检察机关移送的问题，影响了对破坏社会主义市场经济秩序等犯罪的打击力度和效果。近年来，破坏社会主义市场经济秩序违法犯罪案件不断增多，行政执法机关查处的案件数量也逐年增长，但移送司法机关追究刑事责任的案件特别是偷税抗税、走私、侵犯知识产权、制售假冒伪劣商品案件很少，人民群众反映强烈。为此，国务院制定了《行政执法机关移送涉嫌犯罪案件的规定》，最高人民检察院制定了《人民检察院办理行政执法机关移送涉嫌犯罪案件的规定》，并会同全国整顿和规范市场经济秩序领导小组、公安部制定了《关于加强行政执法机关与公安机关、人民检察院工作联系》，对于优化检察机关的法律监督，解决上述问题，起到了积极作用。但是，上述规定毕竟不具有刑事法律的效力，因此笔者主张，在修改刑事诉讼法时予以明确规定。国外也有类似的规定。如《俄罗斯联邦刑事诉讼法》第 37 条规定，检察长有权向任何调查机关调取刑事案件并将案件移送给侦查员。在调查过程中，可以向有关人员了解情况，也可以调阅案件有关的材料，包括诉讼卷宗等。

（二）增加检察机关的法律监督手段，提高法律监督的效力

1. 增加检察机关对刑事诉讼中的违法情况进行调查的手段。调查包括调阅有关案卷材料、案件登记，询问有关当事人等，以确定违法行为是否存在以及违法行为的性质和程度。

实践中，诉讼环节的有些违法情况通过审查书面材料是难以确定的，只有对涉嫌违法情况进行调查，才能全面了解违法行为的性质和具体情况，从而有针对性地提出纠正意见，保证监督行为的正确性、合法性。目前法律只规定检察机关对诉讼中的违法情况有权提出纠正，而没有明确发现和认定这些违法情况所必需的手段，致使检察机关纠正诉讼违法的职责不能得到充分发挥，影响了法律监督的效果。如有的检察机关根据群众反映有案不立的情况，向侦查机关了解案件信息，由于法律没有规定，使得检察机关调查违法的工作常常遭到拒绝。因

此，笔者主张，在刑事诉讼法中增加检察机关对涉嫌违法行为及违法行为人的调查手段。

2. 对于人民检察院通知立案而公安机关拒不立案或者立而不查的，经省级以上人民检察院决定，受理案件的人民检察院可以直接立案侦查。

首先，在实践中，对于检察机关通知公安机关立案侦查的案件，一般会出现三种结果：一是立案侦查；二是仍然不立案；三是虽然立案但不侦查或者不积极侦查。对于后两个问题，检察机关的监督无法律依据。为了解决这些问题，理应赋予检察机关对这类案件直接立案侦查的刚性监督措施，这是保证检察机关依法履行监督职责，优化立案监督效力的必要手段。

其次，直接行使立案侦查权，是世界上许多国家检察机关所共同具有的法律手段。例如，德国检察机关既有指挥侦查权，又有自行侦查权；在日本，虽然实践中检察机关一般只对侦查进行指挥和监督，但是法律还规定检察机关拥有单独侦查犯罪的权力；在俄罗斯，检察长有权提起刑事案件并依照法定程序委托调查人员或侦查人员侦查案件，也可以亲自受理案件，在必要时亲自进行某些侦查行为。

最后，中国1979年《刑事诉讼法》第13条第2款规定，贪污罪、侵犯公民民主权利罪、渎职罪以及人民检察院认为需要自己直接受理的其他案件，由人民检察院立案侦查。这一规定是在刑事诉讼法中充分体现检察机关法律监督作用的重要条款。后来因为一些检察机关在实践中运用不当，1996年修改刑事诉讼法时将这一规定修改了。现在看，从有利于有效打击犯罪、提高诉讼效率和加强立案监督的角度考虑，有必要增加检察机关对公安机关不立案的案件可以直接立案侦查的规定。同时为了防止滥用此项职权，可以规定地市级以下检察院行使这项权力时，要报经省级或最高人民检察院批准。但是对于直接立案侦查案件的范围，可以不作限制。

3. 允许检察机关提出更换办案人、改变案件管辖的处置意见。

在案件承办人涉嫌违法，继续承办该案件可能影响办案公正性的情况下，或者办理该案件的机关或者其负责人在办理该案中涉嫌违法，可能影响对该案件公正处理的，及时更换案件承办人或者改变案件管辖权，不仅是防止和纠正诉讼违法行为的一种有效监督手段，也是对违法行为人进行制裁的一种监督措施。国外已有类似处置的相关立法例。如根据《法国刑事诉讼法》的规定，准许检察长依据其监视权对不履行义务的司法警察自行宣告制裁，并收回其原来给予该成员的权利与资格。《俄罗斯联邦刑事诉讼法》规定，检察长有权将刑事案件从一侦查员移送给另一侦查员，从一审前调查机关移送给另一审前调查机关。笔者主张，在中国刑事诉讼法中确立这一法律制度。

4. 建立缓诉制度，对于罪行比较轻微的案件特别是未成年人犯罪的案件，检察机关可以视具体案情及犯罪嫌疑人的情况，决定暂缓起诉。

在刑事诉讼中实行起诉便宜主义，赋予检察官对于某些刑事案件可以视情况酌定是否起诉的自由裁量权，是现代各国普遍采取的一项起诉原则。按照这一原则，对于已经具备充足证据和公诉条件的比较轻微的犯罪案件，如果不提起公诉更有利于感化、矫正涉嫌犯罪的人，实现刑事诉讼任务，对社会安定更为有益时，检察官有权决定不予起诉。例如《日本刑事诉讼法》第248条规定："依犯人之性格、年龄、境遇、犯罪之轻重、情状，及犯罪后之情况，认为无追诉的必要时，得不提起公诉。"《德国刑事诉讼法》第 153 条 A 款规定："（一）经负责开始审理程序的法院和被指控人同意，检察院可以对轻罪暂时不予提起公诉，同时要求被告人：1. 作出一定的给付，弥补行为造成的损害，2. 向某公益设施或者国库交付一笔款额，3. 作出其他公益给付，或者，4. 承担一定数额的赡养义务，以这些要求、责令适合消除追究的公共利益，并且责任程度与此相称为限。"中国 1979 年颁布的《刑事诉讼法》曾经规定了免予起诉制度，赋予检察机关较大的起诉裁量权，后来这一制度在 1996 年修改刑诉法时被取消。1996 年《刑事诉讼法》第 142 条第 2 款规定，对于犯罪情节轻微，依照刑法规定不需要判处刑罚或者免除刑罚的，检察机关可以作出不起诉决定。这在一定程度上体现了起诉便宜主义的精神。但是由于这一规定对不起诉的适用对象限制过窄，而且检察机关只能对案件作出起诉或者不起诉的决定，缺乏必要的过渡和选择余地，不能满足司法实践中应对复杂情况和对于起诉裁量权的客观需求，因此有必要进行改革。对于未成年犯罪嫌疑人以及一些主观恶性不大、罪行比较轻微的初犯、偶犯、过失犯等，适用暂缓起诉，对于慎用起诉权和不起诉权、减少讼累、节约司法资源、突出打击重点、及时化解社会消极因素、教育挽救失足未成年人、开展社会治安综合治理等，具有积极意义，也符合现代刑事诉讼的谦抑原则和国际刑事司法制度发展潮流，因此笔者主张，在司法改革中通过立法予以确立。

（三）完善监督程序，使开展监督与接受监督有法律程序的保障

1. 明确侦查机关、审判机关、刑罚执行机关接受检察机关法律监督的义务。

检察机关对刑事诉讼的监督权，主要是一种程序性权力，

其效力主要是启动相应程序，或督促有关部门对违法情况进行纠正，不是终局性或实体处分的权力，对侦查、审判和刑罚执行机关执法、司法活动的监督，是国家设置的一种提示和救济机制，同时检察权也受到全面的制约，并不意味机构的高下和权威的大小。诉讼中的违法情况最终能不能得到纠正，仍然取决于有关部门，只靠检察机关提出监督意见是不够的。因此，要优化刑事诉讼监督，解决好人民群众反映强烈的司法不公、以罚代刑、枉法裁判等问题，既要完善检察机关法律监督的程序和手段，也要完善监督对象接受法律监督义务的规定，以增强法律监督的效力。如果法律上只有对监督者的监督授权，而没有对监督对象接受监督义务的规定，就必然会使法律监督大打折扣甚至落空。目前，检察机关的一些诉讼监督职能就处在这样一种尴尬的境地。法律虽然赋予了检察机关对公安机关侦查活动、人民法院审判活动和刑罚执行机关执行活动是否合法的监督职能和权限，但是却没有明确规定上述机关应当接受检察机关监督的法律义务，加之监督的法律程序亦不健全，以致在实践中，一些监督对象以各种形式规避、限制乃至拒绝检察机关的法律监督，使相关的法律规定不能落实，直接影响了法律监督制度的实施效果。另外，看守所作为对犯罪嫌疑人进行羁押管理、并且承担部分刑罚执行任务的专门机构，其监管活动是否合法，直接关系到刑事诉讼能否顺利进行和被监管者的人权能否得到保障，也应当接受检察机关的法律监督。但是，由于1996年刑事诉讼法中没有了1979年刑事诉讼法关于检察机关对看守所监管活动是否合法实行监督的规定，致使目前检察机关履行这一职能只能依据国务院颁布的《看守所条例》这一行政法规，而失去了上位的法律依据。因此，有必要在修改刑事诉讼法时一并予以完善。笔者主张，在刑事诉讼法中专设一条，明确规定侦查机关、审判机关、刑罚执行机关和看守所的有关刑事诉讼活动接受检察机关法律监督的义务，以增强其接受监督的自觉性，从而维护法制权威和司法公正。

2. 完善逮捕程序，明确规定检察机关在审查批准逮捕时，犯罪嫌疑人被羁押的，应当提审犯罪嫌疑人，听取其申辩意见；赋予被羁押的犯罪嫌疑人及其聘请的律师申请取保候审的权利。

逮捕作为刑事诉讼中最为严厉的强制措施，具有在一定时间内剥夺犯罪嫌疑人人身自由的特点。在现代法治国家，剥夺一个人的人身自由，大多需要经过司法审查程序，因而很多国家由法官签发逮捕令。在中国，对犯罪嫌疑人适用逮捕，必须提请检察机关审查批准。这也是一种司法审查程序，因为中国的检察机关也是司法机关。为了保证审查批捕这一司法审查程序更为客观公正，审查批捕程序的构造应当在检察机关与侦查机关、犯罪嫌疑人之间形成一个三角诉讼结构，使侦查机关同犯罪嫌疑人之间形成诉讼制衡。这就要求检察机关既应当审查侦查机关适用逮捕的理由，也应当听取犯罪嫌疑人及其聘请的律师的申辩和辩护意见。但是，中国刑事诉讼法规定的审查逮捕程序中，没有赋予犯罪嫌疑人相应的申辩权和申请取保候审的权利，使检察机关对适用逮捕的审查过程，缺乏辩护权与侦查权的必要的诉讼制衡。司法实践中，对于检察机关在审查批捕时是否要提审在押的犯罪嫌疑人，也因为没有明确的法律规定而做法不一。即使在要求提审犯罪嫌疑人的地方，承办人在提审时，也主要是为了进一步调查事实、核实证据，而不是为了听取犯罪嫌疑人的申辩意见，或者了解犯罪嫌疑人是否申请取保候审。这导致检察机关在对逮捕条件的把握上，常常忽视"有逮捕必要"这一条件，致使一些本可适用其他强制措施的犯罪嫌疑人被批准逮捕，批捕率过高。这不仅造成羁押场所在押人数居高不下，增加诉讼成本，而且不符合慎用逮捕措施的刑事政策，侵害了部分犯罪嫌疑人的合法权益，偏离了逮捕制度的司法审查特征和立法本意。因此，有必要修改刑事诉讼法关于审查逮捕程序的规定，以更好地尊重和保障犯罪嫌疑人的人权。

3. 设置犯罪嫌疑人对延长羁押期限的申诉程序。需要重新计算羁押期限的，侦查机关应当报请检察机关审查批准。我们提出这一立法建议的主要理由如下：

（1）对犯罪嫌疑人延长羁押期限，实际上等于将其再次逮捕，事关其人身自由，应当在诉讼程序上赋予其申诉和救济渠道。因此笔者主张，规定对于检察机关批准延长羁押期限的案件，侦查机关接到批准延长羁押期限决定书后，应当把延长的期限和理由告知犯罪嫌疑人。犯罪嫌疑人认为延长羁押期限不当的，可以向作出批准决定的人民检察院提出申诉。

（2）根据刑事诉讼法的规定，在侦查期间，发现犯罪嫌疑人另有重要罪行的，自发现之日起可以重新计算羁押期限。"六部门"《关于刑事诉讼法实施中若干问题的规定》中规定，对于需要重新计算羁押期限的，可以由公安机关决定，报检察机关备案。实践中，一些公安机关存在利用其规避法律，随意重新计算侦查羁押期限的违法问题。而检察机关由于对备案审查存在滞后性等原因，对于公安机关违法重新计算羁押期限的行为难以及时有效地监督纠正。因此，笔者主张，规定需要重新计算羁押期限的，侦查机关应当报请检察机关审查批准。

4. 完善抗诉案件的审判程序，明确规定接受抗诉的人民法院应当自行审理，依法作出判决，废除抗诉案件可以发回原审法院重新审判或指令下级法院再审的规定；明确规定人民法院对于检察机关按照审判监督程序提出抗诉案件的审理期限。

首先，1996年《刑事诉讼法》规定，对于人民检察院提出的抗诉，接受抗诉的人民法院对于事实不清或者证据不足的案件，可以发回原审人民法院重新审判，或者指令下级人民法院再审。这种做法，一是影响了人民检察院审判监督的效力。接受抗诉的法院发回重审，使案件继续由下级法院审判，而下级法院只是改变了审判人员，但是院长、庭长和审判委员会成员并没有改变，在这种体制下，使其改变自己的错误存在很大难度。二是无谓地增加了诉讼成本。实践中有的案件发回重审后，因下级法院执意维持错误判决，检察机关不得不多次抗诉，最终还是由上级法院直接予以改判。三是发回重审和指令再审的法律根据不符合疑罪从无的原则。根据1996年《刑事诉讼法》第189条、第205条的有关规定，发回重审或者指令再审的条件是原判决事实不清或者证据不足，而根据《刑事诉讼法》第162条的规定，证据不足不能证明被告人有罪的，法院应当作出证据不足，指控的罪名不能成立的无罪判决。《刑事诉讼法》第162条的这一规定，体现了疑罪从无原则，而发回重审、指令再审制度显然与之存在明显的法律冲突。要避免这一冲突，必须废除发回重审、指令再审制度。对于检察机关提出抗诉的案件，接受抗诉的人民法院应当自行审理并依法作出判决。

其次，关于人民法院按照审判监督程序重新审判案件的期限，《刑事诉讼法》规定："应当在作出提审、再审决定之日起三个月以内审结，需要延长期限的，不得超过六个月"。而未对法院作出提审、再审决定的期限作出明确规定。实践中，对于检察机关按照审判监督程序提出抗诉的案件，一些法院往往长时期搁置,迟迟不作出再审决定,以致再审程序事实上失去审判期限的保证,大大减弱了检察机关审判监督的实际效果。为了维护审判监督程序的严肃性和规范性,保证法律赋予检察机关的监督职能作用的发挥,在修改刑事诉讼法时,笔者主张,明确具体地规定法院接到检察机关抗诉后的审判期限。

5. 改革减刑、假释、暂予监外执行的报请和审批程序,使不当的减刑、假释、暂予监外执行意见能够得到及时纠正。

对服刑人员予以减刑、假释或者暂予监外执行,是刑罚执行中比较容易发生违法问题的诉讼环节。减刑、假释制度运用得好,有利于服刑人员的教育改造;运用得不好,该减不减,或过度适用,则不利于服刑人员的改造,损害司法公正。在目前的司法实践中,适用减刑、假释存在过多过滥的现象,有的甚至用钱买减刑,严重影响了刑罚制度的严肃性,浪费了前期程序的诉讼资源。特别是职务犯罪案件,"前门进,后门出"的现象更为严重。究其原因,很大程度上是由于报请和审批减刑、假释的程序不健全,随意性过大。目前的减刑、假释程序是,刑罚执行机关书面提出减刑、假释意见,人民法院以书面方式进行审理,人民检察院的监督只能在法院作出减刑、假释裁定后进行,监督具有滞后性。刑罚执行机关报请和审批暂予监外执行的程序,也同样存在随意性过大、监督制约不够的问题。为了维护刑事判决执行工作的合法性和严肃性,防止滋生司法腐败,有必要修改刑事诉讼法,改革减刑、假释、暂予监外执行的报请和审批程序,增加人民检察院对于刑罚执行机关呈报减刑、假释、暂予监外执行的审核程序。即,刑罚执行机关认为需要对服刑罪犯予以减刑、假释或者暂予监外执行的,应当报请人民检察院审查,由检察机关决定是否报送人民法院裁定减刑、假释,或者呈报暂予监外执行。这样,就使检察机关能够对上述执行环节进行有效的程序制约和同步法律监督，有利于维护司法公正。为了保证检察机关监督的有效性，还应当明确规定检察机关可以调阅有关服刑人员的改造材料，刑罚执行机关应当提供。

（四）完善检察机关监督范围的规定，使刑事诉讼法律监督体系更加严密

1. 完善检察机关立案监督的法定范围，明确规定检察机关可以对公安机关不应当立案而立案的情况进行监督纠正。

刑事诉讼法确立的刑事立案监督制度，对于解决侦查机关有案不立、以罚代刑，尤其是对于解决人民群众告状无门，促进严格执法起到了十分重要的作用。但是对于侦查机关不应当立案侦查而立案的案件，如群众反映强烈的侦查机关插手经济纠纷问题等，却没有明确检察机关的监督权限，实践中一些公安机关以法无明文规定为由拒绝接受检察机关的监督。立案作为刑事诉讼中一个独立的诉讼环节，一般情况下，包括受案、审查、决定立案或者不立案。要保证整个立案活动依法进行，仅仅对不立案活动进行监督是远远不够的。对立案正确与否进行监督，不仅是保证整个立案活动依法进行的需要，而且是保障当事人合法权益的需要。因此，笔者主张，修改刑事诉讼法，把不应当立案而公安机关立案侦查的问题明确纳入刑事立案监督的范畴，全面确立刑事立案监督制度。同时，为保证这一监督措施的刚性和效力，还应规定对于检察机关通知公安机关撤销案件而公安机关不予撤案的，检察机关可以直接做出具有法律效力的撤案决定，公安机关应当执行，犯罪嫌疑人被采取强制措施的，应当立即解除强制措施。

2. 对于公安机关采取拘留、监视居住、扣押、冻结等涉及人身自由和财产权利的强制性侦查措施，建立事后审查救济机

制，由检察机关进行监督。

为了防止滥用强制性侦查措施，保障公民的合法权益不受侵犯，对公安机关采取限制或剥夺公民人身自由、财产权利的强制性侦查措施，应当从诉讼程序上加强监督制约。一些国家对警察采取逮捕和其他强制性侦查措施，实行由预审法官进行司法审查、颁发令状等做法。如英国规定，签发搜查证的权力属于治安法官。法国规定，在侦查过程中，预审法官有权扣押货币、金条、汇票或存款。日本规定，司法警察职员在认为有侦查犯罪必要时，可以根据审判官签发的命令实施搜查，也可以请求审判官签发查封命令。而中国公安机关侦查案件，除了采取逮捕措施要提请检察机关审查批准外，采取其他强制性侦查措施均可自行决定，缺乏外部制约和救济机制，不利于切实保障当事人的人权。当然，从目前实际情况出发，如果将公安机关采取的所有强制性侦查措施都交由检察机关审查批准，还不具备这样的条件。但是建立一种有效的事后救济机制还是十分必要的。因此笔者主张，通过赋予当事人等申诉权，建立检察机关事后审查机制，来解决对公安机关采取其他强制性侦查措施的监督制约问题。与此相应，对检察机关直接侦查的职务犯罪案件所采取的上述措施，犯罪嫌疑人及其聘请的律师有异议的，可以向上级人民检察院申诉。

3. 公安机关在侦查中需对犯罪嫌疑人延长拘留期限至30日的，报请人民检察院审查批准。

刑事诉讼法规定，对于流窜作案、多次作案、结伙作案的重大嫌疑分子，提请人民检察院审查批准逮捕的时间可以延长至30日。这一规定对于保障侦查的顺利进行、有力打击犯罪是必要的。但是，实践中，滥用这一规定的现象比较严重，一些明显不属于上述情形的犯罪嫌疑人，拘留期限被延长至30

日，有的地方大部分犯罪嫌疑人的拘留期限被延长至30日，不仅违背了立法本意，而且严重侵犯了被拘留人的合法权益。拘留期限过长，也有违刑事诉讼法设置拘留这一处置紧急情况的强制措施的目的。为了保证正确适用延长拘留期限至30日的规定，切实维护犯罪嫌疑人的合法权益，笔者主张，增加一道制约程序，即规定公安机关需要延长拘留期限至30日的，在拘留后的法定期限内报请检察机关审查批准。

三、完善民事、行政诉讼监督

现行民事诉讼法和行政诉讼法授权人民检察院对人民法院的民事审判活动和行政诉讼活动实行法律监督。十几年来，各级检察机关依法办理了一批民事、行政抗诉案件，通过人民法院再审，增强了法院裁判的公信力。实践证明，民事、行政检察监督作为一种审判活动的外部监督制约机制，对于维护司法公正具有不可替代的作用。但是，由于相关法律规定过于笼统，现有的一些规定不够科学，一方面导致检、法两家在法律监督的范围、程序、方式等方面长期存在较大分歧，检察机关的法律监督得不到应有的配合，甚至在某些方面受到不合理的限制，职能作用未能充分发挥；另一方面，造成检察机关的执法不够统一，工作不够规范，一定程度上也存在监督不当、抗诉质量不高等问题。笔者主张，从以下几个方面完善民事、行政诉讼监督制度：

1. 明确规定接受抗诉的人民法院应当直接审判民事抗诉案件，以保证民事抗诉再审程序的公正性，进一步明确法院审理抗诉再审案件的期限。

首先，根据法律规定，检察机关的抗诉监督是通过上下级法院之间的审级监督来实现的。实践中，接受抗诉的人民法院对于检察机关抗诉的案件，往往函转或者裁定发回原审法院重新审理，影响了再审的公正性。根据司法公正的基本准则，裁判权应当由公正无偏的机构和人员来行使。原审法院作为具有独立法律人格的审判主体，与再审结果具有利害关系。虽然法律规定，法院再审本院生效裁判需另行组成合议庭，但在中国的审判体制下，真正对抗诉再审行使审判权的，往往是法院院长或者审判委员会。原审法院虽然可以另行组成合议庭，却无法另行指定他人代行院长职责，更不可能重新组成审判委员会。这些人员作为一级法院的重要成员，与再审案件的结果存在事实上的利害关系。检察机关的抗诉针对的是法院的错误裁判，由作出错误裁判的法院来纠正自己的错误，比由上级法院来纠正下级法院的错误要困难得多。"任何人不能当自己案件的法官"，这也是审判制度的通例。因此，完善民事抗诉案件再审制度，必须按照公正原则的要求，明确抗诉再审案件的审级，防止原审法院自行再审。笔者主张，人民检察院提出抗诉的民事案件，接受抗诉的法院应当自行再审并作出裁判。

其次，实践中长期存在的另一个问题是，检察机关提出抗诉的民事案件难以及时审结。根据2007年《民事诉讼法》第184条的规定，法院审理再审案件，原生效裁判是由一审法院作出的，按照一审程序审理；原生效裁判是由二审法院作出的，按照二审程序审理；上级法院按照审判监督程序提审的，按照二审程序审理。审理期限是审理程序的基本要素。法律对法院审理一、二审案件的期限均作了明确规定。但是，由于法律对人民法院接到抗诉以后启动再审的时间未作规定，大多数案件在检察机关提出抗诉以后不能及时启动再审。而法律关于再审期限的规定也没有得到很好的执行。为了提高诉讼效率，笔者主张，法律应单独规定法院审理抗诉再审案件的审限。人民法院审理抗诉案件的期限，应当自人民检察院送达抗诉书之日起计算。

2. 明确规定人民检察院在民事诉讼监督中可以调取、查阅人民法院审判卷宗。

"调卷难"是实践中长期困扰检察机关民事行政检察工作的问题。人民法院的审判卷宗记载了诉讼活动特别是案件审理的具体情况,检察机关要对民事审判活动进行监督,必须通过审阅人民法院卷宗了解诉讼过程和审理情况,否则监督就无法进行。根据法律规定,只有上级检察院有权对下级法院的裁判按审判监督程序提出抗诉,如果要求上级检察院必须派员到下级法院所在地阅卷或复印卷宗,将耗费大量人力、财力。而且,检察机关在决定是否抗诉之前,必须经过一定的审查程序,其间可能需要多次阅卷,如果不调取审判卷宗,会带来很多困难和不便。目前实践中,许多法院不允许检察机关调阅卷宗,有的地方检察人员到法院阅卷经常受到刁难。因此,为了保证检察机关能有效地履行民事抗诉职能,笔者主张,法律应明确规定检察机关有权调阅原审人民法院的卷宗。

3. 明确规定人民检察院为了查明人民法院是否存在违法审判行为,或者为了核实裁判的正确性,可以调查取证。

通过调查取证,了解人民法院审理案件的情况以及人民法院裁判的合法性,是检察机关依法履行监督职责的重要保障。实践中,对于法院的审判活动是否违反法定程序,程序违法是否影响了判决的公正性,以及审判人员在审理该案件时是否有渎职行为等,检察机关只有通过调查取证才有可能了解清楚。了解这些情况,是检察机关履行民事诉讼监督职责的前提。因此,笔者主张,应根据检察机关履行诉讼监督职责的需要,明确规定检察机关可以进行必要的调查取证。同时,也要对检察机关调查取证的情形作必要的限制,防止以检察机关的取证代替当事人举证。

4. 增加检察机关监督诉讼程序违法的方式，规定人民检察院对民事诉讼中的违法情形可以提出纠正意见。

首先，实践中违反民事诉讼程序的现象比较多。违反民事诉讼程序审理案件，不仅可能导致民事裁判不公，损害当事人的民事权利，而且会直接侵害当事人的诉讼权利，损害司法活动的严肃性，降低司法裁判的公信力。

其次，现行法律规定的诉讼程序违法的法律后果，不足以遏制程序违法。根据 2007 年《民事诉讼法》的规定，违反民事审判程序的法律后果，是引起诉讼程序的重复——再审或者重审。这只是给予当事人的一种程序救济。这种救济虽然在某些案件中是必要的，但对于维护当事人民事权益的作用非常有限。从纠正程序违法的可能性来看，一方面，不是所有的程序违法都可以通过程序的重复予以纠正；另一方面，程序违法给当事人造成的胜诉机会的丧失往往难以弥补。因此，仅依靠再审或重审来保障诉讼程序的效力是远远不够的。为了保障民事诉讼依法顺利进行，有必要增加纠正程序违法的监督方式。

最后，根据法律的规定，检察机关对民事审判活动的监督，既包括对生效裁判的监督，也包括对人民法院是否遵守审判程序的监督。对于监督程序违法的方式，现行法律规定，违反法定诉讼程序可能影响公正裁判的，检察机关可以提出抗诉。仅仅依靠这一方式，难以有针对性地进行监督，有必要增加检察机关监督民事审判程序违法的方式，明确检察机关对诉讼中的违法行为可以提出纠正意见，有关机关应予纠正。

5. 将民事执行纳入检察监督的范围，并明确规定人民检察院对民事诉讼实行法律监督。

2007 年《民事诉讼法》第 14 条规定："人民检察院有权

对民事审判活动实行法律监督。"一般认为,"民事审判活动"不包括民事判决、裁定的执行活动,因而检察机关对民事执行程序无权进行监督。实践表明,民事执行中消极履行职责或者滥用执行权的现象非常普遍,长期以来没有得到很好解决的"执行难"问题,也与民事执行程序缺乏必要的监督有关。为了惩治执行判决、裁定中的失职、滥权行为,中国《刑法修正案(四)》规定了执行判决、裁定失职罪和执行判决、裁定滥用职权罪。当然,仅依靠追究少数职务犯罪者尚不足以保障和监督民事执行的顺利进行。为此,有必要将民事执行活动纳入检察监督的范围。对人民法院在执行活动中所作裁定的监督,检察机关可以适用法律关于民事审判监督程序的有关规定启动再审程序;对其他执行活动中的违法情况,检察机关可以采取提出纠正违法意见的监督方式。

6. 建立行政公诉制度,对于行政机关违反法律侵害国家和社会公共利益的行为,检察机关可以代表国家提起行政诉讼。

首先,建立行政公诉制度是维护法制和社会公共利益的客观需要。实践中,由于公职人员法律素养不高等原因,违反法律的行政行为和行政不作为时有发生。行政法律往往是根据公共利益的要求来制定的,行政行为必然直接或间接地关系到公共利益的实现和保障。违法行政行为或不作为,即使不直接侵害个体利益,也会侵害公共利益。因此,建立行政公诉制度,赋予检察机关依法提起行政公诉的权力,通过启动诉讼及时撤销或者纠正违法的行政行为,判令行政机关依法履行职责,对于维护法制和社会公共利益具有重要的现实意义。

其次,建立行政公诉制度是保障依法行政、维护社会稳定的需要。在行政诉讼中,法院通过对被诉行政行为的合法性审查,判决维持合法的行政行为,撤销违法的行政行为或者确认其违法，可以阻断违法行政行为的效力，保障行政机关依法行政。由于没有适格的原告提起行政诉讼，现实生活中存在行政机关侵犯公共利益而得不到司法监督、救济的情况。例如，国有资产的流失、环境污染和破坏、土地开发中的不合理利用等，因为没有适格主体起诉，通过其他途径又难以得到有效解决，不仅影响法制的权威，而且容易引发群体性事件。因此，将严重损害公共利益的违法行政行为纳入行政诉讼范畴，由检察机关代表国家提起行政诉讼，发挥检察机关在保证法律统一正确实施、保护公共利益方面的职能作用，有利于促进行政机关依法行政，也有利于维护社会稳定。

再次，由检察机关行使行政公诉权符合其法律监督性质，也具有可行性。检察机关是法律监督机关，对行政机关及其工作人员执行职务的合法性进行监督，符合其职能性质。检察机关不从属于行政机关，直接对权力机关负责，依法独立行使职权，是代表国家和社会公共利益提起行政诉讼的合适主体。而且，由检察机关提起行政诉讼，不会打破现行的行政诉讼结构。1989年《行政诉讼法》第32条规定："被告对作出的具体行政行为负有举证责任，应当提供作出该具体行政行为的证据和所依据的规范性文件。"基于此，在针对具体行政行为的诉讼中，检察机关行使起诉权，只需启动诉讼，证明被诉行政行为或者不作为具体存在即可。检察机关通过一般性调查或者依靠公民、法人控告，不难获取相应证据。针对抽象行政行为的诉讼，并不涉及事实问题，检察机关也无需调查取证。由于这种公益诉讼只是针对严重损害公共利益的违法行政行为，也不会影响行政机关正常的行政管理秩序。

最后，建立行政公诉制度符合行政诉讼制度的发展趋势。从世界范围看，扩大对公共利益的保护，是行政诉讼制度的发展趋势。不少国家如美国、德国等国的法律明确规定由检察官作为公共利益代表人,有权提起行政诉讼。

四、明确规定最高人民检察院的提请审议权

我们主张,通过人民检察院组织法规定,最高人民检察院对于最高人民法院判决、裁定中涉及的重大的或者具有普遍意义的法律适用问题,或者地方法院根据最高人民法院的司法解释、文件等而作出的某一类案件的判决、裁定所涉及的法律问题,可以提请全国人大常委会审议。

全国人民代表大会作为国家最高权力机关,享有立法权和对于宪法和法律实施的监督保障职能。最高人民检察院和最高人民法院都要对全国人民代表大会负责并报告工作,接受全国人大及其常委会的监督。最高人民检察院作为最高国家法律监督机关,认为最高人民法院的判决、裁定确有错误,抗诉后因为对法律原意认识分歧被维持原判,而该判决所涉及的问题对法律适用具有普遍影响的,或者最高人民检察院认为地方法院根据最高人民法院的司法解释、文件、领导讲话等对某一类案件的判决适用法律普遍存在违背法律原意问题的,笔者主张,开辟一条特殊的监督渠道,即允许最高人民检察院提请全国人大常委会对该法律适用问题进行审议,并作出立法解释。这一特殊程序不适用于具体案件,只适用于法院判决中反映出的具有普遍意义的法律理解和适用问题。最高人民检察院曾经对该类问题作过尝试,如对于挪用公款罪的法律适用问题提请全国人大常委会审议决定,社会效果很好。因此,我们主张,以法律的形式将这一监督方式固定下来,并规定相应的适用条件和程序。

(与谢鹏程合作撰写,原载《中国法律》2006年第3期)

检察改革宏观问题研究

改革首先要有明确的目标。检察改革的目标是强化法律监督。如何强化法律监督,则是检察改革所要研究的核心问题。只有找到强化法律监督的路径,才能真正解决检察改革所要解决的问题,否则,强化法律监督就只是一个口号。检察改革需要解决的问题,可能是多方面的,但是我们不可能一下子解决所有需要解决的问题,必须选择一个切入点。基于这种思路,本文重点研究的问题:一是检察改革的目标;二是检察改革的进路;三是检察改革的切入点。

一、检察改革的目标设计

在检察改革中,首先面临的问题是目标设计。如何确定我国检察改革的目标,既是理论工作者和实务工作者普遍关注的问题,也是检察改革研讨中议论最多、争议最大的问题。这是因为,任何一项制度性改革,都必然要涉及一系列的制度安排和措施选择。这些制度安排和措施选择要保障相互之间具有内在的协调一致,就必须有一个能够统领全部的要素。这个要素就是改革的总体目标。只有目标明确,各项制度安排和改革措施都围绕统一的目标进行,才能避免彼此矛盾和冲突,形成改革的合力。并且,任何一项重大的改革都不是一蹴而就的事业，不可能所有的改革措施都同时推出。改革难免表现为一个过程。在改革的过程中，一些容易做到的改革措施可能首先出台和实施，一些有争议的或一时难以做到的改革措施可能要随后出台和实施。而在这个过程中，如果没有一个统领全局的主线即统一而明确的目标，就难免出现前面的改革措施不断地被后来的改革措施所否定的现象，使制度设计始终处在一种自我否定的飘浮不定的状态中。这样的改革，既是对司法资源的巨大浪费，也会动摇人们对改革的信念。因此，在改革的具体措施出台之前，认真研究和科学合理地确定改革的目标，对于保障改革的稳步推进，是非常必要的。

正确选择检察改革的目标，离不开对我国根本政治制度、司法制度及其存在的社会基础的科学分析。

党的十六大报告在谈到司法体制改革时，第一句话就是："社会主义的司法制度必须保障在全社会实现公平和正义"。这就是说，我们通过司法体制改革，所要建设的司法制度必须是能够保障在全社会实现公平和正义的社会主义的司法制度。一个能够保障公平和正义在全社会实现的司法制度是我们进行司法体制改革的目标，因而也是检察改革的总体目标。公平和正义是人们普遍追求的社会价值，是社会秩序得以维系的基本理念。一个社会，如果不能满足人们对公平和正义的要求，就没有理由要求人们遵循它所颁布的法律和制定的行为规范，社会秩序也就荡然无存。而司法是维护和实现公平和正义的最后一道屏障。当人们之间的争纷不能自己解决时，当个人的权利和尊严受到侵犯时，人们就会寄希望于司法机关，期求司法机关通过适用法律使当事人之间的争纷能够公平地解决，使邪恶和不义受到制裁从而使社会正义得到伸张。司法的功能正在于满足人们对公平和正义的追求，在于通过严格正确地按照事先颁布的法律规则，公平合理地裁判当事人之间的争分，或者通过依法惩治犯罪行为，伸张社会正义。可以说，在全社会实现公平和正义是司法的根本宗旨。因此，司法体制改革的一切构想和方案都应当受到这个目标的制约和检验。有利于保障在全社会实现公平和正义的司法改革，应当坚持；不利于保障在全社会实现公平和正义的司法改革，我们就应当摈弃。

对于检察机关来说，要保障在全社会实现公平和正义，就必须强化法律监督职能。因为在我国的司法体制中，检察机关的角色定位，不是执掌终局裁判权的审判机关，而是维护法制统一正确实施的法律监督机关。检察机关在保障公平和正义方面的功能集中表现在其法律监督职能是否健全、是否能够充分发挥作用上。所以，检察改革，应当紧紧围绕法律监督职能，研究和探索保障在全社会实现公平和正义的制度安排，采取切实有效的措施，维护社会的公平正义。这既是完善社会主义检察制度的需要，也是保障在全社会实现公平和正义的需要。

正是基于这种认识，笔者认为，检察改革的总体目标应该是："强化法律监督职能，完善能够保障在全社会实现公平和正义的社会主义检察制度"。

这样一种检察制度的基本标志有四个方面：

一是有一定的职权和行使职权的必要手段。中国检察制度的根本特征是通过法律监督来保障在全社会实现公平和正义。为此，检察机关就必须有比较完整的法律监督的权力。只有享有这种权力并充分运用这种权力，才能有效地监督违反法律的情况，保障公平和正义的实现。没有一定的法律赋予的国家权力，要保障在全社会实现公平和正义，就只能是一句空话。不仅如此，要运用法律赋予的权力进行法律监督，实现法律监督权设置的目的，还必须具有必要的手段。必要的手段是实现目的的不可或缺的方面。没有发现违法、进行监督的手段，或者这种手段残缺不全，法律监督权就可能被迫束之高阁，就难以发挥其应有的作用。检察机关作为国家的法律监督机关，就可能真的像一些人所说的那样，是"盛名之下其实难符"。

二是有一套独立行使职权的制度。职权的正确行使和有效行使，需要一定的制度保障。缺乏必要的制度，既不能保证这种权力在需要行使的时候及时有效地行使权力以实现权力设置的目的，更不能保证权力行使的正确性。因此设置一定的权力，客观上就需要为这种权力的行使建立必要的保障其行使的制度。特别是对于具有法律监督功能的检察制度而言，如何有效地从制度上保障检察权的独立行使尤为重要。因为，检察权作为一种检查、督促纠正违法的权力即法律监督权，是以违法行为为对象的，检察机关一旦不能切实有效地行使职权，就可能产生法制遭受破坏而无人问津的后果。但是如果检察机关不能独立行使法律赋予的权力，这种后果就不能要求检察机关来承担，法律监督机关也就形同虚设。因此，党的十五大报告和十六大报告在谈到司法改革和司法体制改革的时候，都特别强调，要"从制度上保障司法机关依法独立行使审判权和检察权"。这句话，绝不是简单地重复，而是表明建立一个独立行使检察权的制度，在检察改革中具有特别重要的意义。独立行使检察权的制度，既包括机构设置上的独立性，也包括管理体制上的独立性，同时还应当包括经费供给上的独立性。

三是有一个符合检察工作规律的机制。任何权力的行使都离不开权力运作机制的科学性和合目的性。如果检察机关内部管理混乱，或者检察权的运行机制不符合法律监督的内在要求，那就既解决不了检察权正确行使的问题，也解决不了检察权有效行使的问题。而在检察权不能合目的地高效运作的情况下，要保障在全社会实现公平和正义，其概率几近于零。因此，只有按照履行法律监督职能的需要，真正建立起一整套符合检察工作规律的管理机制，其中包括案件流程管理机制、工作业绩考核机制、检察人员晋升机制、错案认定和追究机制，检察机关才能切实有效地行使法律赋予的权力，担负起维护法制统一、保障在全社会实现公平和正义的使命。

四是有一批称职的检察人员。"徒法不足以自行"，权力总是要通过一定的人来行使，这是一个浅显但却极易被人忽视的道理。如果没有称职的检察官队伍，很难说这种检察制度就是能够保障社会公平和正义的制度。检察工作是一项专业性很强的工作，需要有专门的知识和手段，需要精通法律规范的内容和精神，更需要崇尚法律的理念和维护法律尊严的勇气。没有一大批精通法律并且能够秉公执法的检察官，就不可能充分发挥检察机关实现公平和正义过程中的保障作用。当然，在上述四个基本标准之外，就检察改革而言，总目标就是检察系统上下一致要求的强化检察机关的法律监督职能，因此一切改革都要有利于强化检察法律监督职能。

因此，检察改革，在宏观上就应当围绕强化法律监督的目标，着重从这四个方面进行设计。

在确定检察改革目标的问题上，始终涉及一个重大的理论问题，即中国的检察机关应当按照什么样的模式来建设。

按照我国宪法的规定，检察机关是国家的法律监督机关，因此检察机关应当按照法律监督机关的模式来建设，检察改革的目标也就是要强化检察机关的法律监督职能。但是在学术界，一些学者对于宪法这一规定的合理性提出了质疑，认为检察机关只是一个公诉机关，不是也不应该是法律监督机关[1]，检察改革应该按照公诉机关的模式来革除公诉职能以外的职权[2]。这两种模式的争论，是我们在论证检察改革的目标时，不能不回答的问题。

笔者认为，对检察机关法律监督性质的质疑，本身存在着理论上的先天不足。因为它据以立论的基础，或者说思考问题的视角，至少是不全面的。第一，这种观点立论的根据只是英美法系的诉讼结构，而当今世界上，至少存在着三大法系，即英美法系、大陆法系和社会主义法系。大陆法系和社会主义法系都是"倒三角"的诉讼结构。仅仅以一个法系的诉讼结构为参照系来否定和改造中国现行的诉讼结构，至少是不全面的。第二，仅从刑事诉讼的角度来研究检察改革，具有一定的局限性。因为，检察权的配置和行使，绝不仅仅是一个诉讼结构问题，而是一个国家权力配置问题。即使是对于诉讼结构问题的研究，也涉及一个公检法三机关的权力分配与制约问题，而这个问题，也只有从国家权力配置的基本原理出发，才能得出合理的结论。

基于对我国根本政治制度和法律文化传统的深入分析和理性思考，我们认为，把检察机关作为国家的法律监督机关来设置和建设，把检察改革的目标定位为强化法律监督，以强化法律监督为基本点，通过改革来完善我国社会主义检察制度，不仅具有价值选择上的合理性，而且具有客观现实的必要性。检察改革应当始终保持清醒的头脑，在坚持检察机关宪法地位的

---

〔1〕 参见陈卫东：《我国检察权的反思与重构》，载《法学研究》2002年第2期。
〔2〕 参见崔敏：《关于司法改革的若干思考》，载陈光中、江伟主编：《诉讼法论丛》（第2卷），法律出版社1998年版，第62—64页；郝银钟：《检察机关的角色定位与诉讼职能的重构》，载陈兴良主编：《刑事法评论》（第四卷），中国政法大学出版社1999年版，第311页。

基础上进行改革，而不是轻易舍弃中国检察制度的合理内核，去照搬照抄某个西方国家检察制度的模式来否定自己的检察制度。

我们说把检察机关作为国家的法律监督机关来建设具有价值选择上的合理性和客观现实的必要性，主要是基于以下理由：

（一）法律监督的必要性，首先来自法律本身的内在需求

立法者制定法律，总是希望在其权力所及的范围内把法律的规定适用于所有对象，希望每个人都能够遵守法律，按照法律发布的命令或者授权选择自己的行为，从而赋予法律普遍适用的效力。但是事实上，法律作为凝结在规则中的国家意志，不仅相对于各个个人的意志是独立存在的，而且在本质上要求个人意志服从它。而个人意志天然地具有不愿服从他人意志的本性，这与法律要求人们服从的本性之间，必然会发生矛盾和冲突。这种矛盾和冲突，在客观上就决定了国家只有通过强有力的检查督促手段促使人们服从和遵守法律，并对违法者给予制裁，才能维持法律效力的普适性，才能保证法律的被遵守。于是法律便借助国家强制力强制人们服从它。正如哈特指出的："在任何时间和地点，法律都有一个最为显著的普遍特征，这就是它的存在意味着特定种类的人类行为不再是任意的，而是在某种意义上具有强制性。"[1] 法律的强制性，不仅意味着运用国家权力对违法者进行制裁，而且首先意味着督促人们遵守法律、发现并追诉违法者的法律监督机制在国家权力结构中的确立。没有有效的、以国家强制力为后盾的法律监督机制，就不可能维持法律效力的普适性，就不可能建立起秩序井然的

---

[1] [英] 哈特：《法律的概念》，中国大百科全书出版社1996年版，第7页。

法治社会。从这个意义上讲，法律监督是法律存在的基础和保障，是法律本身的逻辑要求。

当然，如何实现法律监督，可以有不同的模式。在古罗马，"元老院"的设置，曾经在其法律制度中占据重要地位。元老院最重要的职权，就是制约执法官的权力行使。在英国，枢密院一直分享着司法权，有权审理对英联邦国家一切法院审判的案件提起的上诉。而长期奉行的陪审团制度则从限制法院审理案件的范围，到限制法官的定罪权来防止法院和法官任意出入人罪，以保障审判权的正确行使。在中国历史上，御史制度在维护封建法制的过程中曾经发挥着极为重要的作用。御史制度设置的初衷当然是为了纠察百官。而在中国古代，并没有司法权与行政权的区分，官吏既是行政官员也是司法官员，执掌着适用国家法律的权力。对百官的监督，实际上包含着监督法律实施的职能。即使是在现代所谓发达的法治国家，照样存在着有效的监督制约机制，对执法人员和执法活动的监督制约。例如在美国，司法权与立法权、行政权的分设以及相互之间的制衡本身，就是对司法权行使的一种制约。此外，就司法权本身的设计而言，也存在着一系列制约因素。首先，美国（包括类似国家）把司法权限定为一种完全是消极的裁判权，没有当事人或一个机关的起诉，司法权不得介入其他国家权力运作的领域和社会生活的各个领域。其次，法官的遴选和任命要受行政权的控制，对法官任职资格的过分严格的要求保证了担任法官的人必定是精通法律并具有良好品行的人。最后，诉讼机制上对法官审判案件的制约，如对于被告人不认罪的刑事案件，法官只能组织庭审活动，而无权对案件事实作出裁判，无权认定被告人有罪还是无罪；即使是量刑权，法官也不能任意决定，而必须遵循先例；法官不得参与判决的执行；等等。

这种制度设计本身,就大大限制了法官行使审判权的范围和自由裁量的余地。在大陆法系国家,检察官作为国家的法律代表,不仅具有监督一切国家机关和公民遵守法律的情况,并对违法者进行起诉的权力,而且对审判机关的活动以及判决的执行情况也具有一定的监督权。正如西方学者指出的:"法国检察机关,具有对刑事案件起诉和在民事案件中代表公共利益的职能。……在刑事诉讼中,公诉人决定是否提请公诉……在民事案件中,公诉人以自己的名义或以政府代理的名义起诉,也可以作为一名监督人或'法庭之友'出庭。但在所有的案件中,他主要关心的是法律应被正确地解释和运用。"[1]

这些事实说明,有法律就需要有人来监督法律的遵守和实施,就需要有健全的法律监督机制。至于对法律的遵守和适用情况由谁来监督,法律监督机制如何建立、如何运作,则是并且只能是由各国特殊的历史发展过程和社会环境决定的。各国所具有的不同的监督制约机制,并没有也无法否定对法律实施情况进行监督制约的必要性。而且,监督制约机制的不同恰恰说明,世界上并不存在可以适用于一切国家的法律监督机制模式,各国只能根据自己的国情来选择法律监督机制。这是世界各国法律运行机制的基本原理,也是中国依法治国所应遵循的法理。

(二)中国设立一个专门的法律监督机关是由自己的根本政治制度决定的

中国由于自己特有的历史传统,从来就没有向西方国家那样实行"三权分立"的法律制度。新中国成立后,按照人民的意志,我国宪法选择了人民代表大会制度。在人民代表大会统

---

[1] [英]戴维·M.沃克:《牛津法律大辞典》,光明日报出版社1988年版,第610页。

一行使国家权力的前提下，为了保证国家权力的高效运作，宪法又把国家权力中的行政权赋予国务院和地方各级人民政府行使，把审判权赋予人民法院行使，同时设置一个专门的法律监督机关行使法律监督权，以保障全国人民代表大会制定的法律在全国范围内能够统一正确地实施。法律监督权与行政权、审判权一起作为国家权力结构中彼此独立的组成部分，由专门的国家机关行使，并统一隶属于国家最高权力。这是我国法律制度的一大特色。

在人民代表大会统一行使国家权力的制度下，法律监督机关的设置是一种必然的和必须的选择。第一，全国人民代表大会作为统一的最高的国家权力机关，享有广泛的权力。[1] 这就决定了人民代表大会对于由它产生并对它负责的其他国家机关的监督只能是宏观的监督，只能是就影响重大的事项的监督，而不可能是一种经常性的具体的监督。在这种情况下，行政机关和审判机关的日常事务即具体的执法活动，必然处于国家权力机关无力监督的状态。但是按照权力运作的一般规律，缺乏制约的权力必然导致权力的滥用。为了防止其他国家机关滥用国家权力，就有必要设置一个专门机关，承担常规性的监督职责，来检查督促其他国家机关正确执行全国人民代表大会制定的法律，以防止权力的滥用。第二，我国的其他国家机关都是由人民代表大会产生并直接对人民代表大会负责的。这些国家机关各负其责，各自独立。在这样一种国家结构中，有必要设置一个专门机关来监督其执行法律的情况，发挥以权力制约权力的作用。可以说，法律监督机关的设置，是根据国家最高权

---

[1] 按照宪法规定，全国人民代表大会及其常委会享有37项权力（其中人大和人大常委会的权力个别的有交叉）。

力机关的授权对行政权、审判权的制衡，但不是对国家最高权力的制衡。第三，我国的法律监督机关是由人民代表大会产生并直接向人民代表大会负责的一个国家机关，因此它所具有的法律监督权只是人民代表大会统一行使的国家权力的一部分，是根据人民代表大会的授权代行部分监督权，法律监督机关行使法律监督权，不仅其本身要受到人民代表大会的监督，而且行使法律监督权的范围和方式要由人民代表大会通过法律来规定。

这种情况说明，法律监督机关和法律监督权的设置，在人民代表大会制度下，具有其存在的合理性，是权力制约的必然要求，符合权力运作的普遍规律；而这种权力本身又不是一种不受监督制约的权力，不是独立于国家最高权力之外的可以任意行使的权力。因此，从宪法制度上看，法律监督机关的设置，是保障国家行政机关、审判机关按照国家权力机关制定的宪法和法律正确行使行政权和审判权的有效措施。特别是在依法治国的过程中，法律监督机关的独立设置和法律监督权的高效运作，对于督促各级国家机关严格依照法律的规定管理各项公共事务，防止权力的异化和滥用，具有极为重要的不可替代的作用。

（三）把检察机关作为国家的法律监督机关来建设，基于深厚的社会基础

在中国，把法律监督权作为一种独立的国家权力，并设立一个专门的法律监督机关来行使法律监督权，虽然直接来自列宁的法律监督思想和苏联的国家结构模式，但是其存在的合理性却深深地植根于中国的特殊国情之中，是建设有中国特色的社会主义法治国家的客观要求和理性选择。这是因为：

第一，建设社会主义法治国家，就必须有专门的法律监督

机关运用国家权力来监督和保障法律的严格遵守和正确实施。

几千年来，中国一直是一个权力本位的国家，人治传统深深地扎根于国民意识之中。一方面，人们把权力看作是法律的本源，把法律视为当权者手中的工具。与法律相比，人们更崇尚个人手中的权力及其影响力。另一方面，人们对权力的期望值很高，而对法律的期望值较低。许多人认为有权的人无所不能。在这种社会心态下，人们无论遇到什么事，往往首先想到的是"关系"而不是"法律"，都希望通过"关系"找个有权的人"说说情"，希望通过有权的人的影响力促成自己想办的事或者阻止不利于自己的事。即使是明知触犯了法律，也希望通过"关系"使执法人员对自己"网开一面"。在国家大力倡导依法治国的社会环境下，许多公民特别是一些领导干部，仍然认为依法治国是用法律来管理社会、管理别人，而不是、甚至不愿意用法律来管自己。这种淡漠法律的社会意识形态，给自觉地遵守法律和严格地执行法律造成了很大的思想障碍，使法律的遵守和执行在很大程度上不能不依赖于强有力的法律监督机制。

第二，司法腐败和执法不公的现实，客观上要求强化法律监督。

我国部分司法机关确实存在司法腐败和执法不公的问题，这是一个不争的事实。但是如何解决这个问题，无论是司法机关之间，还是学者之间，抑或二者之间，都存在不同的看法。有的人认为，司法腐败和执法不公的问题，主要是这些年来思想政治工作薄弱，以致一些司法人员思想觉悟不高、贪心、私欲膨胀而徇私枉法、贪赃枉法造成的，因此主张应当通过加强政治思想教育来解决。有的人认为，司法腐败和执法不公的根本原因是司法不独立和司法人员的素质不高，有了高素质的司法人员，实现了司法独立，司法腐败和执法不公的问题就自然而然地解决了。甚至有的学者援引某些西方国家没有法律监督照样保持司法公正的现象，说明法律监督不仅是多余的而且是有害的。笔者认为，这种认识具有一定的片面性，并且是脱离中国实际的一厢情愿。因为在中国，司法腐败和执法不公现象的存在，具有多方面的原因，甚至可以说具有一定的历史必然性。这种必然性，不仅仅是一个历史传统或者制度缺陷的问题，其中既有观念方面的、社会环境方面的原因，也有人才和制度方面的原因，同时也有机制和管理方面的原因，这些因素的综合作用是任何一种单一的制度设计和改革措施所难以根本改变的。因而解决司法腐败和执法不公的问题，需要长期地多方面地努力，其中法律监督即运用国家强制力督促和保障严格执法和正确适用法律是不可或缺的方面。没有法律监督的强制力量，其他任何手段都难以真正奏效。这种现实状况的存在，使专门的法律监督机关的设置，在我国，对保障法律的正确实施、对于消除和遏制司法腐败、对于防止司法权的滥用和误用、对于维护司法公正，具有特别重要的意义，是法律监督机关独立存在的价值所在。

第三，检察机关作为国家的法律监督机关依法独立行使法律监督权，具有不可替代性。

在中国，对法律实施的情况进行监督，具有多种渠道和形式。但是法律监督是其他任何一种监督方式所无法替代的。

首先，法律监督不同于人大监督。人大作为国家的权力机关，其在国家权力结构中的地位决定了人大对宪法和法律实施情况的监督必然是一种宏观的、带有决策性质的监督。这种监督，与其说是法律监督，毋宁说是权力监督[1]。人大的权力监督不同，法律监督机关的法律监督则是就各个具体的案件或行为进行监督，不涉及国家的大政方针，不具有宏观的决策的性质。当然，这并不意味着法律监督是不重要的、可有可无的。由于法律的实施始终是并且只能是通过各个具体的行为来实现，所以在法律实施的各个环节对遵守、执行和适用法律的具体情况进行法律监督，运用法律监督权来追诉严重违法的行为、督促纠正不公正的司法裁判，是保障法律被严格遵守、保障司法公正的关键，也是在法律的实现过程中最具现实性的、最直接的监督。

其次，法律监督不同于人民群众的监督。在中国，一切权力属于人民，人民对于法律的实施当然享有监督权。人民群众除了通过人民代表大会和人民代表监督法律的实施情况之外，还可以通过党派的民主监督、舆论的社会监督以及采取举报、投诉等方式来监督法律的实施情况；案件当事人还可以通过上诉、申诉或自诉等方式监督法律的实施情况。但是就各个个体而言，人民群众对法律实施情况的监督是作为权利而不是作为权力来行使的。这种监督，一方面具有一定的随机性。作为人民群众中的各个个体，可以行使这种权利，也可以不行使这种权利；可以在这个问题上行使这种权利，也可以在那个问题上行使这种权利；即使是明显违法的情况，也可以不予监督。因而这种监督不具有制度性的特点，难以保证对法律实施情况进行全面的经常性的监督。另一方面，这种监督没有拘束力。新闻媒介可以通过报道执法机关的工作情况和具体案件，披露执

---

[1] 细心的读者如果仔细阅读一下我国宪法就会发现，宪法在明确规定人大的15项职权、人大常委会的21项职权时尽可能地避免使用"法律监督"的用语，而就这一用语独独留给了"法律监督机关"。

法活动中存在的问题，但是不能要求司法机关按照新闻媒介上的意见处理该行为；当事人可以不同意司法机关的处理结果甚至可以向作出决定的司法机关的上级机关进行反映，但是不能阻止或妨碍司法机关对案件的处理。与人民群众的监督相比，法律监督具有法定性和强制性的特点。法律监督是法律监督机关的法定职责，法律监督机关如果放弃对法律实施情况的监督就是失职。作为必须履行的法定义务，监督法律的实施是法律监督机关全部工作的出发点和着眼点。这就在制度上保障了法律监督的经常性和必为性。不仅如此，法律监督的方式也具有法定性。法律监督的手段和程序是由法律明文规定的，法律监督机关只能运用法律规定的手段、按照法律规定的程序进行监督；只能在法律规定的范围内行使法律监督权，而不能在法律规定的范围之外任意使用监督手段。与法律监督的法定性相联系，法律监督的行为一经实施，就会生产一定的法律效果，不接受法律监督则构成违法。例如，法律监督机关对犯罪行为的追诉活动必然引起国家审判机关对有关犯罪人的审判；对公安机关应当立案而不立案情况的纠正意见，必然产生公安机关必须立案的法律效果；对侦查活动和刑事判决执行中的违法情况提出纠正意见，有关机关必须及时纠正。

最后，法律监督不同于行政监督。行政监督是同一单位或同一部门内部上级对下级的监督。这种监督作为内部管理的一种手段，也具有经常性的特点并且是强化内部管理必不可少的手段。但是与外部监督相比，这种内部监督具有一定的局限性：一是在监督的范围上，监督者是在本单位或本部门的领导管辖和控制下实施监督行为的，因而只能监督自己的下级而不可能监督自己的上司，以致使本单位或本部门的领导成员处于无人监督的真空地带；二是在监督的视角上，监督的主体与客体处在同一权力运作的过程中，受"当局者迷"规律的支配，对某些明显违法的"习惯做法"可能产生认同感而难以发觉其违法性；三是在监督的心理上，由于监督者与被监督者处于同一个"命运共同体"之中，彼此之间"低头不见抬头见"，其监督行为容易受感情因素的影响而张弛参半。相反，法律监督是一种来自被监督者活动范围之外的监督，监督者与被监督者之间没有行政上的隶属关系，可以避免内部监督的局限，独立公正地进行监督。并且由于法律监督是运用法律规定的方式、按照法律规定的程序行使法律监督权的，因而对于被监督者具有一定的拘束力，能够起到行政监督难以达到的效果。

法律监督不同于其他各种监督的上述特点，决定了法律监督在依法治国中担负着特别重要的使命。它对于树立法律的权威，保障法律的实施；对于教育和督促公民遵守法律，保障无罪的人不受非法追诉；对于惩治职务犯罪，督促行政机关依法行政；对于纠正法律适用中的违法行为，促使司法机关公正司法，都具有其他监督方式所无法替代的作用。

因此，在检察改革中，我们有充分的理由确信，检察改革的目标是强化法律监督，而不应当是削弱乃至取消法律监督。检察机关应该按照强化法律监督的要求来改革现行检察制度和检察工作机制中不利于切实履行法律监督职责的部分，保障法律监督权的依法、公正、廉洁、高效地行使。

二、检察改革的进路

围绕着强化法律监督的目标，检察改革应当着力解决妨碍强化法律监督的重大问题。这些问题包括两个方面：其一是检察机关自身难以克服的外部的问题；其二是检察机关自身能够解决的内部存在的问题。

就外部的问题而言，检察机关应当加强调查研究，积极慎重地提出修改完善人民检察院组织法、三大诉讼法及其他有关法律的立法建议和司法体制改革的建议，通过立法和司法体制改革强化检察机关的法律监督职能，以便从制度上保障检察机关依法独立行使检察权。

为了充分发挥检察机关在维护法制统一、保障法律正确实施中的职能作用，需要通过司法体制改革和完善立法加以解决的问题，主要有以下几个方面：

(一) 扩展法律监督的空间

检察改革必然要涉及检察权的配置问题。只有在国家权力结构中科学合理地配置检察权，才能保障检察机关法律监督职能的充分发挥。

检察权配置的基础是维护法制统一和保障法律正确实施的客观需要。哪些属于法律监督的领域，哪些不属于法律监督的领域，应当从维护法制统一和保障法律正确实施的客观需要出发，进行合理地界定，而不应当从部门之间的争权夺利出发，也不应该将其仅仅视为部门之间的争权夺利。

从这些年来法律监督的实际情况看，笔者认为，法律实际赋予检察机关的职权与法律监督的使命之间存在一定的距离。这就使检察机关在维护法制统一和保障法律正确实施方面，心有余而力不足，以致时常处于一种十分尴尬的境地。例如，要对案件处理不公的问题进行监督，就必须首先了解案件处理的情况，而检察机关对于其他国家机关处理案件的情况在绝大多数场合都没有知情权，难以了解案件处理的具体情况，因而也就无法进行监督。人民群众遇到执法不公和裁判不公的问题，总是找检察机关，认为检察机关是国家的法律监督机关，有责任监督有关机关的执法和司法活动，为其申冤，而检察机关往往却因没有法律的授权难以履行法律监督的职责。

因此，强化法律监督，首先必须解决法律监督的客观需要与法律监督权限范围之间的矛盾，赋予检察机关履行法律监督职能所必需的权力。笔者认为，需要通过改革增加和完善的职权主要有以下几项：

1. 提请违宪（违法）审查权

从法律赋予检察机关的职权上看，法律监督存在明显的真空地带。而这种真空地带的存在，使检察机关法律监督职能难以充分发挥其应有的作用。

对于一切违反宪法精神和法律规定的行政法规、部门规章、地方性法规和司法解释，检察机关都应当有权向全国人大及其常委会提请审查的权力。

要维护法制的统一，首先就必须对部门规章和地方性法规中与国家最高权力机关制定的宪法和法律相冲突的问题进行监督，这是从根本上维护法制统一的需要。因为我们国家是一个统一的多民族国家，即单一制国家，立法权由国家最高权力机关人民代表大会及其常委会统一行使。全国人大及其常委会制定的法律在全国范围内具有一体遵行的效力。但是我们国家制定规范性文件的主体却具有广泛性的特点。除了全国人大及其常委会作为，国务院具有制定行政法规的权力，国务院所属各部门具有制定行政规章的权力，省级人民代表大会具有制定地方性法规的权力，最高人民法院和最高人民检察院具有发布司法解释的权力。行使这些权力所形成的规范性文件，有的是就如何贯彻实施全国人大及其常委会制定的法律所作的进一步规定，有的则可能直接形成新的规则。而这些规定和规则，往往与法律一起构成执法机关和司法机关执法和适用法律的依据，因而它们直接关系到法律的统一和正确实施。这些规范性文件的内容是否符合宪法和法律的精神，对于法制的统一和法律的正确实施具有重大的影响。如果这类规范性文件所规定的内容违反宪法或法律的精神，依据该规范性文件所进行的执法或司法活动，就必然是违法的。因此法律监督首先就应当是对这些规范性文件的合宪性和合法性的监督。如果对这些规范性文件的合宪性和合法性不能进行监督，对依照这些规范性文件所进行的执法和司法活动就难以进行有效地监督。[1]

但是从现有的法律规定看，法律并没有赋予检察机关这方面的权力。这在实践中就限制了法律监督的空间，使法律监督的权力不能触及对法制的统一和法律的正确实施影响最大的领域。

2000年通过的《立法法》第90条中规定，国务院、中央军委、最高人民法院、最高人民检察院和各省、自治区、直辖市的人民代表大会常务委员会认为行政法规、地方性法规、自治条例同宪法或者法律相抵触的，可以向全国人民代表大会常务委员会书面提出进行审查的要求，由常务委员会工作机构分送有关的专门委员会进行审查、提出意见。但这只是一个一般性规定而不是授权性规定，是有关国家机关都享有的权利而不是法律监督机关专属的权力。并且，作为一项权力，应该包括相应的保障其效力的规定。如有关国家机关将自己制定的行政法规、部门规章、地方性法规和司法解释，在颁布施行的同时送达最高人民检察院备案，以便审查的义务；全国人大及其常委会对最高人民检察院提请审查的事项进行处理答复的程序、期限和方式等。如果没有相应的保障措施，检察机关履行法律监督职能的行为就可能难以实施或者石沉大海。

---

[1] 孙志刚案件的法律依据问题不解决，类似孙志刚的案件就不可能得到纠正。

2. 职务犯罪案件的统一受理权

依法治国的根本要求是一切权力的行使都要严格依法进行。权力腐败和权力滥用是严重违反法律的行为。作为国家专门的法律监督机关，对于人民群众控告举报国家工作人员违法行为的案件，应当由检察机关统一受理。检察机关认为存在违法事实需要追究刑事责任的，向人民法院提起公诉，由人民法院依法审判；有违法事实但不需要追究刑事责任的，交由有关机关追究行政责任或给予纪律处分；没有违法事实存在的，应当还被控告举报人以清白。

目前存在的由各单位纪检监察部门首先受理和调查国家工作人员贪污受贿、滥用职权、玩忽职守、贪赃枉法等案件，待查清事实后由其决定是否移交检察机关提起公诉的做法，使检察机关法律监督权的行使在很大程度上依赖于有关单位的纪检监察部门是否将案件移送检察机关。这种做法与法律赋予检察机关职务犯罪侦查权的立法宗旨相矛盾，不利于检察机关依法及时有效地搜集和固定能够证明犯罪事实发生与否的证据，也在一定程度上限制了检察机关履行法律监督职责的空间。

3. 办结案件审查权

对于一切社会主体向检察机关提出申诉的有关执法机关和司法机关办结的案件，检察机关应当有权进行审查，以便确认其间是否存在违反法律的情况。

法律监督的核心内容是发现和督促纠正执法和司法过程中出现的违法情况，保障法律的正确实施。对于人民群众提出申诉的有关执法和司法方面的案件，应当统一由检察机关进行审查。检察机关认为其中可能存在执法和司法不公的，或者认为有关执法机关和司法机关在该案件的处理过程中可能存在违法情况的，应该有权进行调查，以便给申诉人一个明确的答复。

对于其中确有错误的，应当有权提请有关机关纠正；属于申诉人对法律或有关机关的做法发生误解的，应当做好息讼工作。

目前存在的问题：一是受理申诉的主体分散，互相推诿的现象严重。每个机关只受理本部门本系统办理过的案件，而每个部门的工作人员对本部门处理案件的方式往往会有一定的认同感，以致在一定程度上存在袒护本部门本系统案件处理结果的倾向；同时，在一个系统内部，下级对于上级的责问，往往会找种种理由作出让上级满意的解释。这就使一些处理不当的案件难以得到及时有效地纠正。二是检察机关在受理申诉后，如果案件本身不是检察机关办理的，检察机关就难以进行调查和处理。由于法律没有赋予检察机关对其他执法机关和司法机关处理的案件进行审查的权力，所以申诉人所申诉的案件，如果不是检察机关自己办理的案件，检察机关就难以了解案件处理的具体情况，更无法要求办理案件的机关对其进行纠正。而申诉人往往认为检察机关是法律监督机关，有权要求其他机关纠正不当决定。这在一定程度上增加了人民群众对检察机关的不满，以为检察机关没有切实履行自己的职责。

此外，行政执法机关在执法活动中发现的构成犯罪的行为，应当及时移送检察机关审查，以便决定是否需要追究刑事责任。但是在实践中，有的行政执法机关对于明显构成犯罪的案件，往往只给予行政处罚，而不移送检察机关，以致检察机关无法介入这类案件。这种状况，大大损害了法律的权威性，导致有罪不究的结果。这与法律统一正确实施的要求是相悖的。为了避免这种状况的继续，有必要在法律上赋予检察机关对行政执法机关的执法活动进行法律监督的职权，检察机关应当有权随时检查行政执法机关执行行政法律的情况，包括对行政执法机关作出行政处罚的案件进行审查的权力，同时规定行政执法机关及时如实地向检察机关提供行政执法情况的义务。

鉴于上述情况的存在，建议通过修改人民检察院组织法，赋予检察机关对行政执法机关和司法机关已经办结的案件进行审查的权力，并规定有关机关必须向检察机关如实提供办结案件有关情况和证据资料的义务。只有这样，才能使检察机关在认为执法机关可能存在违法情况或者对案件处理不合法的时候，通过调查确认违法事实或实施法律不当情况的存在，及时提出纠正意见，保障法律的正确实施。

4. 民事和行政案件公诉权

目前，检察机关只有刑事案件的公诉权而没有民事案件和行政案件的公诉权。这一方面对于公诉权而言是不完整的，另一方面不能满足法律监督的需要。对于违反宪法和法律并侵犯国家和社会公共利益的行政决定，或民事侵权行为，如果没有具体的被害人，或者被害人人数多且分散，在实践中往往就会出现无人提起行政诉讼或民事诉讼的状况。检察机关作为国家的法律监督机关，在这种情况下，就应当有权代表社会公共利益，对违法的行政决定或侵权行为提起公诉，以便保护社会公共利益，维护法律的尊严。

5. 督促执法权

全国人民代表大会制定的法律和国务院制定的行政法规，在实践中有权或有义务执行的机关和人员不执行法律规定或不履行执行职责的情况，非常严重。但是法律没有授权检察机关监督这些法律被遵守、被执行的职权。例如，对于假冒伪劣产品负有检查追究职责的机关和人员不确实履行职责，致使假冒伪劣产品长期严重危害人民群众的身体健康和生命安全的行为；对于国家税收负有征稽职责的机关和人员不征或者少征应征税款，妨害国家税收的行为等，除了构成犯罪的，由检察机关追究刑事责任之外,大量存在的尚未构成犯罪的情况,法律没有规定检察机关进行法律监督的权力,检察机关作为国家的法律监督机关,难以胜任法律监督的使命。

对于这种情况,也应当在修改人民检察院组织法时作出明确规定,赋予检察机关督促有关机关采取必要措施执行有关法律的权力。对有义务执行法律法规但由于渎职而不执行的,检察机关应当有权提请其上级主管部门依法追究其行政责任或法律责任。

(二)增强法律监督的能力

无论法律规定的权力有多大,如果监督主体缺乏监督的能力,仍然无法进行有效地监督。因此提高法律监督的能力,对于强化法律监督,具有特别重要的意义。

增强法律监督的能力,涉及两个方面:一个是在法律层面完善关于法律监督手段和效力的规定;另一个是在工作上提高法律监督的水平。

1. 强化发现违法的能力

法律监督并不是要对法律实施过程中的一切情况进行监督,而是要对法律实施过程中存在的或发生的严重违反法律、妨碍法律正确实施的情况,提出纠正意见或追诉请求,督促有关机关和人员依法处理。因此,如何发现违法情况的存在,对于切实履行法律监督职责,对于法律监督的有效进行,具有至关重要的意义。

发现违法是进行法律监督的前提。只有及时发现违法情况的存在,才能够有针对性地进行监督。检察机关作为法律监督机关,如果不能及时有效地发现法律实施过程中存在的违反法律的情况尤其是构成犯罪的严重违法行为,强化法律监督就是一句空话。

发现违法是保证法律监督有效性的基础。法律监督的根本任务是督促纠正违反法律的情况。检察机关所提出的监督意见要想具有说服力，就必须有充分的证据来支撑。有力而充分的证据是进行监督的基础。没有证据证明，任何单位和个人都不会承认自己实施了违法的行为或者作出了违法的决定；没有充分的证据证明，有权对违法情况进行处罚的机关就不敢轻易相信检察机关的监督行为，并作出相应的决定。因此，要保证法律监督及时有效地进行，要充分发挥法律监督在维护法律正确实施中的作用，检察机关就必须及时准确地发现违法事实的存在，并且能够提供确实充分的证据证明自己的监督意见具有客观存在的事实基础。

发现违法需要一定的手段。证明违法的证据，只能通过一定的手段来取得。没有有效的发现违法的手段，而仅仅依靠举报人提供的线索或当事人的一面之词，检察机关既难以获取充分的证据并据以认定违法事实的存在，也难以提出让被监督者接受的监督意见。发现违法的手段，主要是调查取证的手段，包括运用国家强制力调查取证的手段即侦查手段。对执法过程中违法情况的调查，特别是对职务犯罪的侦查，在很大程度上依赖于侦查能力的提高。但是从检察机关的实际状况看，侦查能力不高严重制约着检察机关查办职务犯罪职能作用的发挥。

从我们国家的法律规定看，为了保障检察机关对国家工作人员行使国家权力的职务活动进行法律监督，法律赋予了检察机关对职务犯罪直接进行立案侦查的权力。这实际上是给检察机关提供了一种发现犯罪的手段。检察机关运用这种手段，每年查办了一大批职务犯罪案件。这对于加强权力制衡、维护法律的正确实施，起了一定的作用。但是从实践中看，检察机关现有的侦查手段还远远不能适应同职务犯罪作斗争的需要。一方面，随着社会的发展和科学技术的发达，职务犯罪的智能化趋势十分明显，而检察机关在查办职务犯罪案件的过程中可以使用的侦查手段却十分落后，某些先进的技术手段甚至因人为地限制而不能使用。这就极大地限制和削弱了检察机关发现犯罪的能力，使某些重要的职务犯罪案件在侦查过程中受阻而不得不半途而废。另一方面，虽然1996年《刑事诉讼法》第48条规定"凡是知道案件情况的人，都有作证的义务"，但是任何法律都没有规定知道案件情况的人不作证或不如实作证时，对他本人会产生什么不利后果。特别是法律没有规定拥有案件证据的有关单位应当提供证据的义务。这就使检察机关在查办职务犯罪案件过程中，难以得到有关单位和个人的配合，难以全面搜集能够证明案件真实情况的证据。这两个方面的原因都在很大程度上妨碍了检察机关及时有效地发现犯罪。

除了调查职务犯罪的侦查手段不足之外，在其他方面，法律都没有明确规定检察机关的调查权，更没有规定有关单位和个人协助调查的义务。特别是在民事诉讼和行政诉讼法律监督中，民事诉讼法和行政诉讼法没有赋予检察机关任何调查的权力。有关单位或个人向检察机关提出违法裁判的申诉后，检察机关往往难以对审判机关的审理过程和裁判理由及证据进行调查核实，因而也就很难发现审判活动和裁判结果是否存在违反法律的情况。在实践中，有的审判机关对检察机关受理的申诉案件，积极配合、提供情况的，检察机关就可以及时地查明审判活动中是否存在违反法律的情况，以便说服当事人息讼或者决定提出抗诉。而一旦有关审判机关不予提供情况时，检察机关就束手无策，难以履行法律监督的职责。因此，为了保证法律监督机关能够及时发现违法情况的存在，法律还应当规定有关机关和人员向法律监督机关报告违法情况的义务。特别是执法机关和执法人员在执法过程中,如果发现其他机关、单位或个人实施了或存在应当由法律监督机关查办的违反法律的情况或行为,就应当向有管辖权的法律监督机关报告,以便法律监督机关能够及时对之进行调查了解,使违反法律的情况及时得到纠正和处罚。

总之,要强化法律监督,就必须通过立法赋予检察机关有效的发现违法的手段,其中包括赋予检察机关直接使用技术侦查手段的权力、要求涉嫌职务犯罪的单位和知情人员提供有关案件的材料和证据的权力等,使其能够真正胜任自己的工作,切实履行法律监督职责。

当然,提高检察机关发现违法的能力,绝不仅仅是一个法律规定的问题。检察机关自身侦查水平的提高同样是一个不容忽视的极为重要的方面。从目前的实际情况看,检察机关在侦查职务犯罪案件的过程中,也存在一些影响侦查能力提高的问题。如有的侦查人员,对于刑法规定的职务犯罪构成要件把握不准,自认为已经查清了并能够证明有罪的案件,所搜集的证据材料,有时并没有证明认定犯罪所必需证明的要件,以致影响案件的有罪判决率;有时侦查指挥中突破口选择不当,贻误突破案件的时机;重视讯问犯罪嫌疑人和询问证人侦查手段的运用,特别是重视在羁押状态下讯问犯罪嫌疑人,而不够重视检查、鉴定等侦查手段的运用,搜集提取物证的能力比较弱;在充分发挥现有的侦查力量,形成侦查合力方面,还有待进一步加强。这种状况,在一定程度上影响了职务犯罪案件侦查的成功率,导致自侦案件成案率低、撤案率高、不诉率高、有罪判决率不高、实刑判决率不高的现象难以改变。因此,检察机关采取积极有效的措施,努力提高自身的侦查能力,也是增强侦查能力的一个不容忽视的方面。建议检察机关加强专业技术和技能的培训，不断提高侦查人员的法律水平、扩展知识面特别是对权力运作过程的了解，增强职务犯罪侦查的实战能力。

2. 提高纠正违法的能力

"通知纠正"是人民检察院组织法赋予检察机关的一种监督手段。1986年《人民检察院组织法》第13条第2款规定："人民检察院发现公安机关的侦查活动有违法情况时，应当通知公安机关予以纠正。"第19条第2款规定："人民检察院发现监狱、看守所、劳动改造机关的活动有违法情况时，应当通知主管机关予以纠正。"按照这些规定，检察机关发现有违法行为存在时，可以通过发出纠正违法通知书的方式，要求有违法行为的单位和人员纠正其职务活动中的违法行为。

但是，第一，这种纠正违法的通知，只适用于公安机关的侦查活动和监狱、看守所、劳动改造机关的活动，而不能适用于其他执法机关的执法活动。第二，即使是这种有限的通知纠正违法的权力，对监督对象也没有什么拘束力。因为除了1996年《刑事诉讼法》第87条规定公安机关对于人民检察院通知立案的应当立案之外，对于其他场合的通知纠正，法律既没有规定这种通知纠正的法律效力，也没有规定有关单位和有关人员不接受检察机关纠正违法通知时对其产生什么样的法律后果。所以这种通知纠正的效力，完全取决于作为监督对象的有关机关和有关人员对它的态度。监督对象愿意接受监督的，这种通知纠正就可能起到督促其纠正违法的作用；如果监督对象不接受监督或认为没有理由监督，这种通知纠正就是一纸空文，起不到任何监督的作用。正如有的学者形容的："我国的诉讼实践中，口头纠正违法、纠正违法通知和抗诉都没有必然要使监督者的意图得到贯彻的保障，一些案件在抗诉之后得不到改判（其中包括理由正确的控诉），甚至案件被长期搁置得不到回应；有些被监督者当着监督者的面将纠正违法通知书撕毁，检察机关却无可奈何。"[1] 这种状况，严重地影响了法律监督的实际效果，导致法律监督难以发挥其应有的作用。

至于检察机关在履行法律监督职能的实践中时常使用的检察建议和意见，实际上就更难发挥其应有的作用。检察建议是20世纪50年代借鉴苏联检察机关的做法，检察机关自己在实践中创设的一种监督方式。20世纪80年代初，在参与社会治安综合治理的过程中，检察建议再次被广泛使用。1983年，最高人民检察院明确规定了《检察建议书》的基本格式。1991年最高人民检察院在《关于贯彻落实中共中央、国务院及全国人大常委会〈关于加强社会治安综合治理的决定〉的通知》中提出，要"充分发挥检察建议的作用，努力扩大办案的社会效果"。检察建议在检察机关履行法律监督职能的实践中确实发挥过一定的作用。但是这种作用的发挥，完全依赖于监督对象对检察机关的信赖程度和对检察建议内容的认可程度。愿意接受的，违法行为就能及时得到纠正；不愿意接受的，检察建议就一文不值。因为检察建议并不是法律赋予检察机关的职权，也从未见诸法律文本，因而其本身并不具有法律效力。

检察机关作为法律监督机关，其基本职责就是发现违法情况、督促有关机关和人员及时纠正，并对严重违法构成犯罪的行为进行追诉。因此督促已经发生过违法情况的机关和人员预防和纠正违法，是检察机关履行法律监督职责、发挥其维护法制统一和法律正确实施职能作用的基本方式之一。而要充分发挥这种职能作用，就必须赋予其应有的法律效力即对监督对象的强制性拘束力，而不能完全依赖于监督对象对它的认可程

---

[1] 张建伟：《刑事司法体制原理》，中国人民公安大学出版社2002年版，第409页。

度。基于这个理由,笔者认为,法律(至少在 1986 年人民检察院组织法中)应当明确规定检察建议的法律效力。这种规定应当包括以下内容:

第一,法律应当扩大检察机关有权向有关单位发出纠正违法通知的范围。检察机关在履行法律监督职能的过程中,发现任何单位存在违法情况,都有权向其发出纠正违法通知,要求有关单位和人员限期纠正存在的违法情况。

第二,法律应当对检察建议作出明确的规定,赋予检察机关结合办案就预防犯罪和防止再发生违法情况向有关单位提出改进工作的建议。这种检察建议作为法律监督的一种方式,可以向任何已经发生过违法情况的单位发出。

第三,法律应当明确规定有关单位和人员的义务。对于检察机关发出的纠正违法通知和检察建议,接收单位必须按照《纠正违法通知书》和《检察建议书》中的要求,限期审查自己的有关规定和做法,承认确有违法情况和漏洞的,要及时纠正或采取有效措施,并将纠正或改进情况通报发出纠正违法通知或检察建议的检察机关;认为没有违法情况的,应当及时回复发出《纠正违法通知》的检察机关。检察机关在必要时,可以向其上级主管部门反映情况,上级主管部门接到检察机关反映的违法情况,应当及时审查了解,并回复检察机关。

在规定检察机关监督职责的同时规定监督对象的相应义务,是保障监督有效性的必然要求,也是类似法律制度中的普遍做法。例如,《俄罗斯检察院组织法》第 24 条"检察建议"第 1 款规定:"检察长或副检察长提出的消除违法的建议,应向有权消除违法现象的机关或公职人员提出。对检察建议必须紧急进行研究。自提出检察建议之日起,应在一个月之内采取具体措施消除违法现象,查找促成违法的原因和条件,并对采取措施后的效果书面告知检察长"。

第四，纠正违法通知和检察建议作为法律监督的一种方式，应当慎重使用。纠正违法通知一定要有能够证明违法情况确实存在的证据；检察建议一定要考虑必要性和可行性。纠正《违法通知书》和《检察建议书》要严格按照规定的程序制作，并以检察机关的名义发出，而不能由承办案件的检察人员自行发出。

（三）增强检察机关抗干扰的能力

依法独立行使检察权，是我国宪法规定的检察机关履行法律监督职责的一个根本原则。1954年9月20日，第一届全国人民代表大会通过的《宪法》第83条规定："地方各级人民检察院独立行使职权，不受地方国家机关的干涉。"1982年12月4日第五届全国人民代表大会通过的《宪法》第131条再次专门规定："人民检察院依照法律规定独立行使检察权，不受行政机关、社会团体和个人的干涉。"这些规定，以根本大法的形式，确立了人民检察院依法独立行使检察权的宪法原则。

为了强调检察机关依法独立行使检察权的重要性，1954年人民检察院组织法和1979年颁布、1982年修订的人民检察院组织法，1979年颁布、1996年修订的刑事诉讼法和1995年颁布、2002年修订的检察官法都重申了依法独立行使检察权的宪法原则。

之所以要强调检察机关依法独立行使检察权，是因为检察权即法律监督权能否独立行使，对于能否充分发挥法律监督的作用具有特别重要的意义。

第一，独立性是有效监督的先决条件。监督主体要对监督对象进行有效的监督，就必须独立于监督对象。如果彼此处在一个荣辱与共、利益相关的共同体内，那么，一方面，监督主体与监督对象的共同上级就有可能为了共同的利益而干预监督主体对监督对象的监督，而监督主体又必须服从这种干预；另一方面，共同体所具有的亲和力也会支配监督主体的决定，使其对监督对象网开一面。因此，监督主体如果不具有独立性，就不可能对监督对象进行有效的监督。独立性也是法律监督依法进行的基本保障。只有能够独立地行使检察权，才有可能严格依法办事。

第二，独立性是维护法制统一的基本保障。中国是一个单一制国家，全国人民代表大会制定的法律在全国范围内具有一体遵行的效力。但是由于地域辽阔、人口众多，各地经济发展不平衡，国家实行地方财政与中央财政"分灶吃饭"的政策。这种地方利益的独立性就决定了其与国家法律的统一要求之间必然会出现矛盾和冲突。而当这种矛盾和冲突出现的时候，难免会有某些地方上的领导人为了地方利益而干涉法律的实施包括干涉对涉及地方利益的违法行为的法律监督。如果检察权不能独立于地方权力，它在对违反法律的行为进行法律监督的时候就无力抗拒地方权力的干涉，就无法保证检察权行使的合法性和公正性，就无法完成法律监督的使命。因此，在实行统一法制的国家，为了维护法制的统一，就必须防止地方权力对检察权的干涉，而检察权独立于地方权力是保证检察权不受干涉的起码要求。

但是从我们国家的一系列制度和做法看，都还存在某些不利于检察机关依法独立行使检察权的因素。这些制度性因素，在一定程度上妨碍了检察权的独立行使，使检察机关难以胜任法律监督的使命。例如，最高人民检察院对于地方各级人民检察院、上级人民检察院对于下级人民检察院的机构编制、人员任免没有决定权，难以按照检察工作的实际需要和检察官法的要求解决检察机关的机构设置和队伍建设问题。又如，地方各级检察机关的经费主要依靠地方财政供给，并且这种供给的额度和时间没有明确的标准和必要的保障。特别是财政状况本身就不好的地方，检察人员的工资经常不能按时发放，检察机关的办案经费和办公经费更是没有保障，检察人员的住房问题难以解决。这种财政供给制度使地方各级检察机关不得不主动地去讨好地方行政部门的主要领导，自觉不自觉地要按照地方行政部门领导的意图办案，以致检察机关不得不办理一些与地方行政领导有关的"关系案""人情案"。至于一些涉及到地方经济利益的案件，检察机关难免要从为本地经济发展"保驾护航"的需要出发来办理。再如，检察人员作为行使检察权的主体，其检察官的身份缺乏必要的保障。虽然检察官法规定，检察官"非因法定事由、非经法定程序，不被免职、降职、辞退或者处分"，但是检察官法没有规定检察官包括检察长非因法定事由不得调离，而由于检察机关的人事权掌握在同级地方权力机关，地方领导任意调离检察官的可能性就无法避免，检察官的职业就面临着没有保障的威胁。至于检察官法规定的辞退的"法定事由"，亦具有很大的弹性，难以为检察官履行职责提供身份保障。

  法律监督对独立行使职权的客观需要与检察机关不能独立行使检察权的现状之间的矛盾，不仅在一定程度上妨碍了检察机关严格依法履行法律监督职责，而且也影响了法律监督的实际效果，是法律监督不力的一个主要原因。

  正是由于这种状况的存在，党的十五大报告和十六大报告在谈到司法改革和司法体制改革的时候，都提出要从制度上保障司法机关依法独立行使审判权和检察权。从制度上保障检察机关依法独立行使检察权是司法体制改革的一项重要内容。但是如何从制度上保障，需要认真研究。笔者认为，从制度上保障检察机关依法独立行使检察权的根本目的是增强检察机关的抗干扰能力，真正做到依法行使检察权。

从实践中看，检察权行使过程中所遇到的干扰，主要来自三个方面：

一是体制方面的因素。检察机关现行的领导体制，是上级检察机关与同级地方党委双重领导、以地方党委领导为主的体制。这种领导体制，有利于充分发挥地方党委的积极性。事实上，这些年来，全国各级地方党委对检察机关的工作给予了极大的支持和关怀，在帮助检察机关选配干部、把握正确的政治方向、排除阻力、解决困难、监督检察机关的工作等方面，发挥了积极的作用。但是也应当看到，地方党委的领导，一方面，容易使检察机关的执法活动过多地考虑地方利益和地方社会经济发展的状况，导致国家统一制定的法律在执法过程中出现地方化的倾向，以致破坏国家法制的统一；另一方面，容易为地方上的个别领导人过问具体案件，以言代法、以权压法提供机会，干扰检察机关依法独立行使检察权。应当看到，地方党委、人大和政府的领导，无论是领导检察机关的工作，还是过问具体案件，其初衷多数都是为了使检察机关更好地履行职责，维护法律的实施。但是由于地方党委、人大和政府的领导并不是法律职业人员，无论是他们的法律意识还是法律知识，都不具备驾驭疑难复杂案件的能力，就办理具体案件而言，地方上的领导，显然不如上级检察机关的领导更具专业性、更能保障法律实施的准确性和正确性。同时，地方党委的领导，在一定程度上，也使上级检察机关的领导形同虚设。特别是当上级检察机关的规定和要求与地方上的利益甚至与地方上的个别领导人意见不一致时，上级检察机关的领导更是难以贯彻。这与国家设立专门的法律监督机关的初衷是相悖的。

二是经济方面的因素。一方面,检察机关的经费长期以来主要是由地方财政供给的,并且这种供给没有制度上的保障。检察机关所能得到的经费多少,既取决于当地经济发展的水平和财政状况,也在很大程度上取决于检察机关与地方政府的关系甚至包括检察机关领导个人的活动能量。这就使检察机关在办理具体案件的过程中,不得不考虑地方的经济利益,不得不考虑与地方行政机关的关系,甚至不得不看地方领导的眼色。如果有地方领导包括地方行政机关的领导出面干预,检察机关往往难以抗拒。另一方面,在一些经济欠发达的地方,检察机关的经费没有保障或者供给不足,有的检察机关为解决经费不足而办案,以致出现办"金钱案"的现象。此外,检察机关工作人员的待遇不高,也容易使检察人员经不起金钱的诱惑,为一些蝇头小利而丧失法律原则。这些也都在一定程度上影响了检察权的依法独立行使。

三是人际关系方面的因素。目前,全国各级地方检察机关的工作人员包括领导干部,主要是由在本地出生并成长起来的人员组成的。这就使检察机关的工作人员尤其是作为检察权行使主体的检察官包括检察机关的领导,与当地社会各界的人员之间天然地形成了各种各样的联系。这种人际关系,使检察机关难以摆脱关系网的束缚,而依法独立行使检察权。案件一旦进入检察环节,通过各种关系托人说情的就络绎不绝。特别是在检察机关办理的职务犯罪案件中,地方上有一定领导职务的人,关系网往往更为复杂,对检察机关的干扰力度也就更大。这种人际关系网对检察机关独立办案构成极大的干扰。

因此,增强检察机关抗干扰的能力,是强化检察机关的法律监督职能的一个极为重要的方面,因而也是检察改革中必须着力解决的问题之一。

增强检察机关抗干扰的能力，应当重点从以下几个方面进行：

1. 改革领导体制，落实宪法规定的检察机关的领导关系

我国 2004 年《宪法》第 132 条明确规定："最高人民检察院是最高检察机关。最高人民检察院领导地方各级人民检察院和专门人民检察院的工作，上级人民检察院领导下级人民检察院的工作。"宪法的这一规定，明确无误地确立了我国检察机关上下级之间的关系是一种领导关系。但是，如何理解这种领导关系，存在着不同的看法。有一种观点认为，按照 2004 年《宪法》第 132 条规定，上级人民检察院只是领导下级人民检察院的工作，而不包括对下级人民检察院其他方面如人事任免、经费保障等方面的领导。这种观点，显然是对 2004 年《宪法》第 132 条规定的误解。因为，第一，在 2004 年《宪法》第 132 条的规定中并没有限定工作的范围，凡是下级人民检察院所做的工作，都应当属于宪法规定的上级人民检察院的领导范围而不能人为地把宪法规定的最高人民检察院对地方各级人民检察院、上级人民检察院对下级人民检察院的领导限定在某些方面，而排除另外一些方面。第二，下级人民检察院的工作是多方面的，并且这些方面是相互联系的，不可能将其中一项工作与其他各项工作截然分割开来。譬如办理案件的工作，其本身就涉及人员的调配、经费的使用等方面，涉及人员的政治素养和业务技能。不能说，办案是上级人民检察院的领导范围，而经费保障就不是上级人民检察院的领导范围。更不能说，上级人民检察院只能领导下级人民检察院履行法律监督职能的工作，而不能领导下级人民检察院人事任免和干部调配的工作。第三，从实践的结果看，检察机关之所以长期存在有

令不行有禁不止的状况，一个很重要的原因就是最高人民检察院对地方各级人民检察院、上级人民检察院对下级人民检察院在工作中遇到的困难和问题无法解决，下级人民检察院难以完全听命于最高人民检察院和上级人民检察院。这种状况与宪法规定的初衷，应该说是背道而驰的，与法律监督的本质要求是相矛盾的。

作为检察改革的一项内容，应该考虑如何落实宪法规定的检察机关领导关系问题。笔者认为，按照2004年《宪法》第132条的规定，检察机关应当实现上下级之间的直接领导关系，即最高人民检察院领导地方各级人民检察院各个方面的工作、上级人民检察院领导下级人民检察院各个方面的工作。其中包括：履行法律监督职能、查办案件方面的工作；人事任免和人员管理、培训方面的工作；经费保障和设备装备配备及其管理使用方面的工作；等等。与之相适应，在最高人民检察院向全国人民代表大会及其常务委员会负责并报告工作的同时，地方各级人民检察院应该向自己的上级人民检察院负责并报告工作。

加强最高人民检察院和上级人民检察院的领导，既是增强检察机关抗干扰能力的最有效的措施，也是强化法律监督的重要举措，同时也是落实宪法规定的必然要求。

当然，这项改革涉及修改宪法中关于地方各级人民检察院检察长由同级人民代表大会选举产生和地方各级人民检察院对产生它的国家权力机关负责的规定。在宪法尚未修改之前，可以考虑采取某些变通的方式落实宪法规定的领导关系。事实上，1983年全国人民代表大会常务委员会在修改《人民检察院组织法》时，为了加强上级人民检察院对下级人民检察院的领导，已经对地方各级人民代表大会选举同级人民检察院检察长的规定进行了一定的限制，即补充规定"省、自治区、直辖市人民检察院检察长的任免，须报最高人民检察院检察长提请全国人民代表大会常务委员会批准"，"自治州、省辖市、县、市、市辖区人民检察院检察长的任免，须报上一级人民检察院检察长提请该级人民代表大会常务委员会批准"。但是这个规定是从选举之后的认可程度上来体现最高人民检察院和上级人民检察院的领导的，因而具有很大的局限性，在实践中也难以操作。笔者认为，在宪法尚未修改之前，可以考虑采取这样一种变通方式，在既不违法宪法规定又能保障按照检察官法的要求选择合格的检察机关领导成员的前提下，加强上级人民检察院的领导。这就是：(1) 地方各级人民检察院的机构设置、人员编制和领导职数，由最高人民检察院根据实际工作需要并综合考虑有关情况同一编制，在国家编委批准后组织落实。(2) 由最高人民检察院定期公布具备省级人民检察院检察长、副检察长、检察委员会委员、检察员任职资格人员的名册，各省级人民代表大会应当在最高人民检察院公布的具备任职资格的人员中选举或任命省级人民检察院的领导和检察官；由省级人民检察院定期公布具备省以下各级人民检察院检察长和副检察长、检察委员会委员和检察员任职资格的人员名册，省以下各级人民代表大会应当在省级人民检察院公布的具备任职资格的人员中选举和任命同级人民检察院的领导和检察官。之所以提出这样的改革方案，既是考虑到加强省级人民检察院领导的必要性，也是考虑到我国目前地、县级人大选举检察长的规定，难以保障按照检察官法规定的条件选任检察长和检察员的实际状况。由于地县级人大选举时，通常只能是在本县范围内推选候选人，能够选择候选人的范围非常有限（至于从其他地方推荐来的候选人，由于本地人大代表并不了解其实际情况，所以选举只能是走过场)。没有符合检察官法规定的任职资格的人选时,就不得不从不具备检察官任职资格的人员中选举检察长、任命检察员。这种状况,难以保证选举产生的检察长和任命的检察员符合检察官法的规定。(3) 由省级人民检察院负责地方各级人民检察院的经费预算并报请省级人民代表大会审查批准,由省级财政统一解决全省范围内地方各级人民检察院的经费问题(省级财政确有困难的,中央财政给予补贴),其中应当包括检察人员的工资福利和检察机关的办案、办公经费。提出这个设想的理由主要是:宪法中独立设立检察机关的目的是为了监督法律的正确实施,维护国家法制统一,因此检察机关的经费应当全部由国家统一解决。检察机关的经费应当由最高人民检察院统一预算并报请全国人民代表大会或人大常委会审议通过后,国家财政予以保障。只有这样,才能使检察机关挺起腰板履行法律监督职能,而无须顾及自己的"饭碗"。如果不能从根本上解决检察机关的办案、办公和检察人员的福利待遇等经费问题,独立行使检察权的宪法原则就必然要打折扣。但是考虑到目前国家财政经济困难,无法承担全国各级检察机关的经费,以及各省经济发展的不同情况,应当以省级财政为主解决检察机关的经费问题。

2. 改革检察机关人事管理制度,实现检察一体化

检察机关的根本任务是维护国家法制的统一、保障宪法和法律的正确实施。为此,检察机关在内部组织和权力运作方面就应当是高度统一、互为一体的。如果检察机关内部组织混乱,权力行使不统一甚至各自按照自己对法律的理解和态度行事,检察机关的任务就不可能真正实现。因此,检察一体化可以说是检察机关为完成其根本任务而必需的组织保障。同时,检察一体化,也是提高工作效率,保障法律监督权有效行使的

重要措施,是提高检察机关抗干扰的能力,依法独立行使检察权的组织保障。

检察一体化,首先是检察机关上下级之间的领导关系。这意味着检察机关作为一个整体对外独立。除此之外,检察一体化主要表现在检察机关的内部组织和职权行使两个方面。就内部组织而言,检察机关在机构设置上应当实行统一规划、统一组织,在人员管理上应当实行检察官的统一录用、统一调配和统一管理制度,以保证检察机关的整体性。就职权行使而言,检察机关在履行法律监督职责的过程中,应当能够保障检察权行使的协调统一。这意味着,第一,检察官在自己的职权范围内,对于自己所负责的案件具有独立作出决定的权力,但是上级检察官或检察长有明确指令时,下级检察官应当服从。第二,每一个检察院,都要保障本院在行使职权的过程中所采取的所有行动都符合统一法治的内在精神,不存在相互矛盾的决定和做法。本院在职权范围内办理的案件,在办案人员不能继续履行职责或者不能正确履行职责的时候,要及时采取必要措施包括掉换办案人员,保证办案的承继性。第三,每个检察人员都要有协作精神,能够与其他检察人员相互配合地完成工作任务。

3. 提高检察官的待遇,增强检察官拒腐蚀的能力

法律监督的使命对作为法律监督主体的检察机关和检察人员提出了很高的要求。第一,监督者自己不能违法。要督促其他机关和人员严格遵守法律并对违反法律的行为进行监督,自己首先就必须保持守法的良好记录。如果自己也违反法律,就既不能挺起腰板理直气壮地监督别人,也难以让别人接受自己的意见去纠正违法。第二,监督者要有精湛的执法水平。法律监督主体只有具有深厚的法律功底和广博的法律知识,才会善

于发现违法,对其他单位和人员的行为是否违法提出的意见才能让对方心悦诚服地接受。如果自己对法律一知半解,提出的纠正违法的意见不能切中要害,甚至在对方的行为是否违法的问题上似是而非,监督就不可能有效地进行。第三,监督者要有不畏强权、刚正不阿的使命感。法律监督的主体要有舍得为维护法律的尊严而勇于献身的精神,敢于面对任何违法行为而忠实地履行法律监督职责。如果"欺软怕硬",不敢在强权面前履行法律监督职责,那法律监督就失去了公平和正义,就无法担负起自己的使命。

但是从我国关于法律监督机关的制度设计上看,现行的制度难以满足造就法律监督所要求的高素质的监督者的需要。首先,国家对检察机关的经费供给制度,使为数较多的经济欠发达地方的检察机关的经费无法保障。在这些地方,检察机关实实在在地面临着生存危机,很难集中精力严格依法履行法律监督职能,更难以按照检察官法的要求配备合格的检察人员。其次,对检察官的大众化的制度设计,难以造就法律监督所要求的高素质专业化的检察官队伍,同时也使检察人员难以抵御来自各个方面的干预和诱惑,刚正不阿地切实履行法律监督职责。现有检察人员中不具备检察官任职资格的,无法退出检察工作岗位,而由于编制的限制,符合条件的人才无法进入检察官队伍。检察人员的福利待遇过低,无法树立起职业的尊荣,无法培养崇高的敬业精神。

因此,要增强检察机关抗干扰的能力,就必须重视提高检察官的待遇,使检察官在履行法律监督职责的过程中有一种对职业的自豪感和使命感,在市场经济环境中具有抵制各种诱惑的盾牌和严格自律的动因。

提高检察官的待遇,绝不仅仅是保障检察官工资的按时发放和增加检察官津贴的问题。因为满足人的需要,涉及许多方面。首先,检察官的物质待遇无疑是满足检察官生活需要的基本保障。但是检察官物质待遇的高低,涉及与其他法律工作者物质待遇的比较问题。检察官作为法律职业群体中的一个组成部分,其经济收入状况必然要与法律职业群体中从事其他职业的人员进行比较。这种比较在很大程度上也决定着法律从业人员的流向。如果检察官的物质待遇包括固定的工资、津贴、奖金以及住房条件和出差待遇等,与法律职业群体中从事其他职业的人员相比差距过大,现有的检察官中的优秀人才就可能流向其他法律职业,并且法律院校毕业的优秀毕业生也将不愿意进入检察官行列,从而导致检察官队伍的人才枯竭。其次,提高检察官的人格尊严,是提高检察官待遇的一个重要方面。检察官的人格尊严直接关系到检察官的职业尊荣。能够处处感受到职业尊荣的人,才会珍惜和热爱自己的职业,严格按照职业的要求履行职责。如果检察官缺乏独立的人格,处处要受制于人,在处理日常事务特别是在履行法律职责的过程中不得不摧眉折腰、趋炎附势,他就不可能在违法犯罪行为面前刚直不阿、严格依法地履行职责。人格尊严与社会地位有关,同时也与身份的独立性有关,在一种人身依附关系中就没有人格尊严可言。最后,检察官的待遇还涉及对检察官的人文关怀。检察官在工作和生活中遇到困难的时候,能够得到及时的帮助;在紧急情况下能够得到有效的保护;在正常离退休的时候生活能够有保障,如此等等,都是检察官待遇的题中应有之意。

三、检察改革的切入点

近年来,全国各级检察机关围绕检察改革进行了许多有益的探索,推出了一些有效的改革措施,为检察工作注入了生机与活力。但是就检察机关的内部改革而言,检察改革的思路还有待进一步明确。检察改革究竟应当从哪个方面入手，似乎还存在着进一步研究的必要。笔者认为，在检察机关的内部改革中，应当把改革行政化管理模式作为切入点。其理由主要是：

（一）突出法律监督主业

检察院的立院之本是检察业务，而行政化管理模式从根本上忽略了检察业务的特殊性。因此，改革行政化管理模式是按照检察职能的内在规律建设检察机关的需要。

检察机关是司法机关，司法机关的管理要遵循司法规律。而行政化管理模式与司法规律的要求恰恰是背道而驰的。这几年，我们一直强调要尊重司法规律，检察改革要符合司法规律。但是究竟什么是司法规律，在检察改革和检察机关的内部管理上如何体现和遵循司法规律？这个问题，应该说并没有真正解决。没有解决的原因是行政化管理模式并不需要司法规律。除了工作范围不同之外，检察机关在管理模式上与其他国家机关的区别并不明显，在检察机关的各项管理活动中沿袭原有的行政化管理模式还有市场。所以，在我们的管理机制中还没有产生按照司法规律进行管理的需要。

检察机关的主业是法律监督，检察机关的管理应当满足履行法律监督职责的要求。但是行政化管理模式恰恰忽视了法律监督的特殊性。作为专门履行法律监督职能的检察机关，无论是在检察机关的建设、管理方面，还是在检察机关的工作安排方面，都应当突出检察机关的特殊性，满足履行法律监督即检察职能的需要。但是许多检察院并没有把主要精力放在履行法律监督职能上。无论是检察长关注的重心，还是检察机关的工作部署；无论是检察人员的时间和精力，还是检察机关对检察人员的要求和考评，都没有把检察业务放在第一位。检察机关的许多领导仍然习惯于运用行政管理的手段和方式来管理检察业务。如布置任务、统一行动、检查督促、狠抓落实、表彰先进、通报批评等行政管理手段仍然是检察机关最常使用的管理方式。检察机关之所以是检察机关，是因为它具有不同于其他国家机关的特殊性。但是这种特殊性究竟是什么？在检察机关的各项工作中如何体现和满足这种特殊性的需要？在行政化管理模式下是没有人来认真研究这些问题的，而这正是检察改革中应当认真反思的。

检察机关履行法律监督职能的方式是依法办理案件，办案要讲求效率。但是行政化管理模式妨碍办案效率的提高。从检察业务本身的处理方式上看，仍然存在行政化的色彩。例如，对于案件的处理模式，不是按照办案人员所查明和掌握的案件事实并根据有关法律的规定独立自主地作出决定，而是按照行政建制逐级上报，层层审批；不是谁的意见正确，就按照谁的意见办，而是谁的行政级别高，就按照谁的意见办。有的检察院还存在办案"下指标、赶任务"的现象。按照行政化管理模式，检察官办理案件，要事事请示、层层汇报，以致形成对于检察院管辖范围内的案件"把关的多、做主的少；发表意见的多，负责任的少"的现象，导致一些案件久拖不决。这些情况说明，行政化管理模式仍然影响、制约着检察业务的处理，妨碍着办案效率的提高。

(二) 建设专业化检察队伍

检察工作需要高素质专业化的检察官队伍，而行政化管理模式从根本上否定了专业化的要求。因此，改革行政化管理模式是建设高素质专业化检察队伍的需要。

检察工作是一项专业性很强的工作，需要有高素质专业化的专门人才才能做好。对于这个问题，各级检察机关都有认识，特别是最高人民检察院的领导，反复强调要建设高素质专业化的检察队伍,并且采取了许多措施来推进检察队伍的建设。

但是长期以来,我们在对检察官的管理方面,一直存在着两种倾向:一是在观念上强调"保持普通一兵的本色",不允许检察人员在思想上有"特殊化",更不容许检察官在行动上有"特权"。二是完全按照行政干部的要求和管理模式来管理检察官。例如,检察官除了从事检察业务活动之外,还必须参加各种类型的政治学习、争先创优活动、公益活动、宣传教育活动以及各种社会活动包括"双抢(抢收抢种)""扶贫""爱国卫生运动"等;对检察官的评价依据,不是完全根据他所从事的检察业务的情况,而是同时考虑他对检察机关所组织的其他一切活动的态度和参与情况;对检察官的评价标准,不是完全根据他所办案件的质量和数量、他的工作态度和业务水平,而是要在很大程度上参考他的"政治思想表现",包括他完成领导交给的各项任务的情况、在各种类型的社会活动中的表现,以及与群众的关系等;检察官的考核和晋升必须通过"民主测评"和"民主推荐",竞争上岗更是离不开群众的评议。在这种管理模式下,许多检察院的检察官,不得不拿出百分之三四十的工作时间和精力来参加院里安排的各种非业务活动,不得不拿出百分之二三十的精力来考虑和处理自己与领导和群众的关系,真正能够用在检察业务工作上的时间和精力是十分有限的,业务学习和提高的精力更是无从谈起。所以,许多检察官抱怨:在检察院干了20年,不知道干了些什么,甚至从来没有时间能够脱产学习一点业务。

对检察官的行政化管理模式,难以造就高素质专业化的检察官队伍。

首先,行政化管理模式难以培养检察官爱岗敬业的精神风貌。检察官（从事任何职业的人都一样）在思想上如果没有职业的尊荣，在利益上如果没有职业需要的特殊保障，他就不可能养成超凡脱俗的气质，就不可能树立对检察官职业的神圣感，就必然要按照普通人的思维逻辑和利益志趣来进行价值判断和动机选择，就必然会心甘情愿地混迹于世俗关系之中，而对检察工作的职业要求和职业纪律无所顾忌。没有职业的尊荣和保障，也使检察官在来自社会的各种诱惑面前没有可以抵御人情、关系、私欲等侵蚀的盾牌，以致社会上有什么腐败现象，检察机关就可能出现什么样的腐败；检察官队伍中存在的问题，始终难以得到有效地遏制。

其次，对检察官的行政化管理模式，不利于检察官业务素质的提高。行政化管理模式使检察官不得不把主要精力和时间花费在应付各种行政管理活动中，而无法保障其有足够的时间和精力来处理检察业务工作和学习提高自己的业务水平。行政化管理模式使检察工作这种专业性很强的工作不需要有专业知识的人就可以从事。一些缺乏法律专业知识和检察业务能力不高以至不能独立办案或者办案效率十分低下的人员，之所以能够长期待在检察业务工作岗位上甚至能够担任业务岗位上的领导，一个很重要的原因，就是行政化的管理模式，使人们不需要有精湛的业务素养，只要有行政管理的经验就可以了。因此这种行政化管理模式必然引导检察官更多地去关注领导和群众对他的评价，而不是自己所从事的检察业务工作的好坏和质量，因而缺乏提升业务素养的动力。

最后，对检察官的行政化管理模式，不利于保持检察官队伍的稳定。在行政化管理模式下，不仅培养和强化了人们的"官本位"思想，使一些检察官把行政职务的晋升看作体现工作业绩和人生价值的唯一标志，而且使检察机关的领导把管理工作的重点放在选拔任用干部方面，如果大家认为某个同志思想好、能力强、贡献大，那么领导就要考虑该同志的行政职务晋升问题，以致有能力、表现好的检察官不断通过行政职务的晋升而离开检察业务工作的第一线。不能晋升行政职务的，则要求离开检察机关。在这种管理模式下，稳定的高素质专业化的检察官队伍始终难以建立。

因此，推进检察改革，必须把建设高素质专业化的检察官队伍作为重中之重，而建设高素质专业化的检察官队伍的关键是改变对检察官的行政化管理模式，真正按照检察工作的规律来管理检察业务和检察官队伍。

（三）改革行政化管理模式

按照司法规律所推出的检察改革举措，只有在符合司法规律的管理模式下才能运行。因此，改革行政化管理模式是保障其他改革措施有效实施的需要。

一切改革最终都是靠具体人的行为来实现的。在检察改革的具体实施中，检察人员是主体、是关键。人的问题不解决，其他一切问题都难以有效地解决。例如，最高人民检察院曾经在1998年推出过"错案责任追究"的改革举措，其目的是为了纠正办"关系案""人情案"和"金钱案"的现象，保证办案的质量。然而这项举措并没有真正实施，其中一个很重要的原因就是对案件的行政化管理，使错案的责任难以确定。因为在行政化管理模式下，具体办理案件的人员并没有对案件的决定权，而有权决定案件的人并不具体办案。案件一旦出现错误，谁的责任都难以确定。又如，主诉检察官办案责任制，本来是符合检察工作管理的一项改革措施。在实施过程中，确实涌现出了一批优秀的办案能力高的检察人员。但是没有几年，这些办案骨干大部分走上了行政领导岗位，办案第一线仍然是人才匮乏；而在有的地方，推行主诉检察官办案责任制没有两年，又退回到原来的办案模式上。出现这种情况的原因很简单：只要行政化的管理模式没有改变，对人的评价标准和衡量工作好坏的标准就仍然是行政职位的升迁，而决定个人待遇的唯一出路也只能是行政职位的变化。这种情况说明，行政化管理模式不改变，符合检察工作规律的改革举措就难以有效实施；即使实施了，也难以保证其实施的结果符合改革的初衷。

凡此种种，都说明，在行政化管理模式下难以造成检察工作所需要的高素质专业化的检察官队伍。而高素质专业化的检察官队伍，不仅是支撑检察院之所以成为检察院的基本力量，而且是保障检察改革各项举措得以贯彻落实的根本保证。没有高素质专业化的检察官队伍，检察机关的根本任务就难以完成，检察工作中存在的问题就难以纠正；没有高素质专业化的检察官队伍，检察改革的任何举措在实践中都必然要落空，检察改革的目标就难以实现。

基于以上理由，笔者认为，要进行检察改革，首先需要改革检察机关目前盛行的行政化管理模式。改革行政化管理模式，也是贯彻党的十六大精神的要求。

党的十六大报告在谈到司法体制改革时明确提出：改革司法机关的工作机制和人财物管理体制，逐步实现审判和检察同司法行政事务相分离。这一思想，不仅对宏观上的司法体制改革具有指导意义，而且对检察机关内部的改革具有重要的指导意义。

检察机关恢复重建以来，基本上是按照检察业务部门与行政事务部门分设的模式来建设的，因而也可以说基本上实现了检察业务与检察机关的行政事务相分离。但是从实际运作的情况看，应该说，这种分离还远远没有完成。因为，检察业务与检察机关的司法行政事务相分离的核心是按照检察工作的特点和需要来建设检察机关，突出检察机关作为国家专门的法律监督机关的特殊性，从而保证检察机关能够有效行使法律监督权；检察业务与检察机关的行政事务相分离的目的是使检察机关和检察官能够摆脱行政事务的困扰，集中精力从事检察业务。而这两个方面的目标，目前还不能说已经实现了。

鉴于上述情况，检察改革应当遵循党的十六大的精神，逐步实现检察业务与检察机关行政事务的分离，把检察机关的工作重心转移到检察业务上来，把切实履行检察职能作为自己的立院之本。

改革行政化管理模式，应当从以下几个方面入手：

1. 实行检察业务与行政事务相分离，在检察工作的指导思想和工作重心上突出检察机关的主业。

在检察机关内部，哪些部门、哪些人员负责检察业务，哪些部门、哪些人员负责行政管理事务，应当有明确的分工。对于行政管理事务，当然要按照行政管理的模式进行，但是行政管理事务应当由行政管理事务部门去做，而不能让负责检察业务的部门和人员花费大量的时间和精力来从事非业务活动，以便使业务部门有充分的时间和精力思考和从事检察业务，提高业务工作的能力和效率。现在的问题是检察机关的行政事务管理部门比较分散、多头并经常性地向业务部门布置任务，使业务部门在行政管理事务方面耗费的时间和精力太多，以致难以集中精力进行业务活动。

检察机关的主业是检察业务。通过做好检察业务来履行法律赋予检察机关的职责、也是党和人民寄期望于检察机关的法律监督职责，应该成为检察机关的工作重心。因此，检察机关的工作部署和人财物的使用，应该主要放在检察业务上，其他工作应该围绕检察业务来开展，而不是让业务部门及其人员过多地围绕行政管理部门转，让行政管理事务永远是检察机关的重中之重。在检察机关内部，要淡化行政管理，以便使各级领导有更多的时间和精力来思考检察机关的业务建设，来加强对检察机关业务活动的管理。在工作安排上要突出检察机关的中心工作是检察业务而不是行政管理，特别是对于从事检察业务的人员，要保证其能够把主要精力集中在业务活动上。

2. 按照检察业务的特点管理业务工作，淡化业务活动中的行政色彩。

对检察业务的管理，应当遵循司法规律，充分考虑检察业务的特点，而不是按照行政管理模式来进行。

从内部业务管理的角度看，检察机关目前存在的主要问题是整体素质不高与办案任务繁重的矛盾。由于整体素质不高，在办案过程中设立了较多的环节以便层层把关，防止错案。一个案件到了检察院，首先由科（处）长将案件交给承办人办理，承办人审查案件材料之后，提请科（处）长审核或者由科（处）长召集部门会议研究，提出对案件的处理意见，然后再提交给主管副检察长，由主管副检察长决定（在多数情况下，主管副检察长会将案件再提交检察长或者检察委员会研究，由检察长或检察委员会提出处理意见），然后再通过科（处）长交给承办人，由承办人具体办理。1999年以来推行的主（办）诉检察官办案责任制，部分地改变了这种情况，但是就全国而言，就多数案件而言，仍然是按照这种传统办案模式来办理的。这种办案模式，适应了检察官整体上的政治素质和业务素质不高的状况，有利于防止办案人员以案谋私或者办错案件。但是这种办案模式人为地增加了办案环节，使本来可以由一个人办理的案件，需要三个人来办理；使本来一个星期可以办完的案件，需要两三个星期才能办完。因此进一步加剧了办案人员不足与办案任务繁重之间的矛盾。随着案件的逐年增多，这种矛盾越来越突出。解决这个问题的根本出路是改革对检察业务的行政化管理，既包括改革案件管理模式，也包括建立案件监控机制。尤其是根据不同类型案件的特点，实行案件流程管理，逐渐淡化检察业务管理中的行政化色彩。

改革检察业务管理，应当重点从以下几个方面进行：

第一，认真总结主诉检察官办案责任制的经验，大胆放权检察官，使承办案件的检察官对于自己所办理的绝大部分案件享有独立自主地作出决定的权力。个别在当地有影响的重大案件，或者承办案件的检察官自己没有把握而要求研究并经主管检察长同意的案件，可以由检察长决定或由检察委员会讨论并作出决定。

第二，在放权检察官的同时，改革现有的科（处、室）办案环节，任何案件不再由科（处、室）进行研究或审核，承办案件的检察官不再把自己所办理的案件提交科（处）长把关，而是由承办案件的检察官直接决定，或者直接提交主管检察长或检察委员会。科（处）长的职责相应地改为案件流程管理，即接受移送本科处室办理的案件，并将这些案件分配给具体的承办人，督促办案人员在法律规定的时限内办结案件。[1] 科（处）长本身是办案骨干的，应当用其所长，使其在保持原有待遇（或者提高其待遇）的基础上集中精力办理案件，而不是把主要精力用在行政管理上。

第三，自侦案件应当根据侦查工作的特点和规律，实行侦

---

[1] 另一种方案是取消现有的科处室，设副检察长办公室。每个副检察长分工负责的案件，由办公室主任或办公室秘书负责登记，并采检察官轮流值班，由值班检察官直接接收案件，以增加检察官受理案件的随机性，防止分配案件中可能出现的人为选择办案人员现象。

查一体化办案机制，一般案件以侦查小组为基本单位，放权侦查小组而不是侦查员个人；重大复杂案件以整个侦查部门为基本单位进行侦查，侦查过程中上级检察机关应当加强指导和协调，充分发挥整体作战的优势。

第四，确立检察长对检察机关有权管辖的一切案件的控制权。这种控制权包括：检察长有权亲自办理某些重大疑难案件；有权在其认为必要的时候中止办案检察官正在办理的案件；有权要求本院的检察官就其正在办理的案件移交给其他检察官办理；有权改变办案检察官就案件所作出的决定。同时，改革现行的口头指令方式，明确规定只有承办案件的检察官的直接领导才可以向承办案件的检察官就具体案件发布指令，并且这种指令必须是以书面形式发出的；承办案件的检察官必须坚决执行上级领导发布的这种指令，并有权将这种指令存入有关案件的卷宗，以备审查。

第五，除了执行检察委员会的决定和上级的指令之外，承办案件的检察官应当对自己所承办的案件负全责。检察官有意办错案件的，应当及时取消其办案资格；因为责任心不强、工作不负责任，或者办案水平等方面的原因，导致办案质量不高或者影响检察机关形象的，应当作为对检察官考核晋升时延期的依据，甚至可以作为脱岗培训的理由。

第六，加强检察官培训制度，使办案检察官有机会和时间定期参见脱产培训，不断提高其办案水平；使现有检察官中不完全合格的人员通过教育培训能胜任检察官的工作。

3. 按照检察业务活动的特点，改革检察机关内部监督制约机制。

现行的监督制约机制是通过两个方面实现对办案人员的监督制约的。其一是设置中间环节，即通过部门之间的分权，防止一个部门在办案中权力过大，并在同一部门内部设置层层把关的环节，防止一个人决定案件。其二是通过纪检监察部门处罚违法违纪的办案人员，教育办案人员严格遵守办案纪律，在办案中保持廉洁。这两种方法，在防止检察权滥用方面，确实发挥了积极的作用。但是第一，设置中间环节分散检察权的做法，是以丧失效率为代价来保障检察权正确行使的。在案件增多、办案时限紧的情况下，这种做法已经不能适应及时办理案件的需要。并且这种做法，使办案人员在办理案件过程中责任不明、积极性不高，同时也使以案谋私或者办"关系案""人情案"的现象不易被发觉，更难以查处。第二，纪检监察部门的任务主要是从廉洁自律和遵纪守法的角度，查处检察人员的违法违纪行为的。这些工作虽然是十分必要的，但是由于纪检监察部门并不直接接触案件（有的纪检监察人员甚至并不熟悉办案环节，不了解办案规律），工作重心不是案件办得对不对，而是其中有没有贪赃枉法、违法违纪行为，再加上纪检监察部门的人员实际上总是处在与检察人员的办案环节相脱离的状态，纪检监察部门的人员不能深入案件的办理过程，不了解办案人员对案件处理的正确与否，难以发挥对案件办理情况的监督职责，难以保障检察权行使的正确性。因此，有必要对现行的检察机关内部监督制约模式进行改革。改革的基本思路是：建立案件督察制度。其内容包括：

第一，设立案件督察部门[1]，作为检察机关的正规内设机构，专门负责案件的督察和违法违纪行为的处理工作。这个部门主要负责受理和查处对检察人员的各种投诉；负责对办案

---

[1] 这个部门可以通过改革现有的纪检监察部门的职责范围和人员结构来实现，也可以通过简化业务管理部门后空出的机构来担任。

程的检查督促；负责对办案人员办案质量的考核评定等工作，实行案件质量考核、跟踪监督与投诉审查相结合的监督机制。案件督察部门的人员，可以根据投诉和反映，对正在办理的案件中办案人员的行为进行审查，可以对已经办结的案件进行跟踪检查；可以在办案过程中不公开地了解案件的办理情况，可以直接要求办案人员就违反规定的行为作出说明；可以根据办案人员在办案中违法违纪的情况直接作出处罚，可以根据办案人员在办案过程中的行为和表现提请检察长更换办案人员，以防止检察权的不当行使和滥用。

第二，案件督察部门的工作人员必须是熟悉检察业务和办案流程的人员，必须具有一定的专门知识。案件督察部门的主要职责不是对办案人员的政治思想进行评价，不是对办案人员进行职业道德教育，而是对行使检察权的情况进行监督，对办案人员在办案过程中遵守法律的情况即办案行为的合法性进行审查，所以案件督察部门的工作人员本身应当了解有关的检察业务，熟悉有关的法律规定，既懂得如何办案，也知道办案过程中哪些环节或哪种情况下容易发生问题。这样才能胜任督察的职责。当然，案件督察部门的工作人员还必须具有高度的政治责任感和认真负责的工作态度，具有崇尚法律的意识和良好的职业道德。

第三，案件督察部门应当与办案部门分设。案件督察部门只有与办案部门互不隶属，才能有效地发挥监督职能。但是，案件督察部门应当有权了解办案部门所办案件的情况，办案部门和办案人员应当有义务如实提供案件督察部门要求提供的情况。对于正在办理的案件，经检察长批准，案件督察部门也应有权要求办案人员就某些情况作出说明。

第四，案件督察部门一旦设立，其对检察人员办案情况的考核就应当成为检察业务人员考评的基本或唯一的方式和途径。目前存在的对业务部门办案人员进行多重考核（即业务部门考核、政工部门考核、党的部门考核、上级检察院业务部门还要考核，甚至地方党委和政府有关部门也要考核）的状况，使检察业务人员不得不花费大量精力来应付各种各样的考核，难以集中精力从事检察业务，同时也使对检察业务人员的评价标准处于一种不确定的、难以预期的状态，使检察业务人员在办理案件的同时还不得不时刻考虑各种关系和因素，唯恐考虑不周得罪了某个方面的人士而影响对自己的考评。案件督察部门作为对检察业务人员进行考评的基本单位，一方面可以引导检察业务人员把精力集中在办理案件上，而无须接受方方面面所布置的工作任务以致荒废了自己的主业，无须时刻顾及其他部门或人员对自己的看法或印象；另一方面可以帮助办案人员排除各个方面的干预，使非业务部门的人员利用其考评检察官的影响力干预办案的现象难以生存。

4. 按照专业化的要求建设检察官队伍，并把检察官作为检察院的主体。

对检察官的管理，应当强调贯彻落实检察官法。早在 1995 年，国家就制定了检察官法，2002 年又进一步修改完善了检察官法。但是检察官法的许多规定在检察机关并没有真正贯彻落实。贯彻检察官法，当然包括落实检察官的待遇问题，但是绝不仅仅是这个问题。《检察官法》第 1 条中明确规定，制定检察官法的宗旨就包括"保障检察官依法履行职责，提高检察官的素质，实现对检察官的科学管理"。因此，落实检察官法，最重要的是如何按照检察官的职业特点和职业需要来管理检察官，建设高素质专业化检察官队伍的问题。

对检察官的管理方式，应当按照检察官所从事的检察业务的特点来进行。检察官所从事的主业是处理案件,处理案件的效率和质量不仅反映了检察官的法律知识和工作能力,而且反映了检察官的工作态度和敬业精神。因此对检察官的管理和考评,应当通过对案件的管理来进行,而不应当是通过对其平时的言论和行动的管理来进行;应当是通过对具体案件的实际分析来考评,而不应当是通过抽象空洞的民主评议来考评。检察官的晋升和待遇,应当通过检察官等级来解决,而不应当是通过行政职务来解决;应当通过检察业务考核,包括对其专业知识、办案能力、办案数量和质量等方式来进行考核,而不应当是通过政治性的考评和民主评议的方式来进行。

在检察官的管理方面,最主要的是通过人事制度改革把优秀的办案人员吸引到办案第一线来。

自从 1999 年 4 月最高人民检察院提出推行人事制度改革的要求以来,这几年,各地各级检察机关陆续推出了一系列人事制度改革措施,通过竞争上岗,一大批优秀人才脱颖而出。但是这种人事制度改革是在没有对检察人员进行分类管理的情况下完成的,竞争的岗位主要是行政管理和业务管理岗位。从某种意义上可以说,人事制度改革是在"官本位"的普适原则下完成的。因而人事制度改革的结果是优秀的业务骨干,通过竞争上岗,流向了行政管理或业务管理工作岗位,而没有流向办案第一线。从全国范围看,真正不担任行政领导职务的主诉检察官在检察官总数中所占比例极少。其结果不是缓解而是进一步加剧了办案人员不足与办案任务繁重之间的矛盾,以致除了个别提前退休的以外,精简现有人员以便引进高学历法律专业人才的目标难以实现。有鉴于此,笔者认为,人事制度改革应当考虑以下几个方面:

第一,对检察人员进行分类管理。建议根据试点单位的经验，对办案人员按照检察官法进行管理；对行政管理人员按照国家有关公务员管理的规定进行管理（检察官等级不应适用于行政管理人员）；对司法警察按照警察法进行管理。每个序列的人员不得轻易调换，以便保持办案队伍的基本稳定，为建设高水平的业务骨干队伍奠定基础。

第二，从制度上保障办案检察官的待遇、收入在整体上高于行政管理人员。检察官的待遇、收入高于公务员，既是世界各国的通例，是检察官职业化的要求，也是我国目前强化法律监督的现实的迫切需要。只有从制度上保障检察官的待遇、收入在整体上高于同一机关中的行政管理人员，才能从制度上有效地吸引优秀的办案人员去竞争业务工作岗位而不是行政领导岗位，才有可能充实办案第一线的力量，保证法律监督权的有效行使。同时要建立检察官职业保障机制，对于办案检察官，非因法定事由、非经法定程序，不得免职、降级、辞退或处分，不得随意改变其检察官序列。

第三，在竞争上岗过程中严格按照检察官法规定的检察官任职资格选拔办案第一线的检察官。检察业务岗位的竞争上岗，不能脱离检察官法的规定任意选拔"优秀人才"。竞争上岗的条件，必须保证能够把符合检察官法规定的任职资格又具有办案经验和优良的政治素质的人员选拔到办案第一线。

第四，实行人员分流，使不能胜任办案工作的人员，退出办案第一线。对于在办案中违法乱纪、以案谋私的人员，应当坚决辞退；对于办案能力低下，不能独立承办案件的人员，应当采取强制脱岗培训或者分流的方法，使其不再承担办案任务。

第五，采取有效措施尽快改善办案人员队伍结构。在人员分流的基础上，及时从脱岗培训合格或其他法律职业中符合检察官法规定的任职资格的人员,以及法律本科、研究生、博士生毕业的人员中,选拔充实办案人员队伍,改善办案第一线人员的素质结构。

目前存在的突出问题是检察机关不能按照检察官法规定的条件引进人才。许多基层检察院尽管没有几个符合检察官法规定的条件的检察官,但是连续五六年没有进一名法律本科毕业生。其原因是检察机关的编制已满,无法按照检察官法规定的条件进人。长此下去,检察机关的人才危机与法治建设不断发展的要求之间的差距将越来越大,检察机关难以胜任其职能的问题将越来越突出。解决这个问题的出路,只能是实行人员分流,使不符合检察官法规定条件的人员推出办案第一线,同时减少行政管理部门的编制,以保证有一定数量的符合条件的人员进入检察官队伍。

检察人员应当实行分类管理,但是分类管理的前提是首先确立检察官在检察院的主体地位。分类管理的结果应当是更有利于保障检察官从事检察业务,更有利于提高检察官的待遇。如果分类管理以及检察机关其他各项人事管理制度改革的结果是对行政管理人员更加有利,那么这种改革在检察机关的发展史上就只能是一个插曲,而不可能保障检察机关更好地履行检察职能。

5. 改变管理模式,使检察机关的行政管理事务更好地为检察业务服务。

实行检察业务与检察机关行政管理事务相分离的宗旨是保障检察机关能够集中精力履行好检察职能。因此检察机关的行政管理事务和行政管理工作应当服从和服务于检察业务和检察机关发展的需要,而不是凌驾于检察业务之上。行政管理部门和人员应该调整自己的角色定位,克服片面强调被管理者必须服从管理的思维定式，树立"管理就是服务"的意识，尽可能地避免行政管理给检察业务设置障碍、给业务部门增加负担的现象，使检察机关的行政管理事务真正为检察业务和检察机关的发展服务。

总之，要把检察院真正建成不同于其他国家机关的法律监督机关，就必须把改革行政化管理模式作为检察改革的切入点，切实按照检察机关的职能及其特点来建设检察机关。

（原载《中国检察》（第7卷），北京大学出版社2004年版）

检察改革与刑事诉讼制度的完善

全国人大常委会副委员长王兆国2012年3月8日在第十一届全国人民代表大会第五次会议上作关于《中华人民共和国刑事诉讼法修正案（草案）》的说明时指出：这次刑事诉讼法修改，"坚持社会主义法治理念，贯彻宽严相济刑事政策，落实中央深化司法体制和工作机制改革的要求，适应新形势下惩罚犯罪和保护人民的需要，着力解决当前司法实践中迫切需要解决的问题，符合我国国情和实际。"这些话充分反映了这次刑事诉讼法修改与近年来进行的司法体制和工作机制改革之间的内在联系。检察改革作为国家司法体制和工作机制改革的一个重要组成部分，亦与刑事诉讼法的修改具有密切的联系。回顾检察改革的推进历程和基本内容，分析探讨检察改革与刑事诉讼法修改的关系，对于深化检察改革，对于深刻理解和贯彻实施修改后的刑事诉讼法，都具有极为重要的意义。

一、检察改革的简要回顾

自1997年党的十五大明确提出"推进司法改革，从制度上保证司法机关依法独立公正地行使审判权和检察权"以来，全国各级检察机关围绕检察体制和工作机制中存在的问题，开始了检察改革的研究和探索。2000年2月15日最高人民检察院颁布了《三年检察改革实施意见》，首次对检察改革进行了全面规划，从改革检察业务工作机制、改革检察机关的机构等组织体系、改革检察官办案机制、改革检察机关干部人事制度、改革检察机关内外部监督制约机制等五个方面提出了35项改革任务。

2002年，党的十六大报告进一步明确了司法改革的目标和任务，提出："按照公正司法和严格执法的要求，完善司法机关的机构设置、职权划分和管理制度，进一步健全权责明确、相互配合、相互制约、高效运行的司法体制。"2003年4月，中央政法委牵头成立了中央司法体制改革领导小组。2004年12月，中共中央转发了《中央司法体制改革领导小组关于司法体制和工作机制改革的初步意见》，从十个方面规定了司法改革的内容。在中央司法体制改革领导小组的领导下，最高人民检察院成立了最高人民检察院司法体制和工作机制改革领导小组，并设立了办公室，负责研究和协调检察体制和工作机制改革中的相关问题，并于2005年8月颁布了《关于进一步深化检察改革的三年实施意见》，明确了2005年至2008年检察改革的任务。该意见从重点解决当前制约检察工作发展的体制性、机制性问题入手，提出了改革和完善对诉讼活动的法律监督制度、完善检察机关接受监督和内部制约的制度、创新检察工作机制、完善检察机关组织体系、改革和完善检察干部管理体制、改革和完善检察机关经费保障体制等六个方面的36项改革任务，并提出了完成检察改革任务的主要措施。

2007年，党的十七大报告再次提出："深化司法体制改革，优化司法职权配置，规范司法行为，建设公正高效权威的社会主义司法制度，保证审判机关、检察机关依法独立公正地行使审判权、检察权。"按照党的十七大报告的精神，中央政法委员会于2008年12月发出了《关于深化司法体制和工作机制改革若干问题的意见》，从优化司法职权配置、落实宽严相济刑事政策、加强政法队伍建设、加强政法经费保障等四个方面提出了60项改革任务。根据这个意见，并结合现行检察体制和工作机制在某些方面出现的与人民群众的新要求、新期待以及检察工作科学发展不相适应的问题，2009年2月19日最高人民检察院印发了《最高人民检察院关于贯彻落实中央政法委员会关于深化司法体制改革若干意见的实施意见——关于深化检察改革2009—2012年工作规划》，提出今后一段时期深化检察改革的总体目标，并把检察改革的重点确定为强化人民检察院的法律监督职能和加强对人民检察院自身执法活动的监督制约。该规划从优化检察职权配置、改革和完善人民检察院接受监督制约制度、完善检察工作中贯彻落实宽严相济刑事政策的制度和措施、改革和完善人民检察院组织体系和检察干部管理制度、认真落实中央关于改革和完善政法经费保障体制的总体部署等五个方面提出了深化检察改革的40项任务。按照中央关于司法体制和工作机制改革的要求以及检察改革工作规划，近年来检察改革稳步推进，各项改革措施相继完成。

从改革的目标上看，检察改革重点着眼于两个方面：一是强化法律监督。法律监督是检察机关的根本性质和基本职能，检察机关的各项工作都是为了运用法律手段保障国家法律的正确实施。强化法律监督不仅是检察工作的目标，也是检察改革始终坚持的目标。检察改革就是要通过检察体制和工作机制改革，促进检察机关更好更充分地履行法律监督职责，从制度上保障检察机关职能作用的充分发挥。所以，检察改革的许多举措都是围绕着如何强化法律监督来展开的。二是强化对自身执法活动的监督。检察机关作为执法办案的国家机关，也存在着滥用权力的可能性。为了保障检察权的正确行使，防止检察权的滥用，加强对检察机关执法办案活动的内部制约和外部监督是十分必要的。特别是近些年来，司法机关包括检察机关在执法办案活动中存在的问题，以及司法工作人员中知法犯法、违法乱纪的问题，是人民群众反映强烈的问题之一。检察机关在强化对其他机关执法活动进行法律监督的同时，对自身执法活动的监督也高度重视，反复强调要把对自身执法活动的监督放在与法律监督同等重要的位置。近年来出台的一些检察改革举措就是围绕着如何加强对自身执法活动的监督制约展开的。

（一）强化法律监督

为了强化法律监督，检察改革主要是从以下几个方面入手的：

第一，改革和完善对立案活动的监督机制。针对有案不立、有罪不究、以罚代刑等问题，最高人民检察院与有关部门会签了《关于在行政执法中及时移送涉嫌犯罪案件的意见》，建立行政执法与刑事司法相衔接的工作机制，明确检察机关对行政执法机关移送涉嫌犯罪案件的监督职责和程序；会同公安部联合制定并下发了《关于刑事立案监督有关问题的规定（试行）》，进一步加强了对刑事立案活动的法律监督。

第二，改革和完善对侦查活动的监督机制。最高人民检察院与公安部联合制定并下发《关于审查逮捕阶段讯问犯罪嫌疑人的规定》，通过讯问犯罪嫌疑人、听取辩护律师意见等措施改革审查批准逮捕方式，增强审查逮捕程序的司法性，及时发现和纠正侦查活动中可能存在的违法行为；通过制定并下发《关于在审查逮捕和审查起诉工作中加强证据审查的若干意见》，完善介入侦查、引导取证工作机制，健全非法证据排除制度，遏制刑讯逼供、暴力取证等违法行为；通过完善当事人权利告知制度,保障律师依法执业,加强对侦查活动的法律监督。

第三,改革和完善对审判活动的监督机制。最高人民检察院通过与最高人民法院会签《关于人民检察院检察长列席人民法院审判委员会会议的实施意见》《关于对民事审判活动与行政诉讼实行法律监督的若干意见》《关于在部分地方开展民事执行活动法律监督试点工作的通知》以及《关于调阅诉讼卷宗有关问题的通知》等文件,落实和完善检察长与受委托的副检察长列席人民法院审判委员会会议制度,规范列席会议的职责、范围和程序,强化对审判活动的法律监督,探索对执行活动的法律监督。出台《关于加强适用简易程序公诉案件诉讼监督工作的通知》,完善对适用简易程序的公诉案件实行法律监督的工作机制;出台《人民检察院开展量刑建议工作的指导意见(试行)》,与最高人民法院、公安部、国家安全部、司法部联合制定《关于规范量刑程序若干问题的意见(试行)》,配合人民法院规范量刑程序的相关改革,规范检察机关量刑建议活动,促进刑事审判活动中的量刑公开透明、均衡公正;出台《关于办理不服人民法院生效刑事裁判申诉案件若干问题的规定》,改革检察机关办理刑事申诉案件的工作机制,加强对生效裁判的法律监督。

第四,改革和完善对羁押场所执法活动的监督机制。为了完善对刑罚执行活动的法律监督,最高人民检察院制定下发了《关于减刑、假释法律监督工作的程序规定》《关于加强对监外执行罪犯脱管、漏管检察监督的意见》,进一步规范和加强了对减刑、假释、监外执行的活动的法律监督。针对近年来出现的"躲猫猫"等事件,最高人民检察院与公安部联合制定并印发了《关于人民检察院对看守所实施法律监督若干问题的意见》，与公安部、司法部联合制定并印发了《关于建立和完善人民检察院派出机构与监狱、看守所、劳教所工作联系制度的意见》等规范性文件，建立刑罚变更执行同步监督机制，推行与看守所监管活动的信息联网，强化对看守所执法活动的动态监督，建立健全纠正和防止超期羁押的长效工作机制，维护被羁押人的合法权益。

第五，改革和完善对司法工作人员渎职行为的法律监督机制。最高人民检察院会同最高人民法院、公安部、国家安全部、司法部会签并下发了《关于对司法工作人员在诉讼活动中的渎职行为加强法律监督的若干规定（试行）》，明确了检察机关对司法工作人员在诉讼活动中的渎职行为可以采取调查核实、建议更换办案人等方式进行监督，调查核实可以询问当事人、知情人，查阅、复制、摘抄、调取有关材料等，进一步丰富了检察机关法律监督的手段。

(二) 强化自身监督

为了强化对自身执法活动的监督，检察改革着重抓以下几个方面的工作：

第一，推行职务犯罪审查逮捕程序改革。为了改变职务犯罪案件的侦查和逮捕在同一检察院内部运行，制约效果不明显的问题，最高人民检察院出台了《关于省级以下人民检察院立案侦查的案件由上一级人民检察院审查决定逮捕的规定（试行）》和《〈关于省级以下人民检察院立案侦查的案件由上一级人民检察院审查决定逮捕的规定（试行）〉的补充规定》，从2009年9月起在省级以下（不含省级）人民检察院有步骤地推行逮捕职务犯罪嫌疑人报请上一级人民检察院审查决定的制度，进一步规范职务犯罪侦查中强制措施的适用，以切实保障犯罪嫌疑人的合法权益。

第二，实行侦查职权与抗诉职权相分离。为切实强化检察机关执法办案环节中不同性质权能之间的有效制衡，最高人民检察院颁布了《关于完善抗诉工作与职务犯罪侦查工作内部监督制约机制的规定》，决定各级人民检察院的抗诉职权与职务犯罪侦查职权由不同业务部门行使，并规范了抗诉工作与职务犯罪侦查工作的内部职责分工与协作配合，防止因同一部门权力过于集中导致权力被滥用，增强了检察机关执法的公信力。

第三，健全和规范检察委员会制度。最高人民检察院颁布了《人民检察院检察委员会议事和工作规则》《人民检察院检察委员会专职委员选任及职责暂行规定》，通过优化检察委员会委员的人员和知识结构，规范检察委员会的议事规则，提高决策水平，加强检察委员会办事机构建设，以保证检察委员会作为检察机关最高业务决策机构对重大案件和检察业务工作重大问题的科学决策和民主决策。

第四，完善对执法活动的内部监督制度。最高人民检察院颁布《人民检察院执法办案内部监督暂行规定》《关于强化上级人民检察院对下级人民检察院执法办案活动监督的若干意见》，不断加强对检察机关执法办案活动的监督制约。出台《人民检察院讯问犯罪嫌疑人实行全程同步录音录像的规定（试行）》，建立和推行讯问职务犯罪嫌疑人全程同步录音录像制度，规范职务犯罪侦查行为；出台《关于进一步加强和改进举报线索管理工作的意见》，加强和改进检察机关对举报线索的办理机制；出台《人民检察院扣押、冻结涉案款物工作规定》，建立规范扣押、冻结、保管、处理涉案款物的长效机制；出台《关于进一步建立健全检察机关执法办案考评机制的指导意见》，改革和完善检察机关的执法办案考评机制；成立专门的案件管理机构，加强对人民检察院办案工作全过程的规范化管理和有效控制，防止执法办案活动中出现问题。

第五，改革和完善接受监督制约制度。最高人民检察院制定并下发了《关于进一步做好向全国人大常委会的专项工作报告有关问题的意见》《最高人民检察院与各民主党派中央、全国工商联和无党派人士联络工作办法》《关于进一步深化人民检察院"检务公开"的意见》《关于实行人民监督员制度的规定》等规范性文件，使检察机关接受人民群众包括人大代表、政协委员监督的工作更加规范。检察机关还开通了全国人大代表、政协委员联络专网和专线电话，完善了检察新闻发布制度，举办"检察开放日"活动，推行不起诉案件、申诉案件听证会制度和检察法律文书释法说理制度，不断深化和拓展检务公开，加强了对检察活动的社会监督。这些改革措施，不仅加强了对检察机关执法办案活动的监督制约，而且进一步规范了检察机关的执法行为，增强了检察机关执法的公信力。

此外，检察改革还围绕着制约检察工作发展的体制性、机制性展开，取得了明显成效。铁路检察院管理体制改革取得了突破性进展，彻底改变了企业管检察院的体制。检察机关干部人事管理体制积极推进，检察人员工资待遇和职业保障制度逐步完善。检察机关经费保障体制进一步科学化，经费保障水平明显提高，基层基础设施明显改善。

二、检察改革对刑事诉讼制度完善的实践意义

从上述对检察改革的简要回顾中不难看出，检察改革的内容，无论是为了强化法律监督，还是为了强化对自身执法活动的监督，多数都与刑事诉讼制度有着密切的联系，甚至有的本身就是刑事诉讼制度修改完善的组成部分。可以说，近年来的检察改革在许多方面为刑事诉讼法的修改提供了实践基础。

为有效防止和纠正检察工作中存在的超期羁押现象，2003

年 5 月开始,最高人民检察院在全国范围内开展了集中清理纠正超期羁押专项监督行动,随后又会同最高人民法院、公安部下发了《关于严格执行刑事诉讼法,切实纠防超期羁押的通知》,联合公安、法院共同开展清理超期羁押活动。通过努力,到 2003 年年底,超期羁押问题在全国范围内基本得到纠正。为了巩固清理成果,最高人民检察院又制定了《关于在检察工作中防止和纠正超期羁押的若干规定》,建立了羁押期限告知、期限届满提示、检查通报、超期投诉和责任追究等八项制度。2010 年 10 月,最高人民检察院又会同公安部制发了《关于人民检察院对看守所实施法律监督若干问题的意见》,进一步强化了看守所法律监督工作,保障了在押人员的合法权益。这些改革举措,为羁押制度的修改完善奠定了实践基础。2012 年修改后的刑事诉讼法不仅明确规定,犯罪嫌疑人被拘留或者逮捕后,应当立即送看守所羁押,犯罪嫌疑人被送交看守所羁押以后,侦查人员对其进行讯问,应当在看守所内进行,而且明确规定"犯罪嫌疑人、被告人被羁押的案件,不能在本法规定的侦查羁押、审查起诉、一审、二审期限内办结的,对犯罪嫌疑人、被告人应当予以释放","犯罪嫌疑人、被告人及其法定代理人、近亲属或者辩护人对于人民法院、人民检察院或者公安机关采取强制措施法定期限届满的,有权要求解除强制措施","人民法院、人民检察院和公安机关收到申请后,应当在三日以内作出决定;不同意变更强制措施的,应当告知申请人,并说明不同意的理由"。《刑事诉讼法》还规定:"犯罪嫌疑人、被告人被逮捕后,人民检察院仍应当对羁押的必要性进行审查。对不需要继续羁押的,应当建议予以释放或者变更强制措施。有关机关应当在十日以内将处理情况通知人民检察院。"这些规定,对于完善刑事羁押制度,充分保障被羁押人的权利，无疑具有重要的意义。而这些规定之所以被写入刑事诉讼法，应该说与近年来检察机关在改革过程中同有关国家机关密切配合，开展防止和纠正超期羁押，加强对看守所的法律监督有着密切的联系。

按照1996年修改的《刑事诉讼法》的规定，"公安机关要求逮捕犯罪嫌疑人的时候，应当写出提请批准逮捕书，连同案卷材料、证据，一并移送同级人民检察院审查批准"。检察机关审查逮捕，主要是对公安机关移送的案卷材料和证据进行审查，进而决定是否批准逮捕。这种做法，有可能导致检察机关在审查批准逮捕的时候，单方面地听取公安机关的意见。为了改革这种状况，防止无罪的人受到不应有的羁押，最高人民检察院从2005年起就要求改革审查批准逮捕方式，实行审查逮捕时讯问犯罪嫌疑人的制度。2010年，最高人民检察院会同公安部联合制定并印发了《关于审查逮捕阶段讯问犯罪嫌疑人的规定》，检察机关在审查逮捕中认为证据存有疑问的，可以复核有关证据、讯问犯罪嫌疑人、询问证人。在以下四类案件中应当讯问犯罪嫌疑人：（1）犯罪嫌疑人是否有犯罪事实、是否有逮捕必要等关键问题有疑点的，主要包括：罪与非罪界限不清的，是否达到刑事责任年龄需要确认的，有无逮捕必要难以把握的，犯罪嫌疑人的供述前后矛盾或者违背常理的，据以定罪的主要证据之间存在重大矛盾的；（2）案情重大、疑难、复杂的，主要包括：涉嫌造成被害人死亡的故意杀人案、故意伤害致人死亡案以及其他可能判处无期徒刑以上刑罚的，在罪与非罪认定上存在重大争议的；（3）犯罪嫌疑人系未成年人的；（4）有线索或者证据表明侦查活动可能存在刑讯逼供、暴力取证等违法犯罪行为的。这些规定，在实践中取得了很好的效果。刑事诉讼法修改过程中，立法机关吸收这项改革的成功经验，明确规定："人民检察院审查批准逮捕，可以讯问犯罪嫌疑人；有下列情形之一的，应当讯问犯罪嫌疑人：（一）对是否符合逮捕条件有疑问的；（二）犯罪嫌疑人要求向检察人员当面陈述的；（三）侦查活动可能有重大违法行为的。人民检察院审查批准逮捕，可以询问证人等诉讼参与人，听取辩护律师的意见；辩护律师提出要求的，应当听取辩护律师的意见"，从而进一步完善了审查批准逮捕程序。

讯问职务犯罪嫌疑人实行全程同步录音录像是检察机关推进司法民主的一项重大举措。2005年11月，最高人民检察院制定并下发了《讯问职务犯罪嫌疑人实行全程同步录音录像的规定（试行）》。2006年12月，又印发了《人民检察院讯问职务犯罪嫌疑人实行全程同步录音录像系统建设规范（试行）》和《人民检察院讯问职务犯罪嫌疑人实行全程同步录音录像技术工作流程（试行）》。随着该项工作的全面推开和不断深化，检察机关执法观念、办案方式得到明显转变，职务犯罪侦查水平不断提高，对讯问活动的监督和犯罪嫌疑人的人权保障得到进一步强化，固定了讯问证据，有效防止了刑讯逼供，抑制了犯罪嫌疑人翻供，保障了刑事诉讼的顺利进行。刑事诉讼法修改中吸收了这一成功经验，明确规定："侦查人员在讯问犯罪嫌疑人的时候，可以对讯问过程进行录音或者录像；对于可能判处无期徒刑、死刑的案件或者其他重大犯罪案件，应当对讯问过程进行录音或者录像。录音或者录像应当全程进行，保持完整性"（第121条）。这个规定，既是对检察机关在讯问犯罪嫌疑人时率先推行的全程同步录音录像改革举措的充分肯定，也是基于检察机关在职务犯罪侦查活动中讯问犯罪嫌疑人实行全程同步录音录像的实践活动。

为落实中央司法改革精神，检察机关在建立刑事和解制度方面进行了积极探索。截至 2009 年年底，全国检察机关共有 2098 个公诉部门试行刑事和解制度，办理当事人和解案件 29109 件。2011 年 2 月，最高人民检察院制定并下发了《关于办理当事人达成和解的轻微刑事案件的若干意见》，对轻微刑事案件当事人和解制度作了详细规定。实践证明，当事人和解制度发挥了良好作用。在刑事诉讼法修改过程中，立法机关对检察机关以及公安机关、人民法院在刑事诉讼过程中贯彻宽严相济刑事政策，推动当事人和解以化解和减缓社会矛盾的做法，给予高度重视，在特别程序中设专章当事人和解的公诉案件诉讼程序，对刑事和解的适用范围、效果以及公安机关、人民检察院、人民法院在刑事和解中的职责，加以规范。

为了在办理未成年人刑事案件中更好地贯彻"教育为主、惩罚为辅"的原则，最高人民检察院在总结全国各地办理未成年人刑事案件的实践经验，于 2007 年就制定并印发了《人民检察院办理未成年人刑事案件的规定》，许多检察机关设立了办理未成年人刑事案件的专门机构。2010 年又与有关单位联合制定并印发了《关于进一步建立和完善办理未成年人刑事案件配套工作体系的若干意见》，明确规定了人民检察院办理未成年人刑事案件应当遵循的一般原则，审查批准逮捕、审查起诉和办理未成年人刑事申诉案件的具体程序，以及对未成年人刑事案件的法律监督。这些规定和实践，在修改后的刑事诉讼法中得到充分体现，被作为特别程序中的专门一章，进一步规范。

此外，2010 年 6 月"两高三部"联合制发了《关于办理死刑案件审查判断证据若干问题的规定》和《关于办理刑事案件排除非法证据若干问题的规定》（以下简称"两个证据规定"）。这"两个证据规定"的出台，进一步完善了我国的刑事证据制度。为了落实"两个证据规定",结合检察机关办案实际,2010年12月,最高人民检察院制发了关于适用"两个证据规定"的指导意见。对非法证据排除的范围、检察机关对非法证据的处理、庭审中证据合法性的证明责任、证据合法性的证明、证据的调查核实及侦查人员出庭作证等问题作了进一步明确和规范。按照"两个证据规定",全国各地检察机关与审判机关密切配合,在刑事诉讼中运用证据标准,认真审查证据,切实排除非法证据,为刑事证据制度的修改和完善积累经验。在刑事诉讼法修改过程中,立法机关认真总结"两个证据规定"的有关内容和实施情况,对证据制度作了重要修改,明确规定了非法证据排除的原则和程序。

正如王兆国副委员长在修改刑事诉讼法的说明中指出的:"深化司法体制和工作机制改革,是中央从发展社会主义民主政治、加快建设社会主义法治国家的高度,作出的重要战略部署。进一步规范司法行为,推进建设公正高效权威的社会主义司法制度,需要加快完善刑事诉讼制度。刑事诉讼法的修改,是贯彻落实中央深化司法体制和工作机制改革要求的具体举措。"因此,司法体制和工作机制改革包括检察改革中的有益探索和成功经验,在刑事诉讼法修改过程中被立法机关吸收或者借鉴,上升为法律规范,亦在情理之中。

三、刑事诉讼法修改对检察改革提出的新课题

刑事诉讼法的修改,既吸收了检察改革乃至整个司法体制和工作机制改革的成果,也为检察改革提出了新的课题。刑事诉讼法对原有刑事诉讼制度的修改,需要检察机关调整和改变原有的执法观念和办案模式,进行工作机制创新;刑事诉讼法新设立的制度,需要检察机关对内部机构的职责分工作出新的规定,或者调整原有的工作机制以满足贯彻实施新的刑事诉讼

法的要求。

（一）新增职能的分工问题

这次刑事诉讼法修改进一步明确规定了检察机关对刑事诉讼实行法律监督的职责，其中新增职责的切实履行，离不开检察体制和工作机制改革。如 2012 年《刑事诉讼法》第 47 条规定："辩护人、诉讼代理人认为公安机关、人民检察院、人民法院及其工作人员阻碍其依法行使诉讼权利的，有权向同级或者上一级人民检察院申诉或者控告。人民检察院对申诉或者控告应当及时进行审查，情况属实的，通知有关机关予以纠正。"根据这个规定，2012 年刑事诉讼法生效以后，检察机关将要承担对辩护人、诉讼代理人有关公安机关、人民检察院、人民法院阻碍其依法行使诉讼权利的申诉控告进行审查的责任。这个新增的职责在检察机关内部如何行使更有利于立法目的的实现，就是一个需要通过检察改革来完成的问题。如果按照原有的工作机制，对辩护人、诉讼代理人的申诉控告，应该是由控告申诉部门统一受理，分别交给有关部门办理（发生在侦查阶段的，由侦查监督部门办理；发生在起诉和审判阶段的，由公诉部门办理）后，由控告申诉部门统一答复申诉控告人。但是由于阻碍辩护人、诉讼代理人依法行使诉讼权利的行为，既可能是公安机关或者人民法院在刑事诉讼中实施的，也可能是检察机关在刑事诉讼中实施的，如果申诉控告的是公安机关、人民法院及其工作人员，侦查监督部门或者公诉部门办理，其公信力不会受到质疑，但是如果申诉控告的对象本身就是检察机关的公诉部门，仍然由公诉部门来受理和审查，其公信力就将受到当事人和社会的质疑。如果对公诉阶段的申诉控告由控告申诉部门办理，又会出现同一个职权在检察机关内部分工上支离破碎的感觉，难以保障这个职权行使过程中执法标准的同一性。又如，2012年《刑事诉讼法》第93条规定："犯罪嫌疑人、被告人被逮捕后，人民检察院仍应当对羁押的必要性进行审查。对不需要继续羁押的，应当建议予以释放或者变更强制措施。有关机关应当在十日以内将处理情况通知人民检察院。"这是此次刑事诉讼法修改对检察机关赋予的一项新的职责。这个职责在检察机关内部的职责分工上应当由哪个部门具体行使，也是一个需要研究解决的问题。有的认为，审查批准逮捕和决定逮捕以及延长羁押期限的审查批准，都是由侦查监督部门负责的，羁押必要性审查也应当由侦查监督部门负责。有的认为，2012年《刑事诉讼法》第93条规定的羁押必要性审查，既涉及侦查阶段，也涉及审查起诉阶段和审判阶段，后两个阶段的羁押必要性显然不能由侦查监督部门来审查，否则，就超越了"侦查监督"的职责范围。有的认为，监所检察部门对羁押的情况最了解，是否有继续羁押的必要性，应当由监所检察部门来负责审查，并且监所检察部门对羁押必要性进行审查，也符合决定权与执行权相分离的原则。究竟羁押必要性审查的职责由哪个内设机构来履行更为合适，就涉及到一个检察权内部的优化配置问题，就需要通过检察体制和工作机制改革来完成。再如，2012年《刑事诉讼法》第115条规定："当事人和辩护人、诉讼代理人、利害关系人对于司法机关及其工作人员有下列行为之一的，有权向该机关申诉或者控告：（一）采取强制措施法定期限届满，不予以释放、解除或者变更的；（二）应当退还取保候审保证金不退还的；（三）对与案件无关的财物采取查封、扣押、冻结措施的；（四）应当解除查封、扣押、冻结不解除的；（五）贪污、挪用、私分、调换、违反规定使用查封、扣押、冻结的财物的。受理申诉或者控告的机关应当及时处理。对处理不服的，可以向同级人民检察院申诉；人民检察院直接受理的案件，可以向上一级人民检察院申诉。人民检察院对申诉应当及时进行审查，情况属实的，通知有关机关予以纠正。"该规定对检察机关而言，涉及三项职责或义务：一是当事人和辩护人、诉讼代理人、利害关系人对检察机关及其工作人员实施的该条所列行为提出申诉或者控告的，检察机关应当及时处理并答复申诉控告人；二是当事人和辩护人、诉讼代理人、利害关系人对公安机关、人民法院及其工作人员实施的该条所列行为提出申诉或者控告，有关机关作出处理决定后申诉控告人不服，又向检察机关申诉的，检察机关应当及时进行审查并答复申诉人；三是当事人和辩护人、诉讼代理人、利害关系人对检察机关及其工作人员在直接受理案件中实施该条所列行为提出申诉或者控告，检察机关作出材料决定后申诉控告人不服，向上一级人民检察院提出申诉的，上一级人民检察院应当及时审查。这三项职责或义务在检察机关内部如何分工，也是一个需要研究解决的问题。有的认为，该条规定在刑事诉讼法第二编第二章第一节侦查的一般规定中，应当由侦查监督部门统一受理和审查。有的认为，该条虽然规定在侦查的一般规定中，但是其规定的内容涉及侦查、起诉、审判三个环节，其违法行为也是公安机关、人民检察院、人民法院都有可能实施的，对于公诉阶段和审判阶段实施的该条规定的行为，由侦查监督部门来受理和审查，显然是不合适的。此外，该条明确地规定了两个程序，一个是"前置程序"，即由实施该条列举的违法行为的机关首先对申诉控告进行处理；另一个是"监督程序"，即对处理决定不服提出申诉的，由检察机关或者上一级检察机关进行审查纠正。同级检察机关对当事人和辩护人、诉讼代理人、利害关系人就其他司法机关的申诉控告进行审查，属于诉讼监督的范畴；对当事人和辩护人、诉讼代理人、利害关系人就检察机关的申诉控告进行审查处理，属于办案的范畴，二者的性质是不同的，是否由同一个内设机构负责，也涉及到对该职权性质的认识和角色定位的问题。当然，检察机关依照监督程序，对申诉进行审查纠正，也有一个如何审查、能否启动监督调查程序的问题。这些问题，不仅是一个简单的内部分工问题，而是涉及检察职权的内部配置问题，无疑需要通过检察机关内设机构的职能调整和机制改革，才能真正解决。

（二）职务犯罪侦查模式的转变问题

2012年刑事诉讼法修改，进一步完善了辩护制度，明确规定犯罪嫌疑人自被侦查机关第一次讯问或者采取强制措施之日起，有权委托辩护人。侦查机关在第一次讯问犯罪嫌疑人或者对犯罪嫌疑人采取强制措施的时候，应当告知犯罪嫌疑人有权委托辩护人。辩护律师会见在押的犯罪嫌疑人、被告人，可以了解案件有关情况，提供法律咨询等；自案件移送审查起诉之日起，可以向犯罪嫌疑人、被告人核实有关证据。辩护律师会见犯罪嫌疑人、被告人时不被监听。严禁刑讯逼供和以威胁、引诱、欺骗以及其他非法方法收集证据，不得强迫任何人证实自己有罪。犯罪嫌疑人被拘留后，应当立即送看守所羁押，至迟不得超过24小时。除无法通知或者涉嫌危害国家安全犯罪、恐怖活动犯罪，通知可能有碍侦查的情形以外，应当在拘留后24小时以内，通知被拘留人的家属。有碍侦查的情形消失以后，应当立即通知被拘留人的家属。犯罪嫌疑人被逮捕后，应当立即送看守所羁押。除无法通知的以外，应当在逮捕后24小时以内通知被逮捕人的家属。犯罪嫌疑人被送交看守所羁押以后，侦查人员对其进行讯问，应当在看守所内进行。侦查人员在讯问犯罪嫌疑人的时候，可以对讯问过程进行录音或者录像;对于可能判处无期徒刑、死刑的案件或者其他重大犯罪案件,应当对讯问过程进行录音或者录像。这些规定,对检察机关直接受理案件的侦查工作提出了新的挑战,原来习惯的在空间阻隔、信息封闭的环境下讯问犯罪嫌疑人的办案优势被打破,而代之以辩护律师介入、公开透明的办案环境。这就必然要引起职务犯罪侦查模式的转变和侦查工作机制创新,否则难以适应刑事诉讼法修改的需要。

(三) 侦查监督模式的转变问题

刑事诉讼法对刑事强制措施制度作了重要的修改完善,对侦查监督作出了具体规定。如2012年《刑事诉讼法》第86条规定:"人民检察院审查批准逮捕,可以讯问犯罪嫌疑人;有下列情形之一的,应当讯问犯罪嫌疑人:(一)对是否符合逮捕条件有疑问的;(二)犯罪嫌疑人要求向检察人员当面陈述的;(三)侦查活动可能有重大违法行为的。人民检察院审查批准逮捕,可以询问证人等诉讼参与人,听取辩护律师的意见;辩护律师提出要求的,应当听取辩护律师的意见。"这个规定对审查批准逮捕程序进行了重大改造,不仅增强了审查批准逮捕的司法审查性质,而且加重了审查批准逮捕程序对侦查活动的监督功能。又如,2012年《刑事诉讼法》第55条、第73条、第93条、第115条的规定,涉及对侦查活动中的刑讯逼供、暴力取证等非法取证行为的监督,对指定居所监视居住的决定和执行是否合法的监督,对羁押必要性的审查,对侦查阶段强制措施的适用以及查封、扣押、冻结措施的适用和涉案财物处理情况的监督。这些都将引起侦查监督模式的转变和职能调整。

(四) 公诉模式的转变问题

2012年《刑事诉讼法》关于"适用简易程序审理公诉案

件,人民检察院应当派员出席法庭"的规定(第210条第2款)、关于"人民检察院提出抗诉的案件或者第二审人民法院开庭审理的公诉案件,同级人民检察院都应当派员出席法庭"的规定(第224条)、关于"人民法院开庭审理的再审案件,同级人民检察院应当派员出席法庭"的规定(第245条第2款),关于庭前会议的规定,关于非法证据排除的规定,关于"法庭审理过程中,对与定罪、量刑有关的事实、证据都应当进行调查、辩论"的规定(第193条),关于在附带民事诉讼中人民检察院可以申请人民法院采取保全措施的规定,尤其是关于四个特别程序的规定,都对检察机关的公诉活动带来重大影响。这些规定,一方面,大大增加了公诉部门的工作量,进一步加剧了公诉部门案多人少的矛盾,需要通过增加人员编制和工作机制创新来解决;另一方面,赋予公诉活动一些新的职能,引起公诉模式的改变。这些问题,也对检察改革提出了新的课题。

(五)刑罚执行监督的机制改革问题

对刑罚执行活动实行法律监督,是刑事诉讼法明确规定的检察机关的一项重要职责。但是过去,检察机关对刑罚执行活动的法律监督一直是一种事后监督,检察机关提出的监督意见往往因为有关的决定或者裁判已经执行而难以发挥监督的作用。为此,检察机关在有关机关的配合下,积极推进刑罚执行监督程序改革。在这次刑事诉讼法修改过程中,立法机关总结听取了近年来检察改革的实践,对刑罚执行监督作了重大改革。2012年《刑事诉讼法》第255条、第256条规定:"监狱、看守所提出暂予监外执行的书面意见的,应当将书面意见的副本抄送人民检察院。人民检察院可以向决定或者批准机关提出书面意见";"决定或者批准暂予监外执行的机关应当将暂予监外执行决定抄送人民检察院。人民检察院认为暂予监外执行不当的，应当自接到通知之日起一个月以内将书面意见送交决定或者批准暂予监外执行的机关，决定或者批准暂予监外执行的机关接到人民检察院的书面意见后，应当立即对该决定进行重新核查"。2012年《刑事诉讼法》第262条、第263条规定："被判处管制、拘役、有期徒刑或者无期徒刑的罪犯，在执行期间确有悔改或者立功表现，应当依法予以减刑、假释的时候，由执行机关提出建议书，报请人民法院审核裁定，并将建议书副本抄送人民检察院。人民检察院可以向人民法院提出书面意见"；"人民检察院认为人民法院减刑、假释的裁定不当，应当在收到裁定书副本后二十日以内，向人民法院提出书面纠正意见。人民法院应当在收到纠正意见后一个月以内重新组成合议庭进行审理，作出最终裁定"。这样规定，就改变了过去那种事后监督的模式，使检察机关有可能在决定机关审查决定暂予监外执行的同时，审查提出暂予监外执行的意见并提出监督意见；在审判机关审查裁定减刑、假释的同时，审查执行机关提出的减刑、假释建议书并提出监督意见，实现对刑罚执行活动的同步监督。而这些规定的贯彻执行，同样需要检察机关监所检察工作机制的改革。

  总之，由于检察机关参与刑事诉讼的整个过程，刑事诉讼法的修改完善，必然引起检察体制和工作机制的改革。检察机关应当按照刑事诉讼法的修改完善，调整内部职责分工，更新工作机制，保证新的刑事诉讼法在检察工作中的全面贯彻和切实遵守。

（原载《国家检察官学院学报》2012年第5期）

司法体制改革背景下检察体制改革的总体思考*

检察改革与我们检察机关的每一位同志关系密切,大家应积极促进改革的进行,为改革提供理论支撑。2008年中央发了一个关于检察改革的意见,2009年2月最高人民检察院也发了一个文件,中央提出了60项改革任务,最高人民检察院提出40项任务,中央又把最高检提出的40项细化为87个子项,改革任务非常繁重,范围非常广泛。检察改革中的重大问题从总体上讲可以从五个方面来概括:一个前提、两个目标、三个途径、四个切入点、五大关系。

一、明确一个前提

中央在关于司法体制和工作机制改革的意见里提出了六个原则,第一,始终坚持党的领导;第二,始终坚持中国特色社会主义法制方向;第三,司法体制改革必须符合人民民主专政的国体;第四,必须符合人民代表大会制度的政体;第五,必须以马克思主义法律观和社会主义法制理念为指导;第六,必

---

* 本文根据作者在吉林省人民检察院检察理论年会上的辅导报告录音整理而成,发表于《吉林检察官》2009年第2期。

须走中国特色社会主义法制建设的道路。这些原则强调要坚持我们国家基本政治制度不变。讲检察改革，检察机关宪法定位不能变，检察机关法律监督机关性质不能变，检察机关基本职能不能变，在这个大前提下，来考虑检察机关改革工作机制的问题。

二、确立两大目标

提高检察机关的能力，主要是强化法律赋予检察机关的权力。我们要提高整体能力，把检察机关现有的资源机制运用好，全面提升检察机关的整体能力，这是我们一个基本的目标。另外一个目标就是要防止检察权的滥用。我们检察机关关于司法体制和工作机制改革实施意见的指导思想提到，要紧紧抓住影响司法体制改革中突出问题和制约执法监督能力的薄弱环节。以加强对权力的制约和监督为重点，促进社会和谐为主线，进一步深化检察体制和工作机制改革。充分发挥中国特色社会主义检察制度优越性，抓住影响和制约执法监督工作的薄弱环节进行改革，增强法律监督的能力，解决检察机关影响司法工作的突出问题。在工作规划里最高检明确提出深化检察改革的重点是：第一，强化人民检察院的法律监督职能。第二，加强对检察机关自身执法活动的监督制约。检察改革从工作上讲主要是两个方面，第一个工作重点是要强化检察机关法律监督职能，强化职能的目标是为了提高能力；第二个工作重点是要加强检察机关自身执法活动的监督，防止检察权的滥用，保障检察机关依法公正行使检察权。

三、健全检察改革的三个途径

（一）第一个途径：完善立法

要完善中国特色社会主义检察制度，应当说有相当一部分问题必须通过立法来解决。因为我们的法律监督是根据法律的授权来进行监督的，法律没有授权，你就不能进行监督，所以要增强法律监督能力，要完善检察机关的工作机制就需要法律规定，完善立法是很重要的方面。但是我认为不是所有问题都需要有明确的法律规定。法律是一种规范性的东西，它是对现实生活大量实践活动抽象概括的结果，刑法都是类型化的法律行为，它不可能是一个一个具体行为，而实际遇到的案件都是非常具体的，法律总有一个概括性，不可能把什么问题都包括得很详细具体，所以什么问题都需要通过立法解决是不现实的，同样也是没有必要的。例如，检察机关批准逮捕听取律师的意见，法律没有明文规定。同样讯问犯罪嫌疑人同步录音录像问题，法律规定一个权限的范围，程序性规定是原则性的规定，在这个原则下有些需要检察机关制定一些规范，有些需要个别的人去操作。我们要研究的是哪些问题必须有法律授权我们才能做，没有法律的授权我们就不能做，有些问题如果法律没有规定，我们可以要求法律规定，可以通过立法来解决。如果说法律已经有原则性授权了，具体怎么做就没有必要通过立法来解决。但这方面还有很多问题需要我们再进一步研究。到底还有哪些需要立法解决的我们要做好调研，要提供具体立法建议。

（二）第二个途径：协调与有关机关之间的关系

我们这轮改革是司法体制和工作机制的改革，不管是体制还是工作机制问题，靠我们自己是无法解决的。除了立法外还有很多相关部门需要进行协调和配合。例如，经费保障问题，我们要与财政协调保障；干部人事问题，与党委、编委去协调，我们现在最多最难的是与法院、与公安机关的协调，法律规定要对审判活动和侦查活动进行监督，方案已经有了但协调起来很难，不协调又不行，要通过协商取得一致的意见。例如，共同发文问题，有些需要其他机关共同发文，我们自己发文其他机关不认可就不好办。

(三) 第三个途径：优化内部关系

检察改革中涉及工作机制问题，本身法律有原则性规定，有很多需要我们内部改革优化。我们自己要研究论证有利于达到检察改革总体目标的方案。

四、把握四个切入点

(一) 优化检察职权配置

最高检提出检察改革的主要任务有五方面，第一，优化检察职权配备，完善法律监督的范围、职权、程序、措施。如：健全对立案活动的法律监督；健全对侦查措施的法律监督；健全对侦查工作中刑讯逼供等违法行为的法律监督；完善对未成年犯和看守所羁押活动的法律监督；健全刑事审判监督；改革和完善对刑罚执行活动的法律监督；完善民事行政诉讼法律监督和对民事诉讼法律监督的范围和程序；建立对违法行为矫治的法律监督制度。其实我理解代化职权配备并不限于这八项内容。不仅仅是监督别人，我们自己内部也有一些职权是值得研究和需要优化的，如：民行部门应不应该有对发现的职务犯罪进行侦查的权力；民行部门主要是对法院已经生效的判决裁定进行抗诉。法院提出置疑，如果你检察机关能对民事审判的判决进行审查，认为违法可提出抗诉，同时你又对法官的个人职务违法行为进行侦查，那么这样对法院来说就觉得威胁太大。你对我的案件提出抗诉，如果我不同意，你就来查我，那我敢不同意吗？敢不纠正吗？所以这两种职权能否赋予一个部门的问题确实值得研究。我们讲优化职权配备的难点在于，法律规定检察机关有权对侦查机关、审判机关进行监督的时候，没有规定侦查机关和审判机关相应的义务，检察机关权力的有效性受到阻碍。我们要按照法律监督的规律来考虑检察机关的职权配备，职权配备需要更有利于法律监督的进行。要有发现证实违法的权力，需要对检察机关设定相应监督权力，对监督对象设定必要的义务，保障法律监督的效果充分发挥，这样才能优化职权。

（二）加强权力监督制约

只有自觉接受监督才能防止检察权的滥用。第一，加强内部监督和外部监督，检察机关要自觉接受来自外部的监督。要接受人大的监督位立协调外部监督机制、接受舆论监督，这是我们检察机关需要考虑的问题。第二，如何对待舆论监督，我们内部怎么建立一个快速反应机制，加强内部指导，及时发现、及时了解、及时回应新闻媒介的监督。第三，进一步推进检务公开，这是接受外部监督的一个重要的方面。第四，举报申诉工作也是我们检察工作走群众路线，接受外部监督的一个重要方面，也是我们查办案件信息来源的一个重要方面。这方面可以说各级检察机关都比较重视，去年我们又陆续推出了统一举报电话，近年来中央是高度重视接防问题的。要完善这方面的制度，特别是申诉的问题。第五，我们现在内部监督制约在有些方面依赖检察业务的考评机制，最高检感觉在这样一个管理模式下、这样一个社会环境下不考评是不行的，实际上我们确实存在司法不作为的现象，不认真、不负责对待工作的现象也大量存在，如果没有一个考评机制，那么我们有些工作就难以开展，所以考评还是很有必要的。考评要符合司法规律，要符合检察工作的实际情况，要便于考评，不能机械地进行考评，我们现在有些考评指标过于机械。过于机械大家就认为在某些情况下违背司法规律，可能就不是那么完全的科学合理，所以这也是我们改革的一项重要任务。第六，健全错案追究制，我个人认为错误追究制实施不好的原因是我们工作职责本身就不明确，所以出了问题追究谁的责任就很难。第七，完善督察督办制度，这是强化监督内部制约的一个重要方面。

（三）完善检察工作机制

检察机关内部的工作机制要进一步完善。近几年我们已经建立起一整套的完善机制，需要继续完善的是有限的，有些是需要在充分研究基础上建立的。一是案件线索管理机制。目前无论是案件线索还是其他的案件缺乏一个统一的登记管理制度，我个人认为案件线索管理制度并没有真正建立起来。二是办案流程管理制度。最近有些地方在探索办案流程管理，我们在改革方案里也提出这个任务，但是还没有一个成型的、可以在全国推行的制度，需要更进一步完善。三是大要案指挥制度。大要案指挥协调机制是我们这些年来从最高检一直到各省级检察院都在做的工作，但是各地的做法并不完全相同，在效果上有的地方做得比较好，有的比较差一些。怎么建立一个符合查办职务犯罪规律的在全国能够通行的大要案指挥协调机制，对我们一些跨地区的案件，对我们上下级之间怎么整合力量，做好这项工作是很有必要的。四是轻微案件快速办理机制。最高检专门下发过关于快速办理轻微刑事案件的意见，但是怎么形成一个办理机制需要我们进一步改革完善。五是上下级检察官的办案机制问题，即下级检察院的检察官作为上级检察院的代理检察员出席二审法庭。因为检察机关实行的是一体化管理，也就是上级和下级之间有一个衔接的问题。检察官办案与法官办案最大的区别就是检察官具有职务的可替代性，检察官相互之间有一个承继关系，一个检察官办的案件，中途另一个检察官继续办，前面进行的诉讼活动是有效的，法官不行，前一个法官没有审完的案件，换一个法官你就得重新来审,前面的所有活动是无效的。这是全世界的通例。中国也是这样一个机制,就是法官的身份是不可替代的,而检察官是可以的,在检察一体化理论指导下,需要建立一个上下级检察官办案的协调机制,解决实践中的问题。

(四) 强化检察保障机制

新一轮司法改革体制规划中,中央和最高检都非常重视队伍建设和经费保障问题。不管是经费保障还是人员保障,包括组织体系的问题对检察工作来说,最主要的是对我们依法行使检察权提供保障,建立一个有效的保障机制来保障检察权有效正确地行使。在改革中涉及的内容比较多,其中比较突出的问题有五个方面:

一是内设机构问题。怎么来改革检察机关内部的机构设置,包括职权内部分配的问题,是我们目前面临的一个重要的问题。检察机关组织体系怎么完善,在新一轮的司法体制改革中也是作为一个任务提出来。

二是人员问题。检察人员最大的问题就是职级的问题,我们提出要按检察工作的规律解决检察人员职级待遇问题,但是现在地方上卡你,卡的就是编制数,人家给的每个级别的指数都让单位领导给占了,检察官还是解决不了职级的问题,这需要我们研究。我们近些年比较重视的是进人关,另外一个就是连选制度,速选制度这些年来在不断地推行,但到目前还没有形成制度,还需进一步完善。

三是人员分类管理的问题。检察官培训的任务也很重,怎么建立一套制度也需要进一步研究。关于人员问题,重要的就是如何加强检察官的职业尊容和职业道德,增强检察官的职业荣誉感,这是我们检察机关不能不研究、不能不考虑的问题。

四是经费保障问题。最近几年保障机制有很大的改变,但是还没有从制度上解决这个问题，在新一轮改革中，中央也是把经费保障作为重要问题提出来，而且财政部也多次到最高检来调研，也提出了一系列的方案，就是分级、分类、分情况从制度上解决。

五是装备的问题。装备的问题也是保障机制一个很重要的方面。这些年我们一直在提装备，但是装备方面有些问题是值得研究的，哪些装备没有必要配备到基层，哪些装备应该能够统一使用，这个问题我们现在缺少研究，这实际上是整合资源的非常重要的一个方面，我们强调检察一体化怎么能够整合资源，基层必须配备的配备到基层，可以不配备到基层的，应保障基层能够用，这个制度，这个机制怎么建立也是一个很重要的方面。

五、正确处理五个关系

（一）独立行使检察权和接受监督的关系

独立不是完全独立，而是在党的领导下独立行使检察权。所以我们在理论上讲相对独立。既要独立也要接受党的领导，接受党的领导就意味着接受人大的监督，也要接受社会各界的监督，所以这两个方面都要加强，但怎么来协调值得研究。

（二）检察一体与内部制约的关系

一方面我们强调检察一体化，全国检察工作，每个单位的检察工作要一盘棋，一体化来运作。另一方面就是不同检察院之间，检察院内部各部门之间是有明确分工的，就是要建立内部互相制约机制，防止权力集中，防止权力滥用，通过内部制约保证检察权的正确行使。我们怎么处理检察一体和内部制约的关系，现在研究的比较少，特别是改革中我们着眼于对具体问题的研究，我们讲上下级关系，更多的是强调上级检察院怎样实现对下级的领导，出台的一些措施也是围绕这个问题，我们在强调上级领导的同时，怎么来维护下级检察院依法独立行使检察权，在内部关系中我们强调检察一体，协调一致，可是我们怎么来发挥整个职能部门的作用乃至每个检察官的作用，考虑的还是比较少。要检察官独立办案，现在应该说路还很长，所以这两个方面怎么协调是改革中不能不考虑的一个因素，既要发挥整体的合力，又要发挥个体的积极性、主动性、能动性。

（三）监督与配合的关系

我们强调检察机关是监督机关，要对法院的审判活动、公安机关的侦查活动、监狱的刑罚执行活动进行监督，无论是宪法还是诉讼法，都强调公检法三机关互相配合、互相制约、互相协作。互相配合是完成诉讼任务，有效地打击犯罪的一个重要方面，我们在改革的时候强调要强化法律监督，但是在工作上我们还是要强调互相配合，那么这个互相配合在改革方案里怎么体现，要不要体现，本身就是一个值得研究的问题。

（四）公开与保密的关系

我们现在强调要检务公开，为了体现执法的人民性，为了接受社会各界的监督，反复强调要进一步扩大检务公开，但另一个方面是案件中涉及的保密问题，保密工作做不好，很多案件就会出现问题，甚至办不下去，所以在什么情况下公布什么信息，需要好好研究。现在我们面临一个很大的压力，给律师依法执业提供便利，现在律师界或是司法行政部门有一些意见，我们面临着律师要介入，让不让他介入，让他什么时候介入等问题。我们既要办案，又要实施检务公开，那么保密问题和检务公开的关系怎么处理，也是我们推行检务公开有关方案中不得不重视的一个问题。

（五）眼前与长远的关系

我们现在的改革是针对目前工作中存在的问题进行的，这种改革在一定意义上是应急性的。改革既要考虑当前的情况，更要考虑检察机关长远的发展，我们不能把今天改革的内容作为明天改革的对象，也不可能把检察制度一步就改得很完善，要逐步向前推进，但是要有一个总的目标，要有一个长远的规划，以防止今天的改革成为明天改革的对象。

检察改革是历史的巨大进步，我们检察机关要按照中央的要求，结合检察工作的具体实践，认真贯彻落实改革方案，循序渐进改革，一定能取得好效果，为建立公正、高效、权威的司法制度贡献力量，以共同促进社会和谐稳定。

（原载《吉林检察官》2009年第2期）

检察改革要以检察职权优化配置为核心

自 1997 年党的十五大明确提出"推进司法改革,从制度上保证司法机关依法独立公正地行使审判权和检察权"以来,全国各级检察机关围绕检察体制和工作机制进行了一系列的改革探索。2001 年,最高人民检察院颁布了《三年检察改革实施意见》,对检察改革进行了全面规划。2005 年最高人民检察院推出了《关于进一步深化检察改革的三年实施意见》,有计划、分步骤地推出了一系列改革举措。2009 年最高人民检察院再次制定了深化检察改革三年工作规划,提出了当前和今后一个时期的改革任务。

俗话说,十年磨一剑。但是,回顾十多年来检察改革的历程,我们看到,检察改革的任务不是因为检察改革的不断推进而完成,而是改革的任务越来越重;制约检察工作科学发展的因素不是因为检察改革的推进和深化而消失,而是检察工作面临的挑战越来越多。检察改革的任务何时完成,似乎遥遥无期。究其原因,是我们在检察改革开始的时候并没有改革的经验,没有经过深思熟虑地谋划,也因为检察改革必然要受到国家政治体制改革和其他多方面的制约,不可能一蹴而就。但是,从另一方面看,如果检察改革从一开始就有一个明确的方向和精心的设计,即使因为客观上的原因,难以一下子完成,那也会离改革的目标越来越近,改革的任务也会越来越少而不是越来越多。

一、检察改革实践给我们的启示

反思这些年来的检察改革,我们可以深切地感受到以下三点:

(一)检察改革主要是围绕检察职权配置问题展开的

检察机关是国家机关,本身属于政治上层建筑的范畴。检察机关的基本职责是行使作为国家权力之一部分的检察权。因此,检察改革必然涉及检察职权的配置和调整的问题。

从中央关于司法改革的基本思路上看,包括检察改革在内的司法改革,始终是作为政治体制改革的一个组成部分进行的。最初提出司法改革的党的十五大报告是在第六部分"政治体制改革和民主法制建设"中提出:"推进司法改革,从制度上保证司法机关依法独立公正地行使审判权和检察权,建立冤案、错案责任追究制度。"党的十六大报告是在第五部分"政治建设和政治体制改革"中提出推进司法体制改革的,其中指出:"按照公正司法和严格执法的要求,完善司法机关的机构设置、职权划分和管理制度,进一步健全权责明确、相互配合、相互制约、高效运行的司法体制。从制度上保证审判机关和检察机关依法独立公正地行使审判权和检察权。"党的十七大报告是在第六部分"坚定不移发展社会主义民主政治"中提出:"深化司法体制改革,优化司法职权配置,规范司法行为,建设公正高效权威的社会主义司法制度,保证审判机关、检察机关依法独立公正地行使审判权、检察权。"三大报告都是把司法改革作为政治体制改革的内容看待的。而政治体制改革的核心问题是国家权力如何配置以及如何保障权力正确行使的问题，司法改革也只能是围绕职权配置及其正确行使来进行。并且，从中央确定的司法改革的任务来看，三大报告都把司法改革的目标锁定在"保证审判机关、检察机关依法独立公正地行使审判权和检察权"上。这充分说明，无论是中央最初提出司法改革，还是强调深化司法改革，其目标始终是十分明确的，就是要通过改革，保证审判机关和检察机关依法独立公正地行使审判权和检察权。而保证审判机关和检察机关依法独立公正地行使审判权和检察权，首当其冲的，自然是审判机关和检察机关的职权优化配置的问题，其次才是如何保证职权的依法独立公正行使的问题。

从检察改革十年来走过的历程看，检察改革的绝大部分任务，都与检察职权的配置和行使有关。

在第一轮检察改革中，最高人民检察院提出了六项改革任务：（1）改革检察业务工作机制，强化法律监督的职能和作用。其中包括逐步建立全国各级检察机关侦查协作机制和侦查指挥中心，强化对职务犯罪侦查工作的统一领导和指挥；改革和加强刑事立案监督工作；加强检察业务工作的规范化管理，完善各项检察业务工作的办案规范和工作流程等。（2）改革检察机关的机构等组织体系，加强上级检察机关对下级检察机关的领导。其中包括根据管人与管事相结合的原则，健全检察机关领导干部管理机制；加大上级检察院对下级检察院领导班子成员的管理力度；按照权责一致的原则，科学调整检察机关内设机构；根据业务归口的原则，进一步调整检察机关业务部门的职责范围；加强和改进检察委员会工作；完善检察机关领导体制；规范地方各级人民检察院请示报告的程序和下级检察院向上级检察院报告工作制度等。(3) 改革检察官办案机制,全面建立主诉、主办检察官办案责任制。其中包括建立、健全检察官办案责任制;推行和坚持检察长、副检察长、各业务部门负责人亲自办案制度。(4) 改革检察机关干部人事制度,调整人员结构,提高人员素质,实行检察人员的分类管理。(5) 改革检察机关内、外部监督制约机制,保证公正、廉洁和高效。其中包括进一步深化"检务公开";强化和完善内部监督制约机制;健全检察业务工作中对举报、初查、立案、适用强制措施、撤案、不批捕、不起诉、申诉复查等诉讼环节的监督制约机制;严格依法接受人民代表大会及其常委会的监督,依法自觉接受公安、法院等部门的诉讼制约和社会监督;依法保障律师在侦查、审查起诉阶段的各项权利等。(6) 改革检察机关经费管理机制,实行科技强检,为检察机关依法履行检察职能提供物质保障。[1]

在第二轮检察改革中,最高人民检察院提出了六个方面的改革任务:(1) 改革和完善对诉讼活动的法律监督制度,切实维护司法公正,保障人权。其中包括探索完善刑事立案监督机制;健全对侦查活动中刑讯逼供等违法行为的监督查处机制;健全刑事审判监督机制,完善刑事抗诉制度;完善对刑罚执行活动的监督制度;建立健全预防和纠正超期羁押的长效工作机制;健全司法工作人员渎职案件的查办和移送机制;完善人民检察院对民事审判、行政诉讼活动实行法律监督的范围、措施和程序,探索人民检察院对民事执行活动进行监督的方式;探索建立民事、行政公诉制度和人民检察院参与民事、行政诉讼的制度等。(2) 完善检察机关接受监督和内部制约的制度,保

---

[1] 详见最高人民检察院2000年2月15日颁布的《三年检察改革实施意见》。

障检察权的正确行使。其中包括完善人民监督员制度；建立省级以下人民检察院直接受理立案侦查案件的备案、批准制度；建立检务督察制度；健全和规范执法责任制与责任追究制度；全面实行当事人权利义务告知制度等。（3）创新检察工作机制，规范执法行为。其中包括进一步规范检察机关侦查工作，健全职务犯罪侦查一体化工作机制；继续深化审查逮捕方式的改革；进一步深化公诉方式改革；在检察机关实行未成年人犯罪案件专人负责制，有条件的地方逐步设立办理未成年人犯罪案件工作机构；进一步深化检察委员会制度和工作机制的改革等。（4）完善检察机关组织体系，改革有关部门、企业管理检察院的体制。其中包括逐步改革铁路、林业等部门、企业管理检察院的体制；规范人民检察院派出机构的设置等。（5）改革和完善检察干部管理体制，建设高素质、专业化检察队伍。其中包括落实宪法和法律规定的上下级人民检察院的领导体制；落实地方各级人民检察院通过考试录用工作人员的制度；推行检察人员分类改革等。（6）改革和完善检察机关经费保障体制，切实解决基层人民检察院经费困难问题。[1]

在第三轮检察改革中，最高人民检察院提出了深化检察改革的五项任务：（1）优化检察职权配置，完善法律监督的范围、程序和措施，加强对诉讼活动的法律监督，切实维护司法公正。（2）改革和完善人民检察院接受监督制约制度，规范执法行为，保障检察权依法、公正行使。其中包括改革职务犯罪案件审查逮捕制度，州、市级人民检察院和县级人民检察院受理侦查的职务犯罪案件需要逮捕犯罪嫌疑人的，由上一级人民

---

〔1〕 详见最高人民检察院 2005 年 9 月 12 日颁布的《关于进一步深化检察改革的三年实施意见》。

检察院审查决定；进一步深化检务公开；深化人民监督员制度改革；完善接受人大监督和民主监督的机制；完善办案流程管理和内部制约机制等。(3) 完善检察工作中贯彻落实宽严相济刑事政策的制度和措施，创新检察工作机制，增强惩治犯罪、保障人权、维护社会和谐稳定的能力。(4) 改革和完善人民检察院组织体系和检察干部管理制度，进一步提高工作效能，加强检察队伍建设。其中包括完善上下级人民检察院领导关系；深化检察委员会制度改革；改革和完善人民检察院机构设置；深化检察官办案责任制改革；加快部门、企业管理人民检察院体制的改革；推进检察人员分类管理改革等。(5) 认真落实中央关于改革和完善政法经费保障体制的总体部署，为检察事业发展提供更加有力的经费和物质保障。[1]

从检察改革的上述内容来看，除了经费保障外，检察改革可以说基本上是围绕着两条主线进行的：一是在法律赋予检察机关的职权范围内进行调整，以保证检察职权的有效行使和正确行使。在三轮检察改革中，最高人民检察院都强调改革检察业务工作机制或者创新检察工作机制，其目的是为了强化法律赋予检察机关的法律监督职能。由于法律监督反映了检察权的性质和检察机关的根本任务，所以，强化法律监督职能的所有措施，都与检察职权的优化组合和有效行使有关。特别是三轮改革方案中都提出的职务犯罪侦查工作机制的改革、检察官办案责任制的改革、职务犯罪侦查案件逮捕制度的改革以及检察委员会制度改革等，都直接关系到检察系统内部的职权调整和行使方式的问题。三轮改革方案中都提到了改革或完善检察机

---

[1] 详见最高人民检察院 2009 年 2 月 19 日颁布的《关于深化检察改革 2009—2012 年工作规划》。

关的机构等组织体系，其目的都是"加强上级检察机关对下级检察机关的领导"，或者"完善上下级人民检察院领导关系"，当然也包括"调整检察机关业务部门的职责范围""改革有关部门、企业管理检察院的体制"等。这些改革的目的显然是为了完善检察机关内部的领导关系和部门分工问题，而这些问题的实质，正是检察职权的内部配置包括检察系统内部不同级别的检察机关之间、同一检察机关内部不同业务部门之间的职权配置问题。检察机关在立案监督、审判监督、刑罚执行监督方面所进行的一系列改革，虽然直接表现为检察机关与其他司法机关的关系问题，但其目的都是为了强化检察机关的法律监督职权，因此仍然与检察职权配置密切相关。二是通过建立内部的和外部的监督制约机制，保证检察职权的正确行使。在三轮检察改革中，最高人民检察院都一再强调改革和完善检察机关接受监督和内部制约的制度，并且明确指出其目的是"保障检察权的正确行使"。保障检察权的正确行使，从表面上看，与检察职权配置似乎没有关系，但实际上，保障职权的行使是职权配置的重要内容。因为任何职权都是有边界的，都是需要受制约的。没有监督制约，职权就可能被滥用，就无法实现职权配置的初衷。因此在配置职权的过程中，必然要为保障职权的正确行使设置相应的制约机制，或者说，对职权的行使设置必要的监督制约机制是职权配置的题中应有之义。

检察改革之所以始终围绕着检察职权配置进行，是因为优化检察职权配置是检察改革的始终不变的目标。检察改革乃至整个司法改革的根本动因是司法机关的工作与社会发展的需要、与党和人民的期望、与依法治国的要求不相适应的问题。这些问题，在客观上表现为利用法律赋予的职权办"关系案""人情案""金钱案"，司法不公、司法不廉、司法效率不高等方面。而整个司法工作都是行使国家司法权的活动，司法工作中出现的问题，从根本上说是司法机关的权力配置和行使问题。因为，权力配置得不科学，就难以形成有效的制约，从而就难以避免权力的滥用；权力配置得不科学，也难以高效运行，从而难以取得各方面都满意的效果。就检察机关而言，检察工作中存在的问题虽然涉及方方面面，但是仔细想来，无非是三个方面：一是职权问题，即从事检察工作的各个主体分别具有什么样的职权，权力的边界在哪里。二是责任问题，即每一个主体在行使检察职权的时候具有什么样的责任，不依法公正地行使职权时对自己会有什么样的不利后果。三是制约问题，即每一个主体在行使检察权的过程中会受到什么样的制约，这种制约在多大程度上能防止其不当地行使权力。这些问题如果不能有效地解决，检察工作中就难免会出现这样那样的错误，整个检察工作就难以满足党和人民的要求。而这些问题，归根到底都与检察职权的配置包括运行机制有关。法律赋予检察机关的职权，在检察机关内部如果没有专门的机构行使，就会落空，难以发挥其应有的作用；法律赋予检察机关的职权，在内部分配上过于分散，就难以形成合理，难以高效运作和有效行使；法律赋予检察机关的职权，在检察机关内部分工不明确、机制不顺畅，就会相互扯皮推诿，难以发挥现有资源的作用。因此，检察改革所要解决的问题，从根本上讲是一个检察职权的优化配置问题。不解决检察职权配置问题，检察改革只能是头痛医头，脚痛医脚，甚至连最表层的问题也解决不了。不解决检察职权配置问题，分别进行的改革就难以整合，难以系统化。不解决检察职权配置问题，改革的任务就难以落实到具体的职能部门，难以实现改革的初衷。

(二) 检察改革必须符合权力配置的规律

检察改革,如果缺乏对检察职权配置的系统清晰的认识,如果没有明确的方向,如果违背权力配置的基本规律,就会盲目进行,就难以达到党和人民满意的效果,甚至连检察机关自身的要求都不能满足,并且可能使今天的改革成果成为明天的改革对象。这样的改革,难免走上循环往复,无穷无尽的道路。

反思十多年来的检察改革,虽然在许多方面取得了显著的成效,但是改革的任务并没有完成,制约检察机关依法独立公正地行使检察权的因素并没有从制度上解决。这除了外部的原因之外,对检察权配置和运行的规律缺乏清醒的认识不能不说是一个主要原因。制约检察机关依法独立公正地行使检察权的外部因素,靠检察机关自身是不可能解决的,必须在政治体制改革的总体框架内解决,必须依赖于外部的政治力量特别是法律来解决。但是制约检察机关依法独立公正地行使检察权的自身因素却是通过检察机关内部的改革可能也应该逐步解决的。然而,由于我们在检察改革的过程中缺乏对职权配置基本原理的深刻认识,缺乏对检察权运行规律的把握,以至于检察机关内部的大多数改革都未能达到预期的效果。譬如,检察机关内部进行的改革,很多项目都涉及上下级检察机关之间的职权配置问题。而在这类改革中,我们过多考虑的是如何防止下级检察机关滥用职权的问题,因而通常都是把下级检察机关的某些职权通过改革由上级检察机关来行使,或者是一味地加大上级检察机关的领导权。但是,作为权力配置的一般原理,职权总是和责任联系在一起的。如果只规定上级检察机关享有的权力而不同时规定由于这种权力的行使而产生的责任,就会违背权力配置的原理。同时,职权配置要考虑效率。如果过多注重制约，缺乏对效率的追求，会造成司法资源不必要的浪费。职权配置要确立制度的稳定性。如果某些权力赋予某个部门行使，过一段时间就收回，再过一段时间又赋予该部门；如果一些规定每过几年就得修改一次，有的甚至刚刚制定，就发现有问题，制度的稳定性就会遭受破坏。再譬如，检察机关的机构设置问题，尽管在三轮检察改革中最高人民检察院都提出了同样的任务，各地检察机关也进行过一些探索，但是检察机关的机构设置究竟应当如何改革，哪些机构应当增设、哪些机构应当合并；两三百人的检察院与五六十人的检察院，要不要设置完全相同的内设机构；内设机构分得越多越好、分工越细越好，还是集约性设置好，这些问题，归根结底还是一个法律赋予检察机关的职权，在检察机关内部部门之间如何再分配的问题。对职权配置问题没有深入地研究，不了解检察权分解、分类的内在规律，就很难对这些问题作出科学的回答。

  对检察职权的监督制约，一直是检察改革的重要方面。这是因为，检察改革始终面临着一个基本矛盾，这就是独立行使检察职权与检察职权必须受制约之间的矛盾。从总体上看，检察权最大量、最直接地表现为案件的办理权。办理案件的基本规律是了解案件的事实真相并依照法律作出处理决定。而案件事实是靠证据来还原的。因此，只有了解并仔细研究案件的全部证据材料，才有可能对案件作出正确的处理。但是由于司法资源的有限性，在实践中亲自研究案件全部证据材料的人总是有限的。如果只有了解案件全部证据材料的人才有权对案件作出处理决定，那就有可能把案件的处理权变成一种独断的权力，从而为权力的滥用留下制度性缺陷。为了防止一个人或者一个主体独揽案件的处理权，就需要增加制约的环节，不能让一个人对案件具有完全的决定权。但是如果制约的环节过多，案件的处理就可能相互推诿，久拖不决，以致影响办理案件的效率。因此，在制度设计上，既要设置必要的制约环节，不能由一个主体完全独立的处理案件，以防止滥用办案的权力，又不能设置过多的制约环节，使办案主体既无责任感，又无效率观。这是检察权运行中一个最简单最基本的规律。[1]

主诉检察官办案责任制的改革，其初衷就是要打破传统的办案模式，减少中间环节，赋予办理案件的检察官以必要的案件处理权。但是随着检察机关面临的外部压力的增加，检察改革走上了不断限制办案检察官的权力甚至包括办案单位的案件处理权的道路。不仅恢复了层层批案的传统做法，甚至对某些案件增加了报上级检察院审批的制度。这样做的目的无疑是为了防止检察权的滥用，防止在案件处理上发生错误。然而，过多地增加办案环节，不断加强对案件处理权的制约，未必就能有效地防止检察权的滥用。因为，除了少数案件由检察委员会集体决定之外，绝大多数案件无论经过多少个环节，无论经过几级检察院，最终还是要由一个主体说了算的。这在理论上总是存在着一个权力可能被滥用的问题。并且，最终作出决定的主体，离案件的证据材料越远，作出决定的准确性的概率就越低。因此，检察改革如果不研究和解决检察职权的优化配置问题，仅仅依靠增加制约环节，是很难走出困境的。

（三）检察改革走出困境的根本出路在于优化检察职权配置

既然检察改革始终是围绕着检察职权配置问题展开的，要完成检察改革的任务，就必须从优化检察职权配置入手。检察改革无论如何进行，如果职权配置得不科学、不合理，权力运

---

[1] 检察工作的规律包括多个方面，需要专门研究论证。此处只是就职权配置最基础的规律而言，并不是对检察工作规律的完整表述。

行中的各种要素就难以实现优化组合，检察资源就难以得到有效地整合，检察权就难以依法公正地行使，滥用检察职权的问题就不可能从根本上得以遏制，办案效率不高、能力不高的问题也难以有效解决，检察机关的职能作用也就难以充分发挥，因而也就难以取得党和人民满意的效果。

二、优化检察职权配置需要重点考虑的问题

回顾十多年来的检察改革，有些问题是值得我们深思的。

（一）关于职权配置的科学性问题

职权配置要符合权力的性质和特点，特别是在检察职权的内部分配时，要充分考虑检察权分解的原理。例如，对民事审判和行政诉讼活动进行监督的职权，与职务犯罪侦查的职权，是两种不同性质的职权。把这两种职权分配给同一个部门行使，就缺乏科学性。行使民事审判和行政诉讼活动进行监督职权的检察官，要求精通民事审判和行政诉讼业务，熟练掌握这方面的专业知识，而职务犯罪侦查则要求精通刑事法律，熟练掌握侦查取证的技能和询问、讯问的技巧。要求一个部门或者同一批检察官同时行使这两种职权，不仅混淆了权力属性，而且很难同时行使好这两种职权。因此，把职务犯罪侦查权通过改革赋予民事行政检察部门，本身就意味着再改革，即把这两种职权分别由不同的部门来行使。再比如，把下级检察机关的职权提到上级检察机关来行使，是否具有科学性，同样是一个值得研究的问题。因为在理论上，任何职权都有一个可能被滥用的问题，担心下级检察机关滥用某些职权，就把这项职权提交给上级检察机关行使，很难说上级检察机关就不可能滥用这种职权，也不好说这样一改革，权力滥用的问题就解决了。

（二）关于职权配置的合理性问题

无论是对检察职权的内部调整还是对检察职权运行模式的

改革，都要考虑不同职权运行的规律，不应当按照同一模式来改革，否则就可能导致职权配置的不合理。例如，在公诉部门可以实行主诉检察官办案责任制，在职务犯罪侦查部门能不能实行主办检察官办案责任制就值得研究。因为审查起诉和出庭公诉主要是以检察官个人的活动进行的，而职务犯罪侦查则需要充分利用现有的侦查资源，需要更多的检察官密切合作地联合行动。近年来，各地、各级检察机关不同程度地增加了一些内设机构。这些机构的增设必然要配置相应的职权，而这些职权的配置是否都具有合理性，也是一个值得研究的问题。

在检察改革中，对检察职权的监督制约始终是改革的一个重点。对检察职权的监督制约固然是十分必要的，但是这种监督制约必须符合权力运行的规律，否则就可能丧失其合理性。法律赋予检察机关的职权是多方面的，不同类型的检察职权具有不同的运行规律。完全按照相同的模式进行监督制约，对有些职权而言，可能是十分有效的，但对另一些职权而言，就可能使其陷入十分尴尬的境地。因此，检察改革应当根据不同类型检察职权的运行规律来设置不同模式的监督制约机制。但是如果不了解检察职权的分类和不同类型检察职权的不同特点，一味地单纯地强调改革和完善监督制约机制，检察改革就很难达到预期的目标，很难促进检察工作的科学发展。例如，对职务犯罪侦查的监督制约，与对公诉工作的监督制约，与对诉讼监督活动的监督制约，应当采取不同的模式。不考虑不同类型检察职权的特点，一味地强调对检察院的监督制约，似乎一种监督制约机制适用于检察院的所有职权，那样的改革措施就很难落到实处。

（三）关于职权配置的完整性问题

对于法律赋予检察机关的职权，通过检察改革进行内部配置时，应当考虑职权的完整性，防止出现权力的真空或漏洞，才能保证检察职权的充分行使。例如，《刑事诉讼法》明确规定："人民检察院对执行机关执行刑罚的活动是否合法实行监督。如果发现有违法的情况，应当通知执行机关纠正"。这个规定实际上赋予检察机关完整的刑罚执行监督权。但是检察机关在内部的职权配置上，把死刑立即执行的监督权分配给公诉部门行使，把监禁刑的执行监督权分配给监所检察部门行使，而对其他刑罚如财产刑、管制以及其他刑罚执行方式如缓刑、监外执行等的执行监督权，则没有专门的职能部门来行使，以致造成刑罚执行监督的空白。

(四) 关于职权配置的有效性问题

检察改革的目的之一是保证检察职权的充分有效行使。检察改革的结果如果是过分分解检察职权，就可能难以充分发挥其作用。例如法律赋予检察机关的职务犯罪侦查权，究竟是由一个部门统一行使有利于其充分有效地发挥作用，还是分别由反贪、反渎、监所等部门行使有利于其充分有效地发挥作用，就是一个值得研究的问题。因为侦查工作需要多方面的资源，需要更多的人力和技术。力量过于分散，很难形成合力。事实上，在一些业务部门，长期存在平时没案办，有案办不了的状况。特别是在只有几十个人的检察院，要不要设置十多个部门，更值得研究。

近年来，检察改革的一个重头戏是强化对诉讼活动的法律监督，并且在中央政法委的支持下，最高人民检察院出台了一系列改革措施，一些地方的人大常委会也通过了有关加强人民检察院对诉讼活动法律监督的决定。这对人民检察院履行法律赋予检察机关的诉讼监督职能应该说是非常有利的。但是检察机关自己制定的改革措施中，只强调要加强对诉讼活动的法律监督，并提出了许多具体措施，而没有明确由哪个或者哪些部门来具体落实这些措施。如果检察机关内部的各个业务部门都来行使诉讼监督的职权，就可能导致权力行使中的混乱，使监督对象无所适从；如果各业务部门都不行使诉讼监督的职权，所有有关的改革措施就会落空，而谁都没有责任；如果有的业务部门重视诉讼监督并认真行使监督权，有的部门不够重视或者没有力量行使诉讼监督的职权，就会导致检察机关内部在行使诉讼监督职权方面的不平衡。所以，要保证诉讼监督的改革措施落到实处，要保证诉讼监督职权的有效行使，就应当在推出改革措施的同时，将诉讼监督权明确地分配到某个或者某些具体的业务部门，使其有职权也有责任。

总之，我们在检察改革中，只有充分考虑检察职权配置的优化问题，科学合理地配置检察职权，才有可能保证这些职权的充分有效行使，才有可能通过检察改革推进检察工作的科学发展。

（原载《河南社会科学》2011年第3期）

应当重视检察机关内设机构改革

检察工作应该全面协调可持续发展，不能顾此失彼，只强调某一个或某几个方面。但是，每一个时期应当集中解决一两个制约检察工作科学发展的突出问题。在"十二五"期间，我认为，检察机关应当集中解决内设机构混乱的问题。

从目前的状况看，检察机关的内设机构存在"三乱"现象：一是内部机构设置乱。目前全国各地检察机关的内设机构没有统一的数量限制。同一级别的检察院，有的设有二十多个处级单位，有的设置三十多个处级单位。基层检察院有的设置十多个科，有的只设几个科，甚至是同一个地区，检察机关的内设机构也不相同。同样是基层检察院，有的设预防科，有的则把预防放在职务犯罪侦查科内；有的设研究室，有的则把研究工作放在办公室内。有的检察院把检委会办公室设在研究室，有的检察院则将其设在办公室，有的检察院独立设置一个检委会办公室。全国一些地方的检察院设有案件管理处，但是大多数地方检察院则没有类似这样的机构。二是内设机构名称乱。在现有的内设机构中，职能大致相同的内设机构，名称却存在着明显的差别。如有的检察院设宣传处，有的设宣教处，有的设组宣处，有的设新闻处。有的省级检察院设公诉一处、二处（和三处），有的省级检察院设公诉处、刑事审判监督处或二审监督处，有的省级检察院设公诉办公室，下属三个处。同样是省级检察院，有的反渎职侵权局按一个处级单位设置，有的内设三个处级单位。三是派出机构乱。目前检察机关中有省级检察院派出的机构，有市级检察院派出的机构，还有县级检察院派出的机构。派出机构的级别有厅级的、处级的、科级的，甚至连科级也算不上的。有的地方设置了大量的派出机构，有的地方则很少有派出机构。有的叫派出检察院，有的叫派出检察室，有的叫派驻检察室。有的派出机构由检察院直接领导，有的派出机构由检察院的一个内设机构领导。有的省级检察院的监所检察处要领导比自己级别还高的派出机构。

  检察机关内部机构的设置是与检察职权的内部配置密切相连的。检察机关内设机构设置得是否科学、是否合理，直接反映了对检察职权的认识。例如，承担审判监督职能的部门，叫公诉处还是叫审判监督处，直接反映着对公诉权的认识，即公诉权是否包括对审判活动进行监督的职权。又如，预防机构独立设置还是与职务犯罪侦查部门合为一体，也反映了对职务犯罪预防职能的不同观念，即检察机关进行职务犯罪预防与查办职务犯罪案件是不是各自独立的两个职能。再如，目前一些地方检察院正在大力推行的乡镇检察室，直接涉及检察职能延伸的空间问题，也涉及对检察权性质功能的理解问题。全国检察机关内部机构设置上的混乱，在一定程度上反映了检察机关对自己的职能如何分类尚无统一的明确的认识。这在很大程度上影响了检察机关的形象。

  检察机关的内设机构，是检察机关内部的功能单位，是检察权运行的组织载体，也是检察权内部分解和管理的组织保障。目前检察机关内设机构混乱的状况，直接影响着检察职能的发挥。

首先,内部机构设置得不科学,影响检察职能的充分发挥,甚至使法律赋予检察机关的某些职权没有机构行使。机构设置是权力行使的组织保障。法律赋予检察机关的职权,只有通过一定的机构设置,落实为具体职能部门的职责,才能保证其行使。譬如,1996年《刑事诉讼法》第224条明确规定"人民检察院对执行机关执行刑罚的活动是否合法实行监督",即法律赋予检察机关对刑罚执行活动进行监督的职权。但是由于检察机关的内设机构只有"监所检察厅(处、科)",所以对刑罚执行活动的监督仅限于监狱、看守所,而对于法律规定由人民法院执行的大量财产刑,由派出所执行的缓刑以及对假释、保外就医的社会服刑人员,就没有机构承担监督的职责。又如,人民警察法明确规定,人民警察履行职责的活动受人民检察院的监督,即法律赋予检察机关对人民警察的执法活动进行监督的职权,但是由于检察机关内设机构中只有"侦查监督厅(处、科)",因而对人民警察在侦查以外的执法活动,就没有机构履行监督的职责。

其次,内部机构职责划分得不清晰,影响检察职权的有效行使,容易造成内设机构之间的推诿。近年来检察机关特别重视对诉讼活动的法律监督,为此作出了巨大的努力,颁布了一系列文件包括与有关部门联合下发文件。但是在检察机关内部,究竟由哪个内设机构来履行诉讼监督的职责,则没有明确的规定。似乎侦查监督部门、公诉部门、监所检察部门、控告申诉部门等都可以行使监督诉讼活动的职权,但是实际上,这些部门都有其他专门的职责需要履行,诉讼活动监督的工作难以真正落实。并且,这些部门之间在诉讼监督过程中如何分工,界限如何划分,由于缺乏明确的规定,也形成了似乎哪个部门都可以管，哪个部门都不管的状况，影响了诉讼监督职能的充分发挥。由于职责不明，是否充分履行职责，就难以考核评价，不作为的现象就会变为常态，出了问题互相推诿责任，也就难以避免。

再次，内部机构设置得不科学，影响检察资源的充分利用，使本来就有限的检察资源更加紧缺。检察机关的资源本身十分有限，但是在一些检察院由于机构设置得不科学、不合理，造成忙闲不均的现象，使有限的资源不能充分发挥作用。例如，检察机关的非业务部门设置过多、权力过大，就会削弱办案部门的力量，把一些业务骨干提拔到非业务部门的领导岗位上，从而脱离业务部门，甚至由于非业务部门要工作、要政绩，就得经常找些事来做，从而给业务部门增加过多的非业务活动，以致把检察机关的大量精力用在检察职能以外的活动上。又如，一些检察院因为机构设置过多，有的职务犯罪侦查部门连续几年没有办过一件最终被判决有罪的案件，有的业务部门甚至长年没有案件办，而同一检察院的其他部门则存在着案多人少的矛盾。在一些人员编制较少而机构设置较多的检察院，人员过于分散，很难形成合力，平时没案办，有案办不了，检察职能更难以有效发挥。

最后，内设机构混乱，影响检察管理水平的提高，使执法规范化建设难以实现。近年来，检察机关努力加强执法规范化建设。这是保障检察机关依法独立公正行使检察权的重大举措。但是，执法规范化的基本前提是组织机构的规范化。如果检察机关内设机构本身就不规范，各地检察机关有自己的机构设置，全国范围内就很难形成统一的执法规范，规范化建设也自然无法实现，因为机构设置与职权划分是分不开的。机构设置不同，职权的划分、制约以及对行使职权的考核就无法相同,执法规范也就难以做到统一。例如,同样是省级人民检察院,设两个公诉处的院与设三个公诉处的院,在公诉权的分解方面必然会有所差别,而这种差别也就必然会带来具体规范上的差异。

总之,检察机关内设机构混乱,在一定程度上影响了检察职能的发挥,制约了检察工作的科学发展,有必要在"十二五"期间下功夫进行改革。

检察机关内设机构改革的基本思路是:首先,对法律赋予检察机关的各项职权进行系统地梳理,全面认识检察机关依法享有的职权。其次,对法律赋予检察机关的职权,按照其性质、特点和要求,进行科学的分类,并按照检察职权的不同类型划分内设机构设置的基本框架。最后,本着全面行使检察职权、优化职权的内部配置、整合资源的开发利用、有利职能的充分发挥等原则,并适当考虑不同级别检察机关的工作需要和人员编制情况,确定检察机关内设机构的设置,包括内设机构的数量、名称、职责、编制以及相互关系。

检察机关内设机构的改革,不仅直接关系到检察职权的行使,而且必然影响到检察机关的人事管理制度和检察权的运行机制,影响到检察机关法律监督整体能力的提升,具有牵一发而动全身的功效。因此,应当作为检察改革的重点,下大力气解决。

(原载《检察日报》2011年8月19日,第3版)

优化司法职权的瓶颈

优化司法职权配置，是推进司法体制改革的重要内容，也是建设公正高效权威的社会主义司法制度的重要途径。党的十六大以来，各司法机关相继进行了一系列改革，期望通过优化司法职权的配置，建设公正高效权威的司法机关。但是这方面的努力履步维艰，收效甚微。党的十七大报告再次把"优化司法职权配置"作为推进司法体制改革的一项重要任务提出，具有重大的现实意义，需要我们认真研究解决。

优化司法职权配置，涉及两个方面：一个是在国家立法的层面上，按照司法机关发挥功能作用的需要和司法活动的规律，通过立法授予和调整司法机关的职权配置，使司法职权的配置必要、合理、科学；另一个是司法机关在法律授权的范围内，按照公正高效和有利于监督制约的要求，通过内部的机构调整和职权配置，整合现有资源，更有效地行使法律赋予司法机关的职权。

如果说第一个方面的改革关系到国家法律和司法体制的调整，程序复杂，难度较大的话，那么，第二个方面不涉及改变现行法律和体制的问题，按理说应该是司法机关自己就可以解决好的。几年的改革之所以没有解决这个问题，笔者认为，关键是受到司法机关行政化管理模式的制约。

目前，在我们国家，法官、检察官（当然包括警察）都被纳入国家公务员管理，其进出、考核、晋升、待遇与其他公务员的管理几乎毫无二致（除了任职资格要求更加严格之外）。司法机关用人，要按照国家公务员管理机构的规定由人事管理部门统一招录，司法机关不能按照需要和要求自行招录司法人员；司法机关的工资标准要按照国家公务员管理机构规定的行政等级标准确定，甚至要报请国家公务员管理机构批准，司法机关没有自己的工资序列、无权决定司法人员的工资标准和福利待遇；司法机关内设机构的设置和领导职数只能由有关行政机关决定而不能由司法机关的上级乃至最高司法机关决定；司法人员的职务职级晋升更要由有关人事管理部门进行考核和决定；甚至连法官法、检察官法规定的法官、检察官等级也要按照行政级别来评定（先确定个人的行政级别，然后才能并直接套相应的法官、检察官等级）。这种处处受制于行政机关的状况，导致司法机关的内部管理不得不跟随行政机关的指挥棒转，不得不按照国家公务员有关规定的要求对司法人员进行管理。这种状况，进一步加剧了司法机关原本就存在的行政化观念和管理模式，使司法机关的内部管理呈现出浓厚的行政化色彩。而这种行政化管理模式，使任何优化司法职权配置的构想都难以实现。

首先，要在司法机关内部优化司法职权配置，就应当按照行使法律赋予司法机关的职权的实际需要来设置内设机构，而行政化管理模式严重阻碍了优化司法机关内设机构的改革。在行政化管理模式下，解决司法人员待遇的唯一出路是行政级别的晋升。无论是政治待遇还是物质待遇，离开了行政级别，司法机关要想提高司法人员的待遇就无从谈起。因此多年来司法机关不得不在领导职数上下工夫、做文章。由于司法机关完全是按照行政区划设置的，每个司法机关的领导职数有限，而内设机构则有一定的空间，所以每个司法机关都希望尽可能多地设置一些内设机构，以解决司法人员的待遇问题。其结果，司法机关不是按照行使司法职权的实际需要来设置内设机构，而是按照尽可能多地安排干部的需要来设置，只要一提工作任务的增加，司法机关首先要求的是增加内部机构和增加一定级别的干部职数。唯有这样，才可以提升一些司法人员的待遇。长此以往，司法机关的内设机构难免越设越多，机构重叠，职能交叉。有的省级司法机关内设机构多达三十多个，其中非业务部门就占三分之一以上；有的司法机关，行使同一司法职权的业务部门就有三五个。司法机关内设机构的这种设置，不仅对优化司法职权的构想带来了严重的障碍，而且在一定程度上影响了司法职权的高效运作。因为机构过多，必然导致职权分散；机构重叠，必然导致效率低下；管人管事的人多了，办事办案的人必然就少了。加之行政化考核机制的实行，每个内设机构都要找事干，没有事情做，显示不出这个机构存在的必要性；没有事情做，年终总结时难以说明本部门的工作业绩，甚至年终考评都难以通过。特别是非业务部门的增加，更是加重了司法人员的负担。由于非业务部门往往是综合管理部门，每设一个综合管理部门，都要或多或少地增加司法人员的额外负担，在一定程度上增加司法人员的工作，分散其精力。因此，在司法机关，非业务部门设置得越多，司法人员的精力就越分散，司法工作的效率就越低。在司法体制改革中，有的司法机关曾提出精简内设机构的改革方案，但是无法实施。因为一旦减少内设机构，没有足够的领导岗位，不仅表现好、有能力的干部无法体现其工作业绩和业务水平，不能享受应当享有的待遇，而且现有机构的干部也无法安排。对安排干部的考虑，在很大程度上，是优化司法机关内设机构改革最难逾越的障碍。

其次，要在司法机关内部优化司法职权配置，就应当按照司法职权行使的规律优化和配置司法机关的人员，而行政化管理模式严重妨碍了司法机关人员的优化和配置。

司法工作是一种专业性很强的工作。优化司法职权配置的基本前提是培养、造就和保有相当数量能够满足司法工作各种需要的专业化的司法人员，并且能够为充分发挥他们的专长营造适当的环境。只有人员及其组合的优化，才可能实现职权配置的优化和职权运作的高效率。但是在行政化管理模式下，优化司法职权配置所需要的基本条件即司法队伍的优化就难以做到。一是高素质专业化的司法人员在行政化管理模式下既难以发挥其专长也难以体现其价值。因为行政化管理强调的是行政层级，行政级别既是权力大小的区分标志，也是能力和水平高低的体现。行政级别既抹杀了个人的专长和能力，也忽视了专业技术和水平的价值，从而使高素质专业化司法队伍的建设缺乏应有的原动力，也难以形成人才培养应有的激励机制。因此，在行政化管理模式下，难以培养和造就高素质专业化的司法队伍。二是行使司法职权所需要的人员分类管理在行政化管理模式下难以实现。要实现司法职权的高效运转，首先就需要按照司法工作的特点和行使司法职权的需要对司法机关的人员进行分类管理，在人员分类的基础上实现司法职权内部配置上的优化。但是司法机关的行政化使司法机关的所有人员都只能按照行政级别来享受权利和待遇，无法脱离行政职级对其进行分类管理。早在七八年前，最高人民法院、最高人民检察院就提出了分类管理的改革方案，并且也试行了主审法官、主诉（主办）检察官的改革试点，但是最后都不了了之。其根本原因就是无法摆脱权利和待遇与行政职级挂钩的屏障，无法解决分流人员的出路问题。三是符合司法工作规律的考评机制在行政化管理模式下难以建立。考评具有引导和导向的功能，在各项工作的管理中都发挥着重要的作用。对司法机关和司法人员的考评应当反映司法工作的特点和规律，根据其履行司法职权的情况和效果来评价其工作的业绩。但是在行政化管理模式下，对司法机关和司法人员的考评，与对行政机关及其工作人员的考评别无二致，在考核的内容上都是"德、能、勤、绩"，在评价的标准上都是以上级的评判为标准，在考评的方式上都是个人述职、群众和领导打分。这既不能反映履行司法职能的状况，也违背司法活动的基本规律。因为司法活动优劣的判断标准是事实判断是否正确、法律适用是否准确、案件处理是否公正。而群众打分和领导评价往往是"印象分"，既无法反映司法工作的真实情况，也不能反映履行司法职权的质量和效果。行政化的考评机制使司法人员不得不把自己的注意力集中在领导和群众的满意度上而不是司法职权的行使上，无法集中精力尽职尽责地履行司法职能。总之，在行政化管理模式下，难以造就高素质专业化的司法队伍，优化司法职权配置的构想也就丧失了运行的先决条件。

最后，要在司法机关内部优化司法职权配置，就应当遵循司法职权的内在需求来分配和运作法律赋予司法机关的职权，而行政化管理模式严重影响了司法职权的内部配置和运作。

司法职权的运作应当职责分明、互相制约，这样才能保证公正和高效。但是在行政化管理模式下，不同岗位的司法人员甚至不同级别的司法机关之间往往难以明确划分其职责权限，只要在行政级别上处于上级的地位，无论是单位还是个人，都可以按照行政管理的思维定式，向下级发号施令，而没有权限范围的概念,以致许多司法机关的中层领导常常不知道哪些是自己可以作主的,哪些是应当由上级作主的。例如,按照法律规定,我们国家实行"两审终审制",每一级人民法院都应当独立审判案件,这样才能保证纠错机制功能的发挥。但是在行政化管理模式下,下级法院审判案件往往要在作出裁判前请示上级法院,确保自己的裁判能够得到上级的认可,上级法院有时也会主动对某些有影响的案件先定"调子",然后交下级法院去办理,以致使上下级法院之间的监督关系变成了领导关系,使"两审终审制"的司法制度形同虚设。又如,司法机关办理案件,应当由办案人员在全面了解案件事实证据的基础上依法办理。但是在行政化管理模式下,办案人员往往没有处理案件的职权,而是要按照行政建制逐级上报,层层审批。这种行政审批的做法既不符合办理案件的规律,也浪费了司法资源,影响了办案效率,但却符合行政化管理的思维模式。按照行政化管理模式,司法人员办理案件,要事事请示、层层汇报,以致形成对于司法机关管辖范围内的案件"把关的多、作主的少;发表意见的多,负责任的少"的现象,导致一些案件久拖不决,一旦出现错误,纠正的难度也很大。1998年最高人民检察院曾经推出过"错案责任追究"的改革举措,其目的是为了纠正办"关系案""人情案"和"金钱案"的现象,保证办案的质量。然而这种措施并没有真正实施,其中一个很重要的原因就是对案件的行政化管理,使错案的责任难以确定。因为在行政化管理模式下,具体办理案件的人员并没有对案件的决定权,而有权决定案件的人并不具体办案。案件一旦出现错误,谁的责任都难以确定。这些情况说明,行政化管理模式在一定程度上影响着、制约着司法职权的运作,妨碍着办案效率的提高,是影响司法职权优化的严重障碍。

基于以上理由，笔者认为，不改革司法机关现行的行政化管理模式，司法职权的优化配置就难以实现，法律已经赋予司法机关的现有职权就难以充分发挥其作用，党的十七大提出的建设公正高效权威的社会主义司法制度的任务就难以完成。

改革司法机关的行政化管理模式有很多工作要做，但是最主要的是两个方面：一是改革司法人员管理制度，建立符合司法工作特点的人事制度。司法机关工作人员的录用应当由司法机关按照最高司法机关规定的条件和程序自行决定，而不应当由行政机关来为司法机关选拔和录用人员。国家应当设立区别于行政等级的司法人员工资福利序列，而不应当完全套用公务员的工资福利标准。法官、检察官的等级、职责权限、工资福利，应当按照从事司法工作的资历和水平，由司法人员管理机构独立决定，而不应当完全按照行政级别由行政机关或行政管理部门来确定。司法机关的人员应当按照法律赋予司法机关的职权及其实际需要进行分类，明确规定不同岗位的职责权限，形成职权之间的监督制约机制，而不应当完全按照行政管理的模式进行上下级单向式的领导。对司法机关和司法人员的考评更应当符合司法工作的实际，有利于激励、培养、造就和使用高素质专业化司法队伍。二是更新司法职权运作的观念，切实按照司法规律行使司法职权。司法机关内部更应当尊重司法规律，树立按照司法规律配置司法职权、按照司法规律管理司法人员、按照司法规律履行司法职能的理念，保证司法职权按照公正高效的要求来运作。要逐渐淡化和消除行政层级的观念，改革办案机制，减少对案件的行政审批环节，优化司法资源和职权配置。同时要通过考评机制和工资福利的改革，把司法人员的注意力从关注行政级别的晋升引导到关注司法岗位职责的履行上来，能力营造使忠于党、忠于人民、忠于法律的有办案能力的人员脱颖而出的软环境，在建设高素质专业化司法队伍的基础上实现司法职权的优化配置和高效运作。

（原载《法制日报》2008年1月27日，第13版）

优化检察职权配置的实践探索

司法职权配置，是国家司法制度的重要内容，是司法职权在不同司法机关之间以及司法机关内部的划分规则。司法职权配置是否科学合理，将会直接影响司法的公正、效率和权威。优化司法职权配置，是推动司法体制改革的主要路径。党的十六大报告指出，"按照公正司法和严格执法的要求，完善司法机关的机构设置、职权划分和管理制度，进一步健全权责明确、相互配合、相互制约、高效运行的司法体制。"党的十七大报告进一步明确要求："深化司法体制改革，优化司法职权配置，规范司法行为，建设公正高效权威的社会主义司法制度，保证审判机关、检察机关依法独立公正地行使审判权、检察权。"根据中央的统一部署和要求，结合检察工作实际，检察机关开展了优化检察职权配置的实践探索。这种探索既为完善法律制度提供了实践基础，也为进一步深化司法体制改革积累了经验。

一、强化检察机关的法律监督职能

按照我国宪法的规定，人民检察院是国家的法律监督机关。优化检察职权配置的基本目标，就是强化检察机关的法律监督职能。因此，通过强化法律监督促进司法公正，这是贯穿于过去十年司法体制和工作机制改革中的一个基本思路。

强化法律监督职能的改革实践主要是从以下六个方面展开的：

(一) 强化对立案活动的法律监督

在我们国家的刑事诉讼中，立案是一个必经的程序。只有通过立案，才能启动侦查权。对立案活动实行法律监督，是检察机关对刑事诉讼活动实行法律监督的一个重要方面。立案监督应当包括两个方面：一是对依法应当立案而不立案的监督；二是对依法不应当立案而立案的监督。但是，1996年修改的刑事诉讼法只规定了检察机关对公安机关应当立案而不立案情况的监督。实践中，一些公安机关受利益驱动，以刑事立案插手民事、经济纠纷，侵害了公民的合法权益，妨害了法律的正确实施。为了加强检察机关对这种情况的法律监督，中央政法委员会在2008年制定的《关于深化司法体制和工作机制改革若干问题的意见》中明确提出，要"完善检察机关对侦查机关违反规定不应当立案而立案和应当立案而不立案的监督机制，确保侦查权的正确行使。"据此，最高人民检察院、公安部于2010年联合制发《关于刑事立案监督有关问题的规定（试行）》，进一步完善了刑事立案监督范围。该规定根据《刑事诉讼法》第8条"人民检察院依法对刑事诉讼实行法律监督"的规定，将不应当立案而立案纳入检察机关法律监督的范围，明确了检察机关立案监督的具体措施。

刑事立案的信息来源之一是有关行政执法机关在行政执法活动中发现构成犯罪的案件移送有管辖权的司法机关立案。如果有关行政执法机关发现违法行为明显构成犯罪但却以罚代刑，不移送司法机关，就可能影响到刑事诉讼的依法进行，妨害侦查权的有效行使。针对实践中一些行政执法机关以罚代刑、不移送涉嫌犯罪案件等问题,最高人民检察院与有关行政机关于2006年联合制发了《关于在行政执法中及时移送涉嫌犯罪案件的意见》,明确要求行政执法机关向公安机关移送涉嫌犯罪案件,应当将移送书抄送同级检察院;公民、组织发现行政执法机关不按规定移送涉嫌犯罪案件,可以向检察机关举报;检察机关要求行政执法机关提供有关案件材料或者派员查阅案卷材料,行政执法机关应当配合。2011年最高人民检察院等"八机关"制发了《关于加强行政执法与刑事司法衔接工作的意见》,进一步完善了行政执法与刑事司法相衔接的工作机制,拓宽了检察机关立案监督的渠道。十年来,各级检察机关积极履行监督职责,有效促进了依法行政,维护了法制的统一和尊严。

(二)强化对侦查活动的法律监督

侦查监督历来是刑事诉讼法律监督的重点。针对实践中存在的刑讯逼供、暴力取证等问题,最高人民检察院侦监厅、公诉厅于2006年制发了《关于在审查逮捕和审查起诉工作中加强证据审查的若干意见》,要求各级检察机关全面客观审查证据,注意发现和依法排除非法证据,认真审查瑕疵证据、依法要求侦查机关采取补救措施,依法纠正违法取证行为。2010年最高人民检察院、公安部联合制发了《关于审查逮捕阶段讯问犯罪嫌疑人的规定》。其中明确规定:检察机关办在理审查逮捕案件时,对犯罪嫌疑人是否有犯罪事实、是否有逮捕必要等关键问题有疑点的,对有线索或者证据表明侦查活动可能存在刑讯逼供、暴力取证等违法犯罪行为等情况的,应当讯问犯罪嫌疑人,公安机关应当予以配合。各级检察机关通过落实这些改革措施,有效避免了错误逮捕的发生,发现和纠正了一批侦查环节的违法行为。这项改革,为2012年刑事诉讼法的修改提供了实践基础，修改后的2012年《刑事诉讼法》第86条明确了检察机关审查批准逮捕环节应当讯问犯罪嫌疑人、听取辩护律师意见的情形。

（三）强化对刑事审判的法律监督

对刑事审判活动实行法律监督是检察机关对刑事诉讼活动实行法律监督的一个方面。完善对刑事审判活动的法律监督是优化检察职权配置，对于完善中国特色的刑事诉讼制度具有重要意义。有关这方面的改革，涉及以下几个方面：第一，开展量刑建议工作。为保障量刑公正、规范、统一，中央在第二轮司法体制和工作机制改革的意见中提出，要"规范自由裁量权，将量刑纳入法庭审理程序"。检察机关提出量刑建议，是量刑规范化改革的重要组成部分。为此，最高人民检察院把量刑建议作为检察改革的一项重要内容，鼓励各地积极探索，积累经验。在此基础上，2010年最高人民检察院公诉厅制发《人民检察院开展量刑建议工作的指导意见（试行）》，提出了检察机关提出量刑建议的原则、条件和相关要求。同年，最高人民检察院与最高人民法院、公安部、国家安全部、司法部会签《关于规范量刑程序若干问题的意见（试行）》，规定了检察机关对公诉案件提出量刑建议的程序。实践表明，检察机关提出量刑建议，有利于规范司法裁量权，有利于提升司法公信力。第二，完善检察长列席审判委员会会议制度。检察长列席审判委员会，是人民法院组织法规定的一项制度。但是在实践中，由于缺乏具体规定，各地做法不一。为规范检察机关派员列席审判委员会制度，2010年最高人民检察院、最高人民法院会签了《关于人民检察院检察长列席人民法院审判委员会会议的实施意见》，规范了检察长和受委托的副检察长列席人民法院审判委员会会议的职责、范围和程序，完善了检察机关对审判委员会讨论案件的监督机制。第三，完善死刑复核法律监督制度。最高人民法院收回并统一行使死刑复核权以后，2005 年最高人民检察院《关于进一步深化检察改革的三年实施意见》就提出，"探索完善对死刑复核程序和死刑执行活动的检察监督制度"。在总结最高人民检察院对死刑案件实行法律监督的基础上，2012 年修改的《刑事诉讼法》明确规定："在复核死刑案件过程中，最高人民检察院可以向最高人民法院提出意见。最高人民法院应当将死刑复核结果通报最高人民检察院。"为了履行对死刑复核案件的法律监督，最高人民检察院正式设立了"死刑复核检察厅"，专门履行这一职责。

（四）强化对刑罚执行、羁押场所执法活动的法律监督

对刑罚执行活动的监督，是检察机关法律监督职能的重要组成部分。根据 1996 年刑事诉讼法及相关规定，检察机关对于减刑、假释、暂予监外执行只能进行事后监督，难以及时发现呈报、审批活动中的违法。即使事后发现问题，也往往难以有效纠正。为此，最高人民检察院于 2007 年制发《关于减刑、假释法律监督工作的程序规定》和《关于加强对监外执行罪犯脱管、漏管检察监督的意见》，进一步规范和加强了对减刑、假释、监外执行活动的法律监督。根据有关司法改革的精神和要求，检察机关在有关部门的支持配合下，积极而慎重地进行同步监督的探索，为 2012 年刑事诉讼法的修改奠定了实践基础。2012 年修改后的《刑事诉讼法》第 255 条规定："监狱、看守所提出暂予监外执行的书面意见的，应当将书面意见的副本抄送人民检察院。人民检察院可以向决定或者批准机关提出书面意见。"第 262 条规定：刑罚执行机关提出减刑、假释建议书，应当"报请人民法院审核裁定，并将建议书副本抄送人民检察院。人民检察院可以向人民法院提出书面意见"。

过去，一些侦查机关违反规定将犯罪嫌疑人提出看守所长时间讯问、超期羁押、妨碍律师正常会见、在检察机关作出不批捕决定后不及时放人，看守所往往对此采取放任态度。有些看守所存在监管制度不健全、监管秩序混乱，被监管人脱逃、非正常死亡、通风报信、体罚虐待被监管人、违法留所服刑等问题。为了解决这些问题，检察机关与有关部门联合开展了清理超期羁押的专项检查活动，加强了对监管活动的法律监督。2007年，最高人民检察院与公安部、司法部会签《关于建立和完善人民检察院派出机构与监狱、看守所、劳教所工作联系制度的意见》，建立了旨在强化检察机关法律监督的情况通报制度、网上信息共享制度、联席会议制度。2010年最高人民检察院又与公安部会签《关于对看守所实施法律监督若干问题的意见》，建立了刑罚变更执行同步监督机制，推行检察机关与看守所监管活动的信息联网，建立健全了纠正和防止超期羁押的长效工作机制，维护了被羁押人的合法权益。

（五）强化对民事诉讼的法律监督

1982年试行的民事诉讼法规定检察机关有权对民事审判活动实行法律监督。1991年民事诉讼法在此基础上规定检察机关针对生效民事判决、裁定提出抗诉的制度。根据法律规定，检察机关开展了民事审判监督的实践探索。同时，由于相关法律规定得比较笼统，理论上对于民事诉讼检察监督制度的功能与必要性存在认识分歧，实践中对于民事审判检察监督的范围存在认识不一。而民事审判中的司法不公、司法腐败等问题日益突出，社会公众强烈要求加强对民事审判活动的监督。针对这种情况，最高人民检察院与最高人民法院于2011年会签了《关于对民事审判活动与行政诉讼实行法律监督的若干意见（试行）》《关于在部分地方开展民事执行活动法律监督试点工作的通知》,进一步明确了检察机关监督民事审判和行政诉讼的范围,首次提出了检察机关对民事执行实行法律监督的问题。根据检察机关和审判机关的改革实践,2012年民事诉讼法强化了检察机关对民事诉讼的法律监督,明确地将违反国家和社会公益的民事调解书纳入抗诉范围;明确规定检察机关对审判程序中审判人员的违法行为可以提出检察建议;明确规定检察机关对民事执行活动实行法律监督。

(六)完善检察机关履行法律监督职责的方式和措施

为强化检察机关的法律监督职能,最高人民检察院与最高人民法院达成共识的基础上,于2010年会签了《关于调阅诉讼卷宗有关问题的通知》,细化了检察机关调阅审判案卷的程序,明确了检察人员调阅审判案卷的权责依据。同年,最高人民检察院与最高人民法院、公安部、国家安全部、司法部会签了《关于对司法工作人员在诉讼活动中的渎职行为加强法律监督的若干规定(试行)》,确定了检察机关对司法工作人员在诉讼活动中的渎职行为进行法律监督的范围、方式和程序,使检察机关开展诉讼监督的措施更加完备。

二、检察职权在检察系统内部的优化配置

为保障检察权的依法公正行使,同样有必要加强对检察机关执法办案活动的内部制约和外部监督。近年来,检察机关在强化法律监督的同时,不断强化对自身执法活动的监督制约,按照中央的统一部署和要求,结合检察工作的实际,围绕检察职权内部优化配置进行了一系列探索。

(一)实行职务犯罪案件审查逮捕权上提一级

根据法律规定,检察机关查办职务犯罪案件,同时行使侦查、逮捕、起诉职权。个别地方在查办职务犯罪案件过程中,违反法定立案、逮捕条件,实行所谓的"风险决策",影响了

案件质量，损害了检察执法的严肃性。为了防止检察权的滥用，2005年以来，最高人民检察院制发了《关于省级以下人民检察院对直接受理侦查案件作撤销案件、不起诉决定报上一级人民检察院批准的规定（试行）》和《人民检察院直接受理侦查案件立案、逮捕实行备案审查的规定（试行）》，以加强上级人民检察院对下级人民检察院查办职务犯罪案件的监督，维护犯罪嫌疑人合法权益，增强检察机关办案工作的公正性和公信度。2009年，最高人民检察院制发《关于省级以下人民检察院立案侦查的案件由上一级人民检察院审查决定逮捕的规定（试行）》；2011年，最高人民检察院制发《〈关于省级以下人民检察院立案侦查的案件由上一级人民检察院审查决定逮捕的规定（试行）〉的补充规定》，实行职务犯罪案件审查逮捕权"上提一级"，强化了对职务犯罪侦查权的监督制约，有效杜绝了"以捕代侦"现象，提高了职务犯罪案件的审查逮捕质量。检察机关还从2005年起探索实行人民监督员制度，以加强对检察机关办理职务犯罪案件的外部监督，保障职务犯罪侦查权的依法行使。

（二）实行抗诉职能和职务犯罪侦查职权相分离

根据检察机关内设机构设置与分工，职务犯罪侦查与诉讼监督职能由不同内设机构分别行使。2004年，为加强诉讼监督工作，最高人民检察院规定，民事行政检察部门在办案中发现职务犯罪线索，可以进行初查；经检察长批准可以进行侦查。此后，有的同志提出，诉讼监督与职务犯罪侦查两种职能存在冲突，不宜由同一部门行使。为此，最高人民检察院于2009年制发了《关于完善抗诉工作与职务犯罪侦查工作内部监督制约机制的规定》，明确规定人民检察院负责抗诉工作的部门不承办职务犯罪侦查工作，在办案过程中发现职务犯罪线索的，应当对案件线索逐件登记、审查,经检察长批准,及时移送职务犯罪侦查部门办理。这一改革措施,规范了检察机关内设机构之间的职责分工,强化了不同检察职能的相互衔接。

(三) 加强上下级人民检察院的领导关系

根据现行体制,地方检察机关接受上级检察院和同级党委的双重领导,接受同级人大监督。实践中,宪法和法律规定的上下级检察院领导关系没有得到很好的贯彻,"检令不畅"的现象时有发生,影响了法律监督功能作用的发挥。为了改变这种状况,最高人民检察院于 2007 年颁布了《关于加强上级人民检察院对下级人民检察院工作领导的意见》,规范了上级检察院领导下级检察院工作的程序、方式,明确了下级检察院接受上级检察院工作领导的责任和义务,加强上级检察院对下级检察院查办重大案件的统一指挥和业务领导。2011 年,最高人民检察院下发《关于强化上级人民检察院对下级人民检察院执法办案活动监督的若干意见》,对上级检察院监督下级检察院执法办案提出了一系列具体要求。

(四) 完善对执法活动的内部监督机制

加强对检察机关办案全过程的监督和控制,是规范检察执法行为的重要保障。按照中央关于"改革和完善有关法律制度,加强对检察机关内部和外部的监督制约,保证检察机关依法行使职权,更好地履行法律监督职能"的要求,最高人民检察院相继颁布了《人民检察院讯问犯罪嫌疑人实行同步录音录像的规定(试行)》(2005)、《检察人员执法过错责任追究条例》(2007)、《人民检察院执法办案内部监督暂行规定》(2008)、《关于进一步加强和改进举报线索管理工作的意见》(2009)、《人民检察院扣押、冻结涉案款物工作规定》(2010)、《关于上级检察院对下级检察院执法活动监督的若干意见》（2011）等规范性文件。通过这些规范性文件，初步形成了统一、全程、严密、高效的检察执法监督体系，规范了检察机关采取讯问、搜查、扣押、冻结等侦查措施的操作规程，完善了检察机关办案流程管理和内部制约机制。为了进一步加强检察机关执法办案活动的内部管理，检察机关普遍成立了案件管理办公室，专门负责对案件的动态管理，以防止检察权的滥用。

三、进一步优化检察职权配置的前景展望

党的十八大提出，"进一步深化司法体制改革，坚持和完善中国特色社会主义司法制度，确保审判机关、检察机关依法独立公正行使审判权、检察权。"2013年1月召开的全国政法工作电视电话会议将改革司法权运行机制作为进一步深化司法体制改革的一项重要内容。在优化检察职权配置方面，新一轮检察改革应当重点关注以下问题：

1. 进一步完善检察机关上下级领导关系，确保检察权依法独立公正地行使

尽管前几轮检察改革就加强上下级检察机关领导关系采取了一些措施，但是，影响上级检察院对下级检察院领导的体制性因素没有改变，管人与管事相脱节的矛盾依然突出。新一轮司法体制改革应当进一步关注检察权在国家权力体系和在诉讼制度中的优化配置，着力解决影响检察权依法独立公正行使的体制性问题。在前十年的检察改革中，上级检察院对下级检察院实行业务领导的范围、方式和程序逐渐趋于成熟，有必要在新一轮改革中将其上升为法律规范。上级检察院在下级检察院的检察官管理、任用、晋升中发挥领导作用，是强化上级检察院对下级领导的重要前提，有必要通过改革进一步明确和健全检察机关上下级之间的领导关系。

2. 进一步推进检察机关内设机构改革,保障检察权在检察机关内部的优化配置

检察机关内设机构及派出机构,是检察权运行的组织载体,也是检察权内部分解和管理的组织保障。检察机关内设机构和派出机构设置不科学、检察职责在检察机关内部划分不清晰,影响了检察职权的有效行使、检察资源的充分利用和检察管理水平的切实提高,影响了检察职能的发挥。在新一轮检察改革中,应当着力研究解决检察机关内设机构设置的法定化问题,根据检察权的科学分解,合理设置内设机构和派出机构,整合检察资源,从组织机构上保障检察权的有序高效运行。

3. 进一步改革完善检察机关的办案机制,优化检察权运行机制

2012年修改后的刑事诉讼法、民事诉讼法给检察机关新增了一些职能,对检察工作提出了更高的要求,检察机关办案任务更加繁重。现行法律关于检察权在检察机关内部的配置,规定得较为粗略,只是规定了检察机关办案各重要环节由检察长行使决定权。为节约司法资源,提高办案效率,发挥检察官在办案中的主体作用,需要按照诉讼规律和检察工作特点进一步明确检察机关内部不同主体在执法办案中的职权划分,完善办案机制,包括对检察工作、人员的考核评价体系。这也是巩固落实优化检察职权配置改革成果的必然要求。

4. 进一步完善检察权运行的监督制约机制,保障检察权的依法公正行使

2012年新的刑事诉讼法和民事诉讼法的颁布实施,尊重和保障人权呼声的不断高涨,新媒体时代舆论监督、民主监督的进一步强化,要求检察机关必须牢固树立监督者更应接受监督的权力观,要求进一步完善检察权行使的外部监督与内部监督

有效衔接的工作机制，确保检察机关按照法定权限和程序行使权力，防止检察权的滥用。

（原载《民主与法制》2013年第8期）

司法改革：问题与思考*

一、如何看待司法改革

从1997年党的十五大提出推进司法体制改革以来，司法改革已经走过了15年的历程。这15年来，可以说是有许多变化。这些变化，可以归纳为三个方面：

从学术界来看，可以说，15年是从狂热到悲情。为什么这么说呢？开始党的十五大提出要推进司法体制改革以后，大家的热情非常高。特别是学术界，一开始提出推进司法体制改革以后，我们很多学者抱着极大的热情来研究司法改革的问题。不光是搞诉讼法学的学者，搞学理的学者，搞宪法的学者，我们一些搞实体法的学者，包括搞民商法的学者，都写了大量的文章包括出版专著来讨论司法改革的问题。当时可以说是学术界从1997年、1998年，特别是1998年、1999年、2000年，就司法改革的问题开的研讨会是一个接一个，发表的文章也是一篇接一篇，出现了大量的东西。但是经过10年之后，我们有的学者讲，学术界对司法改革弥漫着一种悲情主义的情调，

---

* 本文是作者2013年给人民大学博士后所做的讲座录音整理，发表于《国家检察官学院学报》2013年第3期。

认为大家对司法改革很失望,很多人觉得没有信心。包括上年还有的学者总结这15年的司法改革,用一句话说,就是司法改革带给中国社会的基本上是一张社会公众难以真正充饥的"画饼"!

从实务界来看,可以说是从消极到积极。一开始提出司法改革的时候,实务界是比较迷茫,不知道该干什么,该怎么干。面对学术界各种研究,更感到迷茫,感到无所适从。慢慢地,司法实务界积极地探索,经过15年的历程,实务界可以说至少是从上层看是非常积极的,大家从消极到积极地。从党的十六大以来中央成立了司法改革领导小组,发了中央文件,提出关于司法体制改革的意见。到党的十七大以后,中央又发文提出关于推进司法体制和工作机制改革的意见。在政法各家,特别是在法院、检察院,都成立了司法改革领导小组,组织专门的力量来全力积极地配合中央政法委推进司法体制和工作机制改革的工作。先后出台了一系列的文件,在我的印象中,第一轮中央提出司法体制改革以后提出了40项改革任务,第二轮提出了60项改革任务。从最高人民检察院讲,也是中央第二轮司法体制和工作机制改革提出后,最高人民检察院也提出了40项任务,后来分解为87个子项。前前后后可以说这两轮改革中最高人民检察院自己制定以及与其他部委联合制定的有90个司法改革文件,可以说是投入了很大的精力,给予了高度的关注和倾注了巨大的热情。当然从实务部门来看,基层也是有一定的消极情绪,也是上面有很多的文件,下面还是有自己的看法。

从社会上看,可以说是从不满到理解。这也是开始启动司法改革的原因,即社会上对司法工作不满意。随着人民群众或者是社会上对司法工作包括司法体制改革的情况有了了解,也有了更多的理解。特别是从近些年来全国人大、政协开会时代表、委员们提的意见来看，对司法工作，对司法体制改革有了更多的了解和理解。

所以这是一个现象，就是15年来司法体制改革从学界、从实务界、从社会上，大家的反映是不同的，看法是不同的，这也是很正常的，因为看问题的角度和立场不同、感受不同，结论也自然不完全相同。

这里面存在的第一个问题就是：我们为什么要进行司法体制改革，包括我们为什么要进行检察改革？这是我一直想的一个问题。就是说从一开始可能我们是计划经济模式。国家从计划经济体制转入市场经济体制中间也有一个过程，先是计划经济，再到商品经济再到"双轨制"，再到社会主义市场经济。我们国家处于一个变更的过程，处在一个社会变革时期。处在经济模式下的司法制度，包括司法工作的运行模式，在社会转型过程中必然有很多不适应的地方，这些不适应的地方随着国家的改革进行改革是必要的。可以说，这个改革一开始是为了适应市场经济的需要，为了社会转型整体的过程。在这个过程中为什么一开始提出改革，后来不断地提出改革的任务，这是一个值得研究的问题。有的人说随着社会的发展，人民群众对司法工作的了解和深入，司法需求越来越多。司法需求多了，对司法机关的要求就高了，司法机关的工作和人民群众的要求不相适应的问题成为一个突出的矛盾。所以为了满足这种人民群众不断增长的司法需求，要推进司法改革。我理解，人民群众这个司法需求不断增长，司法改革就面临一个不断进行的问题。

可以说，改革最初的动力是司法不公的问题。前些年大家反映最强烈的是司法不公的问题，有的提司法腐败的问题，有人不提司法腐败，就提司法不廉的问题。这是一个人民群众反映强烈的问题，也是中央上层高度重视司法体制和司法工作的问题。因为大家的反映很强烈，要解决这个问题就要通过改革，通过改革来解决问题。我是说我们有这样的一个问题在里面。

第二个问题是：我们为什么要长期进行改革？现在经过15年以后，我们还要进行改革。为什么还要进行改革？我们在司法改革之初中提出的问题，或者是反映出来的问题，经过15年的改革解决了没有？从1997年提出司法体制改革以后，我们也通过各种渠道去了解国外的情况。英国也进行司法改革，日本也进行司法改革，法国也进行司法改革。但是司法改革，改革的问题按一般的理解它应该是一次性的。特别是作为司法工作，司法工作要执行法律，法律最大的特点是稳定性。它要作为一个规范来约束人们的行为，它必须是让人们有一定预期的。它的规则越稳定，它就越能发挥作用，效率越持久。如果一个规则今天变了明天变了，大家就没有一个预期下一步会怎么样。就像我们以前制定政策以后，大家担心这个政策随时会变，一旦政策出来了，该利用的东西赶紧利用，今天利用了，明天有可能就利用不了了，享受不了这个待遇了怎么办？另外，没有一个长久的预期就很难发挥法律对人类行为的引导作用，司法工作也是这样的。要有一套规则，这套规则必须保持一个相对的稳定性，然后它才能够发挥一个引导的作用。这是从法的规范性来说的。但是我们的改革不是一次性的，从一开始提出改革到现在15年了，还要进行多久，为什么一次又一次地改，改革没完没了，好像没有一个尽头一样。为什么不能一次性地改好，这是一个问题。

第三个问题是：改革能不能解决问题？为什么要改？因为

我们司法面临很多问题，大家不满意，要改。那么改革能不能解决这些问题？有的人说，改革解决了很大的问题；有的人说，改革没解决问题，甚至有人说改革在某些方面还有一些倒退。有的人对改革不抱希望，包括近几年来我们学术界很多人都觉得不抱什么希望，认为我们国家政治制度没有发生根本变更之前，司法体制改革不可能有所作为。所以讲没有前途，没有希望。就这样一些问题怎么看，我们要研究这个问题，就必须思考这个问题。

上面提出的三个问题，如果把顺序颠倒一下，就是先回答改革能不能解决问题。那对这个问题，我认为要有信心，要相信改革能解决问题。我们现在工作中出现的问题只有通过改革才能解决，不改革就没有出路，就不可能解决现在的问题。所以必须进行改革，通过改革来解决。但是改革能解决多少，这是一个疑问。通过司法体制改革所面临的问题，特别是与社会主义法治建设不相适应的司法工作中的问题，通过改革可以逐步地得到解决。我们不可能一下子解决所有问题，也不可能说所谓的根本解决，什么叫根本解决也不好说，只能是说通过改革一步一步地来解决。

司法改革为什么要长期进行。之所以我们的改革拖了很长时间，是因为我们总是就事论事地进行改革，没有抓住根本性的问题。前一段时间有一个说法，从党的十五大到十七大，都提的是要从制度上保证审判机关、检察机关依法独立公正行使审判权、检察权，党的十八大又提出要"确保"审判机关、检察机关依法独立公正行使审判权、检察权，这样提意味着什么？一是说明这个问题很重要，党中央一直很关注这个问题；二是说明这个问题没有解决，前三次虽然提出了这个问题，但是没有解决，所以第四次提出要"确保"，说明这个问题还没有解决。

为什么得不到解决？为什么长期得不到解决？可能和我们的社会处在社会主义初级阶段有密切的关系。所谓社会主义初级阶段，就是我们的认识，我们对问题的看法还没有达到一个成熟的法治国家标准这样一个程度，所以在解决问题的方式上，我们看到的是表象。有一些做法也是因为看到了这种表象，在解决的方式上也往往是头痛医头，脚痛医脚，没有研究这是表象背后的深层次问题，解决问题的方案也是没有抓住根本。很多问题，很多想法怎么解决，我觉得一直是因为认识上的分歧或者是认识上不太深入，对司法工作的规律认识得不透，或者说是重视的程度不够，所以没有从根本上解决司法中存在的问题。于是就导致我们今天改了明天改，明天改了后天改，不断地在改。但是总觉得说起来有成效，但成效不是很大。

再回到最初的问题上来说，就是我们为什么要改，我们改什么？从现在反映的情况看，大家反映的比较多的就是为什么要改，因为我们司法不公、不廉的问题，成为人民群众反映强烈的一个问题。司法就是要强调公正，为了实现司法公正，为了保障公正的实现，所以我们要改革，道理很简单。我们要改革，但是我们为什么会出现不公不廉的问题，我们怎么样通过司法改革来解决这些问题？对这个问题还是有很多人在思考。

二、司法改革面临的深层次问题

改革之初学术界提的问题是司法独立的问题。从1998年到2000年那一段时间，法学界的很多名家都写文章论证司法公正的问题，认为没有司法独立就谈不上司法公正，只有独立了才能公正。所以当时很多人都在谈，到底什么是司法公正，是法院、检察院独立，还是法官、检察官独立，是对外独立还是对内独立。关于司法独立的问题连篇累牍地发表了很多的文章，认为独立是一个关键，没有独立就没有司法公正。

也有人提出，独立了是不是就能保障公正？过去是限于学术界的讨论，现在在领导层也有这样一个认识，就是现在可以放开了，让你独立，那么独立后的司法机关就能保证司法公正，能实现公正的价值吗？这一直是两种激烈争论的观点。从一开始提出就有争议，我们强调的是要保证司法公正，但是司法公正的一个前提是司法独立，没有独立不可能有公正，这个说法至少在学术界是大家的一个共识性的东西，没有独立不可能有公正可言。

另外一个问题就是独立了以后是不是就能实现司法公正？就像过去我们很多都在要求加强法官队伍建设，要加强检察官队伍建设，要廉洁……提了很多的要求。这些要求在实践中落实的情况不是很好。不是很好的原因在哪儿？我们说的就是要对我们现在的司法体制、司法制度进行反思，要研究这里面到底问题出在哪儿。如果不研究这些问题的话，我们就没办法解决这个问题。

我们之所以有司法不公、不廉的问题，一个最根本的原因是行政化的管理方式。如果我们不改革行政化的管理模式，在司法工作中不去行政化，那所有的改革措施都难以得到有效的落实。这是我的一个基本的判断。为什么要说这个问题，为什么要这么来看这个问题，因为我们过去这些年来采取了很多的办法进行改革，但没有达到预期的目的，原因就在这里。

举一个简单的例子，比如说检察院从 1998 年开始就推行主诉检察官办案责任制，至少在检察机关的内部是有很多的共识，而且大家都深切地感受到不推行这样一个制度不行。因为过去检察机关，审判机关是一样的，在行政化的管理模式下，把能办案的人都淹没掉了,你干和不干一个样,干多干少一个样。在这种情况下谁还有积极性干?案子就办不了,效率就不高,队伍的素质就提不高。所以大家都看到这个问题,都认为不改不行。那怎么个改法,就提出让能办案的人来办案,给他一定的权力,让他办案,同时提高他的待遇,再给他加重责任,错案要追究。通过这样权责利相统一,来鼓励能办案的人办案。这个制度对于改变当时那种状况,应该说是一个很好的办法。

过去我们讲,这项主诉检察官办案责任制的改革是检察改革中最有意义的,是最具革命性的一项改革。但是这项改革后来实行不下去了,到了现在这个制度到底怎么样,要不要实施,各地的看法不一样。包括最高人民检察院开始是民事行政检察厅来试行这样的制度,试行了一段时间以后,大家都不干了,为什么呢?因为机关竞争上岗、晋升提拔的时候,选拔干部的时候根本没有主诉检察官的份,无所谓的。于是有的人就认为,我辛辛苦苦地办案子,承担那么大的责任,还有什么意义呢?于是就不干了。开始说是给主诉检察官增加补贴,后来补贴也增加不下去了。大家都一样是检察官,给你增加补贴,为什么我没有补贴?后来有的部门提出,公诉搞主诉检察官办案责任制,那我们搞主办,其他的部门也要这么干,互相攀比。所以这个制度实行到最后就实行不下去了。现在又回到了15年前那种办案模式,就是承办人办案,科(处)长审核案件,检察长审批案件,又回到这样一个老路子上。

为什么会有这样的一个现象,为什么会出现这样的一个问题?一个最重要的原因就是我们没有改革行政化的管理模式。在行政化的管理模式下,能干的不能干的分不出来,能干的不能干的,干多干少,干好干坏,看不到区别,看不到前景。从平均主义讲，没有打破，所以很难推行这样一个制度。

再举一个例子：分类管理的问题。也是从1998年就提出检察人员要实行分类管理。最高人民检察院先后制定了3个三年检察改革的意见，2000年制定了一个，2004年制定了一个，2009年制定了一个。这3个关于检察改革的方案，叫意见也好，叫规划也好，都是规划三年的改革。每一次都提到了分类管理的问题。大家认为对检察人员的管理，内部不分类不行呀，不分类怎么建设高素质专业化的检察官队伍呢？不可能的。如果不分类，大家都干一样的活，既显不出个人能力的高低，也显不出不同性质工作的特点。比如说技术人员，如果也走检察官序列，你跟办案的比，怎么个比法，就不好解决。书记员的问题，始终解决不了。法院也面临这个问题，法院先搞了试点，试点的情况很不理想。我们检察官办案询问犯罪嫌疑人，问了一两个小时，书记员在旁边只记下了一两页纸。我们都知道，讯问笔录是证据。证据是要拿出来用的，为了获得这个证据，讯问人员问了很多内容，都没有记下来，犯罪的情节，细节的问题都没有记下来，到法庭上怎么用这份证据？我曾经当副检察长时分管公诉。公诉有很多案件，全市职务犯罪侦查的案件不起诉的，都要到我这儿来审批。我就要求所有的案件到我这儿我必须看案卷。我发现案卷里面有不少问题，后来我给他们讲课时也讲，我说办案要从细节入手，司法工作要讲究细节，不讲究细节不行。一个案件3本案卷，关于一个数字就前后出现了几个写法，比如说"十二九万三千元"，有的地方是29.3万元，有的地方是2.93万元，有的地方是293万元，记录上出现这样的问题，就给事实的认定带来很大的麻烦。因为案卷是要给律师看的。律师看到这样的问题就要选择，肯定要选择最有利于犯罪嫌疑人的，最有利于被告人的那个证据了。就同一件事在不同的地方出现了不同的记录,法庭上怎么用?包括法院的开庭审理也是这样,开庭审理时,公诉人、被告人讲了很多东西,书记员记不下来。书记员记不下来,事后如果要查法庭记录,一查很简单,就那么几句话,根据简单的记录怎么判断对还是不对呢?所以书记员在司法工作中的作用很大。但是书记员怎么管理历来是个问题。检察院、法院的传统是,新来的大学生和研究生先当两年的书记员,就要做法官、检察官,先当助理检察员或者助理审判员,再是检察员、审判员。如果不转就不安心工作。因为书记员没有相关待遇,只有转助审员、助检员,然后晋升科长、处长,才能在政治上有前途,在经济上、在其他的方面待遇才能解决,要不然就没办法解决。这样一来会出现的问题是什么呢?书记员永远是新手,永远是刚来的人在做书记员,出问题那就是难免的,而出了问题对办案的影响非常大。但是,要有稳定的书记员队伍,在行政化管理的模式下是不可能的。因为在行政化管理模式下,晋升是走行政级别。所以,如果还是这样一个模式,永远是新来的人先当书记员,过渡一下再去当科(处)长,书记员的队伍永远不能稳定,书记员的水平不能提高,案件的质量就很难提高。

要解决这个问题就得实行分类管理。书记员就是书记员序列,专门做一个序列,专门有一个队伍做这个工作,才能形成专业化的书记员队伍,才能保证办理案件的质量。但是这样一个设想非常好,实践中一直没有行得通。原因就是我们的行政化管理问题。因为级别太低了,当书记员永远解决不了级别的问题,谁都不愿意一辈子当书记员。

还有一个问题,就是我们的法官法也好,检察官法也好,经过几次修改,都没有真正实施,至少可以说没有完全实施,或者是没有很好地实施或者是没有得到完全地落实。以检察官序列的问题为例，最初的设想也是好的。检察官根据工作能力、工作年限，设置一个独立序列。一个人到检察院工作，担任检察官以后，从初级检察官到高级检察官，再到大检察官一步一步地往前走，有这样的一个序列设置。但是这个序列怎么来确定？怎么确定你是哪一级的检察官，根据什么？现在就是完全根据行政级别走的。2010年有一个规定，想试着套一下试试，结果一试，很多人不满意。如果按照这样一个新的序列设计规范套检察官序列的话，全国有16万名检察官，其中有8.4万名检察官按这个序列设置都要降。基层检察院的检察官原来可以到四级高级检察官。按照新的规定就不行了，为什么不行呢？因为基层检察院检察长（直辖市检察官除外），实际上就是县级的检察院，基层检察院检察长是副处级，副检察长原则上是副科级，当然常务可能到正科级。其他检察员都是科员级，科员级检察员无论工作多久，多努力，都不能评高级检察官，因为高级检察官必须是副处级。达不到副处级，就不能晋升高级检察官。这样一个制度怎么能调动检察官的积极性？检察官的序列设置还有什么意义？反过来，只要我的行政级别提高了，我就能晋升到高一级的检察官，那我还要这个序列干吗呢？如果行政级别达不到，检察官序列的级别就上不去，这个序列设置怎么来调动检察官的积极性，怎么能让他安心在检察官岗位上工作，这就是一个问题。当时设置的初衷很简单，搞行政的搞行政，搞业务的搞业务，检察官的专业性强、经历丰富、经验多、办的案子好，就可以晋升到更高级别的检察官。本来这样的设想很好，但是在行政化管理这样一种模式下，这些设想就都泡汤了。

我们的一些改革措施实行不下去，搞来搞去最后都归到行政一个出口,形象地说是千军万马挤行政级别这一座独木桥。检察院也好,法院也好,如果所有的人最后都要走行政级别这条道,应该说,在很大程度上一些改革措施是实施不下去的,行政化的管理模式对司法公正的影响非常大。为什么说对司法公正影响非常大呢?首先,地方党委管检察院、法院的干部,你要当检察长,必须由地方党委提名。包括副检察长、检察员,考核任命都要走地方党委这一关。所以在这种制度下,独立行使职权很难。

人民检察院是国家的法律监督机关,是宪法的规定,但是多少年来,我们名义上是国家的检察机关,实际上是地方的检察机关,当然地方和国家是不可分割的,是一个整体。但是在行使检察权的时候,你是严格依法办事,还是要听地方领导的话,要顾及地方领导的感受或者是态度?这是一个问题。

在这样一种制度下,检察官不得不在一定程度上依附于行政长官,同样的,检察机关内部管理也是这样的。我们现在说地方党委不干预检察院、法院办案,那么法院、检察院内部的管理是什么管理模式呢?还是行政化的管理模式。在行政化的管理模式下,法官也好,检察官也好,都得听比其级别高的人。我们说是要加强对检察权的监督制约,办案部门是重点,重点是加强对办案部门的制约。实际上,不办案的部门也会影响办案部门。

所以在行政化的管理模式下,每一个办案的人员不可能完全依照法律规定,必须要顾及你的领导,你的直接领导和你的间接领导,包括其他领导的看法。甚至有一些和案件无关的人如果能影响检察官的上司的政治前途,就有可能影响检察官的办案。因为他可以通过检察官的上司来施加影响,检察官的上司可以对检察官下指令。

过去我曾经写过一篇文章,提出领导指令的书面化。在我们的制度下,没有领导指令是不可能的,能不能把领导指令书面化?因为我在加拿大学习的时候看到一个现象,检察官办案子别人是不能干预的,但是上级领导是可以干预的,上级领导不管是电话也好,书面也好,检察官是要做记录的。电话要录音,书面指示要入卷,有了问题承担责任。由此联想到,我们能不能把上级领导的也好,上级机关也好,党政领导的也好,指示都书面化,你书面给我发,我书面保存。该谁的责任谁的责任。但是事实上根本做不到,或者是远远没有做到。在我们这种国家,从某种意义上来说是一个关系社会,人情关系、人际关系非常复杂,对每个人的行为影响非常大。在这种情况下,每一个案件别人都可能通过各种关系找到你的领导,甚至找到你本人。在这种情况下,如果你不顾及领导的态度,那直接影响的就有可能是你的政治前途。所以在这样一个情况下,我们所有的措施和做法,如果不考虑这个因素的话,都很难行得通。

三、司法改革的路径选择

如果我们不从根本上解决行政化管理模式,只改一些具体问题,最终只能是改一些皮毛性的东西。有一些改革措施,有一些改革方案很好,但是行不通。原因在哪里?就在于我们没有从根本上改变行政化的管理模式。在这样的背景下很多措施难以实现它的预期目标,难以达到效果。当然这里面也有些问题,关于去行政化的问题还是有争议的,有的认为我们国家说检察机关是司法机关,是法律监督机关,但是在国外检察机关都是行政机关,检察机关实行检察一体化,检察权本身具有一定的行政属性,去行政化没有行政领导,也不行。

这里边就有一个问题,就是要不要去行政化,行政化去到什么程度。在我们的改革里面，这是一个不得不重视的问题，也是一个不能考虑怎么来妥善解决的问题。西方国家也有检察一体化，我曾经研究过法国的检察院，他们也特别强调检察一体化，但是强调检察一体化并没有影响检察官独立办案。美国也是如此，总统可以给司法部长发指令，司法部长可以给检察长发指令，也存在行政化的成分。但是具体怎么处理这个关系，就涉及一个检察官能不能完全独立办案的问题。检察官独立办案，那么上级的指令，检察官可以不执行。在这种情况下检察官拒绝执行领导指令，检察长就可以要求更换检察官，就解决了这个领导关系的问题，另外一个检察官按照领导指令执行，该指令可以公之于众，由社会监督这个执行指令行为，也防止了不当的非法干预。但是我们现在讲的不公正往往是不当的干预，非法的干预、拿不到桌面上的干预。这些干预影响了司法公正。所以说，都是讲一体化，但内容是不一样的。

不是说在一体化这个前提下，检察官就不能独立办案，独立办案的前提就是去行政化。关键的问题是看检察官、法官的命运掌握在谁的手里，如果是掌握在行政领导手里的话，难免要听行政领导的。如果能够在这个方面有所突破，那他独立的可能性就很大。我到美国去考察过，和一个法院院长座谈时，他就讲了一个观点。他说：我这个院长很好当，我这个院长无所谓院长不院长的，我就是一个资深的法官。我对法官没有任何的权力，法官听我的是因为我资深，我的经验丰富。他觉得我说得有道理他才听，要不然他不听我的。为什么呢？第一，法官的工资是国家给的，我不能决定哪个法官拿多少钱。第二，案件的分类是有一个规则的，是轮流的，我也不能要求这个案子这个法官办，那个案子那个法官办，没有分案的权力。第三，法官晋升是自动晋升，跟我没有关系，我管不了法官晋升的问题,也不用管法院经费的问题。所以我这个院长当得很轻松,有我的案子我办案子,其他的我就协调一下。

但是我们就不行,我们有审判委员会制度。审判委员会每周都要开会,大量的案件要进行讨论。检察院也是这样的,检察院也是很多案件要上检察委员会讨论。在这样一个审批制下,法官或者是检察官的作用就有很大的局限性,很难发挥作用。过去曾经有一个说法,就说检察官对案件事实负责,检察长对案件的决定负责。但是实际上错案追究,从颁布到现在已经过了13年了,真正进入这个追究程序的极少。有些案件要启动错案审查程序,阻力很大,为什么?这些都是经过再审的,谁来启动,怎么启动?因为背后都有一个问题,背后是因为有一个协调机制协调过的案件。有一些是一级一级把关,或者是几个方面的把关都不严格,出了问题要追究责任,一旦发现这个案子错了,要追究责任就可能涉及的面很广,涉及很多人。所以在这种情况下不消除行政化的管理模式,不改变我们现行的办案机制,就很难解决这些问题。

还有一个障碍,就是观念的问题。在改革中经常遇到的一个问题是,许多人包括许多领导干部总是把检察官、法官当作普通公务员对待。比如,我们说一线的检察官、法官包括警察很辛苦,要提高待遇,案多人少的矛盾很突出,一线的同志经常要加班,应当提高他们的福利待遇。但是要解决待遇,就有问题了,其他公务员也要提高待遇吗?即使是在检察院、法院内部也有这个问题,我们要突出检察官的主体地位,要给检察官更高的待遇,那么行政部门就认为自己不在业务部门工作了,待遇上不去了,那也不公平。所以这些问题反映出来的背后的问题是什么?就是在行政化这样一种模式下,大家都要求一样的待遇。如果大家待遇相同的话,那什么问题也解决不了。我们搞分类管理搞不下去，搞其他的也很难有效地推进。所以这是一个在司法不公、不廉问题的背后，在我们改革过程中遇到的深层次的问题，就是这样的一种模式，一种观念影响着我们的制度设计，影响着我们很多改革措施的推行。

所以不从根本上解决问题，深层次的问题就解决不了。深层次的问题解决不了，我们的改革就会没完没了。今天改了，明天又要改，甚至前面改的东西今天又成了改革的对象了。所以改革要有一个总体的设计，总体设计要有一个明确的目标，这个目标要针对深层次的问题提出来。这样才能保证这个改革沿着一个目标走下去，而且越改越好，越改越解决问题。

机构设置的问题也是我们面临的一个很突出的问题。最近我们搞了一个调研，全国32个省级检察院给我们回复。其中有20多个省级检察院都提了一个相同的问题，就是检察机关内设机构的问题。内设机构怎么改？内设机构改革的问题也是从1998年就提出来的，到现在也是每一轮改革都会提到，但是这个问题始终没有解决或者是没有解决好。现在看这方面应该说大家反映的问题比较多，比如说我们的检察院，同一级的检察院到底设多少个机构，设多少个内设机构意见分歧就很大。各地的做法也不一样，有的省级检察院能设30多个机构，有的设20多个机构。不仅设多少机构不一样，叫什么名也不完全一样。有些是一样的，有一些叫法就不一样。还有一个问题，就是我们现在内设机构的职能划分也不一样。再有一个就是派出机构，从全国来看，检察机关派出的机构有厅级的，有正处级的，有副处级的，有科级的，有连科级都不算的。而且派多少，各地的差别更大了，有的叫派驻检察室，有的叫基层检察室，有的叫乡镇检察室。有的派了很多检察室到乡镇，有的一个都没有。机构设置的问题，就目前来说检察机关比较乱,也是一个比较突出的问题。

以基层检察院为例。有的基层院设 16 个,有的设 11 个内设机构,我们基层院里面有相当一部分不到 50 个人,或者说有相当一部分 30 人左右的基层院。除了检察长,副检察长之外,包括纪检组组长,政治处主任这些之外,剩下的就是 20 来个人。20 来个人设 10 多个科的话,一个科再设一个科长和副科长,基本上都是官没有兵,基本上一个科里面有的是一个科长,一个人要兼两个科的科长,有的是一个科里面三个人,一个科长,一个副科长,一个兵。有的是两个人,就两个人,一个是科长,一个是副科长,这种状况长期存在。在这种状况下,平时没案子办的时候,大家都闲着,有案子办了,人太少没法办。特别是像反贪这样的工作,需要团队来作战的,一两个人很难办案子。需要团队作战,又没那么多人怎么办?只能临时再借调人来办案。

针对这种状况,我在 10 年前就提出一个观点,检察资源需要整合,设的部门太多不利于我们开展工作,不利于检察工作的发展,提出要整合资源,要减少内设机构的设置。但是这个问题怎么解决,大家看法不一样,其实背后还是行政化管理带来的问题。

有人说,检察长都想多设几个部门,不多设部门解决不了干部待遇的问题,我们只有部门设多了,才能解决干部的行政级别。多设部门的结果就是,大家都是科长、副科长,但案子没法办。要不要改这种状况,也是一个我们怎么看的问题。如果从检察工作的角度讲,从人力资源的整合来讲,那大家都会得出一个结论:要压缩内设机构,不能搞这么多内设机构,要减少。但是减少了以后待遇问题怎么解决,又回到行政化的问题。如果我们打破行政化的管理模式的话,就可以很好地解决这个问题。如果不受行政化管理模式的束缚，我们就可以取消内设机构，把检察官分成若干个办案组，有几个检察官办案子就行了，或者是减少几个内设部门，力量整合一下，办案的质量和效率都会提高。至于待遇的问题，可以通过其他的渠道去解决。比如检察官的序列，我们不走行政级别的序列行不行，如果可以不走行政级别序列的话，没有科室的设置，照样可以解决检察官政治待遇的问题，解决他的级别问题和工资问题，那我们才有可能减少内设机构。要不然的话，我们现在改革很大的阻力就是级别的问题、待遇的问题。我们的内设机构，大家都觉得小院、人少的地方，设那么多的内设机构不科学、不合理，要解决这个问题。但是我们改变不了行政化管理模式，这个问题也没法解决。

在机构设置方面，还有一些与行政化管理关系不密切的问题，比如诉讼职能和诉讼监督职能要不要分离的问题，就是要不要设置专门的机构来行使诉讼监督职能。特别是刑事诉讼法修改以后，给检察机关明确地赋予了很多对诉讼活动进行法律监督的职责。这些监督的职责是由一个专门的部门来承担，还是分解到其他部门的职责里面去？这是一个机构设置的问题，背后的问题就是检察权的分解与整合的问题，这实际上是检察权优化配置的问题，表现出来就是机构设置的问题。

这个问题也很有争议。有一种观念就认为检察机关只有参与到诉讼过程中去，才能了解和发现诉讼过程中存在的问题。不参与诉讼，就发现不了问题。包括之所以让检察机关来监督其他机关的诉讼活动，就是因为检察机关参与诉讼的全过程，其他部门只是参与诉讼的一个阶段。因为检察机关参与诉讼的全过程，所以让检察机关来监督其他部门。但是，另外一种观点就认为这两种职能混淆在一起以后，有一个角色混同的问题。公诉部门提起公诉,在法庭上就是公诉人,是原告方。另外,又是监督的主体,又去监督法庭审判,就容易产生角色混合。既要批准逮捕,又要监督公安机关的侦查活动,也有一个角色混淆的问题。那么,怎么来处理这个矛盾,有的人主张分解,即把诉讼监督职能分解到有关的办案部门去,和诉讼职能一并进行。另外一种意见就是认为,诉讼职能和诉讼监督职能应该分开,由不同的部门来执行。这两种各有利弊。怎么来选择,也是我们面临的一个比较突出的问题。

再一个内设机构方面的问题,就是乡镇检察室的问题。这涉及到检察院的发展方向问题。从表面上讲,派出检察室很受欢迎,特别是有一些地方的领导很欢迎,派出来做法律宣传,化解社会矛盾,减少了党委政府的负担和压力,对社会治安综合治理,对于化解社会矛盾起了很好的作用。所以有一些领导很赞同,很支持这样的一个做法。所以,检察院有一些领导也是积极推进这项工作。但实际上我们很多地方检察院都反映案多人少的问题没法解决,检察院案子都办不过来,又派人出去做法律宣传。检察院的主业是办案,如果没有心思去办案子,没有精力去办案子,那不就失职了吗?本身在人员紧张的情况下派人搞法律宣传,也不合适。

与之相关的问题是我们要派出多少人?全国那么多的乡镇,无法做到每个乡镇都派出,只好重点派,比如一个县级院派几个乡镇检察组出去。那么,就会出现有的地方派了,其他的地方没有派。这就带来一个问题:为什么这个地方需要派,那个地方就不需要?是那个地方真的不需要吗?只能说是那个地方人少,派不过来。那么,人多的地方就需要,人少的地方就不需要吗?所以说在这个问题上还是有不同观点的。一种认为这是非常需要的;一种认为这个问题上面临着难以解决的矛盾：一个是难解决案多人少的矛盾，再一个是难解决重点和普遍的矛盾。

这些现象背后深层次的问题是什么？就涉及到检察机关应该向哪一个方向发展的问题。检察机关是一个社会大众服务机构，还是作为一个专门的法律监督机关呢？作为一个检察官，应该是一个什么样的社会形象，作为检察机关应该是一个什么样的社会形象？从全世界来看，检察官应该是一个有法律素养的高层次的人才，至少检察官应该是这样的一个形象。检察院是不是要面向整个社会要去做普法的工作，这也是一个社会定位，角色定位的问题。到底怎么定位，从总体发展上讲，检察官应该怎么去发展，包括现在机构设置的问题，也是一个重大的影响。

还有一个问题就是办案组织的问题。检察机关办案组织是一个什么组织，过去很少有人思考。因为法院是很明确的，有独任制法庭、合议庭、审判委员会，这些都是审判组织，是办案的基本单元。检察委员会是一个办案组织，这个是由组织法明确规定的。其他的办案组织是什么？基本的办案单位是什么？我们多少年来就没有明确过。我们流行的办案方式就是承办人承办、科（处）长审核、检察长或者是检委会决定，基本上是这样的一个模式。在这里面，基本的办案单位有没有，至少是不明确的。到底怎么来看待这个问题，我们在改革的过程中要不要明确，现在有的地方在试点，像北京，北京是在公诉部门内再设置办案组织，叫主任检察官。上海也在试点，把主任检察官作为一个基本的办案单位，由主任检察官带领检察官助手和书记员共同组成一个办案小组。以主任检察官负责，作为一个基本的办案组织来承办案件。

作为试点，要赋予主任检察官一定的职权，以主任检察官为办案的基本单位来承办案件，一般的案件由他们来定，重大案件提交检察长或者是检委会来定。这样一个模式，因为是在实践中探索，到底向哪个方向发展，这是一个问题。开始他们说是借鉴我国台湾地区的主任检察官这样一种做法，但是我们仔细研究，和台湾地区的检察官不一样的。我国台湾地区是检察官是基本的办案单位、办案组织，是由检察官作为基本单元来办案的。主任检察官有一定的行政职能，从业务上讲是资深的检察官，待遇要比一般的检察官要高，从组织上讲有一个层级管理的职能，相当于我们的内设机构一样，有一个行政管理的职能，包括分案的功能。我国台湾地区的主任检察官和试点的主任检察官又不完全一样。那么我们主任检察官作为一个基本的办案组织下一步怎么发展，也是对我们现在的管理模式的一种挑战。

与此相关的另一个问题就是检察委员会。检察委员会是法律规定的，而且是很早以来一直就有的制度。作为中国特色的司法制度的一个特点，法院有审判委员会，检察院有检察委员会。检察委员会讨论决定重大案件和其他重大事项，也就是说，按照组织法的规定，重大案件或者其他重大事项要由检察委员会讨论决定。检察委员会实行民主集中制，按照少数服从多数的原则作出决定。但是检察委员会在实施过程中也面临很多问题，前几年一直在改革，但是我认为没有改革到位。所以这个问题还得改革，还得往下走。检察委员会和检察长是什么关系，就越来越不明确。组织法上是有规定，实际上检察长是统一领导检察院的工作，但是重大案件和其他重大事项由检察委员会讨论决定。检察长是主持检察委员会，但是法律明确规定检察长和检察委员会多数意见不一致的时候提交同级的常委会决定。这个规定里面有一个什么含义呢？就是说在检察委员会讨论案件的时候，检察长只是一票，不是检察长说了算。有这样一个预设的前提之后，才存在一个检察长意见和检察委员会意见不一致时怎么办的问题。如果是检察长说了算那就不存在这个问题了，不管是多数人少数人，都是检察长最近拍板，都要由检察长决定。即使和多数人的意见不一样，检察长也可以做决定，那就不存在法律后面的规定了。之所以有这样的一个规定，就是说检察长自己不能决定，要听检察委员会的意见，按照多数人的意见定案子。检察长可以保留意见，到人大去讨论。

过去面临的问题一直是自从有这样一个规定以来，在全国没有发现过一例提交同级人大常委会讨论的案子。为什么会没有？不是说检察长在任何情况下都肯定和多数人的意见是一致的，不可能都这样的。一方面是没有办法提交人大常委会讨论，因为人大常委会是权力机关，不是办理个案的机关。后来通过监督法曾经还有过一些争议，人大要不要监督个案，最后大家形成共识人大不监督个案。那不监督个案，个案怎么决定呢？具体的案件怎么决定？所以行不通。后来在《人民检察院检察委员会组织条例》里面就改了这个规定，在重大案件上检察长和检察委员会多数委员意见不一致的时候，提请上级检察院决定。其他的重大事项提交人大讨论，重大案件由上级检察院讨论，这么修改也是有一定的根据的，因为组织法同时规定上级人民检察院领导下级人民检察院的工作，最主要的就是案件的领导，也没有什么矛盾。但是现在在实践中出现了新的问题，就是检察委员会讨论，肯定是要检察长提起，检察长不提起检察委员会就没办法讨论。问题是检察长提起，是必须提起还是选择性提起呢？现在越来越模糊了。就是所有的重大案件，是检察长必须提交检察委员会讨论，还是检察长认为需要检察委员会讨论就讨论，不需要检察委员会讨论就由检察长自己决定？就是检察长的职权和检察委员会的职权有没有区分？这其实也是我们面临的一个问题。如果要区分的话，哪些案件必须提请检察委员会讨论，检察长自己不能定，哪些案件是检察长可以提交，可以不提交，他有权选择提交不提交。如果没有这样一个区分的话，就可能混淆检察长和检察委员会的职权，在某种意义上检察长就代替了检察委员会行使职权，什么案件我都不提交检察委员会讨论，在这种情况下检委会就形同虚设了。所以我们的办案组织里，检委会是法律规定的一个办案组织，是决定重大案件的一个机构。怎么来发挥这个机构的作用，实际上也是在实践方面遇到的问题，尽管我们这些年在检委会改革方面做了许多工作，但是还是面临着问题。

四、进一步深化司法改革的指导思想

新一轮司法体制改革已经启动了，启动新一轮司法体制改革以后，中央政法委要制定一个五年的改革计划，我们也是在紧锣密鼓地制定检察机关的五年检察改革规划。怎么来制定这个规划，大家的思想和认识在原则问题上是统一的，就是要学习贯彻党的十八大精神，按照党的十八大的要求来推进司法体制改革，包括检察机关也是一样。党的十八大精神可以用三句话来表述的：第一句话就是进一步深化司法体制改革，第二句话是坚持和完善中国特色社会主义司法制度，第三句话是确保审判机关、检察机关依法独立公正行使审判权、检察权。不管是中央政法委制定全国的改革规划也好，还是我们检察机关制定自己的改革规划也好，都必须以这三句话为指导，按照这三句话来制定我们的改革方案。如何理解这三句话，我觉得对于制定新一轮改革可能是一个很重大的问题。

首先就是我们要在已有的改革基础上来进一步推进司法体

制改革，我们要尊重或者要重视已经取得的改革成果。事实上，前些年的改革成果，在修改刑事诉讼法、民事诉讼法的时候，把很多的成果都吸收进来了，已经上升为法律规范，所以我们要尊重已有的改革成果，珍惜已有的改革成果。要强调贯彻执行已经出台的改革措施，就是在已有改革的基础上来推进改革。另外，中央提的是进一步深化司法体制改革。其实在前两轮的改革中中央也是这么提的：深化司法体制改革，但是实际上在中央政法委的文件里面就把这个改了，加了工作机制，成了司法体制和工作机制改革。而按照大家的评价，觉得前两轮的改革更多的是工作机制的改革，不是体制上的改革。体制上的改革很少，中央强调的还是司法体制改革，所以新一轮的改革就要以体制为重点，以司法体制为改革的重点，不能还是像过去那样小打小闹地改革。要从体制上解决问题，所以要强调体制改革。这是可能要讨论的一个问题。

另外，要坚持和完善中国特色社会主义司法制度。这句话实际上是指明了改革的方向。我们讲中国特色社会主义司法制度，实际上是包含几个方面的。第一个我们要坚持的是司法制度，司法制度在世界范围内是有一些共同的价值，我们要不要追求？如果我们不追求就不叫司法制度了。要建设一个司法制度，就要遵循世界上公认的一些原理和价值。如果违背这些原理和价值的话，就很难说是司法制度了。比如说司法公正的问题，司法民主的问题，司法独立的问题，正当程序的问题等，这些都是世界各国司法共同追求的价值。我们坚持和完善中国特色社会主义司法制度，也要追求这些价值。除了这些之外，还有中国特色的社会主义司法制度。我们讲中国特色，有司法制度的共性，又有我们的特点。所谓特点，比如，我们国家是中国共产党执政，一党执政，多党合作。这种政治结构我们是不能改变的,是在这个前提下来推进改革的。还有我们的人民代表大会制度,这也是我们国家的根本政治制度,我们不能改变这些政治制度来搞司法改革。所以我们要坚持党的领导,坚持人大的监督和人大的权力机关的定位,这是我们司法改革不可动摇的一些原则。同时我们还要坚持两大司法机关并存的格局,这也是我们司法制度的一个基本的特点。要离开这样一个格局来构建司法制度,那就不叫中国特色的司法制度了。过去有人一提到中国特色就认为好像跟世界各国的司法制度相背离,要另搞一套。其实应该既要坚持中国特色,中国的东西,也要遵循世界各国司法制度一些共同的原理和价值。这两个方面应该是结合起来才能更好地推进,包括我们现在要推行新的司法体制改革的话,我们要学习借鉴世界各国和地区的成功经验,要学习借鉴人家的经验,人家的经验在我们这儿能不能适用,当然要结合中国的情况了。完全脱离中国的情况照搬过来是不适用的,但是我们不学习,不借鉴,光搞自己的东西也是不行的。因为司法毕竟有共同的规律可寻的,这是第二句话。

第三句话也是容易产生歧异的。党的十五大提的也是这句话,当时学界的解读就是要保障审判机关、检察机关独立行使职权。当时根据党的十五大的提法,学界就得出一个司法独立的价值追求,认为司法独立是根本,甚至有的学者提出,只要司法独立了,司法不公的问题也就解决了。其实,仔细看看,从党的十五大到十八大四次党代会的提法在这个表述上是一致的。都是讲的依法独立公正行使审判权、检察权。这里强调的是三个价值目标,一个是要依法,一个是要独立,一个是要公正。这是三个方面有机结合的价值追求,并不是只讲独立。过去我们很多人理解这句话就是要司法独立。实际上这是三个价值,既要强调严格依法来履行职责,同时要强调独立行使职权，再一个强调要保证公正，要保障司法的公正。

把这三个追求分别开来，只强调其中的一个那是不行的。三个要结合，怎么把三者的关系处理好，这是我们改革的顶层设计必须高度重视的一个问题。就是怎么处理这三者的关系，我们讲司法独立，独立是为了保障公正，不独立就谈不上公正。但是有了独立了以后，还要进行完善内部的工作机制，还要从其他的方面来改进，才能保障公正的实现。所以，公正是一个独立的价值追求，依赖于独立，但是不完全依靠独立。

我们的改革既要考虑怎么来保障检察机关依法行使检察权的问题，也要考虑怎么来保障检察机关独立行使检察权的问题，同时也要考虑怎么保障检察机关公正严格执行法律的问题。这三个方面都考虑到了，我们的改革方案才有可能有利于实现改革的目标。强调其中任何一个方面都是片面的，只有把这三个方面协调起来，统一起来，通盘考虑，才有利于改革的推进。当然可能某一个方面的问题更突出一点，是应该重点考虑的。有的时候可能这个方面的问题突出一点，有的时候可能另外一个问题突出一点，需要重点考虑。但是无论是哪一个问题我们都要有全面地认真思考，全面地来看待问题和解决问题。

（原载《国家检察官学院学报》2013 年第 5 期）

司法体制改革的价值追求

司法体制改革要有明确的价值追求。有了明确的价值追求,改革才会有目标,才有可能进行科学的顶层设计。没有明确的价值追求,就没有明确的改革方向,就会陷入头痛医头、脚痛医脚、不断循环的泥潭,难以达到满意的效果。

一、一以贯之的价值追求

司法体制改革的价值追求,其实从中央第一次提出司法体制改革的任务时,就是明确的。可惜的是,法学界没有很好地解读[1],实务界没有深刻地领会,或者说没有认真贯彻和研究解决中央提出的改革任务[2],以至于十多年来的司法体制改革总是给人一种隔靴抓痒的感觉,司法体制改革不断深入总也解决不了体制性的问题。

党的十五大报告提出:"推进司法改革,从制度上保证司法机关依法独立公正地行使审判权和检察权。"党的十六大报

---

[1] 党的十五大报告提出司法改革的任务后法学界误读了报告的精神,把"从制度上保证司法机关依法独立公正地行使审判权、检察权"片面地归结为"司法独立",连篇累牍地发表了大量关于司法独立的论文,以致引起人们的困惑,甚至遭到一些人的抵触,司法改革走上了从解决具体问题着手的道路。

[2] 客观上,因为思想准备不足,认识分歧较大,尚不具备改革的外部条件。

告提出:"按照公正司法和严格执法的要求,完善司法机关的机构设置、职权划分和管理制度,进一步健全权责明确、相互配合、相互制约、高效运行的司法体制。从制度上保证审判机关和检察机关依法独立公正地行使审判权和检察权。"党的十七大报告进一步提出:"深化司法体制改革,优化司法职权配置,规范司法行为,建设公正高效权威的社会主义司法制度,保证审判机关、检察机关依法独立公正地行使审判权、检察权。"党的十八大明确提出:"进一步深化司法体制改革,坚持和完善中国特色社会主义司法制度,确保审判机关、检察机关依法独立公正行使审判权、检察权。"

连续四届报告,几乎用了相同的话来提出司法改革的任务,这至少说明了四个问题:第一,改革的目标始终如一,重在制度。改革的重点是从制度上保证审判机关、检察机关依法独立公正地行使审判权和检察权。对于建设中国特色社会主义司法制度而言,这是一个十分重要的问题,以致引起了四届中央委员会的高度关注。而这个问题,恰恰是我们国家的宪法规定的社会主义司法制度的重要特征。从制度上保证审判机关、检察机关依法独立公正地行使审判权和检察权,从根本上讲,就是落实宪法的规定,保证宪法原则的贯彻执行。第二,这个问题是我们国家司法制度中存在的一个严重的问题。审判机关不能依法独立公正行使审判权、检察机关不能依法独立公正行使检察权,是中国特色社会主义司法制度自我发展过程中面临的一个突出问题,并且这个问题已经到了十分严重的程度。否则,党中央就不会把这样一个问题作为司法改革的任务,反复提及。第三,这个问题并没有解决。15年前,党中央提出这个问题的时候,可以说这是司法制度中存在的一个重要问题,也是司法改革所要解决的一个重大问题。当党的十七大报告重提这个问题时,说明前两轮的司法改革并没有真正解决这个问题。那么,现在看来,党的十七大以来的司法改革仍然没有解决这个问题。这说明,解决这个问题,存在一定的难度。第四,中央决心解决这个问题,并且解决这个问题是宪法实施的重要方面。与前三届党代会的提法相比,把"从制度上保证"修改为"确保",表明党中央解决这个问题的坚定决心。

仔细看看,从党的十五大到十八大四次党代会的提法,在这个问题上始终是一致的,都是讲"依法独立公正行使审判权、检察权"。这里强调的是三个价值目标:

第一,依法。"依法",就是严格依照法律的规定来行使职权。依法,既包括按照法律授权的范围来履行职责,也包括按照法律规定的标准和程序来适用法律。

依法是司法机关的行为准则,是社会主义法治的基本要求。司法机关本身是适用法律的机关,是法律实施的重要主体。[1] "国家通过司法机关及相关机关处理案件,解决争讼,惩治犯罪,实施法律。"[2] 因此,严格依法行使职权,是对司法机关最起码的要求。如果司法机关都不能严格依照法律来办事,法治就只能停留在空谈上。"实行依法治国,建设社会主义法治国家",已经成为我们国家的一项重要的宪法原则。而实行依法治国,在很大程度上要依靠司法机关严格依照法律的规定来处理具体案件。通过对具体案件的处理,来制裁违法者,保护守法者,树立法律的权威,从而把法律的规定变成现实的行为规范。司法机关能否严格依法处理具体案件,直接关系到建设社会主义法治国家的目标能否实现。司法机关严格依

---

〔1〕 现代意义上的司法,是指行使国家司法权的机关依法解决法律争端的活动。参见徐静村:《徐静村法学文集》,中国检察出版社2010年版,第337页。

〔2〕《陈光中法学文选》(第一卷),中国政法大学出版社2010年版,第436页。

法处理案件,是党和人民的期盼,是司法机关实现其存在价值的具体表现。

第二,独立。"独立",是指司法机关在办理案件的过程中,在法律授权的范围内根据自己对事实和法律的理解,独立自主地作出法律适用的决定,不受行政机关、社会团体和个人的干涉。

独立是司法的根本属性,是防止法律以外的因素干预法律适用的制度保障,是司法公正的先决条件。[1] 司法机关不能独立行使职权,就难以保证司法机关严格依照法律规定来行使审判权、检察权,也就难以保证司法公正的实现。这是由司法权的内在属性所决定的,是司法权与行政权的重大区别之一。行政权突出的表现为决策权和执行权。行政机关的决策往往是就国家事务或者社会管理事务的某个方面作出的,每一个决策都会影响到诸多的社会群体或公民个人的权利或利益,都需要巨大的社会资源的投入或者消耗,所以不能由一个人或者一个单一的主体说了算,而必须按照一定的程序,广泛听取各方面的意见,进行必要的调研和论证,从而最大限度地保证决策的正确性。一旦运用国家的行政权决定了的事项,就要坚决地贯彻执行,这种执行权是一种单方面的权力,即行政机关及其工作人员执行权力机关或者政府的决策,下级要服从上级,行政权的相对人要服从行使行政权的主体。因此,当行政权的相对人对行政权的行使有异议的时候,必须要有一个纠纷解决机制或者救济渠道。不然,受行政权管束的相对人就没有说理的地方

---

[1] 司法机关依法独立行使职权是我国宪法明文规定的重要司法原则,是实现司法公正的重要保障。参见《陈光中法学文选》(第一卷),中国政法大学出版社2010年版,第506页。

了。而司法权是以裁判权为基本特征的国家权力[1]。裁判的事项往往是已逝的案件事实,所涉及的主体主要是与案件有直接关系的人。对已经发生过的事实的认定需要运用专门的知识来分析证据,需要精确地选择应当适用的法律,因此它更多的不是集体决策,不是广泛地征求意见,而是对法律精神的精准把握、对法律规范的娴熟应用技术和对案件证据材料的分析判断,需要行使司法权的主体独立地工作。另外,裁判往往是在双方当事人之间进行的,任何一方当事人不满意,都可以把案件提请上一级司法机关去重新审理,从而解决权力滥用和权利救济的问题。所以,行政权要强调上命下从,强调管理和监督,而司法权更强调独立、公正。可以说,独立行使审判权、检察权,是司法活动的一个重要规律,是司法公正的制度保障。

　　司法机关的独立性是维护公平和正义的根本要求。司法的基本功能是通过在办理具体案件中适用法律来维护社会的公平和正义。司法机关只有根据对证据的分析和对事实情况的判断才能认定案件的是非曲直,据此作出的决定才可能具有客观性和公正性。但是如果作出这种判断的主体本身不具有独立性,他在作出判断的时候要看别人的脸色、听别人的声音甚至要揣测别人的好恶,那就不可能完全根据事实和法律来作出客观的判断和正确的决定。如是,司法权的行使,就很难保证其客观公正性,对案件的处理也就没有公平可言。因此,独立性是司法权自身的逻辑规定,是保证司法权依法公正行使的必然要求。

---

[1] 在某些西方国家,司法权仅指审判权,因为审判权的裁判特征最明显。但是多数西方国家都把检察权视为"准司法权",因为检察权在一定程度上也具有裁判的性质。在我们国家,检察机关不仅是公诉机关,具有对案件事实作出预先判断的权力,更重要的是宪法把检察机关定位为国家的法律监督机关,宪法和法律赋予检察机关更多的带有裁判性质的权力,如批准和决定逮捕的权力、相对不起诉和附条件不起诉的权力等。所以宪法和法律明文规定,审判机关、检察机关依法独立行使审判权、检察权,不受行政机关、社会团体和任何个人的干预。

第三,公正。"公正",即按照法律的规定和精神,公平正确地对待每一个案件、每一个当事人。

公正是司法的根本价值,也是司法体制改革最终所追求的效果。如前所述,司法权更多地表现为一种裁判权。所谓裁判,就是当事人双方发生了争分,交由中立的司法机关来裁断是非曲直。如果裁判不公,就不能得到双方当事人的信服,也就丧失了裁判的权威和意义。"司法以公正为灵魂和生命,乃是因为司法和公正本身同出一源,民众冀期通过司法获得自己所诉求的具体公正。在法治社会中,国家公力救济是解决冲突的最后方式,其裁决固然以国家强制力为后盾,但其内在合理性依旧来源于公正。司法能否充分发挥其本身效力,能否得到人们的信赖,基本上取决于司法是否公正。如果司法丧失公正这一灵魂,那么也就失去了自身存在的价值。"[1]

"依法""独立""公正"这三个方面是有机结合的价值追求,并不是只讲独立[2]。过去我们很多人理解党的十五大提出的"从制度上保证司法机关依法独立公正行使审判权、检察权"这句话,就是要司法独立。实际上这是三个价值追求,既要强调严格依法来履行职责,也要强调独立行使职权,要保障司法的公正。把这三个追求分别开来,只强调其中的一个,不仅不行,而且很难取得共识。

"确保审判机关、检察机关依法独立公正行使审判权、检察权",与"让人民群众在每一个司法案件中都感受到公平正义",可以说都是司法体制改革的价值追求。只不过,前者是

---

[1] 《陈光中法学文选》(第一卷),中国政法大学出版社2010年版,第440页。
[2] 当然,从司法改革的紧迫性上看,司法不公的问题是司法活动中存在的突出问题,也是全社会之所以重视司法改革的原因,是改革的动力。但是司法不公的原因不能不说主要是司法不独立。

对司法体制改革价值追求的理性表达,后者更突显人民群众对司法体制改革的情感诉求。"让人民群众在每一个司法案件中都感受到公平正义",反映了人民群众对司法体制改革的期盼,即对司法公正的追求,而公正正是司法体制改革的价值追求之一。与之相比,"确保审判机关、检察机关依法独立公正行使审判权、检察权",更完整地反映了司法体制改革的价值追求。二者之间并没有根本的冲突。

"确保审判机关、检察机关依法独立公正行使审判权、检察权",与"建设公正高效权威的社会主义司法制度"之间,具有内在的联系。司法体制改革的过程,实际上就是建设公正高效权威的社会主义司法制度的过程,司法体制改革的最终目标就是要建设一个公正高效权威的社会主义司法制度。但是,为什么要进行司法体制改革?为什么建设公正高效权威的社会主义司法制度要通过司法体制改革来进行?原因就在于我们国家现行的司法制度,还不能完全从制度上保证审判机关、检察机关依法独立公正地行使审判权、检察权,还存在司法不公、不廉的问题,还不能保证让人民群众在每一个司法案件中都感受到公平正义,所以才要进行司法体制改革,要通过改革来解决司法制度方面存在的问题。因此,从解决问题出发,连续四个报告都强调要通过司法体制改革从制度上确保审判机关、检察机关依法独立公正行使审判权、检察权。只有从制度上保证审判机关、检察机关依法独立公正行使审判权、检察权,才有可能建设起公正、高效、权威的社会主义司法制度,才有可能保证审判权、检察权的行使让更多的人民群众满意。正是在这个意义上,笔者认为,确保审判机关、检察机关依法独立公正行使审判权、检察权,是司法体制改革的价值追求,是司法体制改革应当着力解决的制度层面的问题。而这个问题,恰恰是建设公正高效权威的社会主义司法制度所面临的最主要的问题。

二、价值追求的问题指向

为了实现"确保审判机关、检察机关依法独立公正行使审判权、检察权"的价值追求,做好司法体制改革的顶层设计,就需要认真研究妨碍审判机关、检察机关依法独立公正行使审判权、检察权的制度性因素。如果抓不住问题的症结,顶层设计就很难说是真正解决问题的制度设计,改革就可能再走弯路。

从党的十八届三中全会决议看,确保审判机关、检察机关依法独立公正行使审判权、检察权的改革,主要指向三个方面的问题[1]:一是司法体制中的地方化问题;二是司法人员管理的泛公务员化问题;三是司法权运行机制中的行政化问题。[2]

(一)关于司法体制中的地方化问题

近年来,我们国家的司法制度,在管理体制上出现了日益明显的地方化趋势[3]。一是在司法机关的干部管理方面,人事权几乎完全控制在地方党委、政府手里。地方各级人民法院、人民检察院的领导干部主要是根据地方党委的意见任免的。尽管上级司法机关对下级司法机关领导干部的任免也具有一定的发言权,但考察提名的权力集中在地方党委手里,上一级司法

---

[1] 党的十八届三中全会决议用三个标题规定了关于司法体制改革的内容:一是"确保依法独立行使审判权检察权";二是"健全司法权力运行机制";三是"完善人权司法保障制度"(参见《中共中央关于全面深化改革若干重大问题的决定》,人民出版社2013年版,第33—35页)。其中,"完善人权司法保障制度"主要是对法律制度的完善作出的决议。前两个部分则是针对司法体制改革作出的决议,所以司法体制改革的重点应当是前两个部分所针对的问题。其中第一部分包含两个方面,即体制问题和人员问题。

[2] 这些问题,笔者曾在10年前作过论述,参见张智辉:《刑法理性论》(北京大学出版社2005年出版)第六章第三部分"刑事司法制度"。

[3] 这种管理体制源于宪法中关于人民法院、人民检察院由同级人大产生、并向同级人大负责的制度设计。

机关的意见与地方党委的意见不一致时，主要还是按照地方党委的意见办，因为司法机关领导干部的任命必须通过同级人大的选举或者同级人大常委会的任命。除了领导干部之外，地方各级司法机关的人员录用、职级晋升、工资待遇等，都要受制于地方党委或者政府。二是在司法机关的经费保障方面，很大程度上受制于地方财政状况以及地方党委、政府对司法机关的态度。尽管近年来中央财政不断加大对地方司法机关的转移支付额度，在一定程度上缓解了困难地区人民法院、人民检察院办案经费和"两房建设"的经费缺口，但是司法人员的福利待遇以及日常的办公经费还是主要靠地方财政。如果当地的财政状况不好，或者地方党委、政府对司法机关不重视、不满意甚至有意见，司法机关的经费就难以达到充分的保障。即使是财政状况比较好的地方，预算外的支出往往在经费支出中占有很大的部分，而这部分经费主要是靠人民法院、人民检察院的领导找地方领导要来的。能否争取到这部分经费，除了是否需要之外，在很大程度上取决于地方党委、政府对人民法院、人民检察院工作的认可程度甚至取决于对法院院长、检察长个人的认可程度。三是在司法权的行使方面，地方党委、政府的意见往往对人民法院、人民检察院办理具体案件具有决定性作用。一方面，许多地方党委、政府都会要求司法机关为当地的经济发展"保驾护航"，甚至要求司法机关参与当地党委、政府部署的各项社会工作。多数地方党政领导出于对地方政治稳定和治安状况的关注甚或出于对司法机关的关怀和责任感而过问司法活动，特别是在涉及本地经济利益的案件中，地方领导往往随时都在关注案件的进展，不允许司法机关作出对本地不利的裁决，对检察机关查办地方干部职务犯罪案件更是倍加关注。另一方面，也不乏个别领导基于人情、关系或私利要求司法机关违背事实和法律对案件作出处理,甚至要求司法机关及时汇报案件的进展情况。有的地方甚至利用地方人大的监督权,根据地方领导的意图或者地方利益的需要对个案进行监督,强迫司法机关改变自己的决定。由于司法机关的人财物掌握在地方党委政府手里,人民法院、人民检察院在很大程度上不得不依赖地方党委、政府,所以在行使审判权、检察权的过程中不得不按照地方党委、政府甚至个别领导人的意见适用法律。

司法权的地方化,虽然并不意味着司法权就一定要被滥用,但是它在制度设计上无法保证司法机关依法独立公正行使审判权、检察权。[1] 一旦地方党政领导要用司法权来谋取地方利益甚至要动用司法权来推行个人意志,就可能破坏国家法制的统一,很容易导致不公正的裁判出现,也使司法机关处于十分尴尬的境地。这些年来,屡屡出现的司法不公案件,往往具有地方领导干预的影子。这些案件,引起人民群众对司法机关的不信任和对司法不公的不满,成为社会各界呼吁司法体制改革的最强音。

(二) 关于司法人员管理的泛公务员化问题

在我们国家,司法人员始终是作为一般的"国家干部"来管理的。曾经在很长时间内,进司法机关与进其他国家机关、党群组织的选人用人标准几乎完全相同。公务员法虽然把司法人员作为公务员中的一个独立类别[2],但是在管理方式和福利

---

[1] 实事求是地讲,地方党委、政府和党政领导干部绝大多数都是积极支持法院、检察院依法行使职权的,并且为法院、检察院依法履行职责提供了很多必要的条件。地方党委、政府包括主要领导人干预案件的查办导致司法不公的,毕竟是极个别的现象。但是从制度设计上讲,法院、检察院的人财物控制在地方党委、政府的手里,法院、检察院在工作上就必然要听命于地方领导,一旦地方领导要干预司法权的行使,法院、检察院就没有抗拒的制度保障,国家的司法权就有可能变成推行个人意志的工具。

[2] 将法官、检察官规定为"行政执法类公务员"本身是不科学的。

待遇方面，依然是按照普通公务员对待的。法官法、检察官法虽然分别规定了法官、检察官的任职条件，但是没有规定与这种任职条件相匹配的职业保障；虽然规定了法官、检察官的等级，但是这种等级也是与其他公务员的行政级别一一对应的，并且是先有行政级别才会有相应的法官、检察官等级。在内部管理上，只要是在人民法院、人民检察院工作，无论你是法官、检察官，还是从事其他工作的人员，无论你有没有领导职务，都必须参加政治学习，都必须参加地方党委政府、上级司法机关、本院各管理部门组织的各种活动，而没有人考虑这些活动对你的工作有没有帮助、是否需要，甚至没有人顾及会不会耽误你办案的时间。每年，人民法院、人民检察院的工作人员都要像在行政机关、党群组织工作的人员一样，进行年终考评，考评的内容自然也是一样，即"德""能""勤""绩"。考评的方式，同样是个人述职、群众投票、组织决定考评的等次[1]。此外，作为一名人民法院、人民检察院的工作人员，无论你从事何种具体工作，都必须有行政级别，并且按照行政级别来确定你的政治地位、工资和各种福利待遇，甚至办公室的大小都是按照行政级别的大小来分配的。而行政级别的晋升，除了必须受到职数、工作年限等限制之外，还必须按照行政干部管理模式来选拔，即必须经过民主推荐、民主测评、组织考察、党委（党组）决定、公示等组织程序。

这种管理模式有三个特点：第一，政治标准高于业务标准。过去，法院、检察院进人，大多从部队转业军人中来，因为这些人政治素质高，多数是共产党员。现在虽然强调学历，

---

[1] 最滑稽的是这种等次要受到名额的限制，而名额只限制优秀的数量。其结果，除了评选出规定数额的优秀之外，其他人统统是及格，除非犯了严重错误或者受到纪律处分。

但是仍然看重政治表现。把政治可靠作为选拔干部包括晋升的重要条件。然而，在和平时期，没有大的政治风波和变革的情况下，政治表现往往是看不见的，难以用客观的因素或者表现来衡量。这种重要而又无形的条件如何衡量，在很大程度上，便取决于"组织"上的鉴别。第二，行政级别高于实际水平。在这种管理模式下，法官、检察官无论多么资深，无论多么有经验有能力，如果行政级别不高，你的待遇问题就不可能比别人高。无论是办理案件，还是处理其他事务，行政级别高的人就会有更大的发言权和决策权。第三，人际关系高于工作业绩。一个人要提高自己的待遇，就必须提升自己的行政级别。而提升行政级别，除了能力工作之外，在很大程度上要看你的人际关系如何，包括与领导的关系、与同事的关系，甚至包括与下级的关系。业务能力再强，办案质量再高，办案数量再多，人际关系一般，就很难在民主测评和民主推荐中得到多数票，很难有晋升的机会。

这样一种泛公务员化的管理，给司法人员的队伍建设直接造成四个方面的问题：第一，难以造就高素质的法官、检察官队伍。在这样一种管理模式下，法院、检察院所有工作人员，都是通过提升行政级别来改善待遇的。有没有办案能力、办案质量如何，甚至会不会办案，对自己的晋升没有实质性的影响。因此，大家关心的不是业务水平的提高，而是行政级别的提升；大家看重的不是工作业绩，而是人际关系。大家的精力不是放在提高业务水平上，而是放在行政级别晋升上。虽然说行政级别的晋升与工作业绩有关系，但这种关系微乎其微，与人际关系相比，几乎可以忽略不计，并且工作业绩没有具体的衡量标准，往往因人的评价而异。所以，尽管这些年来全国各级人民法院、人民检察院下了很大的功夫、花了很多的经费来组织培训，以期提高司法人员的业务素质，但业务素质的提高总是收效甚微。原因就在于司法人员本身缺乏提高素质的内在动力。第二，难以对司法人员进行有效的分类管理。由于决定大家政治地位和福利待遇的，都是行政级别，无论是一线办案的法官、检察官，还是从事司法辅助性工作的人员，抑或从事行政管理工作的人员，最后都要看行政级别的高低，所以任何分类都成为多余。即使是在一线办案的法官、检察官，也只能靠行政级别的提升来改善自己的待遇。其结果，既不能造就专业化的法官、检察官队伍，也难以形成稳定的高素质的司法辅助人员队伍。只要是有办法的人都希望在行政级别上有所提升，以致形成管理人员的膨胀，内设机构的臃肿，工作效率的低下。第三，难以保证司法权的公正行使。由于直接决定个人命运的是人际关系，所以行使审判权、检察权的办案人员（无论是具体承办人员还是审核、决策人员）在任何一个案件中都不能不顾及其他人的意见。不仅直接领导的意见要听从，即使不是直接领导甚至完全不管案件的领导的意见也不得不听，因为他可能对你的行政级别晋升或者工作岗位的调整产生影响。除了领导的意见之外，同事就具体案件打招呼，也不能不顾及，因为在民主推荐和民主测评中离不开同事之间的投票。行政化的管理模式，使每个人都处在一张无形的关系网之中。方方面面的关系，既然能够影响一个人的升迁，决定一个人的政治地位和福利待遇，就能够左右一个人行使职权的活动。第四，难以使法官、检察官抵御外界的各种诱惑。由于法官、检察官在各个方面与其他国家机关工作人员享受一样的待遇（除了任职条件要求更高之外），他们也就必然与其他国家机关工作人员一样容易受到社会上的各种诱惑。在各种诱惑面前，缺乏足以抵御其侵蚀的盾牌。但是另一方面，法官、检察官手中掌握着国家的审判权、检察权,这种权力一旦不能依法行使,就可能给公民的人身权利、财产权利造成直接的侵害,就可能给国家利益、法治权威造成不可估量的损害。这种职业的特殊要求就将荡然无存[1]。

(三) 关于司法权运行中的行政化问题

对司法人员的泛公务员化管理,必然导致司法权运行的行政化。在行政化管理模式下,审判权、检察权的行使,不是采取谁的意见对就听谁的,而是按照行政级别的高低来决定发言权的大小。于是,长期以来,在法院、检察院就形成了"承办案件的人员办理案件、庭长(科处长)审核案件、院长(检察长)审批案件,重大案件提请审判委员会(检察委员会)讨论决定,审判委员会(检察委员会)意见分歧或者拿不准的情况下请示上一级法院、检察院"的审判权、检察权运行机制。这种运行机制适应了低素质司法人员办理案件的客观需要,有利于保障审判权、检察权行使的正确性。因为它可以通过层层审批、集体把关的方式防止因个人素质不高作出错误的裁判。

但是,这样一种司法权运行机制,却违背了司法规律,难以满足人民群众对司法公正的诉求。第一,难以贯彻证据裁判

---

[1] "大众化的司法人员容易产生趋众心理,缺乏强有力的自律动力。当一种制度将司法人员设计得和普通人无所区别时,司法人员的社会地位和物质待遇与其他社会成员没有明显差别,平民意识便在司法人员中油然而生。这种平民意识,使司法人员缺乏对司法职业必要的神圣感,心甘情愿地混迹于世俗关系之中,而对司法的职业要求和职业纪律无所顾忌,甚至某些司法人员自身也乐于利用职务上的便利,寻求更多的可运用和可支配的社会关系资源;大众化也使司法人员在来自社会的各种诱惑面前没有可以抵御人情、关系、私欲等侵蚀司法公正的超凡脱俗的盾牌,以致社会上有什么腐败现象,司法人员中间就可能出现什么样的腐败。另一方面,大众化的司法人员操持着非大众化的权力。具有大众化的身份和意识而缺乏职业保障的司法人员,司掌着关系到公民权利生杀予夺的并且有很大自由裁量余地的司法权。这种巨大的反差,使司法人员有更多的理由和机会用司法权来牟取私利,以追逐社会上物质生活和文化生活的时尚,而把司法的公正与否置于社会一般价值的层面。"参见张智辉:《刑法理性论》,北京大学出版社2005年版,第275—277页。

原则。司法是对已逝的事实适用法律。而认定已逝的事实是否存在、以何种样态存在的根据只能是证据。只有对案件中的全部证据进行深入的分析判断，才有可能还原案件的事实真相。因此司法要有亲历性，只有亲自了解案件的全部证据并对之进行研究的人员，才有资格对案件的事实真相发表意见。没有具体研究案件证据的人员，很难对案件的事实真相作出客观的判断。认定案件事实，必须通过双方认可的证据。但是行政化的运行机制，往往是没有具体研究案件全部证据的人员在对案件进行裁判。因为不实际承办案件的庭长（科处长）、院长（检察长）、审判委员会（检察委员会）委员，是不可能对案件的全部证据进行仔细研究的，更不可能直接听取案件当事人的供述或者陈述。他们对案件的认识主要是通过听取承办案件人员的汇报作出判断的。而承办案件的人员由于自身对证据的认识以及归纳水平的限制，很难保证完整、客观、准确地作出汇报[1]。其他人根据查办案件人员的汇报所作出的判断也就很有可能要打折扣。第二，难以追究司法责任。由于司法裁判的决定是层层审批的，甚至是审判委员会（检察委员会）集体作出的，一旦发现错案，需要追究司法责任时，往往难以分清责任主体。尽管从规则上讲，承办人员对事实负责，作出决定的人员对自己所作的决定负责，但是在每一个具体案件中，事实是通过证据来构建的，决定是根据事实作出的。而证据对案件事实的证明意义在不同主体眼里并不是完全一样的。承办人员汇报案件，除了案件事实之外，自然会汇报支撑这种事实的证据材料。决策主体听到的，不仅是案件的事实，而且包括案件的证

---

[1] 之所以要求其向上一级汇报并由上一级来决定如何处理案件而不是授权承办人员自己处理案件，根本原因就是基于对其办案水平的不信任。

据材料，决策所依据的是案件的证据材料所证明的案件事实。因此，很难说决策者只对案件的法律适用负责，而不对承办人员汇报的、决策者认可的案件事实负责。1999年以来最高人民法院、最高人民检察院先后制定的错案责任追究制度在司法实践中并没有真正实施，其根本原因，就在于在这样一种运行机制下很难分清错案的发生究竟是哪个主体的责任。第三，难以接受外部监督。由于案件的处理决定是通过层层审批的运行机制作出的，它就自然而然地具有了权威性，受到所有参与案件处理的人员的认可。甚至有的案件在作出决定之前就已经请示过上一级的法院、检察院，这类案件的处理决定更是不容置疑。这在一定程度上就抗拒了外部的监督。无论是当事人的申诉，还是人大政协的监督，抑或是社会舆论的监督，也无论案件本身是否存在明显的瑕疵甚至错误，要在司法机关内部启动救济程序是很难的，除非有更高行政级别的人员或者组织指令对案件进行重新审查。近年来发现并纠正的杭州二张"强奸杀人案"、于英生"杀妻案"等错案的纠错过程，无不证明启动纠错程序的艰难。而这种艰难应该说主要源自这样一种行政化的司法权运行机制。

三、司法体制改革的路径选择

实现司法体制改革的价值追求，既涉及体制方面的问题，也涉及机制方面的问题。究竟是从体制入手，还是从机制入手，抑或从两个方面同时入手？不同的路径选择，效果是不一样的。

党的十五大提出司法改革的任务之后，法学界曾经就如何推进司法改革的问题进行过激烈的争论。有的学者认为，行政权力的干扰和地方党委的干预，以及司法机关内部的行政化管理，是导致司法不公、地方保护主义和司法腐败的主要原因。解决司法不公、司法腐败的问题，最重要的是解决司法不独立的问题。"实行司法独立,首先必须从体制上摆脱行政权和地方党政势力非法干涉司法活动的可能性,摆脱司法机关对地方党政势力的依附。此外,为了防止行政机关的干扰,摆脱对行政权的依附关系,还必须实行司法经费单列,由人大批准拨款。法院、检察院在政治地位和党内职级上应高于或至少平等于政府的职位,不要形成法院、检察院的首长在国家权力体系中和党内领导体制中是行政首长的'下级'"。[1]

但是,有的学者不同意这种观点,认为我们国家面临的实际状况是司法人员素质不高,法官收受贿赂、颠倒黑白的问题还没有解决之前就片面强调司法独立,将会给中国的司法改革

---

[1] 有的学者指出,行政权力的干扰是导致我国审判不能真正独立,审判不公、司法腐败的一大公害。行政权力的干扰体现在司法权对行政权的依附和司法体制本身的行政化两个方面。具体表现在:(1)司法权同行政权虽在职能上分离,但在体制上却难舍难分。首先是司法机关的财政不独立,仍隶属于行政系统,依靠行政的供给。其次是人事任免权实际上也掌握在行政机关的人事部门。这就使司法工作常常受行政的掣肘。(2)在司法官制与内部管理体制的行政化方面:现在法院的官制受行政官制的影响,法官被视同一般行政人员,其选拔、任用、晋级、管理上多仿行政人事制度。法官无终身制和高薪制作为其职业保障,常受内部行政管理体制掣肘,而难以放心大胆地只服从法律。(3)在不同审级的法院关系行政化方面,下级法院常常向上级法院请示判案,上级法院也常常下达指示如何判案,这就破坏了下级法院审判的独立性和自主性。另一方面,地方党委的非法干预也是导致司法不公、特别是地方保护主义的重要根源之一。党对司法工作的领导,在一些地方变成了党内第一书记或政法委书记或某个人说了算。有的地方以党委"指示""决定"来干预法院、检察院以及公安机关行使职权,有的地方甚至规定,凡法院受理外地当事人告本地企业的案件,要经本地党政领导人批准,或责令其按党委意图判决。否则,就以人事调动权相威胁。一些法院干部慑于外来权威的压力,不是认真地只服从法律,而是违心、违法地执行地方保护主义的指示。有的不遵循法定的管辖权和法律程序,擅自调动公安、检察干警到外地索债、扣押人质等。至于为包庇地方党委中个别领导人的违法、贪污犯罪行为,或偏袒其亲朋戚友,炮制假案,出人人罪,以枉判谋私的现象,更非罕见。地方党委非法或不当干预司法,还有制度上的原因,即各级地方法院、检察院的主要组成人员和审判员、检察员都实际上是由同级党委内定,通过同级人大履行一下任免手续。法官、检察官和法院、检察院实际上都是对同级党委负责,要想违抗地方党委,依法审判,是十分困难的。此外,各级党委中设置的政法委员会的书记往往由一位党委副书记或常委兼任,有的地方把政法委员会的委员制变成了首长负责制。重要案件都须经政法委员会书记审批,成了判案的习惯程序。这样当然不能摆脱地方保护主义的干扰。参见郭道晖:《实行司法独立与遏制司法腐败》,载《法律科学》1999年第1期。

带来灾难性的后果。因此，司法改革应当首先从机制入手，解决司法人员素质不高的问题和对司法权的监督制约问题，不能轻言体制问题。[1]

党的十五大以来的司法改革可以说主要是按照后一种意见进行的。虽然期间也有一些涉及体制问题的改革，如国家司法考试制度的建立、司法鉴定体制的改革，以及铁路、林业等企业管辖的法院、检察院移交地方法院、检察院管理等，但都是微观层面的改革，司法改革主要还是围绕着如何提高司法人员的素质、如何健全司法权的运行机制、如何强化对司法权的监督制约以及如何保障司法机关的经费等问题展开的。这方面的改革，应该说，在中央的统一领导下，经过各地党委、政府的理解和支持，经过全国各级法院、检察院的共同努力，取得了巨大的成就。但是从另一方面看，司法不公、司法腐败的问题仍然没有从根本上改善。司法机关普遍认为，制约司法公正的体制性、机制性障碍还没有从根本上解决；司法人员普遍认为，司法改革给人一种隔靴搔痒的感觉。人民群众对司法的认同感和满意度也是始终没有明显提升。究其原因，尽管可以说是多方面的，但最主要的原因，恐怕不能不说与改革的路径选择不当有着更直接的关系。

司法改革究竟是应当从表象入手，还是应当从表象背后的原因入手，这是基于不同的认识论和方法论作出的不同的路径选择。从人民群众反映最强烈的问题入手进行改革，很容易博得高层领导的欢心，也很容易赢得人民群众的拥护。但是这种

---

[1] 有的学者指出，片面或者极端地强调司法独立，忽视中国法制的现实状况，对中国的司法改革将危害极大，其结果将与司法公正的实现南辕北辙，极大地助长业已严重的司法腐败和司法擅权。参见邹川宁：《司法独立与司法制约》，载《依法治国与司法改革》，中国法制出版社1999年版，第186页。

路径选择毕竟是从表象入手的，如果不能深入出现问题的根源，而是始终停留在这种表象上，其结果就必然是头痛医头、脚痛医脚，表面上的问题似乎解决了，实际上新的问题不断出现，而许多新问题都是重复原来的错误。这样的改革，听起来很伟大，看起来很热闹，干起来很容易见效，实际上并不能真正解决想要解决的问题。

值得庆幸的是，党的十八届三中全会决议明确地提出了确保依法独立公正行使审判权、检察权的改革思路。这个改革思路正是从解决体制性、机制性问题入手的。按照十八届三中全会决议的精神，笔者认为本轮司法体制改革重点主要有三个方面：

(一) 改革司法管理体制

党的十八届三中全会决议提出："改革司法管理体制，推动省以下地方法院、检察院人财物统一管理，探索建立与行政区划适当分离的司法管辖制度，保证国家法律统一正确实施。"这项改革任务的提出，应该说是十多年来，司法体制改革的重大突破。它在思想观念上，突破了长期以来把司法人员作为普通的"国家干部"来管理的思维定式，强调按照司法工作的规律和司法人员管理的特殊性来管理司法机关的人员；在制度设计上，突破了由地方同级党委统一管理公务员队伍的原有管理模式，不再按照地方干部管理的模式，实行哪一级的干部，由哪一级的党委来管理；在司法体制上，突破了司法权地方化的藩篱，向回归宪法定位迈出了重要的一步[1]。我们国家是单一制国家，国家的立法权统一由全国人民代表大会及其常务委员

---

[1] 这是从中国现阶段的实际情况出发迈出的重要一步，具有比较强的可操作性。从最终的改革目标上看，司法权属于中央事权，应该由中央机关统一管理。

会行使。与这种法律制度相适应，宪法规定，人民法院是国家的审判机关、人民检察院是国家的法律监督机关。而实行省以下地方法院、检察院人财物统一管理，在一定程度上，就意味着逐步淡化地方权力对司法权的控制，使法院、检察院真正成为"国家的"审判机关和法律监督机关。实行省以下法院、检察院人财物统一管理制度，为保证司法机关依法独立行使审判权、检察权提供了制度保障，为遏制司法腐败、提高司法人员的素质奠定了制度基础，也为保证国家法律的统一正确实施创造了制度条件。[1]

实行省以下法院、检察院人财物统一管理制度涉及四个方面：一是人员的统一管理。人员的统一管理既包括省以下法院、检察院领导干部由省级干部管理部门统一考察选拔和任免，也包括法官、检察官按照统一的标准和程序进行统一招录、调配和管理，同时也应当包括对省以下法院、检察院的其他工作人员实行统一管理；既包括统一人员的任职资格和晋升标准，也包括统一人员的福利待遇[2]。二是经费的统一管理。省以下法院、检察院办公、办案所需要的经费以及基础设施及其维护的费用、人员的福利待遇等经费，都应当由省级财政统筹，予以全额保障，确保地方各级法院、检察院不用为经费问题担忧，更不需要为生存问题到处求人。三是资源的统一管理。省以下法院、检察院的设备应当按照统一管理的原则进行整合，充分发挥其功效，包括信息平台建设、专业性强的科学技术设施及手段，应当统一管理使用，以防止资源的闲置和浪费。四是诉讼费和罚没款的统一管理。省以下各级人民法院收

---

[1] 参见张智辉：《司法体制改革的重大突破》，载《理论视野》2014年第2期。
[2] 当然，不同类别的人员应当享受不同的福利待遇，不同地方也可以根据消费标准和案件量的差别按照不同标准给予补贴。

取的诉讼费以及法院、检察院在办案过程中收缴的罚没款除应当返回被害人或被害单位的以外,都应当由省级财政统一管理。实行省以下法院、检察院人财物统一管理制度以后,至少可以说,承担着绝大部分案件办理任务的市县两级法院、检察院依法独立行使审判权、检察权的问题就可以在很大程度上得以保证。

在我们国家,与行政区划相对应设立法院、检察院的体制,是基本的司法管辖制度。与行政区划适当分离的司法管辖制度,作为基本司法管辖制度的一种补充,主要是管辖涉及不同地区的、具有一定特殊性的案件。目前,我国除了军事法院、检察院之外,有铁路运输法院、检察院,林业法院、检察院,农垦法院、检察院,海事法院等与行政区划分离的司法机关。由于历史的原因,这些司法机关曾经(有的目前还是)归行政机关或企业管辖,随着司法体制改革的深入,这些司法机关陆续回归上一级司法机关管辖。但是这些司法机关以前管辖的案件,有些由于经济体制改革的深化,失去了专门管辖的特殊性,有些仍然具有专门管辖的必要。同时一些新的案件类型,由普通法院、检察院管辖具有一定的难度,有必要交给更为专门的法院、检察院管辖。特别是一些跨地区实施的、影响范围较大的刑事案件以及涉及不同地方经济利益的民商事案件,都需要由与行政区划分离的专门法院、检察院管辖。因此,探索建立与行政区划适当分离的司法管辖制度[1],是完善司法体制的客观需要。

---

[1] 也有观点认为,与行政区划适当分离的司法管辖制度是把本该由一个法院、检察院管辖的案件通过指定管辖、提级管辖等方式,交由另一个法院、检察院管辖的制度。如果这样理解,那就没有必要作为司法体制改革的任务来规定了。因为这种做法在现有的司法体制内完全可以通过上一级法院、检察院来实现。

探索建立与行政区划适当分离的司法管辖制度，需要充分考虑国家经济社会发展的总体战略，需要对现有的不宜、不便由普通法院、检察院管辖的案件以及普通法院、检察院很难管好的案件进行深入地调研，对可能出现的专业性较强并有其特殊规律的、跨行政区划的案件进行科学地预测，并在此基础上确定跨行政区划的专门法院、检察院的设置及其管辖范围。笔者认为，在现有的铁路运输法院、检察院的基础上进行整编、改造，赋予其新的管辖范围，应该是一种制度成本最低、可行性最大的选择。

(二) 建立符合职业特点的司法人员管理制度

司法人员，从广义上讲，是指从事司法工作的人员，按照《刑法》第94条的规定，"司法工作人员，是指有侦查、检察、审判、监管职责的工作人员"。但是在实践中，司法人员通常是指在人民法院、人民检察院即司法机关工作的人员。就其职业特点而言，主要是指从事审判、检察业务工作的特点。在人民法院、人民检察院从事行政工作、技术工作及其他辅助工作的人员，与在其他机关从事这类工作的人员相比，很难说有什么特殊性。但是，对司法人员进行管理，如果不考虑这些不直接从事审判、检察业务工作的人员，就可能使审判、检察业务工作成为"孤岛"，难以有效地进行管理。因此，对司法人员的管理不能不考虑在司法机关工作但又不直接从事审判、检察业务的人员，同时又不能不考虑这些人员与真正从事审判、检察业务工作的人员之间的差别。

所以，建立符合职业特点的司法人员管理制度，首先面临的问题是分类管理的问题。不进行分类管理，就无法突出司法人员的职业特点，就很难对司法人员进行有效的管理。而分类管理的前提是不同类别的司法人员应当享受不同的待遇。如果各类人员最终都要通过行政级别或者按照同一标准来解决待遇问题,那么,这种分类就是多余的,就无法调动各类人员的积极性。笔者认为,司法人员分类管理的核心是要建设高素质、专业化的法官、检察官队伍。这是依法独立公正行使审判权、检察权的基本保障。没有高素质专业化的法官、检察官队伍,就不可能保证审判权、检察权依法独立公正地行使。因此,在分类管理的基础上,如何突出法官、检察官的职业特点,如何提高法官、检察官的政治地位和福利待遇,使他们能够真正树立起职业的尊荣,能够珍惜和敬畏自己手中的司法权,能够挺起腰板面对各种诱惑与压力,是顶层设计必须着重解决的问题。特别是在基层法院、检察院工作的法官、检察官,不能因为单位的行政级别而限制其发展道路,是保证优秀的法律人才愿意、安心、长期在办案第一线工作的关键。[1]

在分类管理的基础上,建立法官、检察官的职业保障制度,也是保证审判权、检察权依法独立行使的重要方面。法官、检察官所从事的职业即审判、检察业务是一种高难度、高诱惑的职业。一方面,它需要崇高的法律信仰、广博的法律知识、精湛的法律适用技术,能够面对各种复杂的案件准确地适用法律;另一方面,它因为行使着关乎公民人身权利的保护与剥夺、财产权利的取得与丧失等十分重要的权力而容易受到各种诱惑。因此,与普通公务员相比,法官、检察官不仅需要更高的业务素养和更强的责任心,而且需要拥有独善其身的盾牌,能够在各种诱惑面前坚守法律底线,客观公正地对待每一个案件。这种职业特点本身需要相应的职业保障来支撑。这种

---

[1] 关于这方面的改革,有的地方在改革试点中设计出法官、检察官的等级,规定在基层法院、检察院工作的法官、检察官等级晋升不受单位行政级别的限制,工作年限长的同样可以达到较高的等级。

职业保障不仅仅是较高的政治地位和丰厚的福利待遇，而且需要从制度上真正保证其职业不被任意改变，其等级的晋升不依赖于人为的因素，不需要因为顾及自己的饭碗而看任何人的脸色来处理案件。

所以，笔者认为，这方面的改革，需要从四个方面入手：

一是完善法官、检察官的准入制度。担任法官、检察官，不仅应当受过系统的法律专业教育、通过国家司法考试，而且应当具有一定年限的司法实践经验。没有司法工作经历，就不能担任法官、检察官，更不能直接担任具有领导职务的法官、检察官。所有新任命的法官、检察官都应当是最低一级法院、检察院的法官、检察官，其他各级法院、检察院需要任命法官、检察官时，都应当从下一级法院、检察院的法官、检察官中遴选。法院、检察院的其他工作人员包括行政管理人员，想要进入法官、检察官队伍的，必须按照其他人员进入法官、检察官队伍的准入标准和程序选任，而不能走所谓的"内部通道"。

二是建立不同于普通公务员的法官、检察官等级制度。法官、检察官的等级制度应当符合法官、检察官的职业特点，即根据法官、检察官的司法经验和资历来确定和晋升等级，而不是根据行政级别来确定和晋升等级。不能因为法官、检察官所在单位的级别来限制法官、检察官个人的等级，更不能用一个人的行政级别来确定他的法官、检察官等级。[1] 从事多年审判工作、检察工作的法官、检察官，如果具有丰富的司法经验和水平，即使是在最基层的法院、检察院工作，也应当能够被任

---

[1] 在以往的实践中，县一级的法院、检察院，因为单位的行政级别是副处级，法官、检察官的等级就不能由一个高于相当于副处级的四级高级法官、检察官。而一个人一旦被任命为最高人民法院的副院长或者最高人民检察院的副检察长，哪怕他没有办过一个案件、没有任何司法经验，也会马上被任命为"大法官"或者"大检察官"。

命为较高等级的法官、检察官,而刚刚任命的法官、检察官,不论之前在哪一级的法院、检察院工作,也应当是最低一级的法官、检察官。

三是建立法官、检察官的职业保障制度。在现行的司法管理制度中,不能说没有职业保障制度,但是可以说没有不同于普通公务员的职业保障制度,或者说没有独立的符合法官、检察官职业特点的保障制度。法官、检察官的职业保障制度,一方面应当根据他们高难度的任职资格、高强度的工作负担、高诱惑的职业风险给予高于普通公务员的政治地位和福利待遇,保证他们可以不需要任何其他收入就能够过体面的生活;另一方面应当从制度上保证法官、检察官非因法定事由、非经法定程序,不被调离、免职、降职、辞退或者处分。

四是完善司法辅助人员和司法行政人员的管理制度。法官、检察官的工作离不开司法辅助人员和司法行政人员的协助、配合与支持。在完善法官、检察官管理的同时,重视和改进对司法辅助人员和司法行政人员的管理,是充分必要的。一方面要调动这些人员的积极性,保证他们安心在自己的工作岗位,积极负责地从事辅助性工作和行政管理工作;另一方面又不能像法官、检察官一样对待这些人员。因此,如何平衡司法辅助人员和司法行政人员与法官、检察官之间的利益关系,是人员管理制度改革中的一个十分重要而棘手的问题。笔者认为,解决这个问题的关键是要统一认识,即法院、检察院的存在价值和中心任务是依法独立公正行使审判权、检察权,法官、检察官是行使审判权、检察权的主体,也是保证审判权、检察权依法独立公正行使的关键,因此保证法官、检察官的权力、地位和利益是平衡各种利益关系的重点。只有在这个基点上兼顾其他人员的利益,才是符合改革方向的。

(三) 健全司法权力运行机制

司法权力运行机制，从一般意义上讲，包括五个有机统一的要素，即权力要素、主体要素、程序要素、条件要素、监督要素。但是，就司法改革价值取向的问题指向而言，笔者认为，健全司法权力运行机制，最重要的是改革司法权力运行过程中的行政化模式，按照司法规律完善司法责任制。

第一，要优化司法机关内部的职权配置。目前，法院的审判权、检察院的检察权几乎全部集中在院长、检察长和审判委员会、检察委员会的手中，而这些主体并不直接接触案件的证据材料，导致出现案件的审理者没有裁判权、不直接审理案件的状况，以致审判委员会、检察委员会（包括院长、检察长）的决策过程或者流于形式，成为个人意志的护身符，或者导致司法效率低下，浪费司法资源。改变这种权力配置的措施，从根本上讲，就是放权给直接办理案件的法官、检察官，"让审理者裁判、由裁判者负责"。如果说，法官、检察官目前的素质和能力还不能使决策者放心的话，可以考虑先把大部分案件的处理权授权给法官、检察官，重大案件的处理权仍然由院长、检察长或者审判委员会、检察委员会来行使，也可以考虑从现有的法官、检察官中精选出部分能够独立办案的法官、检察官，授权其案件的处理权，让他们能够独立地办理案件。与之相关的是整合法院、检察官的内设机构。这些年来，为了保证行政化管理模式的运行，各级法院、检察院都设立了许多内设机构，这些内设机构林立的状况在很大程度上影响了审判权、检察权的高效运行。优化司法机关内部的职权配置，就应当大大减少内设机构，防止司法行政权对审判权、检察权的影响。特别是基层检察机关内设机构的设置过多以及设置得不科学，分散了办案力量，严重影响了检察机关的办案能力，更有必要进行整合。

第二，要明确划分办案人员的职权和责任。审判权、检察权行使的主体应当是直接办理案件的法官、检察官，对案件作出决定的权力也应当由法官、检察官来行使。但也不是每个案件都完全由承办案件的法官、检察官说了算。因此，赋予法官、检察官哪些职权应当作出明确的规定，包括院长、检察长和审判委员会、检察委员会的职权，都应当具有明确的范围。这样做，一方面是为了保证司法权力的有效行使，另一方面也是为了在司法权力行使不当的时候能够有效地追究责任。没有职权或者职权不清，都不利于权力主体审慎地对待权力，也不利于明确错案的责任。在明确不同主体职权范围的同时，应当明确各个主体应当承担的责任。一旦办理的案件出现问题，要能够有效地进行问责。责任的划分要遵循权责一致的原则，不同主体只在各自的职权范围内承担责任，以保证承担责任者心悦诚服。

第三，要科学设置司法权力内部运行的程序。刑事诉讼法、民事诉讼法和行政诉讼法分别就办理刑事案件、民事案件和行政案件的程序作出了专门的规定，法官、检察官办理案件应当按照相关的程序规定进行。但是由于这些程序多数规定得比较原则，并且主要是针对审判机关、检察机关而言的，法官、检察官在办理具体案件的过程中，除了必须遵守诉讼法的相关规定之外，还必须遵守法院、检察院内部的程序性规定。而这些程序性规定的设计是否科学、是否合理，对审判权、检察权的运行具有直接的影响。特别是目前流行的内部审批程序，既缺乏程序法上的依据，也不利于培养法官、检察官的职业责任心，应当在放权的基础上予以改革。凡是已经授予法官、检察官的权力，应当由法官、检察官按照诉讼法的规定自行办理；凡是由院长、检察长或者审判委员会、检察委员会决定的事项，办案的法官、检察官应当将案件的事实、证据以及自己的意见全面如实地向院长、检察长或者审判委员会、检察委员会汇报，并按照院长、检察长或者审判委员会、检察委员会的决定办理；所有人员在案件办理过程中的活动及意见应当如实记录在卷。同时，在具体程序设计中应当把案件的受理、办理、管理等环节区分开来，并分别由不同的主体来进行，以便形成相互制约的权力运行机制。

第四，要建立有效的监管机制。目前，我们国家的司法公信力还不高，司法不公、司法腐败的现象还比较严重，这既是司法改革的动力，也是司法改革中不能不面对的现实。在按照司法规律放权给法官、检察官的同时，加强对审判权、检察权行使的有效监管是十分必要的。有效的监管包括两个方面：一是要加强对案件办理情况的管理。放权不等于放弃管理。法院、检察院的领导者在把案件的处理权赋予法官、检察官的同时，不能放弃管理者的职责，而应当更加重视对法官、检察官办案情况的管理。这种管理包括为法官、检察官办理案件提供物质、装备、技术以及人力等方面的保障，对本院办理的类案进行统计分析指导，组织协调法院、检察院内部的办案力量办理重大复杂案件，负责上级交办案件以及跨地区案件的督办、协调等。二是要完善对案件办理情况的监督机制。监督机制包括内部监督和外部监督两个方面。内部监督主要是对已办结案件的质量评查和错案责任追究。一方面要对已经办结的案件建立定期抽样检查的制度，并以此作为考察法官、检察官办案能力和质量的主要依据；另一方面要建立投诉审查制度，认真负责地对待案件当事人、律师以及其他人民群众的投诉，严肃查处法官、检察官违反法定程序办理案件以及玩忽职守、滥用职权、贪赃枉法等行为，保证审判权、检察权行使的合法性、公正性和廉洁性。因不负责任或者违法办案导致错案发生的，要严肃追究有关人员的责任。外部监督主要是如何更好地发挥人民群众的监督和舆论监督的作用。法院、检察院应当通过进一步扩大审判公开、检务公开，让人民群众和新闻媒体了解人民法院、人民检察院行使职权的情况，特别是对于社会影响较大的案件，应当在不妨碍办案的前提下及时公布案件的办理情况，接受人民群众和新闻媒体的监督。人民法院、人民检察院在保证司法独立的前提下，应当认真对待舆论监督，及时回应新闻媒体包括互联网上的关注，把外部监督转换为内部监督，适时启动内部的纠错机制，保证审判权、检察权依法独立公正行使。

（原载《司法体制改革问题研究》，湖南大学出版社 2015 年版）

司法体制改革的重大突破[*]

党的十八届三中全会决议明确提出:"改革司法管理体制,推动省以下地方法院、检察院人财物统一管理,探索建立与行政区划适当分离的司法管辖制度,保证国家法律统一正确实施。"这个任务的提出,是司法体制改革中的重大突破。深刻理解这项改革的重大意义,正确组织实施这项改革,对于完成党的十八大报告提出的"确保人民法院、人民检察院依法独立公正行使审判权、检察权"的司法体制改革任务,建设公正高效权威的社会正义司法制度,关系十分重大,是本轮司法体制改革的重中之重。本文仅就推动省以下地方法院、检察院人财物统一管理的改革举措谈一点学习体会。

一、地方法院、检察院人财物统一管理的时代背景

党的十五大以来的争论与实践证明:不解决司法体制问题,就无法确保依法独立公正行使审判权、检察权。

党的十五大提出司法改革的任务之后,法学界曾经就如何推进司法改革的问题进行过激烈的争论。有的学者认为,司法

---

[*] 本文由《司法体制改革的重大突破》(发表于《理论前沿》2014 年第 1 期)和《关于人财物统一管理的若干思考》(发表于《法治研究》2014 年第 6 期)两篇文章合成。

体制改革应当首先从解决司法不独立的问题入手,保证司法机关能够独立于地方党委政府行使审判权、检察权。因为,有的地方以党委"指示""决定"来干预法院、检察院以及公安机关行使职权,有的地方甚至规定,凡法院受理外地当事人告本地企业的案件,要经本地党政领导人批准,或责令其按党委意图判决。否则,就以人事调动权相威胁。一些法院干部慑于外来权威的压力,不是认真地只服从法律,而是违心、违法地执行地方保护主义的指示。地方党委非法或不当干预司法,还有制度上的原因,即各级地方法院、检察院的主要组成人员和审判员、检察员实际上都是由同级党委内定,通过同级人大履行一下任免手续。法官、检察官和法院、检察院实际上都是对同级党委负责,要想违抗地方党委,依法审判,是十分困难的。[1]

但是,有的学者不同意这种观点,认为我们国家面临的实际状况是司法人员素质不高。在法官收受贿赂、颠倒黑白的问题还没有解决之前,就片面或者极端地强调司法独立,忽视中国法制的现实状况,对中国的司法改革将危害极大,其结果将与司法公正的实现南辕北辙。[2]

党的十五大以来的司法改革可以说主要是按照后一种意见进行的,即主要是围绕着如何提高司法人员的素质、如何健全司法权的运行机制、如何强化对司法权的监督制约以及如何保障司法机关的经费等问题展开的。这方面的改革,应该说,在中央的统一领导下,在各地党委政府的理解和支持下,经过全国各级法院、检察院的共同努力,取得了巨大的成就。但是从

---

[1] 参见郭道晖:《实行司法独立与遏制司法腐败》,载《法律科学》1999年第1期。
[2] 参见邹川宁:《司法独立与司法制约》,载《依法治国与司法改革》,中国法制出版社1999年版,第186页。

另一方面看，司法不公、司法腐败的问题仍然没有从根本上改善。不仅人民群众对司法的认同感和满意度始终没有明显提升，而且司法机关普遍认为，制约司法公正的体制性、机制性障碍还没有从根本上解决；司法人员普遍认为，司法改革给人一种隔靴搔痒的感觉。学术界有的学者甚至认为，"20多年来的司法改革带给中国社会的基本上是一张社会公众难以真正充饥的'画饼'！"实践证明，这些年来司法体制改革所选择的路径与司法体制改革的目标显然是不相适应的。

正是在这样一种背景下，党的十八大报告明确提出："进一步深化司法体制改革，建设公正高效权威的社会主义司法制度，确保人民法院、人民检察院依法独立公正行使审判权、检察权"。为了完成党的十八大确定的改革任务，十八届三中全会决议进一步提出：从"改革司法管理体制，推动省以下法院、检察院人财物统一管理"入手来确保人民法院、人民检察院依法独立公正行使审判权、检察权的改革思路。这个改革思路正是从解决体制性、机制性问题入手的。

二、人财物统一管理是司法体制改革的重大突破

从党的十五大到十七大的报告，在提出司法改革的任务时，都明确强调要"从制度上保证审判机关和检察机关依法独立公正地行使审判权和检察权"。但是，究竟如何从制度上保证审判机关、检察机关依法独立公正行使审判权、检察权，在过去的十五年里，既没有具体的规定，也没有明确的思路，以至于十多年来的司法体制改革主要是工作机制方面的改革。尽管司法工作机制方面的改革，在党中央的领导下，在全国各级审判机关、检察机关的共同努力下，取得了巨大的进展和显著的成效，但在司法管理体制方面，却没有实质性的举措[1]，所以并没有从根本上解决依法独立公正行使审判权、检察权的制度保障问题。因此，党的十八大再次提出：要进一步深化司法体制改革，"确保审判机关、检察机关依法独立公正行使审判权、检察权"。

为了切实贯彻落实党的十八大精神，把"确保审判机关、检察机关依法独立公正行使审判权、检察权"的改革决心变成改革的实际行动，党的十八届三中全会决议明确提出："改革司法管理体制，推动省以下地方法院、检察院人财物统一管理，探索建立与行政区划适当分离的司法管辖制度，保证国家法律统一正确实施"。这个任务的提出，是司法体制改革中的重大突破。

首先，在思想观念上，突破了传统的思维定式。长期以来，司法人员一直是作为普通的"国家干部"来管理的。即使是公务员法颁布以后，司法人员也还是作为公务员来管理的。尽管公务员法把司法人员列为公务员的一个专门序列[2]，且不论这种规定是否合理，就是如何体现这个序列的特点，采取特殊的管理模式，始终没有明确的规定和措施。1995年，国家就颁布了法官法和检察官法，可惜的是，这两部法律并没有真正实施，其主要原因也在于我们国家对司法人员的管理始终是按照普通公务员来对待的。作为普通的公务员，在管理理念上，那就是司法机关的工作人员与其他国家机关的工作人员，都是

---

〔1〕 司法管理体制方面的一项重要改革是国家司法考试制度的建立，但这项改革的功能至今还没有充分发挥，进入法官、检察官队伍，通过国家司法考试还不算，必须通过国家公务员考试。

〔2〕 严格说来，《公务员法》把法官、检察官列入"行政执法类公务员"，本身是一个错误的归类。"行政执法"在我们国家的法律中具有明确的含义，其中根本就不包括法院、检察院的司法活动。

国家公务员，都要按照公务员管理的规定来管理。司法机关工作人员，除了任职条件和行使职权不同之外，在管理模式上不能有任何的特殊性。

实行省以下地方法院、检察院人财物统一管理，首先是打破了这样一种传统的干部管理思维定式，把司法机关的人员从普通公务员的管理模式下独立出来，实行全省的统一管理。支撑这样一个改革举措的基本理念，就是尊重司法规律和司法工作的特殊性。因为司法权既不同于执政党的权力，也不同于行政权，司法工作既不同于党务工作和行政管理工作，也不同于社会工作。司法权的行使，不仅需要严格遵守法律，只服从法律，而且需要善于运用法律，能够把法律的原则性规定适用于形形色色的具体案件，让人民群众在每一个案件中看到法律适用的公平，体现出社会正义。而这样一种工作，普通的公务员是难以胜任的。所以国家通过修改法官法和检察官法，明确规定担任法官、检察官不仅应当是法律本科毕业即系统地学习过法律的人员，而且应当是通过国家司法考试的人员。特别是随着依法治国方略的推进和人民群众法律意识的觉醒，整个社会的司法需求不断高涨，人们对法律适用准确性的要求越来越高。在这种背景下，司法人员的专业化、职业化就显得特别重要，没有专业化、职业化的法官、检察官队伍，就无法胜任司法工作的需要。但是在传统干部管理的思维定式中，法官、检察官都是国家机关工作人员，与其他国家机关的工作人员应当同样对待，不能有特殊的待遇和管理模式。在这种思想认识的束缚下，司法人员的分类管理尽管提出了多年，但始终无法实施，法官、检察官队伍的整体素质始终难以提高，案件办理的质量始终难以达到人民群众满意的程度。因此，深化司法体制改革，首先需要打破这种传统的管理理念和思维定式，真正做到按照司法规律来管理司法人员。党的十八届三中全会的决议，正是在解放思想，打破传统的干部管理思维定式的基础上，作出的重大决策。

有些同志担心，实行省以下法院、检察院人财物统一管理，会不会改变党管干部的原则？这种担心，应该说是多余的。因为省以下法院、检察院人财物统一管理，实际上是在省委的统一领导下进行的，仍然坚持的是党管干部的原则。至于是省委直接管理，还是在省委的领导下成立一个司法人员管理委员会统一管理，可以在试点的过程中探索。

其次，在制度设计上，突破了原有的管理模式。由于受传统的干部管理思维定式的影响，地方法院、检察院的干部长期以来都是由地方党委统一管理的。因为法院、检察院的干部与其他国家机关的干部没有什么不同，所以就要按照地方干部管理的模式，实行哪一级的干部由哪一级的党委来管理。地方各级的公务员，无论是实行选举制的公务员，还是实行任命制的公务员，都是由同级党委考察提名，同级人大选举或者任命，或者由行政领导任命。地方各级人民法院、人民检察院的干部，同样是按照这样一种管理模式进行管理的。尽管《人民检察院组织法》为了落实宪法关于"上级人民检察院领导下级人民检察院的工作"的规定，明确规定"自治州、省辖市、县、市、市辖区人民检察院检察长的任免，须报上一级人民检察院检察长提请该级人民代表大会常务委员会批准"，但是干部管理的考察权、提名权仍然掌握在地方党委的手中。

党的十八届三中全会决议明确规定推动省以下地方法院、检察院人财物统一管理，这就打破了这种原有的管理模式，改变了地方党委考察提名同级人民法院、人民检察院领导干部和法官、检察官的做法。这无疑是我们国家司法人员管理体制上的重大突破。

最后,在司法体制上,向回归宪法定位迈出了重要的一步。我国宪法明确规定:"中华人民共和国人民法院是国家的审判机关","中华人民共和国人民检察院是国家的法律监督机关"。这种规定,是与我们单一制国家的政体相联系的。我们国家的立法权统一由全国人民代表大会及其常务委员会行使,地方各级人民代表大会没有制定法律的权力(地方人大行使的立法权只是制定地方性法规的权力),法律适用的权力也是由国家的司法机关来行使的。但是由于历史的原因,地方各级人民法院、人民检察院都是由同级人大产生并向同级人大负责。这在实践中就引起了一个问题:地方法院、检察院到底是地方的审判机关、法律监督机关,还是国家(设在地方)的审判机关、法律监督机关?如果说是地方的,地方并没有制定法律的权力,可能就无法可依;如果说是国家的,国家又不管地方法院、检察院的人财物,难以实现对地方法院、检察院的有效管理。

党的十八届三中全会决议提出推进省以下地方法院、检察院人财物统一管理,在一定程度上,就意味着逐步淡化地方权力对司法权的控制,使法院、检察院真正成为"国家的"审判机关和法律监督机关。这是我们国家司法体制上的重大改革。

三、地方法院、检察院人财物统一管理的法治意义

推行省以下地方法院、检察院人财物统一管理,对于进一步深化司法体制改革,建设公正高效权威的社会主义司法制度,具有十分重要的意义。特别是在推进依法治国的进程中,这种意义更加凸显。

首先,地方法院、检察院人财物统一管理,是确保人民法院、人民检察院依法独立公正行使审判权、检察权的制度

保障。

在传统的干部管理模式下,法院、检察院的人财物几乎是完全掌握在地方党委、人大和政府的手中。这在客观上就造成了地方法院、检察院对地方党政领导的高度依赖。这种依赖,不仅不能从制度上保障法院、检察院严格依照法律规定来办理案件,而且容易丧失人民群众对司法权的信任。

实事求是地讲,这些年来,随着地方各级党政领导干部法律意识的提高和依法治国方略的推进,全国各地的地方党委、政府和党政领导干部绝大多数都是积极支持法院、检察院依法行使职权的,并且为法院、检察院依法履行职责提供了很多有利的条件。地方党委政府包括主要领导人干预案件的查办导致司法不公的,毕竟是极个别的现象。但是从制度设计上讲,法院、检察院的人财物控制在地方党委、政府的手里,法院、检察院在工作上就必然要听命于地方领导,一旦地方领导要干预司法权的行使,法院、检察院就没有抗拒的制度保障。如像"白宫书记案"[1]那样,把国家的司法权变成推行个人意志的工具。另外,地方利益与整个国家利益尽管在根本上是一致的,但也存在区别,具有一定的独立性。特别是近年来各地经济发展不平衡,地方领导在发展经济方面的压力很大。如果设在地方上的法院、检察院的人财物控制在地方党委、政府的手里,一旦地方利益与国家利益发生冲突,作为"国家的"法院、检察院,就很难严格依照国家的法律规定来办理案件,地方保护主义就会对案件的公正处理构成威胁。

---

[1] 安徽省阜阳市颍泉区建造的政府办公大楼外形酷似美国白宫。因知情人举报并遭受迫害而暴露出的系列案件,被称为"白宫书记案"。该案的主角区委书记张治安滥用职权,指使区检察院检察长汪成等人迫害举报人李国福的行为,典型地反映了地方领导滥用职权干预检察权的情况。

因此，依法独立公正地行使审判权、检察权，不能寄托在地方领导的思想觉悟和胸怀上，不能靠理解和支持来维系，而需要制度上的保障，那就是法院、检察院的人财物不受地方党委、政府的控制。正是在这个意义上，我们说，推行省以下法院、检察院人财物统一管理，对于从制度上解决人民法院、人民检察院依法独立公正行使审判权、检察权的问题，具有极为重要的深远影响。

其次，地方法院、检察院人财物统一管理，是遏制司法腐败的制度基础。

近年来，司法腐败的问题引起人民群众的强烈不满和社会各界的高度关注。司法腐败的原因是多方面的，其中，既有社会转型期利益格局变化过程中分配不公和社会上的腐败现象的影响，也有司法机关内部管理水平不高和制度漏洞等方面的原因。但是毋庸置疑的是，我们国家缺乏符合司法职业特点的人员管理制度，不能不说是一个极为重要的方面。因为对司法人员的行政化管理模式包括考核机制，使他们不得不像其他国家机关工作人员一样，服从上级的指示命令，照顾左邻右舍的关系，在案件的办理过程中也就难免出现"关系案""人情案""金钱案"，难以抵御社会上的各种诱惑与干预。而在地方各级党委、政府统一管理同级各党政机关公务员的模式下，不可能建立起符合职业特点的司法人员管理制度。特别是在县一级，党政领导对司法人员的职业特点本身就了解甚微，更谈不上进行符合司法规律的管理。只有推行法院、检察院人财物统一管理体制，由专门的机构统一管理全省的司法人员，才有可能建立符合职业特点的司法人员管理制度，才有可能对司法人员进行科学合理的分类管理，也才有可能建立健全符合司法工作需要的司法人员职业保障制度。因此，人财物统一管理体制，是建立符合司法工作规律和司法人员职业特点的人员管理制度，是从人员管理上防止司法腐败的制度基础。当然，实现了法院、检察院的人财物统一管理，并不意味着就自然而然地杜绝了司法腐败，但是至少可以提高司法人员抗拒干扰、抵御诱惑的几率，减少滋生司法腐败的制度温床。

最后，地方法院、检察院人财物统一管理，是提高司法水平的制度条件。

近年来，人民群众涉法涉诉信访案件居高不下，特别是不断发现的冤错案件，反映出法院、检察院办案质量不高的问题。但是另一方面，全国各级法院、检察院多年来一直在抓人员培训和素质教育，下了很大的功夫来提高队伍素质。这方面收效甚微的一个重要原因是司法人员缺乏提高素质的内在动力。其原因固然是多方面的，但有三个因素恐怕是不能回避的重要因素：一是在同一个地区工作的司法人员，由于地方经济发展水平的差异，导致在不同法院、检察院工作的司法人员之间严重的同工不同酬。二是在普通公务员的管理模式下，在同一法院、检察院工作的司法人员，能干的与不能干的，干多的与干少的，大家的收入都差不多。三是干部的提拔，在很大程度上不是看工作能力与工作业绩，而是受人际关系尤其是与地方党政部门的关系的影响。在这样一种管理模式下，司法人员在总体上就缺乏钻研法律、积累办案经验、提高办案质量的动力。实行省以下法院、检察院人财物统一管理，就有可能彻底改变这种状况，为业务水平高的人提供更广阔的发展空间；就有可能采取符合司法工作规律的管理模式，为精通法律、善于适用法律处理重大复杂案件的高素质司法人员提供更多的晋升机会，从而激发和动员司法人员钻研法律，提高素养。因此，实行司法人员统一管理，就从制度上为完善司法管理、提高司法队伍整体素质创造了条件。

四、地方法院、检察院人财物统一管理的改革进路

实现省以下地方法院、检察院人财物的统一管理，面临许多实际的困难和阻力，需要审慎地研究改革的路径，稳步推动。除了先行试点，取得经验，再全面推行之外，在试点方案的制度设计上，笔者认为，应当注意以下几个方面：

第一，人财物管理模式的改革应当分阶段推进。

目前，推行省以下地方法院、检察院人财物统一管理，除了受到观念上的阻力之外，在制度层面上还遇到现行法律规定上的障碍。为了保证改革的合法性，需要分阶段进行。第一步，应当是在现行法律框架内，改革人事管理和财政管理的运作模式。人员管理方面，可以先保留同级人大选举、任免同级法院、检察院干部的职权，但是需要改变同级党委考察提名同级法院、检察院的干部的做法。建立省级司法人员管理委员会，统一负责全省的地方法院、检察院工作人员的招录、调配、待遇和晋升。需要由同级人民代表大会选举或者任命的，由省级司法人员管理委员会在资格审查的基础上，提出候选人，提请拟任单位的同级人大选举或者人大常委会任命（需要提请上一级人大批准的，仍然按照原来的程序提请批准）；需要罢免的，由省级司法人员管理委员会向有关地方的人大或者人大常委会说明理由，提请罢免。财物管理方面，可以把省以下各级地方法院收缴的诉讼费和检察院收缴的罚没款统一上交省财政，中央财政的转移支付款也统一划拨给省级财政，由省级财政统筹解决地方法院、检察院的经费问题。第二步，修改宪法和地方人民代表大会选举法中的相关规定，废除法院、检察院由同级人大产生、向同级人大负责的制度。如果通过试点，证明这种做法不仅是可行的，而且有利于保证法院、检察院依法独立公正行使审判权、检察权,那就应当在总结试点经验的基础上,由全国人大修改有关法律,改变现行的法院、检察院管理体制。第三步,实行全国统一的司法人员管理制度。随着依法治国方略的推进和社会经济的发展,可以考虑在省以下地方法院、检察院人财物统一管理的基础上,逐步实现全国法院、检察院人财物的统一管理,为国家法治的统一提供更有效的制度保障。

第二,实行符合司法职业特点的编制管理和职业保障制度。

实行省以下地方法院、检察院人财物的统一管理,必须进行相应的配套改革,才有可能保证改革的效果,才有可能建立起公正高效权威的社会正义司法制度。首先,需要改革目前的编制管理制度,地方法院、检察院的员额编制和领导职数标准应当由省级或者中央统一管理(逐步实现由中央一级的司法管理委员会统一管理),而不是仍然由地方政府管理同级法院、检察院的编制和同级党委管理法院、检察院的领导职数。其次,需要建立不同于普通公务员的司法人员职业保障制度。司法人员尤其是法官、检察官承担的责任不同于普通公务员,其任职条件也不同于普通公务员,人民群众对司法人员的期望值和法律对他们的要求也不同于普通公务员,司法职业本身的特点也要求司法人员需要具备更精深的职业素养、更丰富的经验和更高的道德修养,所以对司法人员的职业保障应该不同于普通公务员,包括任职期间的工资福利待遇、职务序列的设置、离退休制度等。没有这些相关制度的保障,即使是独立于地方党委、人大和政府,同样难以保证其严格地依法公正行使审判权、检察权。再次,需要改革对司法人员的考核管理办法。要根据审判活动、检察活动的特点和特殊要求,从有利于激励法律运用娴熟、敢于严格公正执法的司法人员着眼,设定考核的目标和标准,使能办案、会办案、办案多、质量高的人员,不需要顾及人际关系,就能够有更好的发展前景。最后,需要加强对法院、检察院工作的监督。实行地方法院、检察院的人财物由省级统一管理以后,地方党委、政府虽然失去了对地方法院、检察院的控制权,但是由于地方法院、检察院行使职权的范围仍然在地方,审判权、检察权行使得好坏,地方党委政府包括当地的人民群众感受最深刻、具体。地方党委、政府可以通过地方人大或者直接就法院、检察院工作中存在的问题,向省级法院、检察院反映,要求有管理权的部门对有关法院、检察院及其工作人员进行问责。

此外,还需要改革目前流行的预算模式。一方面,预算要符合法院、检察院的实际需要。不是按照原来的基数加一定比例的增长系数来作财政预算,而是应当按照法院、检察院的实际需求来作财政预算。特别是对于原来工资福利过低的基层法院、检察院,实行人财物统一管理后,自然应当与其他法院、检察院保持相同的工资福利待遇。另一方面,法院、检察院的预算应当逐步过渡到直接提请人大审查通过,政府按照人大通过的预算予以保障。不改变现行的预算办法,就不可能真正实现统一管理。

第三,实行符合司法职业特点的司法人员分类管理。

司法人员分类管理是人财物统一管理中一个十分重要的问题。无论是建设高素质、专业化的司法队伍,还是保障审判权、检察权的依法公正行使,无论是为了提高司法的效率,还是为了保证改革的顺利进行,都需要对司法人员进行分类管理。要改变法官不行使审判权、检察官不行使检察权的状况,就必须把不能或者不会行使审判权、检察权的法院、检察院工作人员从法官、检察官队伍中剥离出来,必须对法院、检察院的行政管理人员、司法辅助人员与法官、检察官进行分类管理,从而突出法官、检察官在行使审判权、检察权中的主体地位,进而提高他们的待遇,让他们培养职业的尊荣、珍惜手中的权力。这样才有可能保证审判权、检察权的依法公正行使。同时,对法院、检察院的其他人员通过分类管理,提供专业化的发展空间,让他们能够安心在适合自己的岗位上工作。这既是稳定司法人员队伍的需要,也是提高司法工作效率的需要。

法院、检察院的人财物管理体制,只有配套进行,才有可能达到预期的目的,在保证法院依法独立行使审判权、检察院依法独立行使检察权的同时,有效地防止审判权、检察权的滥用,保障司法公正的实现。

五、地方法院、检察院人财物统一管理的具体内容

法院、检察院人财物统一管理的目标是确保审判权、检察权依法独立公正行使。也就是说,推行这项改革的目标,既要保证依法,也要保证独立,还要保证公正。如果说人员的统一管理和经费与资产的统一管理是为了从制度上保证省级以下法院、检察院能够依法独立行使审判权检察权的话,分类管理、司法责任、职业保障,就是为了更好地保证司法权的公正行使。因为,独立是公正的前提、保障,没有独立,就没有整体上的公正。但是独立并不意味着就一定公正,司法人员对法律的崇尚和运用技能、司法权运行的行政化,都严重影响到司法的公正。因此,推进这项改革,既要着眼于司法体制的独立性问题,建立法院、检察院人员的统一管理和经费与资产的统一管理制度,又要着眼于司法权运行机制的规律性,实行法院、检察院内部人员的分类管理,推行司法责任制,完善司法人员的职业保障制度。只有从这五个方面同时入手,才有可能实现

确保人民法院、人民检察院依法独立公正行使审判权、检察权的改革目标。

(一) 建立司法人员统一管理制度

建立司法人员统一管理制度，首先要制定统一的任职标准。省以下地方法院、检察院各类人员的任职标准、晋升标准，应当在全省范围内统一规定。所有新录用人员包括新晋升人员都应当按照统一的标准进行资格认证。其次，要统一录用。所有新录用的人员都应当按照类别分类选拔，同一类别的人员应当按照相同的标准、相同的程序，在全省的员额范围内，统一录用。再次，要统一培训。要集中师资力量，在全省范围内对所有司法人员进行分类培训。同一类别的人员，培训的内容、时间、要求应当统一。最后，要统一考核和统一监管。对法官、检察官的考核，应当在全省范围内统一进行；对其他司法人员可以由本单位组织考核（也可以由省级司法人员管理部门组织统一考核）。对司法人员的投诉应当由省级司法人员管理部门统一受理，并负责调查处理。

此外，要建立统一遴选和统一调配制度。所有新录用的法官、检察官都应当统一安排到基层法院、检察院去任职，上级法院、检察院需要任用法官、检察官时，应当从下一级法院、检察院的法官、检察官中按照逐级遴选的原则选拔。法院、检察院的其他工作人员可以按照工作需要，在出现空缺时报请省级管理部门统一录用、定向分配。省级司法人员管理部门可以根据全省各级法院、检察院的人才需求（主要是领导干部）在全省范围内通过双向选择来调配领导干部和法官、检察官。

(二) 建立法院、检察院经费与资产的统一管理体制

省以下地方法院、检察院的经费与资产的统一管理，最重要的是财源问题。首先应当健全财源的统一汇总机制，即中央

财政的转移支付应当有增无减；地方各级政府每年支付给法院、检察院的经费应当在确保标准不降低的基础上上交到省级财政；省级财政本身的额度应当有增无减；全省各级法院收缴的诉讼费、各级检察院在办案中收缴的罚没款应当统一上交省级财政，以保障省级财政有足够的财源来负担全省各级法院、检察院的经费开支。其次，要改革现行的财政预算制度，建立法院、检察院的经费预算由省级法院、检察院根据各级法院、检察院的实际需求统一编制，省人大常委会审核，省人大批准，省政府保障的制度。再次，要实行开支统一管理制度。建立司法经费管理中心，统一负责全省各级法院、检察院的开支（人头费按照规定的标准统一按时支付；办案经费按照实际需要支付；办公经费按照财务管理规定支付；项目经费按照预算支付）。最后，要实行动态监管与调整制度，即对预算的执行情况以及执行过程中因工作需要而出现的需求变化，管理部门应当及时跟进，并予以解决。

（三）建立司法人员分类管理制度

对司法人员实行分类管理，是建设高素质专业化司法队伍的迫切需要。多少年来，我们国家对司法人员一直采取吃大锅饭的管理模式，搞行政与办案件一样，会办案、能办案与不会办案、不能办案一样，办案多与办案少一样，办案质量高与不高一样。这种状况不利于调动司法人员的积极性，不利于提高司法工作的质量和效率，不利于提高司法人员的能力。司法体制改革的重要目标之一就是要通过对法院、检察院工作人员的分类管理，实行专业化的分工，按照各类人员的不同特点进行管理，以便实现司法人员队伍的专业化。

实行分类管理，首先是要合理确定法官、检察官与司法辅助人员、司法行政人员之间的员额比例。只有员额比例合理，才能保障法院、检察院有足够的法官、检察官固定在办案一线履行审判、检察职能，才能合理地分配法院、检察院的各类人员，调动各个岗位人员的积极性。其次，要遵循规律，对不同类别的人员按照不同的模式进行管理。对法官、检察官，应当按照法官法、检察官法的规定进行管理，突出其履行审判权、检察权的需要和特点；对司法辅助人员，则应当按照不同岗位的具体要求实行有别于法官、检察官的管理模式；对司法行政人员，则应当按照公务员法的规定进行管理。从总体上讲，要防止新的"大锅饭"现象，就得统一认识，突出法官、检察官在法院、检察院的主体地位，保证办案的法官、检察官在法院、检察院的优势地位。

（四）完善司法责任制

完善司法责任制的目的是改革司法权的运行机制，按照司法权的运行规律而不是行政权的运行规律来行使司法权。

完善司法责任制，目前主要是实行主审法官办案责任制和主任检察官办案责任制。[1] 首先，要建立健全办案组织。以主审法官、主任检察官为核心，配备一定数量（根据所办案件的类型）的司法辅助人员包括尚不能独立办案的法官、检察官，作为基本的办案组织，专门承担办案的任务。其次，要放权给主审法官、主任检察官。除了必须由审判委员会、检察委员会或者法院院长、检察院检察长行使的权力之外，法律赋予法院、检察院办理具体案件的权力，都应该交由主审法官、主任检察官来行使。主审法官、主任检察官在授权范围内，对自己决定的案件负责，真正实现"让审理者裁判、由裁判者负责"。

---

〔1〕 主审法官办案责任制和主任检察官办案责任制只是一种过渡。因为现有的法官、检察官中有相当一部分是不能办案、不会办案甚至从未办过案件的人员，无法放权给他们独立办案，只能从现有的法官、检察官中选拔有能力和有经验的法官、检察官来独立办案。

为此，人民法院要大幅度减少审判委员会讨论决定案件的范围和下级法院向上级法院请示案件的范围；人民检察院要改变现行的办案模式，取消"三级审批制"，突出办案的"亲历性"。最后，放权不等于放弃管理。在放权给主审法官、主任检察官的同时，法院、检察院也要加强领导者的管理责任。这种管理责任包括为法官、检察官办理案件提供物质、装备、技术以及人力等方面的保障，对本院办理的类案进行统计分析指导，组织协调法院、检察院内部的办案力量办理重大复杂案件，负责上级交办案件以及跨地区案件的督办、协调等。

此外，在实行主审法官办案责任制和主任检察官办案责任制的同时，要改革现行的监督机制。要改变泛化的监督，实现有效的监督。一方面要建立对已办结案件的定期抽样检查制度，并以此作为考察法官、检察官办案能力和质量的主要依据；另一方面要建立惩戒委员会和投诉审查制度，认真负责地对待案件当事人、律师以及其他人民群众的投诉，严肃查处法官、检察官违反法定程序办理案件以及玩忽职守、滥用职权、贪赃枉法等行为。当然，这种监督机制也应当是在全省范围内统一实行。

（五）健全司法人员职业保障制度

健全司法人员职业保障制度的目标是树立司法人员特别是法官、检察官的职业尊荣；破除行政化管理对司法权行使的影响；吸引优秀的法官、检察官留在基层、留在一线。

建立健全符合职业特点的司法人员职业保障制度，首先，最重要的是要打破按照行政级别确定法官、检察官等级和薪酬待遇的制度，按照司法人员的资历、能力和业绩确定法官、检察官及司法辅助人员的等级。并且这种等级的确定不应当受人为因素的影响。其次，要给法官、检察官比较高的待遇。一方面，法官、检察官的任职条件比普通公务员的任职条件要严格，另一方面，他们承担的责任重大，任务繁重，社会各界对他们的期望值高，因此要保证他们有职业的尊荣和体面的生活，能够专注于自己的职业，并且不易被外界的各种诱惑所动，从而保障司法权行使的公正性。当然，在大幅度提高法官、检察官待遇的同时，也应当适当提高在法院、检察院工作的其他人员的待遇，因为他们毕竟与法官、检察官处在同一个共同体内，并且法官、检察官的工作离不开其他人员的配合与支持。最后，要完善司法人员的任职保障制度。司法人员尤其是法官、检察官非因法定事由、非经法定程序，不得免职、降级。对于法官、检察官而言，非经本人同意，不得任意调离工作岗位。这样，才能有效地防止人为因素对法官、检察官办理案件的影响。

论司法责任制综合配套改革

党的十九大报告在部署深化依法治国实践时明确提出要"深化司法体制综合配套改革,全面落实司法责任制,努力让人民群众在每一个司法案件中感受到公平正义"。这个任务,既是对司法体制改革实践的深刻总结,也为未来的司法体制改革指明了方向。

"司法责任制改革是司法体制改革的基石,对提高司法质量、效率和公信力具有决定性影响。"[1] 深入研究司法责任制改革,对于进一步深化司法体制改革,建设公正高效权威的社会主义司法制度,充分发挥司法在依法治国中的职能作用,具有重大的现实意义。本文试图以司法责任制改革为视角,探讨综合配套的司法改革理论,并对进一步推进司法责任制改革提供建设性的意见。

一、反思:司法责任制改革的缘起与进程

1997年,党的十五大报告提出了"推进司法改革,从制度上保证司法机关依法独立公正地行使审判权和检察权,建立冤

---

[1] 孟建柱:《创新理念思路体制机制推动政法工作再上新台阶》,载《民主与法制》2017年第7期。

案、错案责任追究制度"的任务。从此，我们国家的司法制度步入了改革完善的发展期，也引来最高司法机关对司法责任制的重视。

最高人民法院、最高人民检察院认真分析了司法机关存在的突出问题，一致认为，司法人员对所办理的案件敷衍应付、不负责任，甚至违法办案，利用办理案件的权力谋取私利，办"权力案""金钱案""关系案"，严重破坏了司法机关的公信力，并导致司法不公、司法腐败，引起人民群众的强烈不满。因此，要借司法改革之机，建立错案责任追究制度，突出司法人员在承办案件中的主体地位，同时要求司法人员对所办案件负责任。

为此，最高人民法院于 1998 年 8 月 26 日制定并下发了《人民法院审判人员违法审判责任追究办法（试行）》，其中明确规定："人民法院审判人员在审判、执行工作中，故意违反与审判工作有关的法律、法规，或者因过失违反与审判工作有关的法律、法规造成严重后果的，应当承担违法审判责任。"1999 年 10 月 20 日，最高人民法院在认真研究我国审判制度和审判工作中存在的突出问题，展望人民法院未来发展的基础上，发布了《人民法院五年改革纲要》。其中提出要"强化合议庭和法官职责，推行审判长和独任审判员选任制度，充分发挥审判长和独任审判员在庭审过程中的指挥、协调作用。2000 年底前，对法官担任审判长和独任审判员的条件和责任做出明确规定，建立审判长、独任审判员的审查、考核、选任制度。审判长和独任审判员依审判职责签发裁判文书。"并且强调要"全面贯彻执行《人民法院审判人员违法审判责任追究办法（试行）》和《人民法院审判纪律处分办法（试行）》，切实加强对审判工作的纪律监督，严肃查处各种利用审判职权违法违纪的行为。"按照最高人民法院的部署，全国法院系统推行了审判长、独任审判员办案责任制。

与此同时，最高人民检察院于1998年7月17日颁布了《人民检察院错案责任追究条例（试行）》。其中明确规定："检察官在办理案件中造成错案的，应当追究法律责任、纪律责任。"最高人民检察院办公厅于2000年2月1日下发了《关于在审查起诉部门全面推行主诉检察官办案责任制的工作方案》，其中提出：最高人民检察院决定从2000年1月起，在全国各级检察机关审查起诉部门全面推行主诉检察官办案责任制，其目标是"改革与完善检察机关审查起诉部门办案机制，建立责任明确、高效廉洁、符合诉讼规律的办案责任制，造就一支高素质的起诉队伍，保证依法公正行使检察权，完善有中国特色的社会主义检察制度"。2000年2月15日，最高人民检察院推出了《检察改革三年实施意见》，其中进一步提出要改革检察官办案机制，建立、健全检察官办案责任制；要全面建立主诉、主办检察官办案责任制，健全、落实检察业务工作中的主诉、主办检察官办案责任制，依法明确主诉、主办检察官承办案件的程序和职权。按照最高人民检察院的部署，全国检察系统轰轰烈烈地开展了主办、主诉检察官办案责任制改革。

2002年，党的十六大报告针对我国司法体制方面和司法职权行使方面存在的问题，提出了"推进司法体制改革"的任务，其中要求："按照公正司法和严格执法的要求，完善司法机关的机构设置、职权划分和管理制度，进一步健全权责明确、相互配合、相互制约、高效运行的司法体制"。党的十六大以后，党中央总结了党的十五大以来司法改革的进展情况，在中央政法委员会成立了司法体制改革领导小组，对司法改革进行了顶层设计。按照中央的统一部署，最高人民检察院于

2005年8月24日发布了《关于进一步深化检察改革的三年实施意见》，提出了2005年至2008年检察改革的总体目标，其中包括要"继续深化主诉检察官办案责任制"。最高人民法院于2005年10月26日发布了第二个《人民法院五年改革纲要》，其中再次提出要"建立法官依法独立判案责任制，强化合议庭和独任法官的审判职责。院长、副院长、庭长、副庭长应当参加合议庭审理案件。逐步实现合议庭、独任法官负责制"。

然而，从改革的具体实践来看，尽管有最高司法机关的规范性文件和改革举措，但是，无论是法院系统的改革还是检察系统的改革，都没有实现预定的目标。法院系统由于司法人员贪腐案件的不断出现、裁判文书中的错误以及冤错案件的频频曝光，并没有真正实现由"审判长和独任审判员依审判职责签发裁判文书"的改革目标，也没有建立起切实有效的办案责任制，"审理者无权作出裁判、裁判者不参与案件审理"的情况依然普遍存在。检察系统的主办检察官办案责任制，则由于反贪、反渎、侦监、监所等部门办案模式的高度集权，在宣布改革后很快被弃置不用；主诉检察官办案责任制则在全国范围内试行了一段时间之后不了了之，并没有真正成为检察机关的一种办案模式。

于是，在第三轮司法改革中，最高人民法院提出要"构建符合法官职业特点的职权明确、考核到位、追究有力的责任体系，推进从源头上防治司法腐败的体制机制改革"，"建立健全审判人员与执行人员违法审判、违法执行的责任追究制度和领导干部失职责任追究制度。研究建立审务督察制度，加强督察督办工作,强化对法官违反司法行为规范的惩戒措施"[1]。最高人民检察院则在自己的第三个检察改革三年实施意见[2]中提出了三个方面的措施来强化对检察人员办案情况的监督:一是省级以下(不含省级)人民检察院立案侦查的案件,需要逮捕犯罪嫌疑人的,报请上一级人民检察院审查决定;二是通过人民监督员对检察机关查办职务犯罪活动进行监督;三是建立检察机关巡视工作制度、检务督察制度和执法办案内部监督制度。

直到第四轮司法改革,最高人民法院再次在自己的第四个《人民法院五年改革纲要》中提出了"完善主审法官、合议庭办案责任制"的改革任务,并于2015年9月21日专门制定了《最高人民法院关于完善人民法院司法责任制的若干意见》,强调要"让审理者裁判、由裁判者负责"。最高人民检察院也在《关于深化检察改革的意见(2013—2017年工作规划)》中提出了"深化检察官办案责任制改革"的任务,强调要"以落实和强化检察官执法责任为重点,完善主任检察官办案责任制,科学界定主任检察官、副检察长、检察长和检察委员会在执法办案中的职责权限。建立健全检察机关执法办案组织,完善检察机关执法办案责任体系。改革和完善执法办案指导决策机制,规范案件请示汇报制度,明确各层级的办案责任",并且于2015年9月28日颁布了《关于完善人民检察院司法责任制的若干意见》,要求"做到谁办案谁负责、谁决定谁负责"。

从党的十五大报告提出司法改革以来,最高司法机关为了构建中国特色的司法责任制,推行了一系列改革举措,进行了

---

[1]《人民法院第三个五年改革纲要(2009—2013)》。
[2] 即《关于贯彻落实〈中央政法委员会关于深化司法体制和工作机制改革若干意见〉的实施意见——关于深化检察改革2009—2012年工作规划》。

大量的不懈的努力，应该说，也取得了显著的成绩，特别是司法行为的规范化、司法人员的责任心、案件办理的质量等，都有了明显的提升。但是，关于司法责任制的改革并未真正完成。因此，党的十九大报告才会提出要"全面落实司法责任制"。

之所以会出现这种状况，最根本的原因是缺乏综合配套的改革措施。

(一) 缺乏必要的权力来配套

"司法责任制的核心要义是'让审理者裁判，由裁判者负责'。"[1] 其前提是"让审理者裁判"，只有赋予承办案件的主体[2]以独立办理案件的权力，才能要求对案件作出处理决定的主体对案件负责。这是司法规律的基本要求。"司法过程的特点要求决定者必须听取双方的意见，依法作出最后的决定，不能审者不判、判者不审。"[3] 因此，只有当承办案件的主体对自己承办的案件能够独立自主地作出处理决定时，才能要求其尽职尽责地对待自己所办理的案件，并对自己的错误决定承担责任。试想，如果一个法官或检察官对案件中的各种证据材料进行了认真仔细地审查，并根据有关的法律规定提出了处理意见，但是这种意见被并未审查过案件证据材料的其他主体修正或更改，并没有按照承办案件的法官检察官所提出的处理意见来处理案件，而最终发现该案件办错了。在这种情况下，还能

---

[1] 张文显：《论司法责任制》，载《中州学刊》2017 年第 1 期。

[2] 这个主体可以是包括法院院长、检察院检察长在内的法官检察官个体，也可以是合议庭等办案组织，还可以是审判委员会或检察委员会。由于院长、检察长和审判委员会、检察委员会历来就享有案件的决定权，所以司法责任制改革所强调的主要是放权给承办案件的法官检察官。

[3] 周汉华：《以司法责任制改革促司法公正》，载《光明日报》2017 年 8 月 23 日。

要求承办案件的法官检察官对错案承担责任吗?[1] 进而言之,对案件的处理作出决定的主体如果是一个集体（审判委员会或者检察委员会），抑或是一个本身没有司法职权的主体，谁又能要求他们对错案承担责任呢？因此，司法责任制必须以承办案件的法官检察官（当然包括法院院长、副院长，检察院检察长、副检察长）对案件的处理有决定权为前提。有了界限分明的职责权限，才会有错误行使职权应当承担责任的问题。职责权限不明晰，责任就不可能分清楚。在责任本身还没有划分清楚的情况下追究有关人员的责任显然是不合理的，也无法达到责任制的制度目标。

而在提出司法责任制的近20年中，法院、检察院依然是按照传统的办案模式，普遍实行法官检察官承办案件，庭长、科处长审核案件，院长（副院长）、检察长（副检察长）审批案件的"三级审批制"，只要是有争议的案件都要提交审判委员会或者检察委员会讨论决定，甚至要提交政法委员会进行"协调"，承办案件的法官检察官对自己办理的案件几乎没有裁判权。在这样一种办案模式下，承办案件的法官检察官既没有责任感，也难以追究其个人责任。

（二）缺乏相应的管理来配套

司法责任制是建立在司法人员对承办案件的高度责任心的基础上的。司法责任制的目的是要求司法人员严格依照法律的规定认真慎重地对待每一个案件，既要对国家对法律负责，也要对案件当事人负责，公平公正地对待每一个当事人。而对司

---

[1] "以往存在的案件层层审批、层层请示的做法，不符合裁判亲历性和审判独立性原则，权责不明、责任难定的问题比较突出。在案件审批制度下，裁判出现错误仅追究承办法官责任，也有失公允。"参见李少平：《深刻把握司法责任制内涵 全面、准确地抓好〈意见〉的贯彻落实》，载《人民法院报》2015年9月25日。

法人员的管理要能够保证司法人员严格依法办案，要有利于鼓励司法人员认真负责地对待每一个案件。

但在以往关于司法责任制的改革过程中，我们强调司法人员的责任心，却没有相应的保障和鼓励司法人员严格依法办案的管理制度。在法院检察院的管理中承办案件的法官检察官与没有承办案件的法官检察官、其他行政管理人员，甚至包括后勤保障人员，都是按照相同的规章制度来管理的，对行政管理人员有什么样的要求，对法官检察官就有什么样的要求。在工作安排方面，行政人员搞什么活动，承办案件的法官检察官无论办案压力有多大，都必须参加。在晋升提拔方面，大家都在一条起跑线上，都要按照几乎完全相同的程序，进行民主推荐、民主测评，都要由全院的领导干部和中层领导干部给"打分"（这就意味着法官检察官除了办案之外，要注意搞好"人际关系"特别是搞好与领导的关系）。办案中认真负责，时常"较真"的法官检察官，很可能在晋升中处于劣势。在考核方面，大家都是"德、能、勤、绩、廉"，几乎完全相同的标准。一个法官检察官有没有办案件、办理案件的多少，对他自己、对别人都几乎是无关紧要的。业务部门与非业务部门评定考核等级都是按照相同的比例进行的。法官检察官办理案件不论是否认真负责，其评定优秀等次都要受"名额"的限制。从提出办案责任制以来，将近20年过去了，几乎没有一个法院检察院对业务部门的法官检察官建立起完整的业务档案。一个法官检察官每年到底能办多少案件、到底办了多少案件？哪个法官检察官办案质量高，哪个法官检察官办案质量差、差在哪里？没有人能够说清楚。在这样的管理模式下，法官检察官只能是凭觉悟、凭良心、凭个人对法治的信仰来从事自己的工作，不可能因为科学地管理而增强办案的责任心、事业心，也没有动力去钻研办案的规律、去不断提高自己的业务水平。这种状况，导致司法效率低下，"案多人少"的矛盾无法缓解，甚至导致一些优秀法官检察官"改行"。[1]

（三）缺乏优厚的待遇来配套

在所有法治国家，司法人员的社会地位和物质待遇都是非常高的。这一方面是为了保证司法人员的职业尊荣和职业自豪感，让他们认真负责地对待行使司法职权的工作，对自己办理的每一个案件，从内心深处负责。另一方面也是为了增强司法人员抵御各种诱惑、腐蚀的能力，不必为一些蝇头小利被拉下水。同时，优惠的待遇也体现了国家、社会对其所从事的工作的重视和尊重，促使他们认真负责地对待每一个案件及其当事人。正如有的司法人员指出的："司法人员的职业待遇是其努力工作的一大保障，若职业待遇一成不变，则优秀的司法人员会逐渐流失至其他行业，很多司法人员会通过违法途径谋取灰色收入，以弥补较低职业待遇。因此，提高司法职业待遇对于构建司法责任制体系具有重要意义。"[2]

但是在我们国家，长期以来，法官检察官都是作为普通公务员来对待的。法官检察官不仅与法院检察院里从事事务性工作的人员包括后勤服务人员享受几乎完全相同的待遇，而且与其他国家机关的工作人员享受几乎完全相同的待遇。在某些地方，法官检察官的待遇还没有行政管理部门的工作人员待遇高（晋升机会多），以致法院检察院的业务干部更愿意到其他部门

---

〔1〕 正如有的学者指出的："长期以来，人民法院内部有'法官'身份的人很多，但多数'法官'不办案、不能办案（没有能力办案）、不愿办案，导致办案法官任务重、压力大、地位低、风险高、升迁困难，因而要求转到审管、政工、行政部门工作，甚至辞职改行，造成优秀法官大量流失。"参见张文显：《论司法责任制》，载《中州学刊》2017年第1期。

〔2〕 刁喻：《司法责任制构建研究》，载重庆法院网2016年9月18日。

去工作,一旦有机会,就不愿意留在法院检察院。特别是在市场经济环境下,人们对富足美好生活的向往,使一些办案经验丰富的法官检察官离开了法院检察院,去从事其他工作。这样的工作环境,很难让法官检察官把对案件高度负责的精神内化于心,成为认真负责地对待每一个案件的内心动力。

在上述必要的配套措施缺失的情况下,单项推进司法责任制改革,尽管下了很大的功夫,依然难以持续,难以见效。

二、构建:综合配套司法改革的理论基础

将近20年来司法责任制改革的实践给我们提供了一个重要启迪,那就是司法责任制改革,不能孤军奋进,而必须重视改革的综合配套措施。

(一)综合配套改革的必要性

之所以要强调司法改革的综合配套,是因为:

第一,司法责任制是司法体制的重要组成部分,司法责任制改革必然要打破原有的制度体系,也必然要受到原有制度体系的制约。

按照辩证唯物主义的观点,世界上的任何事物都与其他事物发生着这样或那样的联系。恩格斯曾经指出:"当我们通过思维来考察自然界或人类历史或我们自己的精神活动的时候,首先呈现在我们面前的,是一幅由种种联系和相互作用无穷无尽地交织起来的画面。"[1] 社会是一个"一切关系在其中同时存在而又互相依存的社会机体"。[2] 社会机体中的"不同要素之间存在相互作用"。[3] 人类社会中每一个既存的制度,无论是否具有合理性,都必然与其他制度相互作用、相互依存。对

---

[1]《马克思恩格斯文集》(第9卷),人民出版社2009年版,第23页。
[2]《马克思恩格斯选集》(第1卷),人民出版社1995年版,第143页。
[3]《马克思恩格斯全集》(第12卷),人民出版社1962年版,第750页。

其中任何一个制度的改革,都会打破原有制度体系中各个要素之间的平衡,引起相互关联的权力要素之间的冲突和制度体系内部的不协调。改革的措施或者受到原有制度体系中其他要素的制约,或者对原有制度体系中其他要素产生正面的或负面的影响。而这种制约和影响都会反作用于制度性的改革。如果缺乏配套的改革措施来支撑,任何一个单一的改革都很难引起制度性的变革,都必然受到原有制度体系中相关制度的束缚或掣肘,也就很难取得理想的成效。

司法责任制改革是司法体制改革的组成部分,必然要受到司法体制的制约。而司法体制作为国家政治体制的重要组成部分,没有其他政治体制改革的配套措施,就可能是孤军突进,很难达到预期的目标。在实践中,司法机关希望对司法职权进行优化配置,就必然要受到国家权力结构体系的约束,同时要受到国家权力体系中其他权力的制约(司法职权是在国家权力结构体系中被授予司法机关的,并且是在国家权力结构体系中发挥作用的);要想对司法人员的待遇进行改革,就必然涉及国家的财政管理体制和公务员薪酬制度(没有经费支持的改革是无法维系的);要想对司法人员的管理制度进行改革,就必然涉及国家的组织人事制度(司法人员在中国历来是作为普通公务员对待的,既要受公务员管理制度的约束,又要受干部管理制度的约束)。司法体制方面的改革,如果没有有关国家机关的认可和支持,就寸步难行;司法制度方面的改革,同样地,如果没有相关的国家管理制度改革相配套,就形同虚设。因此,司法改革的任何举措,都必须得到有关部门的认可和支持,都必须认真研究和解决与相关制度的协调配套问题。只有这些问题解决好了,司法改革措施才有可能落到实处,才有可能发挥新制度的作用。

"辩证法在考察事物及其在观念上的反映时,本质上是从它们的联系、它们的联结、它们的运动、它们的产生和消逝方面去考察的。"[1] 应当看到,司法责任制的构建,是在新中国成立以后长期形成的"吃大锅饭"的司法管理体制的基础上进行的。我们国家长期以来都把司法人员看作是一般的"国家干部"或与其他公务员"一视同仁"的国家公务员,既没有特别的专业性的要求,也缺乏特殊的政治待遇和物质待遇,其地位的提升,几乎完全与其他公务员一样靠行政级别的提升。即使是在公务员法实施以后、在法官法和检察官法修改之后、在国家司法考试实行以后,法官检察官的入职门槛提高了,但各个方面的待遇依然是按照普遍公务员对待的。与这种人事管理模式相适应,在司法职业管理上,法院检察院长期盛行着"行政化"的管理模式,司法人员办理案件,要层层请示汇报,层层"把关",以弥补司法人员素质不高、责任心不强可能导致的错误。

司法责任制要改变这种状况,首先从办案中出现问题就追究有关人员的司法责任开始,是完全正确的。但同时必然会引起与原有的案件管理模式、人事管理模式、职业保障制度以及与之相适应的司法观念之间的冲突。能否妥善地、协调一致地解决这些相关制度之间的冲突问题,直接关系到司法责任制改革的成败。以往的改革,片面强调司法人员在办理案件中的责任,忽视了相关因素对司法人员的制约和相关制度之间的依存关系,可以说是这项改革举步维艰的一个重要原因。

第二,司法责任制的构建是在司法体制的系统内完成的,离不开系统内部相关要素的支撑。

司法系统像其他任何一个社会系统一样,都是具有整体性

---

[1]《马克思恩格斯文集》(第9卷),人民出版社2009年版,第401页。

的有机系统。"所谓有机系统,就是其各个组成部分之间具有内在联系而相互制约的整体。"[1] 构成这个有机系统的"不同要素之间存在相互作用"[2]。司法责任制是司法系统内的重大改革,必然会涉及司法系统内部各个组成要素之间既存关系的重大改变,打破原有的各个要素之间的联系与平衡。而司法责任制的推行,能否得到司法系统内部其他要素的支持和配合,或者与之相关的其他要素能否随着司法责任制的推行而同步改变,对于司法责任制的推行,必然具有直接的影响。例如,司法责任制的主体是司法人员,而司法机关的人员并不都是司法责任制的主体。哪些人员从事司法行为,或者司法机关中有多少人员从事司法行为(行使司法职权),将直接关系到作为司法责任制主体的司法人员的工作承受能力。如果司法机关中没有足够的人员从事司法工作,司法责任制的主体就可能不堪重负,难以认真仔细地对待每一个具体案件,办案质量提不高,司法责任制的目标也就无法达到。因此,司法责任制的实施,首先涉及司法机关的人员调整问题,与之相关的是司法机关内设机构改革问题(因为司法机关的人员都是分属于不同内设机构)。又如,司法责任制是以司法职权的内部分配为基础的。有权才有责,没有司法职权就不存在司法责任的问题。但是在传统的司法职权运行模式中,法律赋予司法机关的职权主要是由司法机关的领导层作出决定的,其他司法人员即使是在业务部门工作,也没有多少实体性的权力,同样地也就没有多大责任。推行司法责任制,最重要的是下放权力的问题。只有做到了"让审理者裁判",才有可能要求"裁判者负责"。但是,

---

[1] 陈宴清等:《现代唯物主义导论》,北京师范大学出版社2017年版,第328页。
[2] 《马克思恩格斯全集》(第12卷),人民出版社1962年版,第750页。

"裁判权"（对案件处理的决定权）的下放，必然削弱原来由各个领导层行使的司法职权，引起司法机关内部对司法职权的再分配。这种司法职权的再分配是否合理、能否得到不同主体的认同、信任和配合，直接关系到司法责任制改革的成败。再如，司法责任制的核心是增强行使司法职权的主体责任，行使司法职权的主体要对自己办理的案件承担责任，对自己会带来什么样的好处？没有利益驱动，就很难有动力。但是如果行使司法职权的人员福利待遇提高了，司法机关内部没有司法职权的人员会不会犯"红眼病"，或者消极怠工，使行使司法职权的人员成为司法机关的"孤岛"？这些问题如何妥善解决，同样会影响到司法责任制改革的顺利进行。

第三，任何制度都是在一定的环境下运行的，都需要一定的配套制度来保障。

一个新的制度，如果缺乏与之相适应的运行环境，就很难发挥其应有的作用。司法责任制改革同样离不开与之相适应的运行环境。这种运行环境，既包括人文环境，也包括制度环境。

司法责任制运行的人文环境，一是人民群众和社会各界对司法活动重要性的认识和对司法公正的期待；二是司法机关和案件当事人对司法人员素质能力的信任和认可；三是司法人员对法治的信仰和对法律的忠诚。无论是普遍老百姓还是各级领导干部，无论是案件当事人及其亲属还是司法机关工作人员，对司法公正的期待，可以说是我们社会的共识，人人都希望司法机关能够公正地处理每一个案件，公平地对待每一个案件当事人。但是人们对司法活动重要性和特殊性的认识并不都是正确的、深刻的。由于中国社会几千年封建专制所形成的传统文化的影响，人们把司法权与行政权混为一谈，看不到或者不承认二者之间的重大差别，像对待普通行政人员一样，对待司法人员。即使是各级领导层甚至包括司法机关的许多人员，都没有充分认识到司法的特殊性、司法的权威性，以至于一提给法官检察官涨工资，马上就会要求给自己也涨工资。这种人文环境，在很大程度上阻碍了司法责任制的实施。另外，也要看到，司法责任制能不能达到预期的目标，在很大程度上取决于行使司法职权的法官检察官能否胜任依法独立公正行使司法职权的重任，其是否具有对党对人民对法律的忠诚，是否具有深厚的法律功底和办案经验，是否具有良好的职业伦理和高度负责的责任心。这既是赢得人民群众和各级领导信任的前提，也是办好案件的保障。

司法责任制运行的制度环境，则是保障性的配套措施。没有必要的配套措施做保障，再理想的制度照样不能发挥理想的作用。司法责任制的实施，首先需要不同主体之间明晰的司法职权划分和规范的实施规则。职权划分不清楚，责任就不可能分得清楚。司法职权的行使如果缺乏规范的实施规则，就难以保障和判断职权行使的正确性。司法责任制的实施，还需要独立的责任追究组织以及追究司法责任的具体规则。让司法机关自己追究司法人员的责任，一是难以取得人民群众的信任；二是容易使司法机关处于两难境地（既要保护司法人员，有要取得外界的公信力）。而独立的责任追究组织，作为"第三方"更容易取得人民群众的信任，也使司法机关摆脱了尴尬的境地。但独立的责任追究组织在认定司法错误、追究司法人员责任的时候，需要遵循一定的实体性和程序性规则，以保证其客观公正地对待司法人员。此外，司法责任制的实施，必须以司法人员优厚的职业保障为后盾。一方面激励司法人员树立职业荣誉感，认真负责地对待每一个案件和案件当事人，心甘情愿地对法律负责、对党和人民负责；另一方面体现国家和社会对司法职业和司法人员劳动的尊重。因为,"制度是社会关系的存在方式,在人与人之间的社会关系中,最基本的关系是利益关系。因此,制度又是利益关系的对象化形式。"[1] 没有利益驱动,法官检察官所从事的繁重工作、所承受的社会压力和责任压力,与其生存境况之间就会失去平衡,就难以保持持久的热情和高度的责任心。正如有的学者指出的:"完善司法责任制要求素质、权力、责任、保障相统一,与完善司法人员分类管理、健全司法人员职业保障、推动省以下地方法院检察院人财物统一管理等改革举措依存度高、耦合性强,是相互关联的有机整体,需要同步推进。"[2]

正因为如此,司法体制改革应当综合配套、整体推进,而不能搞"头痛医头、脚痛医脚式"的改革。

(二) 综合配套改革的内涵

所谓"综合配套",依笔者之见,就是在推出一项重大改革措施时,要同时考虑理念、制度、人员、保障、纠偏五个方面,并使这五个方面协调一致地推进。

理念,即改革的指导思想和目标设计。用先进的理念统一人们的思想,改变与改革措施相冲突的传统观念,对于保障改革的顺利进行和改革措施的有效运作,具有至关重要的意义。过去,我们的一些改革措施,缺乏充分论证和明确的指导思想,更没有进行充分的说理和教育,人们不理解为什么要这样改,改的好处在哪里,因而得不到人们特别是改革所牵涉的人们的支持,改革措施难以发挥其应有的功效。因此,要推出一项新的改革措施,就需要大力宣传新措施的优越性,特别是它

---

[1] 崔希福:《唯物史观的制度理论研究》,北京师范大学出版社2010年版,第65页。
[2] 姜伟:《全面落实司法责任制》,载《党的十九大报告辅导读本》,人民出版社2017年版,第293页。

与原来的规定相比,能够解决以往存在的什么问题,让人们看到改革可能带来的好处,从而在内心愿意接受这样的改革。这是改革的原动力。没有广大人民群众的支持,特别是没有改革所涉及的人们的普遍认可,改革就很难成功。

制度,即改革措施的具体构建。改革总是对原有制度的改变。原有制度是否需要改变,本身是一个需要认真研究的课题。过去,人们看到现存制度的某些弊端,就极力主张进行改革,但改了之后,又觉得还不如原来的制度。这样的改革是缺乏理性的,也是不可能有生命力的。对于现存制度在实践中出现的问题,应当客观地进行分析,到底是制度本身的问题,还是实施过程中人为因素导致的问题。只有在制度确实存在自身无法克服的问题时,才有必要提出改变原有制度的课题,进行改革的顶层设计。其次,对于准备推出的改革措施,要将其放在准备修改的制度体系中进行权衡,看它在制度体系中是否与其他相关制度存在矛盾冲突,这种矛盾冲突能否有效地加以调和。

人员,是司法改革的主体,也是改革的承受者。任何改革措施都需要人来完成,都必然影响到相关人员的思维方式、职责权限、生存空间和切身利益。因此,相关人员的问题往往是改革成败的关键。司法体制改革不仅要考虑人民群众的期望和满意程度,更要考虑司法人员的接受程度。如果司法机关或者司法人员对某项改革措施普遍持有抵触情绪,这项改革就将是一项注定要失败的改革,不可能取得党和人民满意的效果。如何做好司法人员的观念转变工作并在改革中适度解决大多数司法人员的利益诉求,是任何一项改革措施在出台时都不能不考虑的问题。

保障，即为了推进司法改革措施的具体实施所必需的条件[1]。这些条件本身是与司法改革的具体措施相关联的制度。但凡一项重大的改革措施出台，都离不开相应的保障措施，都必然波及相关的制度。如果与改革措施相关的制度不能及时作出相应的调整，就可能影响到改革措施的实施及其效果。在以往的司法改革实践中，最高司法机关只是重视改革措施的出台，以为制定了改革方案，出台了改革措施，司法改革的任务就完成了。殊不知，以往制定的很多作为改革措施的规范性文件，在司法实践中并没有真正落实，以至于在第一轮司法改革中提出的问题、出台的改革措施，在第四轮司法改革中依然作为需要改革的问题提出来，进行改革。其原因就是缺乏必要的保障性的配套制度来支撑。司法责任制的重点是放权给承办案件的法官检察官，但"只有责任而没有保障的权力是微弱又危险的权力"[2]。

纠偏，即权力行使中的制约机制。纠偏是保证司法改革举措在司法实践中正确实施的必要条件。因为任何一项制度性的司法改革，都会涉及司法职权的调整，无论是司法体制方面的改革，还是司法机关内部工作机制方面的改革，都与司法机关或者司法人员的职权配置具有密切的联系。如何保证改革后司法机关和司法人员依法公正地行使职权，是司法改革中不得不重点考虑的问题。而这个问题的关键是在调整司法职权配置的同时设置防止权力滥用的纠偏机制。一旦可能出现司法职权被

---

[1]"完善司法责任制，应以完善法官职业保障体系为基本条件。目前，我国法官管理体制是单一行政管理模式，法官职业素质要求高、任职条件要求严，但工资福利及职务保障较低，导致一些法官缺乏职业荣誉感，难以吸引和留住优秀司法人才。"参见陈光中：《完善司法责任制》，载《人民日报》2015年10月19日。

[2] 傅郁林：《解读司法责任制不可断章取义》，载《人民论坛》2016年第8期（下）。

滥用的情况，通过纠偏机制，及时防止司法不公的出现。

司法体制改革如果同时考虑到这五个方面的整体推进，改革措施就会顺利实施并有可能达到顶层设计时所追求的目标。相反，如果单打独斗，无论多么理想的改革措施，都只能是纸上谈兵，看似出台了规范性文件，规定了具体实施意见，但在司法实践中，不是被束之高阁，就是被传统观念、习惯做法所吞噬，根本无法发挥改革意见中提出的目标。

三、举措：全面推进司法责任制的综合配套措施

"完善司法责任制是建立权责明晰、权责统一的司法权运行机制的核心，对于保障人民法院、人民检察院依法独立公正行使职权意义重大，在司法体制改革全局中具有举足轻重的地位，需要优先推进。"[1] 在新一轮司法改革的顶层设计中，应当以综合配套理论为指导，全面推进司法责任制。

考虑到司法责任制改革已经取得的成就和进展，特别是最高人民法院、最高人民检察院已经就司法责任制改革的制度构建提出了完整的意见，并就这项改革涉及的相关问题作出了规定，新一轮司法体制改革中全面推进司法责任制，应当在坚持已有改革措施的基础上，着力解决以下几个方面的问题：

（一）改革法院检察院的管理模式，突出司法职权的主业地位

司法责任制本身是法院检察院内部管理体制的改革。如果法院检察院原有的管理模式不改变，司法责任制就不可能真正落到实处。正如有的学者指出的："司法责任制主要是解决在传统的审判机制和管理模式下司法权、司法监督权、司法行政领导权

---

[1] 姜伟：《全面落实司法责任制》，载《党的十九大报告辅导读本》，人民出版社2017年版，第293页。

不分的状况，落实宪法、法律保障的审判权、检察权由人民法院、人民检察院独立行使的规定。"〔1〕在新一轮司法改革中，法院检察院要着力改变传统的行政化的管理模式，突出法官检察官在法院检察院的主体地位，以保障司法职权的依法独立公正高效行使为目标。为此，应当从以下几个方面入手改革：

第一，转变管理理念，真正把管理的重心转移到对司法职权行使的管理上来。

法院检察院的基本职能是履行法律赋予的司法职权，而不是行政职权，所以法院检察院的管理应当重点围绕司法职权的依法独立公正高效行使来进行，而不是围绕行政管理来进行。

过去，每个法院检察院都特别重视自己的社会形象，在争创先进、文明单位方面下了很大的功夫。无论是地方党委政府组织的各种争先创优活动，还是法院检察院系统内部的争先创优活动，每个法院检察院都积极参与，不甘落后。为此投入了巨大的人力物力，甚至许多法院检察院的管理都是围绕着如何争先创优进行的，全院的人员也都是整天围绕争先创优来开展工作。在这种管理理念的指导下，司法职权行使得如何，不是领导关注的重点，也不会引起管理人员的重视，而能不能拿出上级认可或表扬的经验材料，能不能受到领导机关或领导同志的好评，对单位、对个人，才是最重要的。这种管理理念在无形之中忘记了法院检察院内部管理的根本目的是保证司法职权的有效行使，改变了管理的宗旨，也改变了法院检察院所有人员的注意力和评价标准。这种管理理念如果不改变，司法责任制的实施将会受到严重的影响。

推行司法责任制的目的是为了保证司法职权依法独立公正

---

〔1〕 傅郁林：《解读司法责任制不可断章取义》，载《人民论坛》2016年第8期（下）。

行使。法院检察院的内部管理，一方面，要转变管理理念，要相信案件质量的提高最终要靠裁判者自身，各级领导"保姆式"把关能搞一阵子，搞不了一辈子，将权力关在制度的笼子里总好过关在领导的脑子里[1]；另一方面，要紧紧围绕司法责任制的实施来组织管理活动，确保司法人员有足够的精力从事自己的主业，行使好司法职权。为此，法院检察院应当拒绝参加地方党委政府组织的与司法职权行使无关的各种社会活动和争先创优活动，把法院检察院人员的注意力和精力引导到行使好司法职权上来。在系统内部的管理上，也应当尽可能地减少争先创优活动。即使要搞这类活动，也不能把经验材料、创新亮点作为评价一个法院检察院优劣的主要标准，而应当重点考察其履行法定职责的情况。应当看到，法院检察院的社会形象，不是靠自我宣传来树立的，不是靠做了多少"好人好事"来维持的，也不是靠领导表扬或"先进"的牌子来取得的。人民群众对法院检察院的满意度是通过法院检察院所办理的案件来感知的。如果法院检察院在自己所办理的每一个案件中能够让案件当事人和人民群众看到公平正义的实现，法院检察院的社会形象自然会好，人民群众的满意度自然会高。法院检察院应当树立"只有真正行使好国家赋予自己的权力，履行好自己的法定职责，才会赢得人民的满意"的管理理念，切实把管理的重心转移到如何保证司法职权依法独立公正行使上来。

第二，改革法院检察院的人员结构，充实一线办案力量。

在上一轮司法改革中，为了配合司法责任制改革，法院检察院普遍进行了人员分类管理制度改革和内设机构改革，这些改革的目的是实现司法资源重点向业务部门配置的目标，解决

---

[1] 参见李少平：《司法责任制的理论与实践》，载《中国审判》2016年第22期。

一线办案人员严重不足与办案量不断增加的矛盾。但是从这些改革实施的具体情况看，可以说，绝大多数法院检察院都没有实现这个目标，反而是改革以后，普遍感到一线办案的人员更加紧缺了，"案多人少"的矛盾在许多基层法院检察院变得更加突出了。其原因在于，虽然内设机构减少了，但是法院检察院原有的行政管理职能一样没有减少，在人员分类管理和内设机构整合之后，法院检察院的业务部门并没有出现人员明显增加的现象。据笔者2017年上半年在20个不同级别检察院的调查，人员分类管理和内设机构整合以后，各个业务部门的人员，除了个别在管理部门工作的检察官入"员额"后调到业务部门（业务部门的人员相应地调到非业务部门）之外，业务部门的人数几乎没有任何增加和变动。一方面，在业务部门人员总数没有变化（据说是因为受到"编制"的控制）的情况下，原来办案的人员由于多数没有"入员"而不能独立办案了，所以在案件总数大致与原来保持平衡的情况下，独立办案的人员大大减少（尽管最高人民法院、最高人民检察院都要求"入员"的领导干部要亲自办理案件，但是他们的行政工作、必须参加的各种会议并没有减少，不可能真正把精力放到办案上来），"案多人少"的矛盾也就更加凸显。另一方面，内设机构虽然减少了，但原有的职能并没有减少，以至于一个部门仍然有多人从事管理性或综合性的工作，整个法院检察院从事非业务性工作的人员总数并没有减少。

全面推进司法责任制，一个重要而紧迫的问题，就是要改革法院检察院的人员结构，切切实实地减少法院检察院从事行政工作和管理工作的人员，让现有编制中的绝大多数人从事业务工作。唯有如此，才能保证有限的司法资源尽可能多地用在司法职权的行使方面，才有可能有效地缓解"案多人少"的矛盾。

解决这个问题的关键，是改革现有的管理模式。目前，虽然全国各级法院检察院都在推行司法责任制，但是法院检察院的管理模式并没有改变。一是法院检察院承担了大量的社会工作，尤其是基层法院检察院不能不参与地方上的各种社会管理活动，如社会治安综合治理、地方党委政府组织的各项专项整治活动，甚至包括招商引资、爱国卫生运动等，法院检察院都必须派人参加。地方政府的"扶贫"工作，法院检察院都必须承担责任，甚至必须派出多少人、工作多少天才能完任务，等等。这些活动占据了法院检察院相当部分的人力资源。二是法院检察院在内部的行政管理中投入了相当多的人力资源。法院检察院内部的人事部门、宣传部门、教育部门、党务部门、监察部门等（尽管在内设机构整合后名义上只有一个部门，但原有的职能并没有减少）每年都从事着大量的行政管理工作，并且要召开各种各样的会议，组织各种各样的活动。一些地方的法院检察院要求申报先进单位、先进个人必须有上级法院检察院或地方党政部门采用或转发的"经验材料"，以至于每个法院检察院都不得不"重点培养"或调集人才，从事调研报告、经验材料、各种汇报材料、领导讲话的写作工作。每个法院检察院不得不培养并安排一定数量的"精兵强干"来从事这些非业务性的工作。三是法院检察院的业务管理不够科学。尽管大多数法院检察院的办公自动化、信息化程度都比较高，并且有专门的案件管理部门，但是，各个业务部门都还有自己的"内勤"，从事各种报表、统计、文件转送等事务性工作以及其他行政性工作，内设机构整合后，一个业务部门可能有多个这样的内勤。整个法院检察院有"大内勤"（办公室）、"中内勤"（案件管理部门）、"小内勤"（各个内设机构处理事务性工作的人员）。这种管理模式使每个法院检察院都消耗了很大一部分人力资源。

改革这种管理模式,就是要突出司法职权在法院检察院的主业地位,法院检察院的管理工作要围绕如何更有效地行使司法职权来进行。一方面要大大减少法院检察院的非司法活动,改善法院检察院的人员结构,确保法院检察院的绝大多数人员从事司法活动;另一方面要减少一线办案人员参加与办案无关的活动的频率,确保业务部门的司法人员把主要精力用在司法活动上。这是落实司法责任制必须面对的重大问题。

第三,区分司法管理与行政管理,防止行政管理权干预司法职权。

司法管理遵循的是司法规律,行政管理遵循的是行政管理规律。二者之间本来存在明显的差异,应该不难区分。但是在我们国家的法院检察院管理体系中,这两种职能往往交织在一起,难分难解。这是因为,一方面,我们的法院检察院,几乎每一位领导都是一岗多责。法院的院长、副院长,检察院的检察长、副检察长,几乎每个人(除民主党派领导外),既是党组成员,又是院长(检察长)办公会议的成员,同时也是审判委员会(检察委员会)的成员,既要亲自行使司法职权,办理案件;又要行使司法管理权,对其他司法人员办理案件的活动进行管理,同时还要参与全院的行政管理工作、思想政治工作。甚至包括法院检察院的中层领导,都存在一岗多责的问题。一个人同时扮演多种角色,就难免出现角色混同的问题。另一方面,行政管理本身对司法管理具有很强的渗透力。特别是在以往的管理中,法院检察院对司法管理与行政管理没有严格的界分,用行政管理的方式管理司法活动,司法人员的前途命运完全掌握在行政管理人员的手中(所有的提拔晋升、福利待遇都要靠行政级别的提升,行政管理人员对此最有影响力)。

在以往的行政化管理模式下，行政管理部门安排的活动往往比办案还要重要，法官检察官经常被迫放下手中的案件去参加各种行政管理性活动，如"政治学习"、各种各样的教育实践活动、非业务类的"专项工作"，甚至包括体育运动类、爱国卫生类活动等。因为对这些活动的态度包括对行政管理部门领导的态度直接影响到法官、检察官的政治生命甚至包括物质待遇。行使司法职权的人员，不仅要服从自己的直接领导的管理，而且必须服从单位行政领导的管理。

推行司法责任制，在管理体制上，就应当把司法管理与行政管理区分开来，防止行政管理权干预司法职权的行使。一是身份区分，负责司法管理的人员本身应当是行使司法职权的主体，主要从事司法职权的行使和对司法活动进行管理，不应过多地参与司法行政管理工作，而负责司法行政管理的人员不应当具有司法人员的身份，不享有司法职权，也不应享有对司法活动的管理权。二是职能区分，司法管理是对司法活动的管理，包括对办理案件的活动即对行使司法职权的行为进行组织、指导、监督，对司法活动中遇到的问题进行协调处理，对司法活动的规律进行总结等；司法行政管理应当是对法院检察院司法活动以外的事务进行组织、协调、处理，其功能是保证法院检察院的整体运行，为司法职权的行使提供保障和服务。司法行政管理不应介入和干预司法职权的行使。三是效力区分。司法人员对于法院检察院的司法管理应当无条件地服从，因为司法管理的对象就是司法人员的司法行为。对于司法行政管理应当实行有条件地服从，即行政管理部门不能绑架法官、检察官去参加行政管理部门安排的各种活动，不能任意占用法官检察官的工作时间，不能对法官检察官办理的案件进行干预。对于行政管理部门安排的各种活动，应当尊重法官检察官的选择权,即法官检察官有权根据自己的工作安排选择是否参加这类活动。如果选择不参加,行政管理部门不得强迫法官检察官参加,也不能因此影响对法官检察官的评价。因为,法院检察院毕竟是以审判业务、检察业务为主要工作内容的国家机关,审判或检察业务工作应当是法院检察院的主业,因而也是法官检察官的主业。法官检察官为了完成自己的办案任务而不参加行政管理活动,不应当受到非议。并且,法院检察院的行政管理工作本身,应当是为法官检察官更好地办理案件服务的,应当服从办案的需要,而不是反其道而行之。

第四,改革考核制度,建立司法人员业务档案。

推行司法责任制,必须改变传统的考评机制,真正发挥考评在管理中的激励作用。一方面,应当对法院检察院不同类别的工作人员建立不同的考核标准。司法人员的主要职责是行使司法职权,从事办理案件的工作,不能用行政管理的标准来评价司法人员行使职权的活动。正如有的学者指出的:"现行绩效考核的主要作用是作为干部任免使用、典型推荐以及评先评优、岗位目标津贴发放的主要依据。而司法责任追究则是对检察官在职务行为中的责任进行追究,并由相应机关施以惩戒的活动。这两种活动的性质与作用大相径庭"[1]。因此,对司法人员的考核,应当突出其办理案件的情况,制定符合司法规律的考核标准。特别是对"员额制"法官检察官,应当给每个人建立业务档案,客观记录其办理的每一个案件,并由负有司法管理职责的人员进行评查或抽查,以便评价其工作业绩、办案质量和责任心,并以此作为其晋升、任用的主要根据。对于司

---

[1] 参见陈卫东:《抓住改革的"牛鼻子"——检察院司法责任制改革的理论与实践》,载《中国法律评论》2016年第4期。

法行政管理人员，则应当按照国家公务员法的要求进行"德、能、勤、绩、廉"五个方面的考评，以确定其考核等次。另一方面，不能由行政管理部门及其工作人员来考核司法人员。因为在司法管理与司法行政管理分离的管理模式下，司法行政管理部门及其工作人员并不接触司法人员办理案件的情况，没有资格评价司法人员的工作，也没有依据来评价司法人员的"人品"，不可能对司法人员作出客观公正准确的评价。司法人员工作的好坏，应当由司法管理部门即案件监管部门以及负有司法管理职责的领导来评价。相反，作为法院、检察院的行政管理部门及其工作人员，应当服务于司法人员履行职责的活动，为司法人员履行职责的活动提供必要的条件和充足的物质保障。司法人员对行政管理部门及其工作人员的满意度应当作为评价行政管理部门工作优劣的依据之一，而不是相反。

（二）进一步完善司法责任制，充分发挥其制度优势

最高人民法院、最高人民检察院已经就司法责任制提出了明确的实施意见，应当按照这两个"若干意见"，切实推行司法责任制的实施。在新一轮司法改革中，全面落实司法责任制，应当着力解决司法责任制实施中的具体问题。

第一，完善分案制度，保证司法责任的公平分配。

案件到了法院检察院，由哪个法官检察官来承办，过去主要是由部门负责人来分配的。分配到疑难复杂的案件，可能需要花费很长的时间，需要下很大的功夫，还可能出现错误；分配到简单的案件，可能很快就办结了，出问题的概率也比较低。如果用办案的数量和质量来考核法官检察官，那么，谁都希望办理简单、轻微的案件，谁都不希望分到疑难复杂的案件。如果还是由部门负责人来分案，就可能把疑难复杂的案件

更多地分配给经验丰富、水平比较高的法官检察官[1]，而这些人在考核中反而处于劣势（因为结案的数量上不去，质量也很难预料）。有的地方，则在推行司法责任制以后，由于领导干部要完成一定的办案量，就人为地把一些简单易办的案件分配给院领导，以免院领导花费太多的时间和精力去办案。因此，推行司法责任制，要公平地对待每一个司法人员，就有必要改变这种人为分案的制度。对此，最高人民法院在自己关于司法责任制的若干意见中已经注意到了这个问题，提出"实行随机分案为主、指定分案为辅的案件分配制度"。

笔者认为，无论是法院还是检察院，都应当实行以随机分案为主的案件分配制度，以保证每个法官检察官都可能办理一定数量的简单案件和复杂案件。确实需要指定分案的，应当经过一定的程序，以尽量减少人为因素导致的分案不公平。一方面，承办案件的法官检察官认为自己没有能力或者不便办理的案件，可以向案件管理部门提出移送他人办理的申请，由案件管理部门审核后报请主管的院领导审批；案件管理部门如果认为某个案件由随机分配的法官检察官办理不合适时，也可以提出理由并报请主管的院领导审批。另一方面，对于重大、特殊案件，法院检察院的领导应当亲自办理，可以不纳入随机分案的范围。

第二，进一步放权给法官检察官，保证司法责任落到实处。

在关于司法责任制的实施意见中，最高人民法院已经提出：审判委员会只讨论涉及国家外交、安全和社会稳定的重大复杂案件，以及重大、疑难、复杂案件的法律适用问题；除了审判委员会讨论决定的案件之外，由承办案件的法官依法独立

---

[1] 这样分案的好处是有利于保证案件办理的质量，减少出错率，可以让领导放心。

行使审判权,独任法官审理的案件、合议庭审判的案件,由审判案件的法官作出裁判决定并直接签发裁判文书;院长、副院长、庭长对其未直接参加审理案件的裁判文书不再进行审核签发。这就意味着:法院系统大大缩小了审判委员会讨论决定案件的范围,把绝大多数案件的审判权下放给法官,法官依法行使法律赋予人民法院的与审判案件有关的各种权力。如果这些规定能够真正落实,司法责任制实施的目标就可能达到。

但在最高人民检察院关于司法责任制的实施意见中,检察系统并没有把法律赋予检察院的绝大部分检察权下放给检察官来行使,而是仍然实行长期以来形成的办案模式,绝大部分检察权依然由检察长或检察委员会来行使。检察官只有在办理案件中从事程序性、事务性工作的权力。[1] 检察院之所以没有把绝大多数案件中的检察权下放给检察官行使,其理由主要有两个:一是人民检察院实行"检察一体化",检察长要对检察院办理的所有案件负总责,所以要掌控案件的决定权;二是检察院办理的案件涉及其他国家机关时应当慎重对待,特别是以检察院名义向其他机关提出抗诉或纠正意见时,不能由检察官个

---

〔1〕 参见最高人民检察院 2015 年 9 月 28 日发布的《关于完善人民检察院司法责任制的若干意见》:"5. 审查逮捕、审查起诉案件,一般由独任检察官承办,重大、疑难、复杂案件也可以由检察官办案组承办。独任检察官、主任检察官对检察长(分管副检察长)负责,在职权范围内对办案事项作出决定。6. 人民检察院直接受理立案侦查的案件,一般由检察官办案组承办,简单案件也可以由独任检察官承办。决定初查、立案、侦查终结等事项,由主任检察官或独任检察官提出意见,经职务犯罪侦查部门负责人审核后报检察长(分管副检察长)决定。7. 诉讼监督等其他法律监督案件,可以由独任检察官承办,也可以由检察官办案组承办。独任检察官、主任检察官对检察长(分管副检察长)负责,在职权范围内对办案事项作出决定。以人民检察院名义提出纠正违法意见、检察建议、终结审查、不支持监督申请或提出(提请)抗诉的,由检察长(分管副检察长)或检察委员会决定。8. 检察长(分管副检察长)参加检察官办案组或独任承办案件的,可以在职权范围内对办案事项作出决定。9. 以人民检察院名义制发的法律文书,由检察长(分管副检察长)签发。"

人决定。这两个理由,应该说,似乎都有一定的道理[1],并且符合检察人员整体素质不高的现实。

但是,如果所有实质性的决定权都由检察长来行使,司法责任制在检察系统就必将落空。因为,第一,权力过分集中必然导致责任不清。检察长没有那么多的精力和那么大的能量去审查每一个案件,也不可能对检察院办理的所有案件负责。检察长必然依靠分管的副检察长、部门负责人以及检察委员会来审查案件,最终导致案件责任的分散。案件真正出现了问题,恐怕还是和以前一样,无法追究哪个人的责任。因为对案件作出决定的过程是由一个个相互联系的环节形成的,对证据的收集、审查、判断,直接影响到对案件性质、情节的分析,直接影响到对案件的最后处理,一个环节出现问题,必然影响到下一个环节,很难说,承办案件的检察人员只对证据负责、作出决定的检察长只对自己作出的决定负责。第二,无权力也就无责任。既然对案件的实质性决定权完全掌握在检察长或检察委员会手里,承办案件的检察官主要是从事程序性的事务,就很难给每个检察官建立起有意义的业务档案,难以对其业务能力和工作业绩进行量化的考核。因为无法分得清哪个案件是某某检察官办理的。第三,"员额制"检察官与"非员额制"检察官的区分丧失了本来的意义。作为司法责任制改革的配套措施之一,就是对检察人员实行分类管理制度。而"员额制"检察官的出现,正是为了突出检察官在办理中的主体地位和司法责任。如果"员额制"检察官本身没有多少对案件的实体处分权,一方面他也就不用对案件承担多大的责任("员额制"检察官比其他检察官的津贴多就没有理由了);另一方面他所从事的工作与

---

[1] 实际上是误读了"检察一体化"。这个问题比较复杂,笔者将另文论述。

"非员额制"检察官所从事的工作也就没有多大区别了。

因此,全面落实司法责任制的一个重要方面,就是检察系统应当像法院系统一样,进一步放权检察官,赋予"员额制"检察官以检察权,让其真正负起对自己所办案件的责任。

第三,完善案件投诉制度,及时发现错案。

司法责任制改革的重大变革是把司法职权下放给法官检察官,由法官检察官依法独立行使司法职权,不受外部干预,也尽可能地不受内部干预。如此一来,如何保证司法职权的公正行使,就是一个突出的问题。

诚然,解决这个问题的根本出路在于提高法官检察官的办案水平和职业伦理。但是法官检察官的业务能力和职业伦理的提高并不是一蹴而就的事情。在改革的过程中,如何保证案件办理的质量,是一个不能不让人们普遍担忧的问题。

于是,就有了司法责任制改革的第二个重要方面,即监督与追责。在放权的同时加强对司法职权行使的监督和对滥用司法职权的追责,是全面落实司法责任制不可或缺的措施。正如有的学者指出的:"还权于法官"以实现"让审理者裁判"是司法责任制的重要目标,但这并不意味着法官的权力是不受束缚的,为保障司法裁判权的规范运行、厘清不同主体的权力界限,必须关注法官裁判权的内外部监督与制约的问题,才能做到构建司法责任制度的"权责统一",确保司法责任制改革落到实处。[1] 问题在于如何监督和追责。过去,法院检察院都在提责任追究,但真正追究的极少(除非有贪污受贿或者发现了重大的冤错案件)。原因在于对案件当事人、律师反映司法人员在办案中有违法行为的投诉,缺乏有效的查处机制。

---

[1] 参见陈卫东:《司法责任制改革研究》,载《法学杂志》2017年第7期。

因此，要切实落实司法责任制，就必须建立及时有效的投诉查处机制，以便及时发现和追究司法人员在履行法定职责过程中实施的违法行为。

首先，改革投诉受理机构。对司法人员的投诉受理机构不应当设在法院检察院内部。由自己人查自己人难以取得公信力，也难以真正查出问题来。在司法责任制改革中，各地普遍成立了法官检察官惩戒委员会。目前这些惩戒委员会还只是一个名称。要真正发挥惩戒委员会的作用，就应当在惩戒委员会下设立专门的投诉受理机构和投诉查处机构（可以考虑把目前各个法院检察院都设置的纪检监察机构集中起来建立专门的投诉受理查处机构），专门负责对法官检察官违法行为的责任追究。惩戒委员会及其下设的投诉受理机构和查处机构，应当独立于法院检察院。由独立的第三方来承担这项工作更有公信力，也更能保证客观公正地对待被投诉人。当然，投诉受理和查处机构必须有一定数量的熟悉审判工作、检察工作的专业人士，以免对法官检察官的行为作出错误的认定和不当的处理。

其次，完善投诉查处制度。投诉受理查处机构要按照规定的程序和标准，认真负责地对待当事人或人民群众的每一个投诉。一方面，对司法人员违法行为的追究要严格按照规定的程序进行，不得任意启动对司法人员履职情况的调查；另一方面，对违法责任的追究要按照预先规定的标准进行，不能人为地改变或者设定追究责任的范围和依据。此外，对司法人员追究责任时，应当保障其作为普通公民的基本权利，保证其享有知情、申辩和举证的权利，防止司法人员受到诬告陷害。

（三）改革思想政治教育模式，实行分类施教

思想政治教育是保证司法队伍政治坚定、思想纯洁、作风优良的重要措施。但是，首先，要有针对性地进行政治思想教

育。以往那种千篇一律、千人一面的政治教育，适合"大锅饭"管理模式下对所有人提出的完全相同的政治标准。在对法院检察院人员实行分类管理的管理模式下，政治思想教育必须根据不同类型人员的岗位职责来进行，必须结合不同岗位职责的政治标准来培养职业伦理。

其次，对于司法人员而言，要树立忠于党、忠于人民、忠于法律应当统一到忠于法律上来的观念。因为法律是执政党领导人民制定的。法律体现了党的主张和人民的意志。忠于党、忠于人民不是口号，要把它转化为司法人员的自觉行动，就必须体现在自己履行法定职责的具体工作中，特别是在适用法律的过程中，只有忠于法律，才能体现司法人员对党和人民的忠诚。同时，要强调：对法律的理解和适用不是机械地把法律条文与案件事实简单对比的过程中，不能把忠于党、忠于人民与忠于法律割裂开来、对立起来。党的主张、人民的利益既是法律的灵魂和精髓，也是司法机关和司法人员解释和适用法律的最高原则。只有把忠于党、忠于人民与忠于法律统一起来，才有可能正确地理解和适用法律，才能成为一名合格的司法人员。

最后，要树立法官检察官是法院检察院的骨干力量的观念。过去，"能说会写""人际关系好"的人就是人才，评先进、当模范、晋升提拔的机会就多。这种现象不仅仅挫伤了一线办案人员的积极性和责任心，而且改变了法院检察院的风气，颠倒了司法机关的用人倾向。价值观的转变对于思想观念的转变具有根本性。要树立"能办案、会办案"才是本事的观念。只有突出法官检察官在法院检察院的主体地位，才能引导和吸引法院检察院的优秀人才到办案第一线去。法院检察院的工作应当紧紧围绕依法独立公正行使司法职权来进行。评选优秀、先进的标准，应当根据分类管理后的岗位职责，分别制定。行使司法职权的人员与行政管理人员应当有不同的标准。先进法院检察院不应当是看经验材料写得怎样,而应当根据履行司法职权的情况。

(四) 完善司法保障制度,赋予司法责任制长久的生命力

第一,切实推进省以下人财物统一管理制度改革。

推行省以下地方法院检察院人财物统一管理制度改革,是党中央提出的重大决策,是确保人民法院、人民检察院依法独立公正行使审判权、检察权的重要措施,也是与司法责任制相配套的改革举措。目前,虽然全国各级法院检察院都在推行司法责任制,但是地方法院检察院的管理体制并没有改变。这种管理体制具有浓厚的行政化色彩,不符合司法规律。在这种管理体制中,地方各级法院检察院承担了大量的社会工作,尤其是基层法院检察院不能不参与地方上的各种社会管理活动。这种状况,严重妨碍了法院检察院工作重心的转变,同时也影响了对法院检察院工作的评价标准,势必成为司法责任制实施中的严重障碍。

自党的十八届三中全会决议提出推行省以下地方法院检察院人财物统一管理制度改革以来,地方各级法院检察院作了大量的准备工作,但目前还没有完全实行。有必要进一步推进这项改革,确保依法独立行使审判权检察权的宪法原则的贯彻落实。

第二,切实提高司法人员的职业保障水平。

在司法责任制改革的过程中,各地普遍通过岗位津贴的方式给法院检察院的人员增加了薪酬。这有利于提高司法人员的职业保障。但是,应当看到,职业保障的水平是相对而言的。给法官检察官增加了两千元(法院检察院的其他工作人员可能还不到两千元),给警察和政法委的工作人员也增加了两千元甚至更多,随后给党委政府的工作人员也增加了两千元。这不能叫提高了法官检察官的工资待遇或职业保障。法治国家所谓

的司法官待遇高，是相对于其他公务员而言的高，即其他公务员的工资是三五千元，司法官的工资就可能是七八千元；其他公务员的住房自己解决，司法官的住房可能是国家提供；其他公务员60岁必须退休，司法官就可能是60岁以后只要身体状况允许并且本人愿意就可以继续任职；其他公务员实行聘任制或者选举制，司法官可能实行任命制；等等。

之所以优厚的待遇叫职业保障，是因为这些待遇足以让从事这种职业的人员珍惜自己的职业而心安理得地、尽心尽责地从事这种职业，是因为这些待遇足以让从事这种职业的人员抵御来自各个方面的诱惑而不会轻易地被他人收买，以保证职业的纯洁性。在这个方面，我们还有很长的路要走。

值得重视的另一个问题是法官检察官助理的职业保障问题。在司法责任制改革的过程中，通过分类管理把原来在一线办案的法官检察官划分为"员额制"法官检察官和"非员额制"法官检察官，"非员额制"法官检察官普遍成了法官检察官助理。目前的法官检察官助理中，一些人是因为没有受过法律专业的学历教育，缺乏法官检察官的任职资格（对这些人员应该调离办案一线）；一些人是从事业务工作的年限不够或者考试考核没有通过，不具备入员额的条件；一些人则是完全因为比例的限制而没有入员额。实行司法责任制以后，入员额的与没有入员额的，岗位津贴差别较大。这对没有入员额的一线办案人员影响很大。

进一步完善司法责任制，就应当充分考虑这部分人员的职业保障问题，以便充分调动他们的积极性和责任心。一方面，应当从制度上打通从法官检察官助理向法官检察官晋升的渠道，使符合条件的法官检察官助理能够适时晋升为法官检察官，给他们以希望。另一方面，应当重视和加强对法官检察官助理的管理和考核，督促他们真正发挥"助理"的作用，协助法官检察官办理好每一个案件。

第三，切实解决司法行为不受干预的问题。

为了贯彻落实党的十八届四中全会决议，中共中央办公厅、国务院办公厅于2015年3月30日联合印发了《领导干部干预司法活动、插手具体案件处理的记录、通报和责任追究规定》，强调"任何领导干部都不得要求司法机关违反法定职责或法定程序处理案件，都不得要求司法机关做有碍司法公正的事情"。为了保证司法责任制的落实，切实保证司法人员依法独立行使司法职权，中共中央办公厅、国务院办公厅又于2016年7月28日专门印发了《保护司法人员依法履行法定职责规定》。其中明确规定，"对任何单位或者个人干预司法活动、插手具体案件处理的情况，司法人员应当全面、如实记录"。但是，如果司法管理体制和管理模式没有改变，司法人员的前途命运依然掌握在各级领导手里，而不是掌握在自己手里，司法人员对于各级领导干部的意旨就不敢违抗，更不敢如实记录和报告，司法职权不受干预的问题就不可能真正解决。解决这个问题的根本出路在于：对于依法独立行使司法职权的人员，能够决定其前途命运的是他履行法定职责的情况，而不是各种各样的人为因素。对其履行法定职责情况进行评价的主体只是极少数的行使司法管理权的专业人士，而不是与司法管理没有直接关系的各级领导和同事。这样才能保证其依法独立行使司法职权，而不会顾及其他人员对自己的评价和影响。

（原载《中国法学》2018年第2期；该文于2018年获湖南省智库优秀成果奖；于2019年获最高人民检察院检察基础理论研究优秀成果一等奖）

优化司法职权配置的原则

任何国家的司法职权都不是任意配置的,它必然要遵循一定的原理,坚持一定的原则。而评价司法职权的配置是否优越,分析研究如何优化司法职权的配置,同样必须遵循一定的原理。否则,就难以对司法职权的配置作出中肯的评价,更谈不上真正具有建设性的改革建议。

我们认为,在中国的政治体制和权力结构下,司法职权的配置,应当坚持四个原则:坚持党的领导、符合权力配置的一般原理、遵循司法活动的基本规律、满足人民群众的司法需求。优化司法职权的配置,同样应当遵循这四个原则,满足这四个方面的要求。

一、坚持党的领导

优化司法职权配置的根本目的是建设中国特色的社会主义司法制度。而中国的司法制度作为中国政治制度的组成部分,是在中国共产党的领导下建立发展起来的,也是在中国共产党的领导下运行的。这是"中国特色"的根本点。优化司法职权配置,同样地,必须坚持党的领导。

(一)坚持党中央的集中统一领导

坚持党的领导,首先是要坚持党中央的集中统一领导。这是因为：

第一，加强党中央的集中统一领导，是我们国家政治制度的根本要求。我们是单一制国家，国家的宪法和法律都是由国家最高立法机关制定的，其目的就是保证国家法律的统一性。同样地，司法权被认为是"中央事权"，必须由党中央集中统一领导，才能保证法律适用的统一性，才能保证把党的主张、人民的利益贯彻到法律适用的过程中。

第二，加强党中央的集中统一领导，是解决司法不公背后的制度性问题的根本保证。我们国家司法体制中存在的突出问题是司法不公的问题，而这个问题与司法权地方化有着千丝万缕地联系。新中国成立时，为了加强地方基层政权建设，法院、检察院、公安局完全按照行政区划来设置，形成了现行的司法体制。这种司法体制，在我们国家从计划经济向市场经济转型的过程中，显得很不适应。一方面因为地方利益、地方保护导致司法不公[1]，另一方面因为各地经济社会发展不平衡导致法律适用的标准不统一。国家设在地方的司法机关，如果仍然由地方党委来领导，仍然受本地经济发展水平的制约，就难以克服地方保护主义对司法活动的干预，难以保证国家法律的统一正确实施。要从制度上解决司法不公的问题，就必须改革现行的司法体制，保证基层的司法机关不受地方党政领导的控制。因此，加强党中央对司法机关的集中统一领导，是改革现行的司法体制、保证司法公正的不二选择。

第三，加强党中央的集中统一领导，是司法体制改革的政

---

[1] 地方利益与整个国家利益尽管在根本上是一致的，但也存在区别，具有一定的独立性。特别是近年来各地经济发展不平衡，地方领导在发展经济方面的压力很大。一些地方党委政府的领导人，为了本地经济的发展，把经济工作中的地方保护主义延伸到司法机关办理案件的活动中，要求司法机关为本地经济的发展"保驾护航"，不惜牺牲法律的公正性。

治保障。在我们国家，中国共产党的领导，既是宪法原则，也是各项事业取得胜利的根本保障。特别是司法体制改革涉及国家司法制度的重大变革，无论是传统的思想观念还是过去的习惯性管理模式，都会给这项改革带来严重的阻力。只有在党中央的集中统一领导下，这项改革才可能排除来自各个方面的阻力，克服各种各样的困难，保证改革的顺利进行。同样地，这项改革是一项宏大的工程，需要分步骤进行，需要多方面配合，只有在党中央的集中统一领导下，才能保证改革的政治方向，才能协调各方完成司法体制的制度变革。

司法改革20年来的实践充分证明了这一点。司法改革的根本动因是司法机关的工作与社会发展的需要、与党和人民的期望、与依法治国的要求不相适应。特别是在我们国家从计划经济向市场经济转型的过程中，这些问题突出地表现在两个方面：一是各级地方领导利用手中的权力任意干预司法，让司法机关为本地区甚至本人的利益诉求服务，司法职权行使中的地方保护主义成为所有企业、经济组织反映强烈的问题；二是司法机关利用法律赋予的职权办"关系案""人情案""金钱案"，司法不公、司法不廉，引起人民群众的强烈不满。因此，党的十五大报告提出了"推进司法改革，从制度上保证司法机关依法独立公正地行使审判权和检察权"的任务。但是十五大以后，中央并没有采取实质性的改革措施，"从制度上保证司法机关依法独立公正地行使审判权和检察权"的构想也就未能实现。党的十六大报告针对司法职权行使中存在的问题，进一步明确了司法改革的任务，即："按照公正司法和严格执法的要求，完善司法机关的机构设置、职权划分和管理制度，进一步健全权责明确、相互配合、相互制约、高效运行的司法体制。从制度上保证审判机关和检察机关依法独立公正地行使审判权和检察权。"党的十六大以后,党中央总结了十五大以来司法改革的进展情况,成立了司法体制改革领导小组,对司法改革进行了顶层设计。按照中央的统一部署,由中央政法委员会牵头,联系中央有关单位,集中解决司法机关经费不足的问题。因为,在我们国家的管理体制中,司法机关的经费来自同级地方财政。司法职权的行使几乎完全依赖地方财政的支撑。这一方面造成司法机关对地方党委政府的依赖,使司法职权不可避免地成为地方保护主义的附庸和帮凶;另一方面,由于经费不足,导致一些司法机关办"金钱案",利用手中的司法职权解决单位办案经费不足的问题,甚至用办案中获取的赃款赃物解决司法人员的福利待遇问题。一些司法机关甚至以解决经费不足为理由开办公司、企业。这些问题,虽然严重影响了司法公正和司法机关的公信力,是人民群众对司法机关反映强烈的问题之一,但在地方上长期得不到解决。中央司法体制改革领导小组成立以后,中央政法委员会根据人民群众的强烈反应,下功夫解决这个方面的问题。一方面要求司法机关与所办的公司企业脱钩,严禁利用司法职权为司法机关谋取单位利益;另一方面通过中央财政的转移支付,解决地方司法机关办案经费不足的困难,有效地遏制了司法机关为钱办案的问题。

党的十八大以后,更是在中央全面深化改革领导小组的领导下,认真研究司法机关存在的突出问题,党的十八届三中全会决议提出了"改革司法管理体制,推动省以下地方法院、检察院人财物统一管理,探索建立与行政区划适当分离的司法管辖制度,保证国家法律统一正确实施"的改革任务。这项改革,旨在消除司法地方化对司法职权依法独立公正行使的影响,是迈向党中央集中统一领导司法机关,确保司法职权统一行使的重要一步。由于时间短促、准备不足,这项改革在第四轮改革中尚未完成。

因此，在新一轮司法改革中，要继续坚持党中央的集中统一领导，进一步推行省以下地方法院检察院人财物统一管理制度改革，逐步建立与单一制国家的政治制度相适应、有利于加强党中央集中统一领导的司法制度。

（二）坚持党的政治领导

党中央制定的路线方针政策，作出的重大部署，是司法职权有效行使的灵魂，也是司法职权优化配置的指导思想。

首先，党中央关于全面推进依法治国的战略决策，特别是党的十九大报告中关于法治中国建设的一系列重要论述，对于优化司法职权配置具有重大的指导意义。我们要通过司法体制改革，按照法治国家对司法职权的内在需要，完善司法机关的职权配置。一方面，要进一步明确司法职权在国家权力结构中的地位和边界，保持司法职权应有的独立性；另一方面，要树立司法职权的权威，体现法治国家司法职权的重要地位。

其次，党中央提出的"完善确保依法独立公正行使审判权和检察权的制度"的要求，对正确处理司法职权与其他权力的配置关系，具有直接的指导意义。党的十八届四中全会决议指出："各级党政机关和领导干部要支持法院、检察院依法独立公正行使职权。……任何党政机关和领导干部都不得让司法机关做违反法定职责、有碍司法公正的事情，任何司法机关都不得执行党政机关和领导干部违法干预司法活动的要求。"这些规定进一步明确了司法职权独立行使的重要性，以及党政领导机关和各级领导干部的权力与司法职权之间的关系。严格贯彻执行党中央的重大决策，认真落实党中央的工作部署，对于优化司法职权配置指明了方向，同时也为司法职权的依法行使提供了政治保障。

最后，党中央关于优化司法职权配置的具体意见，是司法体制改革的具体措施，也是进一步完善司法职权配置的重要内容。如党的十八届四中全会决议提出的："健全公安机关、检察机关、审判机关、司法行政机关各司其职，侦查权、检察权、审判权、执行权相互配合、相互制约的体制机制"；"推动实行审判权和执行权相分离的体制改革试点"；"改革司法机关人财物管理体制，探索实行法院、检察院司法行政事务管理权和审判权、检察权相分离"；"改革法院案件受理制度，变立案审查制为立案登记制"；"探索建立检察机关提起公益诉讼制度"等，都是司法体制改革中必须遵循的改革措施，这些措施本身，就是优化司法职权配置的具体内容。

(三) 坚持党的组织领导

党对司法工作的领导不是由党来直接行使司法职权，而是通过给司法机关选配干部来保证党的路线方针政策在司法活动中得以贯彻执行。因此，党的领导的重要方面，是坚持党管干部原则。党的中央组织为最高司法机关选配领导干部、党中央派驻在最高司法机关的党组织为地方各级司法机关选配领导干部。只有坚持正确的选人用人导向，匡正选人用人风气，坚持法官法、检察官法规定的标准和德才兼备、以德为先的原则，为各级司法机关选配好领导班子，才能保证司法职权始终掌握在党和人民满意的人手中，才能维护党中央权威、保证司法职权的职权行使。特别是在推行省以下地方法院检察院人财物统一管理的改革过程中，党组织对司法机关工作人员的统一管理，尤其是对法院、检察院进人、用人标准的统一把握和组织考察，是法院、检察院人事制度改革顺利进行的重要保障。

坚持党的组织领导的另一个重要方面是加强党组织对权力运行的制约和监督。党组织不仅要为司法机关选配领导干部，而且要加强对司法机关领导干部的监督,防止司法职权被滥用。优化司法职权配置,也必须研究如何通过执政党对司法机关领导班子的监督来保证司法职权的正确行使。

二、符合权力配置的一般原理

司法职权是一种国家权力。司法职权的配置首先必须符合权力配置的一般原理。违背权力配置的基本规律,司法职权的配置就可能是一种传统的或者任性的作为,而丧失了内在的合理性。

权力是某些人的意志对其他人的行为产生预期效果的能力。[1] 或者说,是一方制约另一方作出符合自己方面意愿的行为以满足自己一方利益的权威势力。国家权力是国家的统治集团通过国家机器要求全体国民服从自己的意志以实现国家职能的权威势力。在我们国家,国家权力源自人民,人民的意志通过人民代表大会制定法律的形式上升为国家意志,国家意志通过国家机器来贯彻执行并要求全体公民遵守。

任何权力,都具有一些相同的特征,这些相同的特征就构成权力的基本特性。如:(1)强制性。权力作为一种控制力和支配力,其突出特征之一就是使他人的意志服从自己的意志,而且这种服从无须事先征得他人同意。国家权力的强制性,有时会以暴力的极端形式表现:你不服从我,我就消灭你;有时则以精神强制的形式表现:你服从也得服从,不服从也得服从。因为国家权力是一种凭借国家机器实现统治的强大的物质力量。国家权力的强制性还体现为其约束力的普遍性,个人、各类团体和组织都必须服从国家的统治。(2)相互依赖性。权

---

[1] "权力就是根据自己的目的去影响他人行为的能力。"参见李景鹏:《权力政治学》,北京大学出版社2008年版,第27页。

力总是表现为权力主体与权力客体之间的关系。这种关系是一种相互依赖的关系,权力主体依赖于权力客体实现自己的目的,权力客体也有自身的利益需求而依赖于权力主体。(3)单向性。权力最为本质的特点是以"命令→服从"的轨迹运行的。权力指令由掌权者单向指向服从者,服从者在强制或权威作用下,对此无法抗拒,他总是按权力者的意志行事,包括做他不愿意做的事情。(4)工具性。权力是猎取利益的基本工具和主要手段。权力的行使总是与一定的目的相联系的,这种目的构成了权力运行的内在动力。(5)扩张性。权力作为一种影响和控制他人的力量,无须事先征得权力客体的同意。这就使得权力主体的内在欲望存在扩张和聚敛权力的要求。权力的扩张性产生的根源是权力主体心理动机的扩张性和心理空间的延伸性。这种心理动机的扩张性和心理空间的延伸性是无止境的、无限大的。(6)有效性。由于权力具有非常明确的目的性和有意性,权力关系所产生的后果是预期后果。权力的有效性是检验权力存在的标准。[1]

正因为权力具有上述特性,在配置权力的时候,特别是在把国家权力分解为若干个具体权力的时候,就必须遵循一定的原理,既要对其进行必要的限制和约束,又要保障其有效地发挥作用,以达到权力配置的目的。概括说来,权力配置的基本原理可以归纳为三个方面:

(一)授权有限

在社会的发展过程中,国家的职能越来越复杂多样,国家权力也不可能完全由一个主体一揽子行使。于是就出现了国家

---

[1] 参见张穹、张智辉主编:《权力制约与反腐倡廉》,中国方正出版社2009年版,第34—37页。

职能的分解和国家权力的分设，出现了分解的国家权力如何组织并相互协调与制衡，从而出现国家权力结构体系。社会越是发达，国家权力结构体系也就越复杂。为了保证这些复杂多样的权力在同一个体系内规范有效地运行而不相互交叉、重叠、掣肘，为了防止这些权力的扩张、滥用，国家就必须对各种权力设置必要的藩篱。因此，在国家权力结构体系中，每一种权力的授予，都一定要有必要的限制。

在我们国家，一切权力属于人民，人民在中国共产党的领导下组织起全国人民代表大会，并通过宪法的形式把国家权力赋予全国人民代表大会，由全国人民代表大会统一行使国家权力。于是，人民代表大会制度构成我们国家的根本政治制度。在全国人民代表大会统一行使国家权力的前提下，国家设立了专门的行政机关、审判机关、检察机关、军事机关等国家机关，全国人民代表大会分别授权这些国家机关行使部分国家权力。全国人民代表大会赋予每一个国家机关的权力，同样存在一个再分解的问题。每一个国家机关又分设为若干个内设机构或者部门，每一个内设机构或部门分别行使本系统的某些国家权力。因此，无论是国家层面的权力，还是系统内部分解出来的权力，都有一个如何分解、如何授权的问题。权力的分解与授予，应当遵循权力配置的一般原理。

1. 设置权力的边界

由于权力本身具有扩张的本性，绝对的权力必然导致绝对的滥用，所以任何权力都应当有明确的边界。

权力通常是由主体、条件、对象、行为、效果五大要素组成的，权力的边界也应当通过这五个方面的设计来确定。

（1）权力主体。无论是通过法律、法令、法规，还是通过规范性文件，抑或通过选举、任命等方式，授予某项国家权力的时候，都应当首先明确权力主体，即某项特定的国家权力是由哪一个主体行使的。国家权力的主体通常是特定的国家机关，也可能是国家机关中特定的某一类工作人员。某项权力一旦赋予了某一个特定的主体，就意味着排除了其他主体包括其他国家机关及其工作人员行使该项权力的能力。其他主体可以监督权力主体行使权力，但不能代替权力主体行使权力。如果其他国家机关或者个人行使了已经赋予他人的权力，就是僭越权力。

（2）权力行使的条件。权力的边界在很大程度上是通过设定权力行使的条件来实现的。任何一种权力，只有在事先设定的条件出现时行使才是正当的。离开了预先设定的条件，或者在该条件还没有出现的时候行使权力，其本身就是一种滥用权力的表现。为权力的行使所设定的条件，应当是具体的、明确的，即可以通过人们的常识、经验和社会活动的基本规则加以辨别和区分的。如果这种条件本身是模棱两可、难以分辨的，其权力的滥用就是不可避免的。

（3）权力行使的对象。任何权力都是针对特定的对象行使的。这也是权力的边界所在。当权力行使的条件出现的时候，权力主体只能对特定的对象行使权力，而不能将权力所具有的控制力和影响力施加给权力范围外的客体。如果没有明确具体的对象，权力就可能横行无阻。

（4）权力行为。权力是以支配和控制他人的活动为内容的。权力行为就是权力主体通过权力本身所具有的强制力支配和控制他人即权力客体（对象）的活动。权力行为是权力的核心要素，也是权力主体行使权力的表现形式。权力主体可以为哪些行为、不可以为哪些行为，是权力的特征性标志。授权应当明确规定权力作用的形式和程度，防止过度地和不必要地行使权力。

（5）权力行使的效果。权力总是意味着服从。权力行使的效果具体表现为权力客体服从权力主体的支配和控制，实施或者不实施某些行为，以达到权力主体行使权力时所追求的目的。这种效果是否出现，直接关系到权力设置和行使的意义。如果一种权力的行使不能或没有达到其设置和行使的目的，它的存在与行使就是多余的、无效的，因而也就是应当废除的（当然，权力行使的目的根本不能达到与实际上没有达到是不同的。实际上没有达到可能是因为权力设置的问题，也可能是由于其他原因）。

上述五个方面构成了权力的边界。授予任何一项权力，都应当从这五个方面来设置权力的边界，防止权力可能成为无缰的野马。同样地，评价任何一项权力设置得合理与否，也可以从这五个方面入手进行分析。

2. 规定权力行使的程序

为了防止权力的扩张和滥用，在授权的时候，不仅需要设定权力的边界，而且应当明确规定权力行使的程序。通过程序的规定，为权力的行使确立规则。程序的功能在于规范权力行使的活动。因为程序本身意味着权力主体在行使权力的过程中应当遵循什么样的规则，应当经过什么样的环节才可以作出自己的决定，进而向他人发布命令。如果权力主体在行使权力的过程中违反了事先设定的程序，其行使权力的行为就可能被认为是无效的行为而不被遵循。因此，明确规定权力行使的程序，并要求每一项权力的行使就必须遵守预先设定的程序，就可能防止不按照规则行使权力的行为，从而防止权力的滥用。

当然，行使权力的程序应当以保证权力的有效行使为前提。程序过于复杂或者不切实际，就无法保证权力的有效行使。

3. 明确权力救济的途径

权力的行使一旦超越了边界或者违反了设定的程序，就应当是无效的。但是对于这种无效的权力，如果没有预先设定的救济途径，权力客体往往是无力阻止的。特别是当权力的行使给权力客体造成某种侵害或者妨碍了权力客体行使权利的行为时，权力救济就是不可或缺的。权力救济是指通过预先设定的程序宣告行使权力的行为无效并消除其影响的过程。权力救济的主体必须是与被救济的权力的主体没有利害关系的第三方。权力救济必须由权力客体提出申请，并提供权利被侵犯或者权力行使给自己造成损害的事实，并由权力主体对之作出说明，然后由权力救济的主体（即第三方）进行审查，以保证在权力行使确实不当的情况下，补偿权力客体所遭受的损失，恢复其有权行使的权利。

权力救济的设置，本身意味着权力的有限性。通过宣告过限行使权力的行为无效，并恢复原来的秩序，可以宣示任何权力的行使都必须在设定的范围内行使，增强权力有限性的意识。

(二) 保障有力

任何权力的设置都是为了实现一定的利益，达到一定的目的。这种目的构成了权力运行的内在动力，使权力主体的支配意志不断地转化为支配行为而施加于权力客体，以实现和维持特定的利益。离开了目的性，权力就成了无源之水、无本之木。国家权力的设置是为了实现国家治理、保护全体人民的根本利益。在这个总目标下，每一项具体的国家权力，都有特定的目标，都有各自的社会治理功能。国家权力的行使，能否有效地实现自己的目标，直接关系到该项权力设置的必要性。为了保证每一项国家权力的行使都能够实现自己的目标，国家在设置每一项权力的时候，都会为该项权力的行使提供必要的、必需的保障。这种保障是否有力，直接关系到权力设置的目标能否实现。

权力行使的制度性保障，主要包括以下几个方面：

1. 相对独立的权力主体

在国家权力结构中，任何一项具体的权力都是相对的，任何一个权力主体都不可能完全地、绝对地独立于其他权力主体。但是，相对的独立是完全必要的。因为主体本身就意味着独立，没有独立的人格和独立行动的自由，就没有主体地位可言。

首先，作为行使某一项国家权力的主体，必须有独立设置的机构。这种机构，可以是宪法规定的一个独立的国家机关，也可以是国家机关中的某一个部门。这个机关或者部门必须配备足够数量固定的专门人员，能够胜任行使职权的需要。虽然有独立设置的机关或部门，但如果缺乏专门的工作人员，或者专门工作人员的数量远远不能满足行使职权的需要，这种职权就不可能充分行使，其职能作用也就不可能充分发挥。这个机关或部门必须有专门的职权和行使职权的特定领域，并在该领域树立权力主体的地位。这种独立设置的机关或部门、专门的工作人员和特定的职权范围，构成权力主体独立性的标志，也是权力主体能够独立行使职权的基本保障。

其次，每一个权力主体的独立性应当得到其他权力主体的认可和尊重。国家权力分解的结果，必然形成一个多元化的权力结构体系，或者说，国家治理体系是由一个多元化的权力子系统组合而成的。在这种权力结构体系中，每一项权力都是相对的，每一个权力主体的主体地位都需要得到其他权力主体的认可和尊重，才能保证其有效地行使权力。特别是在存在上位权力与下位权力的情况下，下位权力的主体如果得不到上位权力主体的认可和尊重，下位权力主体就很难行使自己的权力。即使是在位阶相同的权力主体之间，如果彼此之间缺乏应有的尊重和支持，权力主体也很难有效地行使权力。而这种认可与尊重，不能单纯依赖于各个权力主体的思想觉悟，因为这种思想觉悟是因人而异、因事而异、因时而异的，因而是靠不住的。这种认可与尊重必须有制度性的保障，也就是：凡是法律、法令、法规赋予某一个机关或部门的职权，其他任何国家机关或部门，无论位阶如何，都必须认可与尊重其行使职权的活动。如果认为某个权力主体行使职权的行为不当或者违法，应当通过预先设定的程序向有管辖权的主体提出，而不能自行否认对方行使职权的行为。

最后，主体的独立性应当根据权力的不同特点，区分整体的独立性与个体的独立性。对于某些国家权力而言，必须通过权力主体集体决议的方式形成该机关或部门的决议，作为行使权力的表现形式。但是对于另外一些权力而言，则应当通过被授权的个体来行使权力。如果某种权力需要根据当时当地实际发生的具体情况作出的判断来行使的时候，被授权的个人作为行使职权的主体，其根据所掌握的情况行使职权的行为就应当被认可和尊重。

2. 必要的支配手段

任何权力都意味着对他人的支配和控制，因此，任何权力必须有能够支配和控制他人行为的手段。特别是作为国家权力，要想达到行使权力的目的，就必须保证权力主体具有足够的力量使权力客体服从自己的支配与控制。尽管国家拥有军队、警察、监狱等暴力机器，但并不是每一项国家权力的行使都需要以这种暴力机器为手段。因此,赋予哪一项国家权力以何种手段,才能保证该权力的有效行使,就是一个需要研究和合理配置的问题。

对于不同类型的国家权力,需要配置的手段是不同的。但是基本的要求是这种手段应当满足行使权力的需要,同时又不至于给权力客体造成不必要的侵害。一方面,应当根据不同类型权力的特点,配置必要的手段。这种手段,一般来说,应当包括发现问题或者启动权力行使程序的手段,对权力行使的条件作出判断的手段,对权力客体进行处置的手段。这些手段的正确运用,是行使权力的表现,也是行使权力的必要措施。另一方面,也应当考虑权力客体的合法权利,不能因为行使权力而不适当地或者过分地侵害权力客体的权利或利益。

3. 必需的物质条件

任何权力的行使都需要一定的人力、物力的投入。因此,必需的物质条件的投入是权力行使的制度性保障。没有足够的必需的物质条件,权力主体的生存就将成为困难,行使权力的活动也就无从谈起。

但是,如何为每一项国家权力的行使提供物质保障,则需要根据权力的不同特点,作出制度性的安排。一方面,需要考虑权力的大小与归属。同样是国家权力中分解出来的权力,但某些国家权力涉及的范围可能要大一些,某些国家权力涉及的范围可能要小一些,例如,行政权就是一个比较大的国家权力;土地管理权就是一个相对比较小的国家权力。同一类型的国家权力,可以采取相同的物质保障方式,作出统一的制度安排,予以大致相同的保障。另一方面,需要考虑行使权力的需要。某些国家权力的行使具有很高的独立性,在物质保障方面,就需要作出专门的制度安排;某些国家权力的独立性相对较弱，或者本身是从一个较大的国家权力中分解出来的相对较小的国家权力，其物质保障就没有必要作出专门的制度安排。

对于独立性比较强的国家权力来说，物质保障的状况直接关系到其权力行使的独立性。所谓物质保障的状况，一方面是保障的来源，来源越高，其独立性就越强，来源较低，就可能受制于人。例如，某个权力主体的物质保障如果直接来自最高国家权力机关，物质保障就可能比较充足，该权力主体的独立性就可能很强；如果某个权力主体的物质保障来自一个连自己的经费还需要别人提供的部门，保障的程度就可能大打折扣，其受制于人的情况也就难以避免。

4. 权力客体的服从义务

当国家设定某项权力的时候，同时也就设定了权力客体即权力所管辖的对象。没有客体的权力是不存在的。权力客体意味着服从权力主体的支配和控制。权力主体作出的决定、发布的命令、提出的要求，权力客体应当服从和遵守。但是在现实社会中，权力客体往往是相对的，即社会活动的主体，在某些方面或者某些问题上，可能是国家权力作用的对象，从而成为权力客体，但在另一些方面或者在其他问题上，他有可能是国家权力的主体。如果一个主体用他在其他方面的主体性权力抗衡另一个权力主体行使职权的行为，权力主体行使职权的行为就可能受阻，权力的职能作用就难以发挥。因此，为了避免权力配置中这种情况的发生，就必须在配置权力的时候同时设定权力客体的服从义务。

所谓权力客体的服从义务，是指权力所及的对象对于权力主体行使职权的行为应当服从。如果没有正当理由而拒绝服从权力主体行使职权的行为，就要承担一定的法律责任。有没有正当的理由，不能由权力客体说了算，而要由权力主体说了算。权力客体不服的,可以向第三方申请审查权力主体的裁断,但不能因为自己不服就不执行权力主体作出的决定、发出的指令或提出的要求。当这种义务上升为法律规范时,才是一种制度性的保障,才可能防止因为权力客体在客观上的强势地位而使权力主体的权力成为空设。

(三)制约有效

权力必须得到保障才能有效地行使,但同时权力也必须受到制约,才能防止权力的滥用。这是权力配置中两个相辅相成的原理。

对权力的制约不是给权力的行使设置障碍,而是为了保证权力的行使符合一定之规,防止越界行使权力或者滥用权力。对权力的制约有多种方式。如:(1)通过权力之间的相互制衡来防止权力的滥用,即每一种权力都有在预先设定的条件下抗衡其他权力的手段和能力,一旦某种权力被滥用,其他权力主体可以行使自己的某种权力否定被滥用的权力的效力(这是"三权分立"国家对国家权力进行配置的基本模式);(2)通过更高级的权力来制约权力,即在权力主体之上设置一种上位权力,如果平等位阶的权力之间发生争执,或者下位权力被滥用,就由这种上位权力进行裁断(这是一元化权力国家对国家权力进行配置的基本模式,也是行政权内部配置的基本模式);(3)通过审查来制约权力,即某项权力在行使之前,由另外一个权力主体对其进行审查,批准后方可行使(这种模式往往适用于某些涉及权力客体重大利益的权力);(4)通过权利制约权力,即通过赋予公民或其他社会主体在一定条件下抗衡国家权力的权利,或者为公民或其他社会主体的权利设置某些国家权力不得进入的禁区,以防止国家权力滥用时对公民权利的损害;(5)通过伦理制约权力,即在行使国家权力的国家工作人员中进行伦理教育,树立行使权力时必须遵守的道德准则,通过这种道德准则的强化与遵守防止权力的滥用(这是理想化的制约模式)。[1]

除了在权力设置时设定某种制约手段之外,在权力行使的过程中设置一定的措施,也可以制约权力的行使,以防止其被滥用。这些措施,最常见的有:

1. 透明

要求行使权力的行为必须在一定范围内公开进行,是防止权力滥用的重要措施。透明不仅是指行使权力的依据要公开,权力主体作出的决定要公开,而且是指权力主体行使权力的过程要公开。权力主体应当在权力可能触及的所有客体知情的情况下作出自己的决定,并就作出决定的依据和理由作出说明。

透明可以防止权力的暗箱操作,防止个人因素对权力行使过程的干预。透明可以使权力客体看清楚行使权力的根据和理由,并从中判断行使权力的行为所依据的法律和事实是不是真实的,进而决定能不能认可权力主体所作出的决定。透明可以使潜在的权力客体看清楚权力行使的过程,建立对权力主体的信任,更好地选择自己的行为。权力行使的透明度越高,权力被滥用的可能性就越小,权力行使的公信力也就越高。

2. 责任

给权力主体设定行使权力的责任,是防止权力滥用的重要措施。当国家把某种权力赋予某个主体的时候,就应当给该主体设定必须承担的责任,以保证这种权力充分而正确地发挥其应有的职能作用。责任既包括积极责任,也包括消极责任。所

---

[1] 这种制约模式,有时可能是有效的,但是是靠不住的。因为扩张是任何权力都普遍具有的本性,依靠掌握权力的主体内心的美德来抑制权力的扩张,只能是一时一事和因人而异的,没有制度性的保障。

谓积极责任，是指权力主体积极主动、认真负责地履行职责，行使权力的负担。国家一旦把某些权力赋予某个主体，该主体就肩负着义不容辞的责任，行使好这种权力，为国家治理作出应有的贡献。不能胜任或不能担负起这种责任，就是不称职的。所谓消极责任，是指违反职责的要求，不正确行使权力或者滥用权力时必须承担的法律后果。

积极责任与消极责任是权力主体必须同时承担的两种责任。如果一种权力的设置，只有积极责任而没有消极责任，这种权力的设置就是不完整的，权力的滥用也就是不可避免的。当然，消极责任只适用于真正的权力主体，即只有当一个主体能够独立自主地行使权力的时候，他才在道义上有义务承担由于自己的错误所引起的法律后果。如果他对行使权力的行为不能独立地、自主地作出决定，要求其承担法律后果，就可能是替别人"背黑锅"。并且，消极责任的设定，应当以权力主体有重大过错为前提，即只有在权力主体明显地违反法律或者相关规定，故意错误地行使权力，或者存在明显而重大的失误时，才能要求其对之承担消极责任。如果消极责任设定得范围过宽，就可能成为权力主体头上的"紧箍咒"，使其不敢放心大胆地行使权力，权力的国家治理功能也就不可能有效地发挥。

3. 监督

对行使权力的行为进行监督是防止权力滥用的重要措施，也是我们国家最惯常使用的防止权力滥用的措施。真正有效的监督，可以及时发现权力行使中的问题特别是权力被滥用的情况，可以及时启动纠错程序，阻止滥用权力行为后果的蔓延，可以教育其他权力主体更好地行使权力。

但是，对权力的监督应当是事后进行的。为了防止权力的滥用，而在权力主体行使权力的时候就介入其中进行监督，并不是明智的选择。因为它使权力主体时刻感到不被信任，以致失去应有的责任心。权力主体一旦丧失了责任心，也就失去了行使好权力的动力。其行使权力的行为即使不出现错误，也很难有效地发挥权力应有的功能。

对权力的监督主要是通过追责的方式进行的，即在权力行使之后，由另外一个独立的主体对行使权力的行为进行事后的审查，发现其中存在违反法律或者滥用职权的情况，对行使权力的主体依据预先设定的规则进行责任追究，以防止再次出现同类错误。同时对违反法律或者滥用权力造成的损害进行救济，减轻或弥补对权力客体造成的伤害。

对权力的制约是否有效，不仅关系到权力能否正确地行使，而且关系到权力行使的社会效果。错误地行使权力或滥用权力，都可能给国家治理带来负面效应。

三、遵循司法活动的基本规律

司法职权是一项国家权力，司法职权的配置要符合国家权力配置的一般原理，但同时，司法职权又是一项特殊的国家权力，不同于其他国家权力。要充分发挥司法职权在国家治理体系中不可替代的职能作用，就必须遵循司法的基本规律，保障司法职权的行使有助于司法职权设置的根本目的。

（一）司法活动的基本规律

所谓规律，是指"事物之间的本质的、必然的联系，决定着事物发展的趋向，具有必然性、普遍性和稳定性"[1]。司法规律，就是司法的各个要素之间客观存在的具有普遍性和稳定性的必然联系。要认识司法规律，首先就必须从司法的基本要

---

[1] 李行健主编：《现代汉语规范词典》，外语教学与研究出版社、语文出版社2004年版，第491页。

素入手，了解司法的各个要素，进而发现这些要素之间的本质联系，才能抓住司法规律的要义。

司法是依照法律规定处理案件的国家活动。按照权威教科书的说法，司法"是国家司法机关依据法定职权和法定程序，具体应用法律处理案件的专门活动"。[1]

司法作为一项国家的专门活动，它就不可能是任何主体都能够进行的，必然是特定主体所进行的。司法的主体，在任何一个法治国家，都是由法律规定的专门的国家机关及其特定人员构成的。只有这些特定的司法主体，才能代表国家处理案件。所以，司法主体是司法必备的要素。

既然是国家活动，就必须有国家权力，有国家强制力作保障。没有司法权，就无法进行司法活动。司法权是国家通过法律授予的、能够在具体案件中适用法律的国家权力。只有享有司法权的主体，才能代表国家处理案件。因此司法主体的职权即司法权，是司法最重要的要素。

司法作为国家的一项专门活动，必然会通过一定的行为表现出来。没有特定的行为，就不可能有专门的国家活动。司法行为就是依法处理案件的活动。依法处理案件是司法活动区别于其他社会行为的显著特征，因此是司法的基本要素。

既然是国家活动，就必然有一定的目的。一方面，目的性是人类社会行为的基本规律。另一方面，国家把司法权从统一的国家权力中分离出来必然具有一定的目的。司法的目的就是通过对具体案件的处理实现公平正义，即司法公正。司法的核心价值是公正，追求司法公正是司法永恒的价值目标。因此，在司法的要素中，司法活动的目的必然是一个不可或缺的、极

---

[1] 张文显主编：《法理学》，高等教育出版社、北京大学出版社1999年版，第306页。

为重要的因素。

通过以上分析，我们可以说，司法的基本要素是司法主体、司法权、司法行为和司法目的。司法，就是司法主体通过行使司法权，依法处理案件以便实现司法目的的国家活动。这四个要素之间的本质联系，就构成司法的基本规律。

那么，这四个要素是如何联系起来的？

第一，司法公正是司法的核心价值。

司法最直接的目的是依法处理案件，实现司法公正。公正是司法活动的出发点与落脚点，也是司法活动的价值追求。司法机关在司法活动中并无自身的利益，因而能够超越案件中的利害关系，成为独立且中立的裁判者，履行国家赋予的法定职责。司法机关在司法活动中，一方面要在准确认定案件事实的基础上，正确适用法律对案件作出公正合理的裁判，实现实体公正；另一方面，要通过严格、公开地遵守诉讼程序来接受各个方面的监督，以保障程序的公正。其中，实体公正是司法活动追求的根本目标，程序公正则是实现实体公正的措施和保障。实体公正与程序公正的结合，构成司法活动的核心价值。这个核心价值，对其他司法要素的内在要求，就反映了司法各要素之间的本质联系。

第二，司法主体的专业性是司法公正的基本要求。

为了保证案件处理的公正，司法主体就必须具有专业性。因为案件永远是已逝的事实。司法主体要对已经发生过的案件事实作出判断，就必须凭借专门的知识和经验对可能收集到的证据进行分析研究，通过对有限的证据材料的分析、组合，判断曾经发生过的事实真相。这本身就要求司法主体必须是由经过专门训练的具有专业知识的人员组成的专业团队。

不仅如此，司法还要在对曾经发生过的事实真相进行判断的基础上，准确地适用法律对案件作出公正、合法的处理。这本身也需要司法主体具备超乎常人的法律知识，能够运用抽象的、有限的法律规定处理各种具体的、多样化的案件。

因此，司法主体必须是能够根据证据判断案件事实并且完善运用法律处理具体案件的专业团队。这种专业团队不仅要有专门的法律知识、丰富的司法经验，而且要有崇尚法治的品格。这是司法活动内在的、基本的要求。特别是在刑事司法活动中，对案件的处理直接关系到犯罪嫌疑人、被告人生命、自由、财产的生杀予夺，司法主体如果没有高标准的专业水准，公民的生命安全、人身自由和财产都将难以得到法律的有效保护。这也是为什么司法官在任何一个法治国家总是由职业的法官、检察官组成的原因。

第三，司法活动的独立性是司法公正的根本保障。

为了保证案件的处理是依据事实和法律进行的，从而让人们相信司法是公正的，司法权的行使就必须保持独立性。司法是代表国家行使司法权的活动。所谓司法权就是适用法律处理案件的国家权力。司法权所面对的永远是已经发生过的案件，这些案件在发生的时候，司法官并不在现场，没有看见、也不知道案件当时是如何发生的。司法官要发现案件的事实真相，就需要根据能够收集到的证据，凭借自己的专业知识和司法经验进行独立思考，从中得出结论，而不能像立法权那样通过民主协商的方式根据多数人的意见进行决策，也不能像行政权的行使那样，谁的地位高、权力大就听谁的。司法权的行使要听命于司法官自己的内心确信，同时要听命于法律，完全按照对事实的判断和法律的规定进行裁判，就必须具有必要的独立性。当然，行政权的行使也需要一定的独立性，但与行政权相比，司法权所需要的独立性具有更为特殊的意义，因而对独立的要求更高、更迫切。所以，司法独立被认为是司法的基本规律，是司法公正的根本保障。

第四，司法行为的规范性是司法公正的制度保障。

为了保证案件的处理是依法、公正的，司法主体行使司法权的活动就必须遵循一定的规则，即司法行为必须具有规范性。在法治国家，司法权的独立行使并不是任意妄为的。依法处理案件作为司法活动的内容即司法行为，必须遵守一定的规则，包括程序性的规则和实体性的规则，一方面要尊重程序性的规则来进行司法活动；另一方面要按照法律的规定进行实体性的裁判。没有一定规则的约束，司法权的独立行使就可能被滥用，甚至成为罪刑擅断、任意出入罪的挡箭牌。为了保证司法主体在独立行使司法权的过程中能够严格地按照法律规定处理案件，为了保证司法活动的结果符合司法权设置的价值追求，法律不仅设计了一整套的程序性规则，而且通过一系列的制度性规定约束司法主体的行为，以保证司法主体严格按照程序规则和实体规范来处理每一个具体案件。因此，司法活动总是按照一定的规则进行的，司法行为具有非常明显的规范性。而这种规范性，恰恰是司法的内在规律。司法活动所遵循的这种规范性，与政治领域的"规矩"、与行政活动中的"制度"，既有相同的含义，又有不同的内容，它不是一种要求，不是一些原则，而是具体的操作规程，具有更强、更具体的规范性。

可见，司法活动的公正性、司法主体的专业性、司法权的独立性、司法行为的规范性，这四个方面有机结合、相辅相成，构成了司法活动的基本规律。

（二）司法规律对司法职权配置的基本要求

司法职权的配置要遵循司法规律，就必须充分考虑上述四个方面的内在需求，使司法职权在实践中能够满足其自身的需要。

1. 设置较高的职业准入门槛

司法职权本身的特殊性对权力主体的专业性提出了很高的要求，为了保证这种专业性的需要，就必须对从事行使司法职权这个职业的人员设置相对较高的准入门槛。过去，我们国家在选择任用司法人员的时候重点强调其政治上的忠诚可靠，很少考虑专业需要，以致大量行使司法职权的人员没有受过系统的专业训练，缺乏行使司法职权应当具备的法律专业知识。有的甚至刚刚从事司法工作，毫无司法经验，就在中级甚至高级司法机关行使司法职权。司法人员队伍的这种状况，不仅不可能取得人民群众尤其是当事人的信任，甚至连司法机关的领导也不敢放心地让其独立行使司法职权。于是，就形成了行政化的司法职权运行模式，造就了大批靠汇报请示办案的司法队伍。权力主体的严重缺位，妨碍了司法职权的独立行使。

遵循司法规律，就应当从司法职权行使主体的专业化入手，设置较高的职业准入门槛，以保证司法职权交给能够让人民群众信任、让各级领导放心的司法人员手里。只有称职的司法人员，才有独立行使的司法职权。

2. 设置保证独立的权力保障制度

司法职权只有独立行使，才有可能行使的公正。离开了独立性就谈不上司法公正。因此，司法职权的配置，首先要能够保障职权行使的独立性。而这种独立性不是由司法职权的主体自己说了算，而是需要由更高级别的权力予以保证。也就是说，要遵循司法规律，就应当为司法职权的独立行使设置制度性的保障。这种制度性的保障，首先是为上位权力干预司法设置限制性的制度，以防止上位权力任意干预司法机关行使职权的活动。其次是为上位权力干预司法设置程序性的规则，规范上位权力介入司法活动的行为,从而从制度上保证司法机关行使司法职权的活动较少地受到外界的干预。

3. 设置保证独立的职业保障制度

除了权力保障制度之外,对司法人员的职业保障制度也是保证司法职权独立行使的重要方面。因为,司法职权始终是通过享有司法职权的司法人员来行使的。如果行使司法职权的司法人员自身的职业没有保障,自己的升迁、待遇、工作环境等要处处受制于人,他就不可能完全独立地严格依法来行使司法职权,可能决定或者影响自己前途命运的任何人对自己发出的命令或者提出的要求,自己都不得不予以考虑、权衡。因此,要保证司法职权行使的独立性,重要的一个方面就是要保证行使司法职权的司法人员的独立性。这种司法人员的独立性在很大程度上是通过对其职业的保障来实现的。

4. 设置严格细化的操作程序

司法行为的规范性是司法的基本规律之一。司法职权的行使是否符合法律的规定,在很大程度上是通过预先设定的程序规则是否得到了严格的遵守来判断的。为了保证行使司法职权的活动能够严格遵守既定的程序规则,就需要把程序规则具体化,使其不仅可以严格按照它来行使司法职权,而且可以让第三者据以评判司法主体在办理具体案件的过程中是否严格遵守了程序规则。如果程序规则过于笼统,完全按照程序规则无法办理具体案件,司法人员就不得不采取许多变通的或者自创的方式来办理具体案件,人们就很难评判司法主体是否严格遵守了法律的规定。因此,设置尽可能具体详细的程序规则,是保证司法职权严格依法行使的制度性措施。

四、满足社会的司法需求

司法职权的配置,不仅要符合权力配置的一般原理,遵循司法规律，而且要能够满足社会的司法需求。因为司法是国家治理体系中的一个重要环节，是国家在社会治理中担负的重要职能。社会活动中各个主体之间的矛盾纠纷、利益冲突，虽然可以通过各种社会管理机制来解决，但司法无疑在其中扮演着其他任何纠纷解决机制所无法替代的作用，因为它是作为国家的代表履行终极裁判的职责，它与纠纷各方没有直接的利害关系，它遵循严格的程序规则和实体规范，它象征着公平和正义。越是国家治理水平高的国家，司法在其中扮演的角色就越为重要。正因为司法在社会治理中扮演着重要的角色，所以司法要想不辱自己的使命，让社会各方满意，就应当满足社会对司法的需求。而司法能否满足社会的需要，能否达到人民群众满意的效果，在一定程度上取决于司法职权的配置能否满足社会的司法需求。

社会的司法需求是一个动态的、发展的过程，不可能是一成不变的。在现阶段，我们国家正处在一个快速发展的阶段，人们对司法的需求也在不断增长。从总体上看，社会的司法需求主要表现在以下几个方面：

（一）对司法在依法治国中的作用越来越看重

全面推进依法治国，是党中央的要求，也是人民群众的呼声。在全面推进依法治国的进程中，人们越来越深刻地感受到司法的重要性。特别是随着社会主义法律体系的基本形成，人民群众对依法治国的要求逐渐从纸上的法律转向实践中的法律，更加关注法律具体实施的状况，特别是司法机关在解决社会争端和纠纷中的作用。一方面是人民法院每年审理的案件数量不断增加，另一方面是人民群众对"立案难"的呼声不断增加。这两个方面的问题都反映了司法机关在依法治国中的作用越来越受到人们的重视，希望通过司法程序来解决社会主体之间的矛盾纠纷。

(二) 对司法公正的标准越来越严

随着人民群众法律意识的不断增强，整个社会对司法公正的要求也越来越高，对司法机关公正办理案件的要求越来越严格。这既表现在对实体公正的要求上，也表现在对程序公正的要求上。一方面，人们对进入司法程序的案件，要求司法机关严格按照法律规定的标准进行裁量，满足自己保护实体权利的要求，对裁判不公的案件不断地提出申诉，要求有权管辖的司法机关予以纠正；另一方面，人们开始关注程序不公的问题，要求司法机关严格按照法律规定的诉讼程序办理案件，对侵犯当事人诉讼权利的司法活动提出异议的情况越来越多，以程序违法为理由提出申诉的情况不断出现。这种状况表明，人民群众对司法公正的标准更高，要求更严。

(三) 对司法精准的要求越来越高

近年来，最高人民法院不断地努力纠正以前发生的错案。在纠正错案的过程中，社会舆论发挥了重要的促进作用。特别是在"呼格案""聂树斌案"等在全国产生重大影响的案件纠错过程中，社会各界给予了很大的关注和推力。这在一定程度上反映了社会对司法精准性的要求。人们在关注自身权利的同时，更多地关注司法裁判的准确性，关注无罪的人被司法机关错当罪犯而判刑。与此同时，人们对司法裁判的要求，不再仅仅是对与错的要求。过去，有些人打官司，就是为了"争口气"，讨个说法，只要法院认可了自己的诉求，判定自己没有错，就满足了。现在，人们打官司，不仅要求法院明辨是非，而且要求法院判决公道，满足自己的具体诉求。即使是对于刑事案件，也要求司法裁判罚当其罪（如 2006 年的"许霆案"、2017 年的"于欢案"，都是因为量刑不当在社会上引起强烈反响)。这种对司法精准性的要求,无疑是对司法机关提出了新挑战。

(四) 对司法中人权保障的呼声越来越强烈

2016年,雷洋案件在全国范围内引起了民众的极大关注与不满,网民们强烈要求司法机关查办造成雷洋死亡的执法人员。这件事本身反映了人民群众对司法中人权保障的呼声。过去,人们的生活条件不好,许多人为了生活而到处奔波,有的人甚至对自己的命都不当回事。改革开放以来,随着人民群众生活水平的不断提高,人们对自己的权利看得也越来越重要,维护个人权利的行动越来越受到社会各界的支持。与此同时,人们对司法中的人权保障也提出了更高的要求。特别是随着"尊重和保障人权"被写进刑事诉讼法,随着非法证据排除规则的确立,司法中的人权保障问题越来越多地成为人们关注和议论的话题。司法机关不仅要在自己的执法活动中尊重和保障诉讼当事人的权利,而且要纠正其他执法机关在执法活动中可能发生的侵犯人权的情况,肩负着保障人权的重要职责。

随着社会对司法需求的提高,对司法机关提出了更高的要求,对司法机关的职权配置同样提出了更高的要求。因为司法机关是通过职权的行使来满足社会的司法需求的。如果司法职权的配置不够科学、不够合理,司法机关就面临着"巧妇难为无米之炊"的困境,面对人民群众不断高涨的司法需求,司法不作为、难作为、乱作为的状况就难以避免,司法机关在推进依法治国中的职能作用就不可能充分发挥。因此,解决司法职权配置方面的问题,只有充分考虑人民群众的司法需求,保证司法职权的配置能够满足和适应当今社会司法需求的要求,才有可能充分发挥司法机关在全面推进依法治国中的职能作用。

满足人民群众的司法需求,就必须通过优化司法职权配置,使司法职权与其他国家权力的关系更加顺畅,使司法职权的内部配置更加科学,使司法职权的配置与行使能够满足司法活动"公正""高效""权威"的要求。

(原载《司法职权优化配置研究》,湖南大学出版社2020年版)

优化司法职权的外部配置

在我们国家,如果说人民检察院的职权即检察权还有待于进一步优化配置的话,人民法院的职权即审判权通过三大诉讼法的规定,应该是明确的、完整的,在范围上不存在重新配置的问题。当我们把人民法院的职权和人民检察院的职权放在一起统称为"司法职权"来讨论其优化配置的问题时,所关注的重点,虽然也有司法职权内部配置的优化问题,但更重要的是司法职权与其他职权的关系配置问题,即司法职权的外部配置问题。

一、优化司法职权配置的问题指向

(一) 司法职权配置的宏观性问题

我们国家关于司法职权的配置是与国家政治体制的总体结构和司法职权的基本功能相适应的。在全国人民代表大会下设立了国家最高审判机关和最高检察机关,并在县以上各级人民代表大会下设立了国家的审判机关、检察机关,分别依法行使审判权和检察权。审判权和检察权的范围不仅有宪法的明文规定,而且有人民法院组织法、人民检察院组织法以及其他相关法律的明文规定。这些规定,符合我们国家的历史文化传统,适应了维护国家安全和社会稳定的需要,也适应了建设社会主义法治国家的需要。从整体上看，司法职权的配置和运行是良好的。但是，随着我国经济体制改革的不断深入和政治体制改革的进展，特别是随着全面推进依法治国、建设社会主义法治国家的需要，我国司法职权配置方面存在的问题也日益显露出来，成为司法体制改革中越来越受到重视的问题。这些问题，从宏观上看主要有三个方面：

1. 司法职权与其他国家权力的关系问题

我国宪法和人民法院组织法、人民检察院组织法都明确规定："人民法院依照法律规定独立行使审判权，不受行政机关、社会团体和个人的干涉"；"人民检察院依照法律规定独立行使检察权，不受行政机关、社会团体和个人的干涉"。但是实际上，多年以来，人民法院难以独立行使审判权、人民检察院难以独立行使检察权的现象，成为司法职权运行的常态。一方面是因为地方各级人民法院院长、人民检察院的检察长的人选都要由地方党委考察推荐、由地方人民代表大会选举产生，审判委员会委员、审判员、庭长、检察委员会委员、检察员都要由地方党委确定职数，由地方人民代表大会常务委员会任免。这在客观上就使行使司法职权的主体的政治生命掌握在地方权力手里。另一方面，由于地方各级人民法院、人民检察院的经费都是由地方人民政府供给的，地方各级人民法院、人民检察院自然要满足地方政府的要求，为地方经济发展"保驾护航"。另外，由于地方各级人民检察院的经费是由地方人民政府供给的，地方各级人民检察院自然要满足地方政府的要求，为地方经济发展服务。特别是在一些经济发展较慢的地方，检察机关由于财政支出困难，很容易沦为地方权力的附庸。因此，地方党政领导干预司法权行使的情况时常出现。最为典型的，如

"白宫书记案"[1]。近年来全国各地陆续暴露出来的一些司法不公的案件,一些长期得不到解决的信访案件,特别是一些法律程序已经穷尽但是问题仍然没有解决的涉法涉诉上访的案件,不少都是因为地方党委政府或其领导人干预的案件,有的甚至是经过当地政法委协调过的案件。由于案件背后的这些因素,无论当事人上访到哪里,最后处理时,司法机关都会因不敢违背地方领导的意志而难以改变最初的决定,以致司法不公的问题长期得不到解决。这个问题,从职权配置的角度看,主要是三个方面的原因:

其一,执政党的领导权与司法职权的边界不清。在我们国家,中国共产党作为执政党,是领导一切事业的核心力量。党的领导自然包括了对司法机关及其司法职权的领导。党要领导司法机关就势必要向司法机关及其领导人发号施令,司法机关及其领导人不能不听从党的领导。但是党的领导如何实现,是我们始终没有解决好的问题。从理论上讲,党的领导主要是路线方针政策的领导,但是我们国家并没有任何明确地规定来区分司法机关的哪些事项由党组织来管理、哪些事项由司法机关自己依法行使。各地地方党委的领导人要对本地各项工作"负总责",自然要过问各个方面的工作包括司法工作并对司法机关发号施令。特别是一旦落实到基层,党的领导往往就成了基层党委领导人个人的领导。地方党委的领导人对司法机关行使职权的行为,自认为要管的,就发号施令,自认为不用管的,就任凭司法机关自行办理。尤其是在具体案件的处理上,凡是

---

[1] 安徽省阜阳市颍泉区建造的政府办公大楼外形酷似美国白宫。因知情人举报并遭受迫害而暴露出的系列案件,被称为"白宫书记案",在互联网上引起舆论的广泛关注。该案的主角区委书记张治安滥用职权,指使区检察院检察长汪成等人迫害举报人李国福的行为,则典型地反映了地方领导滥用职权干预检察权的情况。

涉及当地重大利益或社会稳定的，或者涉及领导人的亲朋好友个人利益的，往往会以行使领导权的名义堂而皇之地要求法院、检察院汇报案件的处理情况，并发出明确的指令，其他案件则可能不闻不问。人民法院、人民检察院作为被领导的国家机关，不得不听从地方党委的领导，特别是在遇到党委领导的意见与法律的要求相抵触时，就更难以完全依法行使职权。

其二，司法权与行政权的位阶差异过大。从政体上看，我们国家是在人民代表大会统一行使国家权力的基础上设立"一府两院"（即政府和法院、检察院），分别行使国家的行政权、审判权和检察权。但是在权力的位阶上，政府的权力远远大于审判权和检察权。人民政府的领导人往往是同级地方党委的主要负责人之一，而人民法院、人民检察院的领导人往往进不了地方党委的常委会，甚至在行政级别上往往赶不上人民政府的一个副职。这种位阶上的落差，就使审判权、检察权在行政权面前明显地处于劣势，特别是在涉及政府及其工作人员滥用权力的案件时，个别政府领导人甚至工作人员根本不把法院、检察院看在眼里。不仅如此，我们国家的财政体制一直是"分灶吃饭"，地方法院、检察院的经费直接由同级地方政府进行预算和管理，这就使法院、检察院的经费在很大程度上受制于地方财政状况以及地方党委政府对司法机关的态度。尽管近年来中央财政不断加大对地方司法机关的转移支付额度，在一定程度上缓解了困难地区人民法院、人民检察院办案经费和"两房建设"的经费缺口，但是司法人员的福利待遇以及日常的办公经费还是主要靠地方财政。如果当地的财政状况不好，或者地方党委政府对司法机关不重视、不满意甚至有意见，司法机关的经费就难以达到充分的保障。即使是财政状况比较好的地方，预算外的支出往往在经费支出中占有很大的部分，而这部分经费主要是靠人民法院、人民检察院的领导找地方领导要来的。能否争取到这部分经费,除了是否需要之外,在很大程度上取决于地方党委政府对人民法院、人民检察院工作的认可程度甚至取决于对法院院长、检察长个人的认可程度。同级地方法院、检察院一旦"得罪"了政府,经费就可能受到影响。个别政府及其下属部门的领导人也以此来要挟法院、检察院对具体案件的处理,妨碍了司法权行使的公正性。

其三,权力机关与司法机关的关系异化。在我们国家,人民代表大会制度是根本的政治制度。这意味着人民代表大会是国家的权力机关,其他国家机关由人民代表大会产生,并向人民代表大会负责。在制度设计上,人民法院、人民检察院都是由人民代表大会产生、向人民代表大会负责的国家机关。在形式上,人民法院、人民检察院的领导成员也都是由同级人民代表大会选举或者任免的。但是实际上,人民代表大会对人民法院、人民检察院的领导班子并没有控制权。不仅人民法院院长、人民检察院检察长的候选人是由党组织确定并提名,人民代表大会只是在形式上进行选举而已,就连人民法院、人民检察院的其他领导干部,也都是由党的组织部门或者人民法院、人民检察院的党组确定入选、考察并提名的。全国各级人民代表大会及其常务委员会多年来没有专门的资格审查委员会对拟选举或任命的人民法院、人民检察院领导成员以及法官、检察官进行过实质性的审查,更没有进行过实际考察。这种状况意味着人民法院、人民检察院的人事任免权实际上并不是掌握在人民代表大会手中。另一方面,人民法院、人民检察院的经费也不掌握在人民代表大会手中。每年,人民法院、人民检察院的经费预算,都是通过人民政府的财政部门"一揽子"报请人民代表大会审查批准的。其中,人民法院、人民检察院的经费预算到底是多少、为什么是这么多，财政部门从来没有向人民代表大会作过具体说明。人民代表大会每年批准的财政预算都是本地区全部财政的预算，而在这个财政预算中，人民法院、人民检察院所占比例是极少的。人民代表大会没有专门就人民法院、人民检察院的经费作出预算，也意味着人民代表大会实际上并没有对人民法院、人民检察院财政经费的控制权。人民代表大会对司法机关的控制权实实在在的就只有对司法活动的监督权了。人民代表大会可以随时组织各种各样的执法监督，对人民法院、人民检察院适用法律的情况进行检查，要求人民法院、人民检察院向人民代表大会汇报工作、接受审议。

在法律制度的设计上，人民法院、人民检察院是由人民代表大会产生并向人民代表大会负责的国家机关，但由于人民代表大会并没有对人民法院、人民检察院的人事、经费的实际控制权，司法机关与权力机关的关系也就随之发生了异化：仅仅是一种监督关系，而不再是产生与被产生的关系。实践中流行的语言反映了这种关系的真谛：人民法院、人民检察院要生存、要发展，离不开党的领导、人大监督、政府支持。

2. 司法职权与司法管理职权、司法监督职权的关系问题

从理论上讲，司法职权是指司法机关依法处理具体案件的职权。这种职权有明确的管辖范围、适用条件、程序规则。这些范围、条件、程序构成了司法职权的边界。司法权的行使是否超越了权力边界，是否依法进行，通常情况下是一目了然的（当然，职权行使的是否正确则另当别论，因为每个案件都涉及对证据的分析判断和对案件事实的认识，涉及法律冲突情况下的法条选择）。司法管理权是指对司法进行管理的职权，包括对行使司法职权的活动进行管理的权力、对司法人员进行管理的权力、对司法机关的经费进行管理的权力。而司法监督权

则是指对行使司法职权的活动进行监督的权力。这些权力应该是各不相同的,彼此独立的。

但是在我们国家目前的权力配置中,由于法律规定的司法职权往往是赋予人民法院、人民检察院的,在人民法院、人民检察院内部,具体由哪个部门或个人来行使某一项具体职权,则缺乏明确规定,而司法管理权也大多是由人民法院、人民检察院行使的(司法人员的管理权是由同级地方党委与法院、检察院共同行使且以同级地方党委为主;司法经费的管理权则是主要由同级地方政府行使,法院、检察院在规定的额度内进行管理),司法监督权既由法院、检察院自己行使,也由上级法院、检察院行使,更重要的是由同级地方人大行使。于是就形成了权力的交叉、重叠与多重。并且,司法管理权和司法监督权的权力边界往往没有明确的规定,更缺乏适用的范围、条件、程序性规定。司法管理权和司法监督权干预司法职权的现象成为司法权行使中的常态。特别是在司法机关内部,由于不同职权之间缺乏明确的界分,不仅人民法院的院长、人民检察院的检察长为了统一领导法院、检察院的工作而身兼多职,许多副职和中层领导都是身兼多职,许多人既是行政领导,也是办案中的领导,甚至还负有监督之责。在这种一人身兼多职、多人身兼多职的环节下,不同角色的混同往往是无法避免的,从而导致了不同职权的混同。

这种不同职权的相互交织对司法职权的行使造成了多重制约。行使司法职权的主体,既要接受人大的监督,也要关注党委组织部门包括本单位人事部门对自己的评价;既要接受政府的考核(以便获得"年终奖"),也要接受本单位的考核(以便能够按时晋级);既要接受本单位上一级领导的审核,也要接受本单位其他部门的监督。这种多重制约不仅影响了司法的效率，而且影响了司法的公正。

更为严重的是，司法管理权通常是以行政管理的方式进行的，遵循上令下从、下级服从上级的原则，这种管理模式使下级的命运完全掌握在上级的手里。当这种管理模式与司法职权的行使相混同时，行使司法职权的过程也就自然而然地遵循了上令下从的原则。司法职权行使中所要求的独立性因此会荡然无存。

3. 司法机关与司法人员的职权边界问题

在我国，宪法和法律对审判权、检察权不仅有原则性规定，而且有具体规定。但是，审判权、检察权都是赋予人民法院、人民检察院的。而人民法院、人民检察院作为一个机关，它的行动力必然要依赖于有生命力从而有行为能力个人。机关的权力如何在各个个体之间进行分配和组织，就直接关系到该机关行使职权的活动。因此，在人民法院内部如何分配审判权、在人民检察院内部如何分配检察权，就成为司法职权配置中首当其冲的问题。

遗憾的是，新中国成立之初，我们缺乏这方面的经验，在废除旧法统之后，用革命的热情建立了新中国的法律制度。这种法律制度还没有来得及认真研究，就遭遇了一系列政治运动的冲击，并在这种冲击下形成了新中国的司法传统，即：审判权集于法院院长一身、检察权集于检察院检察长一身，为了制约院长、检察长的权力，设立审判委员会和检察委员会，重大案件和其他重大事项，院长、检察长不能自己决定，而要提交审判委员会、检察委员会讨论决定。在这样一种权力配置模式下，法院、检察院的其他工作人员就都成了院长、检察长的助手和帮工，只能协助院长、检察长办理一些具体事务，而不能就案件的处理作出任何决定。

另一方面，我们国家长期以来选举任命的法院院长、检察院检察长，都是作为政治家而不是作为法律家看待的。有的法院院长、检察院检察长没有受过任何法律专业方面的教育，有的甚至完全不懂法律，更谈不上对司法实务的精准运筹。即使是后来要求法院院长、检察院检察长要有法律背景，多数也都是对法律略有了解或多少沾点边，由他们对具体案件依法作出决定是不可能的。[1] 于是就形成了一种现象：一些法院院长、检察院检察长对于自己关注的案件就要求听汇报，要求办案人员、部门负责人、分管副职发表意见，然后自己定夺，对其他案件，则原则上授权分管的副院长、副检察长代替自己作出决定。

党的十五大报告提出司法改革的任务以来，人民法院、人民检察院自下而上地反思司法职权配置中的弊端，不断提出了审判权、检察权在法院、检察院内部再分配的构想和方案。核心是分解法院院长、检察院检察长在案件处理上的权力，让承办案件的法官、检察官能够自主地处理案件。但是，直到党的十八大召开以前，全国多数地方的法院、检察院依然是实行"三级审批制"，即承办案件的人员办理案件，庭长（科处长）审核案件，院长（检察长）审批案件，重大案件提请审判委员会（检察委员会）讨论决定，审判委员会（检察委员会）意见分歧或者拿不准的情况下请示上一级法院、检察院。这种审判权、检察权的运行机制，适应了低素质司法人员办理案件的客观需要，有利于保障审判权、检察权行使的正确性。因为它可以通过层层审批、集体把关的方式，防止因个人素质不高作出错误的裁判。但是，这种办案模式所反映出来的司法职权配

---

[1] 当然，也要看到，近年来，越来越多的法院院长、检察院检察长是长期从事审判业务、检察业务的专门人才，但没有系统受过法律专业教育的人掌管法院、检察院的现象并没有完全消失。

置方案，违背了司法职权运行的基本规律，决定案件命运的人并没有亲自审理案件，不了解案件中所有的证据材料，不可能对案件事实作出精准的判断，通过听取汇报的方式了解到的案件事实只是承办案件的人员根据自己对案件证据材料的认识得出的结论。如果相信承办案件的人员，那就没有必要再审核、审批了，正是因为不放心承办案件的人员，所以才要求报上一级领导审核，再报分管领导审批的。既然不信任承办案件人员的业务水平，又不得不以承办案件的人员对案件的认识作为定案的根据，这本身就是一个悖论，就难以保证案件办理的正确性。并且，在这样一种"三级审批制"的办案模式下，责任追究就成了一句空话，因为承办案件的人员、审核案件的领导、审批案件的领导，个个都有责任，也都有推卸责任的理由。真正发生了错案，很难追究哪个个人的责任。正因为如此，党的十八届三中全会决议中才提出了"让审理者裁判、让裁判者负责"的改革思路。

(二) 优化司法职权配置应当重点解决的问题

基于对以上问题的分析，我们认为，优化司法职权配置的重点是进一步完善司法职权与其他国家权力之间的关系，即优化司法职权的外部配置。之所以要从宏观上研究司法职权的外部配置问题，其理由主要是：

第一，权力本身是一种关系，是在关系中存在的，也是在关系中发挥作用的。

任何权力都是在不同社会主体的相互作用中形成的。"政治权力所反映的是各种政治实体（群体或个体）之间相互影响、相互作用、相互制约的状况，并强调这种影响、作用、制约的方向性、不平衡性和实际的结果。"[1] 权力总是存在于权力主体和权力客体的相互作用之中。"理解'权力'概念的最好的方法是将其视为冲突的意志之间的关系。"[2] 因为,权力是一个人或许多人的行为使另一个人或其他许多人的行为发生改变的一种关系。行为主义政治学者认为,权力是行动者之间的一种关系,行动者可能是个人、团体、民族、政府或国家。在这种关系中,其中一些行动者可以指挥、控制或影响其他行动者。[3] 权力现象发生在一些人对另一些人产生影响或实施控制的时候,如果权力的主体与其客体不发生任何关系,权力现象不会发生。

问题在于,权力关系是社会存在中一张庞大的网。一对权力关系中的权力主体可能在另一对权力关系中成为权力客体,以致权力主体行使权力的行为可能随时随地受到另一对权力关系的影响。因此,人们在关注权力配置的时候,不仅要看到每一种具体的权力是如何配置的,而且要关注该权力与其他权力之间的关系,研究其他权力关系对某一种权力行使的影响程度。在讨论司法职权的配置时,我们既要研究司法职权本身的配置问题,更要研究司法职权及其配置与其他相关职权的配置及其行使之间的关系,分析其他相关的国家权力对司法职权的配置特别是行使的影响状况。只有这样,才能看清楚司法职权配置及其行使中面临的问题及其症结,才有可能提出在实践中真正有用的改革建议。

---

[1] 李景鹏:《权力政治学》,北京大学出版社 2008 年版,再版序言第 5 页。
[2] [美] 西奥多·A. 哥伦比斯、杰姆斯·H. 沃尔夫:《权力与正义》,白希译,华夏出版 1990 年版,第 78—79 页。
[3] 参见 [美] P. 巴拉奇、M. 巴拉兹:《权力与贫困:理论与实践》,牛津大学出版社 1970 年版,第 124 页。

不仅如此，一种权力对另一种权力的影响力往往与权力资源的控制和利用有关。所谓权力资源，就是权力主体用于影响他人行为的手段。权力资源包括权力主体可支配的财富、报酬、奖金、人力、武力，甚至信息垄断等一切人们认为有价值的东西。权力主体通过控制对人们有价值的事物，就可以实现对他人思想和行为的控制，从而获得支配和影响他人的能力。罗宾斯在分析权力时指出：关于权力，最重要的一点在于它是依赖的函数。B 对 A 的依赖越强，则在他们的关系中，A 的权力就越大。"豪门的家长只需明确甚至隐讳地威胁——小心我把你排除在继承人的名单之外——就能牢牢控制整个庞大的家族。"[1] 正是由于这种依赖关系，权力之间不仅有了位阶的区别，而且有了一种权力对另一种权力的控制或者依赖，一种权力的行使可能受制于其他权力主体的意志或者影响。而这种意志或者影响将直接关系到权力行使的效果。因此，研究司法职权的配置，还应当关注司法机关与其他相关机关对司法资源的掌控情况，从中分析司法机关在行使司法职权时所实际具有的司法能力。

第二，中央提出"优化司法职权配置"的任务时，所指的主要是调整司法职权与其他职权的关系。

"优化司法职权配置"是党的十七大报告首次提出的司法体制改革的任务。当时提出时并没有明确的指向，但提出深化司法体制改革，最终的落脚点是"保证审判机关、检察机关依法独立公正地行使审判权、检察权"。党的十八届三中全会决议在提到司法职权配置时，就有了明确的指向，即："优化司

---

[1]〔美〕斯蒂芬·P. 罗宾斯：《组织行为学》，孙健敏、李原等译，中国人民大学出版社1997年版，第355页。

法职权配置,健全司法权力分工负责、互相配合、互相制约机制,加强和规范对司法活动的法律监督和社会监督。"可见,中央在提出"优化司法职权配置"的司法体制改革任务时所关注的,并不是司法职权本身如何配置的问题,而是不同的司法权力之间的分工与制约以及对司法职权行使的监督问题,亦即司法职权的外部关系问题。

党的十八届四中全会决议在第四部分"保证公正司法,提高司法公信力"中有一个专门的标题,即:"(二)优化司法职权配置。"在这个部分,决议针对司法职权配置方面存在的问题,提出了七个方面的改革任务。这些具体任务的提出,进一步明确了优化司法职权配置的重点是公安机关、检察机关、审判机关、司法行政机关职权之间的关系问题,是司法体制问题,包括司法机关之间、司法机关与其他相关机关之间、司法机关内部的职权关系问题。

最高人民法院关于法院改革的意见进一步印证了上述观点。最高人民法院在《人民法院第三个五年改革纲要(2009—2013)》中的第二部分提出了2009—2013年人民法院司法改革的主要任务。其中首先提出的就是职权配置问题:"(一)优化人民法院职权配置"。在"优化人民法院职权配置"的任务下,提出了10项改革,而首先强调的,就是"改革和完善人民法院司法职权运行机制。以审判和执行工作为中心,优化审判业务部门之间、综合管理部门之间、审判业务部门与综合管理部门之间、上下级法院之间的职权配置,形成更加合理的职权结构和组织体系"。除了进一步改革和完善人民法院内部的刑事、民事、行政审判制度和再审制度、上下级人民法院之间的关系之外,在该标题下,还提出了"改革和完善审判管理制度""接受外部监督制约机制",以及"加强司法职业保障制度建设"等任务。这些任务，显然不是司法职权本身的配置问题，而是司法职权与相关权力之间的关系问题。在《人民法院第四个五年改革纲要（2014—2018）》中，最高人民法院在第三部分"全面深化人民法院改革的主要任务"中提出："（三）优化人民法院内部职权配置"。其中首先指出："建立中国特色社会主义审判权力运行体系，必须优化人民法院内部职权配置，健全立案、审判、执行、审判监督各环节之间的相互制约和相互衔接机制，充分发挥一审、二审和再审的不同职能，确保审级独立。"可见，优化人民法院内部职权配置的落脚点，亦是"确保审级独立"，这与党的十八大报告提出进一步深化司法体制改革时强调的落脚点，即"确保审判机关、检察机关依法独立公正行使审判权、检察权"，是十分吻合的。

第三，司法职权在改革中所面临的突出问题，也是与其他职权的关系方面出现了问题，影响到司法职权职能作用的充分发挥。

中共中央政法委员会书记孟建柱在学习贯彻党的十八届四中全会精神的署名文章中指出："当前，司法不公、司法公信力不高问题比较突出，深层次原因在于司法体制不完善、司法职权配置和权力运行机制不科学、人权司法保障制度不健全。解决这些问题，根本途径在于改革。"他在"优化司法职权配置"的标题下，重点强调："按照司法规律配置司法职权，完善司法权力运行机制，是公正高效廉洁司法的体制机制保障。"其中包括："要健全公安机关、检察机关、审判机关、司法行政机关各司其职，侦查权、检察权、审判权、执行权相互配合、相互制约的体制机制，完善和发展我国司法管理体制"；"推动实行审判权和执行权相分离的体制改革试点，着力解决执行难问题"；"完善刑罚执行制度，统一刑罚执行体制，更好地发挥刑罚教育人改造人的功能";"探索实行法院、检察院司法行政事务管理权和审判权、检察权相分离,推动建立符合我国国情的司法机关人财物管理体制";"探索设立跨行政区划的人民法院和人民检察院,平等保护当事人合法权益,保障人民法院和人民检察院依法独立公正行使审判权、检察权,维护法律公正实施";"改革法院案件受理制度,变立案审查制为立案登记制,着力解决群众诉讼难问题,保障当事人诉权";"完善刑事诉讼中认罪认罚从宽制度,节约司法资源,提高司法效率";"完善审级制度,充分发挥各个审级功能";"探索建立检察机关提起公益诉讼制度,维护国家和社会公共利益";"推进以审判为中心的诉讼制度改革,确保侦查、审查起诉的案件事实证据经得起法律的检验,保证庭审在查明事实、认定证据、保护诉权、公正裁判中发挥决定性作用"。[1] 从领导人的论断中可以看出,优化司法职权配置的这些任务中,除了司法职权本身的配置问题之外,强调最多的是侦查权、检察权、审判权、执行权之间的"司法管理体制",包括"以审判为中心的诉讼制度",司法行政事务管理权与审判权、检察权相分离的司法机关人财物统一管理体制,保障人民法院和人民检察院依法独立公正行使审判权、检察权的司法机关设置等。这些内容实际上正是贯彻落实党的十八届三中全会决议中提出的"确保依法独立公正行使审判权、检察权""健全司法权力运行机制"的司法体制改革任务。

这些情况表明,从党的十八大报告到十八届三中全会、十八届四中全会决议,到中央领导对十八届四中全会精神的解读,

---

[1] 孟建柱:《在全面推进依法治国中更好地肩负起实践者推动者的责任——学习贯彻党的十八届四中全会精神》,载《求实》2014年第23期。

到最高人民法院的改革意见,都不是仅仅从职权配置本身来理解"优化司法职权配置"的,而是既考虑到司法职权本身的配置问题,更关注到司法职权与其他相关权力之间的关系问题。

(三)优化司法职权外部配置的切入点

我们认为,司法职权配置方面所面临的关系问题,主要包括以下四个方面,应当作为优化司法职权配置重点改革的内容:

1. 司法职权与其他国家权力的关系

司法机关在行使司法职权的过程中,必然要与执政党的领导权、国家权力机关的权力、国家行政机关的权力发生难以割舍的关系,或者说司法职权的行使在很大程度上要受制于上述权力。一方面我们国家是共产党执政的国家,司法机关理所当然地要接受共产党的领导,共产党基于其执政地位,党的领导权就对司法机关的职权具有直接的控制力和影响力。司法机关又是由国家权力机关产生的国家机关,要接受权力机关的监督并向权力机关负责,因而不可避免地受权力机关的制约。至于行政机关,虽然与司法机关没有直接的关系,但在目前我们国家的管理体制下,司法机关的人财物全部控制在行政机关手里,行政机关也就因此享有对司法机关的影响力。这些权力之间的关系如何处理,或者说这些机关之间的权力如何配置,在事实上决定了司法职权在我们国家的地位及其在依法治国中可能发挥的作用大小。正如有的学者指出的:"司法体制的核心是司法机构与其他相关机关的权力关系。恰当界定这些权力关系是创设合理的司法体制的关键所在。"[1]

---

[1] 顾培东:《中国司法改革的宏观思考》,载《法学研究》2000年第3期,胡云腾主编:《司法改革》,社会科学文献出版社2016年版,第135页。

2. 司法职权与准司法职权的关系

在我们国家，侦查机关、刑罚执行机关，都是广义上的司法机关，他们的职权与审判机关的审判权、检察机关的检察权之间具有密切的联系。因此，在论及司法职权配置的时候，往往会同时考虑到这些职权与司法职权之间的关系问题。在以往的司法实践中，由于公安机关的强势地位，刑事司法活动中形成了"以侦查为中心"的诉讼模式，即侦查权裹挟检察权、审判权的状况在一定程度上影响了检察权、审判权职能作用的发挥，导致某些错案的发生。因此在本轮司法体制改革中，提出了"以审判为中心的诉讼制度改革"，目的在于调整侦查权、检察权、审判权、执行权之间的关系，确立审判权在刑事诉讼中的核心地位，保证法院审判的实质化。

3. 司法职权与司法管理权、司法监督权的关系

司法职权永远是在司法管理权、司法监督权的影响下运行的，司法职权甚至在某种程度上受到司法机关行政事务管理权的干扰。过去，司法实践中过多地强调人民法院统一行使审判权、人民检察院统一行使检察权，对法院、检察院内部的职权没有进行合理地区分，以致对司法活动与非司法活动的管理、对司法人员与司法机关行政人员的管理，以及对司法活动的监督与对行政事务的管理混杂在一起，彼此不分，严重挫伤了司法人员的积极性，影响了司法职权的充分行使。因此，要发挥司法职权的职能作用，就必须科学合理地区分司法职权与司法管理权、司法监督权、司法机关的行政事务管理权，理顺司法职权与相关职权之间的关系。

4. 司法职权内部不同主体之间的关系

法律赋予人民法院的审判权、赋予人民检察院的检察权不可能始终由一个主体来行使。人民法院、人民检察院内部分别

设立了不同的组织和人员，行使不同的司法职权。这些不同的主体之间分别享有哪些职权，这些职权之间如何组合以及相互影响，对有效地行使司法职权具有重要的意义。但是过去，我们过多地强调人民法院统一行使审判权、人民法院统一行使检察权，以致忽略了同一法院、同一检察院内部不同主体之间的职权分配问题，造成司法职权行使中的职权边界不清、责任不明的状况。本轮司法体制改革的一个重要任务，就是要明确司法职权行使中的不同主体的权力边界，推行司法责任制，实现"让审理者裁判、让裁判者负责"的司法职权运行机制。

二、司法职权独立行使的制度保障

司法职权与其他国家权力之间的关系问题，核心是如何在各种权力关系中保持司法职权的独立性。司法职权无论如何配置，如果不能保证其行使的独立性，就不可能发挥其应有的职能作用。因此，改革开放以来，司法独立性的问题一直是法学界议论的话题之一。特别是1997年以后，司法独立一度成为法学界热议的中心词。随着司法体制改革的不断深化问题，不再是法学界的专利，而成为人们普遍关注的一个深化改革的瓶颈。在本轮司法体制改革过程中，从中央到"两高"提出的改革任务，都是要"确保审判机关、检察机关依法独立公正地行使审判权、检察权"。如何从制度上确保司法职权依法独立公正地行使，是优化司法职权配置中不得不重点研究的问题。

（一）司法职权独立行使的现实意义

司法职权的独立行使（司法的独立性），是指司法主体在行使司法职权的时候，能够依照法律规定独立自主地作出决定，而不受其他主体的强制。在中国的法律语境中，司法职权的独立行使是指"人民法院依照法律规定独立行使审判权""人民检察院依照法律规定独立行使检察权"。司法职权的独立行使，不仅意味着司法机关的独立性，而且意味着司法人员的独立性。因为，司法机关是由司法人员按照一定的组织原则组成的，司法机关行使司法权的活动是通过司法人员的行为实现的。司法机关的独立性和司法人员的独立性共同构成司法的独立性。也有的学者认为，司法独立的内涵，包括司法机关的独立、司法人事的独立、司法财政的独立和司法活动的独立。司法机关只对事实和法律负责，司法活动只服从法律，不受其他任何机关和个人的干涉。[1]

在当下，重新讨论司法职权的独立行使问题，具有特别重要的意义。

1. 推进依法治国的关键环节

2014年10月，中共中央作出了《关于全面推进依法治国若干重大问题的决定》。该决定首先指出了依法治国的重要性，同时强调："绝不允许任何人以任何借口任何形式以言代法、以权压法、徇私枉法。"这是因为，在我们国家，一些国家工作人员特别是领导干部依法办事观念不强、能力不足，知法犯法、以言代法、以权压法、徇私枉法现象依然存在。这种现象，导致了人民法院不能依法独立公正地行使审判权、人民检察院不能依法独立公正地行使检察权，严重妨碍了依法治国的推进。因此，该决定明确提出要完善"确保依法独立公正行使审判权和检察权"的制度，并强调对干预司法机关办案的，给予党纪政纪处分；造成冤假错案或者其他严重后果的，依法追究刑事责任。

党的十八届四中全会之所以会提出上述要求，至少说明了

---

[1] 胡云腾：《司法改革——问题、目标和思路》，载《依法治国与司法改革》，中国法制出版社1999年版，第3—4页。

三个问题：

第一，司法在全面推进依法治国中扮演着十分重要的角色。

依法治国的根本标志，不是一个国家制定了多少法律，而是已经制定的法律能否得到切实地遵守和执行。法律能否得到切实地遵守，关键在于对违反法律的行为是否能够给予法律所规定的制裁。如果违反法律的行为不能及时地受到应有的制裁，人们就会无视法律的规定，法治的权威就无从谈起。而法律制裁必须由司法机关依照法律规定的程序和实体规范来处理。这样才能保证法律制裁的公正性，才能让人们看得见法律制裁的合法性，从而看到法律的权威并尊重它。因此，司法在依法治国中扮演着特别重要的角色，尤其是在推进依法治国的过程中，法律能否得到全社会的尊重，法律能否被切实遵守，法律的权威性能否在人们心中树立起来，在很大程度上取决于司法机关是否严格执行了法律规定的罚则。

强调司法在依法治国中的重要性，丝毫不意味着否定立法的重要性。立法是依法治国的基础，没有完备的优良的法律，就谈不上依法治国。但是，应当看到，首先，在我们国家，社会主义法律体系已经形成，进一步修改完善法律的任务虽然依旧任重而道远，但与司法机关每年需要处理的上千万件案件[1]相比，立法的任务既没有那么大量，也没有那么急迫。其次，立法的任务是制定规则，有了规则，没有人执行，这个规则就不会引起人们的重视。而司法机关就是执行规则的主体，司法的状况如何，直接关系到立法机关所制定的规则能否发挥其应有的作用，能否实现立法机关所追求、所预期的结果。要发挥

---

[1] 从最高人民法院院长周强向全国人大所做的最高人民法院工作报告看，最高人民法院和地方各级人民法院连续三年来受理的案件分别是：2013年1422.8万件，2014年1566.2万件，2015年2052.7万件。

法律在依法治国中的作用，就离不开司法机关职能作用的发挥。最后，立法针对的是普遍性的事项，在它没有被具体执行之前，往往是概念性的存在。而司法机关办理的每一个案件都关系到当事人的人身权利或财产权利，每一个案件的处理结果都昭示着法律被执行的情况，都意味着国家的法治状况。只有依法处理好每一个案件，才能让人们看到正义的实现，看到法律的作用，看到法治的威力。因此，司法在推进依法治国中的作用，不仅不亚于立法，而且具有更直接更切实的推进作用。

强调司法的重要性，同样丝毫不意味着否认守法的重要性。只有全体公民都能自觉地遵守法律，法治国家才能真正地实现。但是，要让人们自觉遵守法律，前提是法律要有权威性。而法律的权威性只能通过对违反法律的行为进行惩罚才能实现。如果违反法律的行为不能一视同仁地受到法律的惩罚，法律的权威性就不可能树立。特别是在中国，存在大量不愿遵守法律的人群，能够违反法律的规定办事被推崇为一种"能耐"，如果不能充分发挥司法机关在惩罚违法行为方面的职能作用，不能保证现行有效的法律被切实遵守，法治的实现就是难以想象的。因此，要教育全体公民遵守法律，要养成人人遵守法律的习惯，就必须特别强调和发挥司法的作用，通过司法来树立法律的权威。

第二，司法能否在全面推进依法治国中发挥作用关键在于司法机关能否依法独立行使职权。

司法在全面推进依法治国中的职能作用是通过司法机关行使司法职权的活动发挥出来的。司法机关能否充分发挥司法的作用，首先要看司法机关能否独立地依法行使职权。只有当司法机关能够依法独立地行使司法权的时候，才有可能严格依照法律的规定来处理案件，而不受外界的干预，才有可能保证对所有案件一视同仁地公平处理，从而实现司法的公正，树立法治的权威。但是，如果司法不具有独立性，或者说，国家的政治制度包括司法制度不能保证司法职权的独立行使，司法机关在处理案件的过程中不得不听命于没有司法权的主体，甚至必须要看不行使司法权的人的脸色来决定案件的处理结果，那就完全可能在同一部法律面前就同一种违法行为对不同的人作出不同的处理。如是，就谈不上严格依法处理案件，而是在没有干预时依法处理案件、在遇到干预时依有关人员的意志处理案件，同样的案件处理结果就可能因人而异，司法的公平性、法律的正义性就难免荡然无存，法律在人们的心目中就不过是某些人的工具而已，法治的权威就不可能树立，依法治国也就只能是一种美好的愿望。

第三，司法机关不能依法独立行使职权的根本原因是缺乏排除干预的制度。

这些年来，由于司法缺乏应有的独立性，司法机关在办理具体案件的过程中，不断地受到来自各个方面的干预。检察机关在查办职务犯罪案件的过程中，不仅受到各种以组织名义进行的干预，而且时常受到各种以个人名义进行的干预，以致在实践中本应由检察机关立案侦查的贪污贿赂犯罪案件不得不大量地依靠党的纪律检查部门先行调查。人民法院在处理具体案件的过程中，同样受到各个方面的干预，甚至一些行政诉讼的案件是否立案都受到有关方面的干预。在死刑案件的判决中，法院有时都不能自己做主。在评价冤假错案不断发生的原因时，连最高人民法院常务副院长沈德咏都坦陈："现实的情况是，审判法院面临一些事实不清、证据不足、存在合理怀疑、内心不确信的案件，特别是对存在非法证据的案件，法院在放与不放、判与不判、轻判与重判的问题上往往面临巨大的压力。……面临来自各方面的干预和压力,法院对这类案件能够坚持作出留有余地的判决,已属不易。"[1] 其言下之意是,这些人被判重刑,并不是法院所能做主的。这种状况与依法治国的要求格格不入。之所以会出现这种状况,是因为司法机关在行使职权的时候受到了来自各个方面的干预,而司法机关没有能够抵御这种干预的盾牌,不得不屈从于这种干预。

正因为如此,党的十八届四中全会决议在"保证公正司法,提高司法公信力"的标题下,首先提出的措施就是"完善确保依法独立公正地行使审判权和检察权的制度",其中包括"建立领导干部干预司法活动、插手具体案件处理的记录、通报和责任追究制度"等。可见,能不能建立起确保人民法院、人民检察院依法独立公正地行使审判权、检察权的制度,能不能有效地排除对司法权行使的各种干预,直接关系到依法治国能不能全面推进、社会主义法治国家能不能建成的问题。

总之,司法在推进依法治国中的重要性,以及保证司法职权的独立行使对树立和维护法律权威的必要性,使司法职权独立行使的问题成为推进依法治国中首先面临的重大问题之一。正如有的学者指出的:司法独立是严格执法的前提,是公正裁判的基础和前提条件,是平等地保护公民和法人权利的前提和基础,是程序公正实现的保障,是实现对行政的有效制约,保护公民权利不受侵害的关键,也是维护司法的权威性和统一性的保障。[2] 如果不能做到从制度上保证司法机关依法独立行使司法权,依法治国就将始终是一句空话。

---

[1] 沈德咏:《我们应当如何防范冤假错案》,载《人民法院报》2013年5月6日,第2版。

[2] 王利明:《司法改革研究》,法律出版社2000年版,第107—117页。

2. 推进司法体制改革必须解决的重点问题

党的十五大政治报告在提出司法改革的任务时，就强调"从制度上保证司法机关依法独立公正地行使审判权和检察权"。此后，党的十六大、十七大、十八大报告都使用了几乎相同的语言强调了这个问题。[1] 在20年中连续四届的政治报告都强调同一个问题，一方面说明了这个问题的极端重要性，另一方面说明这个问题是我们国家的司法制度在自我发展过程中始终面临的一个十分严重并且不得不下大力气解决的问题，是司法体制改革始终如一的价值追求。

司法改革的目标之所以始终是"从制度上保证"或者"确保"司法机关依法独立公正地行使审判权和检察权，从根本上讲，是因为我们的制度还不能保证司法机关依法独立公正地行使审判权和检察权。在组织体制上，虽然我国宪法把人民法院、人民检察院作为独立的国家机关加以规定，并强调"人民法院依法独立行使审判权""人民检察院依法独立行使检察权"，但同时又规定地方各级人民法院、人民检察院由同级人民代表大会产生、向同级人民代表大会负责，从而使司法机关成为地方权力机关管辖下的一个工作机构。在管理制度上，虽然有法官法、检察官法的规定，但同时又要受公务员法的约束，即意味着法官、检察官要按照法律对公务员的要求"服从

---

[1] 党的十五大报告提出："推进司法改革，从制度上保证司法机关依法独立公正地行使审判权和检察权。"党的十六大报告提出："按照公正司法和严格执法的要求，完善司法机关的机构设置、职权划分和管理制度，进一步健全权责明确、相互配合、相互制约、高效运行的司法体制。从制度上保证审判机关和检察机关依法独立公正地行使审判权和检察权。"党的十七大报告进一步提出："深化司法体制改革，优化司法职权配置，规范司法行为，建设公正高效权威的社会主义司法制度，保证审判机关、检察机关依法独立公正地行使审判权、检察权。"党的十八大明确提出："进一步深化司法体制改革，坚持和完善中国特色社会主义司法制度，确保审判机关、检察机关依法独立公正地行使审判权、检察权。"

和执行上级依法作出的决定和命令"。在实践中，但凡具有一定领导权的人，都可以任意地向法官、检察官发号施令。司法机关在行使司法权的过程中，独立性没有制度保障的问题，不仅是实现公正司法的最大障碍，而且是建设公正高效权威的社会主义司法制度的最大障碍，这无论是在最高领导层，还是在最基层的司法人员中，抑或在了解情况的专家学者中，早已是大家的共识。所以，要通过改革来解决保证司法机关依法独立公正地行使审判权和检察权的制度性障碍，一直是中央对司法改革的要求，也是司法机关及其司法人员的普遍呼声[1]。

但是，这个方面的问题，在过去15年的改革中并没有真正解决，于是才有了党的十八大报告中的"确保"和十八届三中全会决议和四中全会决议中的一系列"确保"的措施。这些确保司法机关依法独立行使司法权的措施能否真正做到，不仅是对中国共产党执政能力的检验，而且涉及我们的党能不能取信于民、取信于广大司法人员的问题。

---

[1] 最高人民法院、最高人民检察院在各自的改革意见中也都反复强调了依法独立行使审判权、检察权的问题。最高人民法院在其发布的《人民法院五年改革纲要》中就提出："只有通过改革，逐步建立依法独立公正审判的机制，才能适应社会主义市场经济发展和民主法制建设的需要"，并强调人民法院的改革，必须始终坚持"依法独立审判"等原则。在《人民法院第二个五年改革纲要》中，最高人民法院强调：要"保障人民法院依法独立行使审判权"，"建立法官依法独立判案责任制"。在《人民法院第三个五年改革纲要》，最高人民法院有强调要"加强人民法院依法独立公正行使审判权的保障机制建设。研究建立对非法干预人民法院依法独立办案行为的责任追究制度"。在《人民法院第四个五年改革纲要》，最高人民法院再次强调"推动完善确保人民法院依法独立公正行使审判权的各项制度"。最高人民检察院在其第一个"三年检察改革意见"中确立的原则就包括"有利于保证检察机关依法独立公正行使检察权，努力维护国家法制统一"。在第二个"三年检察改革意见"中再次强调：检察改革必须遵循"有利于强化检察机关法律监督职能，提高检察机关法律监督能力，保证检察机关依法独立公正行使检察权"的原则。在《关于深化检察改革的意见（2013—2017年工作规划）》中，最高人民检察院提出的深化检察改革的总体目标，第一个就是"保障依法独立公正行使检察权的体制机制更加健全，党对检察工作的领导得到加强和改进，检察机关宪法地位进一步落实"。最高人民法院在历次改革纲要中都提到独立行使审判权的问题；最高人民检察院也在自己的改革意见中反复提及独立行使职权的问题，即是明证。

之所以在司法改革中反复强调人民法院、人民检察院分别依法独立公正地行使审判权、检察权，是因为司法机关的独立性是维护公平正义的根本保障，是司法的内在规律。司法的基本功能是通过在办理具体案件中适用法律来维护社会的公平和正义。司法机关只有根据对证据的分析和对事实情况的判断才能认定案件的是非曲直，据此作出的决定才可能具有客观性和公正性。但是如果作出这种判断的主体本身不具有独立性，他在作出判断的时候要看别人的脸色、听别人的声音甚至要揣测别人的好恶，或者，在司法主体对案件的事实和法律适用作出判断的时候，任何人都可以对他指手画脚，那他就不可能完全根据事实和法律来作出客观的判断，不可能完全按照法律的规定来处理案件。如果这种情况普遍存在，那么，司法权的行使就很难保证其客观性，对案件的处理也就很难保证其公正性，对当事人而言，就没有公平可言。因此，独立性是司法权自身的逻辑规定，是保证司法权依法公正行使的必然要求。正如有的学者指出的："司法的独立性是其公正性的必要条件，离开了独立性，公正性就失去了保障，就无从谈起。"[1]

所以，在本轮司法体制改革中，有的学者直言不讳地提出："司法体制改革要理直气壮地高扬依法独立的大旗"，认为"近年我国司法出现的各种乱象，归根结底就在于依法独立原则未能得到忠实遵守。认真反思正在进行的司法体制改革，确实有很多问题，但所有的问题中，依法独立无疑是最根本的原则。不仅因为许多司法体制的问题最终取决于依法独立是否可能，而且因为只有坚持了依法独立的原则，才能维护宪法和法律的权威。从这个意义上讲，我国司法体制改革的成败在很大

---

[1] 谭世贵：《论司法独立与媒体监督》，载《中国法学》1999年第4期。

程度上取决于依法独立原则的贯彻落实"。[1]

3. 司法责任制的根基所在

近年来,司法责任制的问题受到人们的高度重视。为了落实司法责任制,最高人民法院、最高人民检察院分别制定了有关司法责任制的规范性文件,并全力推进司法责任制的落实[2]。

但是,应当看到,司法责任制的根基是司法的独立性。因为,责任是以权力(或权利)为基础的,没有权力(权利)即无责任可言。司法责任制的逻辑是"让审理者裁判、让裁判者负责"。其第一位的是让审理者裁判,即让"审理者"有权进行裁判。如果审理者不能自主地作出裁判,那就谈不上让裁判者负责。因此,只有在司法机关和司法人员确实能够依法独立行使职权的情况下,司法责任制才能真正落实。如果司法机关和司法人员在办理具体案件的过程中不能独立自主地行使司法职权,那就没有理由追究其责任。这是因为,在道义上,一个主体,无论是独立存在的机关还是独立行使职权的个体,只有当他能够按照自己的意志独立自主地作出决定的时候,他才有义务对自己的决定负责任。如果这个决定是错误的并且造成了损害,他就应当为之承担不利的法律后果,别人也才能够追究他的责任。如果一个主体在作出决定的时候,并不是完全按照自己的意志选择行为,而是必须或难以避免地受到其他主体的影响或制约,那么,即使这个决定是以他的名义作出的,也不能完全要求他来承担责任。由于这个决定的错误而追究其法律责任,实际上,他就有代人受过之屈。在实际操作上,当一

---

[1] 蒋德海:《新一轮司法体制改革应以"依法独立"为核心》,载徐汉民主编:《问题与进路:全面深化司法体制改革》,法律出版社2015年版,第169页。

[2] 2015年9月21日,最高人民法院发布了《关于完善人民法院司法责任制的若干意见》,2015年9月28日,最高人民检察院发布了《关于完善人民检察院司法责任制的若干意见》。

个司法裁决并不是由承办案件的司法人员独立作出的，而是在集体讨论中按照少数服从多数的原则作出的，或者是在各种显现的或隐性的因素干预下作出的，就很难分得清哪些是个人的责任、哪些是集体或别人的责任。特别是当具体的办案人员提出不同意见的情况下，由于贯彻下级服从上级或者少数服从多数的原则，或者由于某些潜规则的支配，导致作出错误决定的情况下，责任主体事实上的不明确性，更难以追究哪个主体的责任。

因此，落实司法责任制，就必须保证司法的独立性。只有以司法职权的独立行使作为司法责任制的基础，司法责任制才能真正成为一种制度，真正发挥该制度在防范冤假错案中应有的作用。正因为如此，最高人民法院在其发布的关于司法责任制的规范性文件中反复强调："确保人民法院依法独立公正行使审判权"，"依照宪法和法律独立行使审判权"，"确保法官依法独立公正履行审判职责"，"遵循司法权运行规律，体现审判权的判断权和裁决权属性，突出法官办案主体地位"，"法官依法审判不受行政机关、社会团体和个人的干涉"。最高人民检察院在其发布的关于司法责任制的规范性文件中也强调："检察官依法办理案件不受行政机关、社会团体和个人的干涉。检察官对法定职责范围之外的事务有权拒绝执行。"这些规定也说明，没有司法职权的独立行使，就没有司法责任制的贯彻落实；推行司法责任制，就必须特别重视司法职权的独立行使问题。

4. 司法公正的制度保障

近年来，司法不公的问题一直是人民群众反映强烈的问题之一，高层领导也反复强调要让人民群众在每一个案件中看到公平正义的实现。的确，司法公正对于司法而言，非常重要。

"司法以公正为灵魂和生命,乃是因为司法和公正本身同出一源,民众冀期通过司法获得自己所诉求的具体公正。"[1]

但是,应当看到,司法不具有独立性,就不可能有公正可言。这是因为:

第一,独立性是司法活动的基本规律。

司法权不同于立法权和行政权,其根本区别在于:司法权主要表现为一种裁判性质的权力,而立法权和行政权则是一种决策和执行性质的权力。立法权也好,行政权也罢,主要是对未来事项作出决定的权力。对未来的事项作出决定,虽然也需要以往实践的经验,但主要的是前瞻性,即对未来可能出现的各种情况在利弊权衡基础上的预断。这种权力行使的基本原则是少数服从多数、下级服从上级。尤其是行政权的行使,通常都是谁官大听谁的,谁级别高听谁的。因为,级别越高拥有的权力就越大、承担的责任就越大,说话也就越有分量。在就国家事务或者社会管理事务的某个方面进行立法或者作出决定的时候,由于可能影响到诸多的社会群体或公民个人的权利或利益,往往不能由一个人或者一个单一的主体说了算,而必须按照一定的程序,广泛听取各方面的意见,进行必要的调研和论证,从而最大限度地保证立法或者决策能够真正维护国家利益或最广大人民群众的利益,反映人民的意志。而司法权显然与之不同。司法永远是针对具体案件的,是对已经发生过的事实进行裁判,然后适用法律。要认识曾经发生过的案件事实的真相,只能根据案件中所收集到的证据材料,运用专门的知识,通过对证据的分析判断来还原曾经发生过的案件事实,而不可能根据行政级别的大小来判断争执意见的对错,不能按照下级

---

[1] 《陈光中法学文选》(第一卷),中国政法大学出版社2010年版,第440页。

服从上级的原则来判断案件的事实真相。所以,司法权的行使,必须具有独立性,必须由司法主体独立自主地根据案件中的证据材料来作出判断。这是司法权不同于立法权、行政权的原因所在。

第二,独立性是司法公正的先决条件。

司法机关办理任何具体案件都必须根据案件本身的证据材料来作出对案件事实的判断,并根据这种判断决定应当适用的法律条款。司法结果的正确性,依赖于司法人员对法律精神的精准把握、对法律规范的娴熟应用技术和对案件证据材料的分析判断。司法的过程就是在具体案件中一个个客观的事实判断过程,也是准确选择可适用法律的过程。在这个过程中,如果司法人员受到不了解案件的证据材料、不了解案件真实情况的主体的左右,不是完全根据案件事实,而是遵从其他主体的意见来认定案件的事实并决定法律的适用,就可能使案件的处理丧失客观性,也就很难谈得上公平正义。对案件的处理,就可能因人而异,而不是因事而异;就可能因案外人的意见而异,而不是因办案人的判断而异。如是,作为具体案件的处理者即解决争议的裁判者,就可能丧失裁判者的立场而成为一方当事人的帮手。"司法如果不能独立地行使,无疑会沦为一种'拉偏架'的纠纷解决方式。"[1] 案件的处理在总体上就可能导致体系性的不公正(尽管对个案的处理结果可能是公正的,但在类似案件的相互比较中永远不可能是公正的)。可以说,独立性也是司法公正的内在需要,是司法公正的保障。

第三,独立性是提高司法公信力的必然要求。

司法要有公信力,才会被普遍地认同和接受,才会有权威

---

[1] 顾培东:《当代中国司法生态及其改善》,载《法学研究》2016 年第 2 期。

性。这些年来,司法机关致力于提高司法的公信力,但是司法在人们心目中的公信力并没有明显提高。其原因固然是多方面的,但不可否认的一个重要方面就是司法的独立性不高。在老百姓眼里,法院应该是个讲理的地方,但庭开了,理讲了,法官却不能当庭给个说法,而要过一段时间才宣判。于是,人们就怀疑后来的判决是不是根据开庭审理的情况作出的,会不会有其他因素在起作用。特别是当公务员犯罪被轻判,或者双方当事人中有一方与有权的人沾亲带故而判决又有利于这一方时,人们就很容易把案件的判决与司法不公联系在一起,怀疑权力在影响司法。如果司法是独立的,法官在作出判决时不受任何人的干预和影响,这种对审判结果的怀疑就将不攻自破,无论判决的结果如何,人们都会相信它是依法作出的。但是,司法不具有独立性,这种怀疑就是理所当然的,而这种怀疑必然导致司法缺乏公信力,司法机关无论如何努力,恐怕都无法消除人们心中的疑虑。因此,司法只有"以法律为准绳",而不是以没有司法权的主体的意志为依据,才能取得人们的认可。"司法要在最大范围内获得社会认同,必然要从法律中寻求裁判的理由。"[1] 这在客观上就要求司法主体在处理具体案件的过程中,只服从法律,而不是听从任何其他主体的指令。正如有的学者指出的:司法独立是防止系统性、整体性司法不公的必要条件,是司法公正的基本保障。

正因为如此,联合国大会核准的联合国预防犯罪和罪犯待遇大会1985年通过的《关于司法机关独立的基本原则》第1条规定:"各国应保证司法机关的独立,并将此项原则正式载入其本国的宪法和法律之中。尊重并遵守司法机关的独立,是

---

[1] 吴英姿:《论司法认同:危机与重建》,载《中国法学》2016年第3期。

各国政府机构及其他机构的职责。"1989 年联合国经社理事会在《关于司法机关独立的基本原则：实施程序》中进一步强调："所有国家应在其司法系统中，按照各自的宪法程序和本国惯例，通过并实施司法机关独立的基本原则。"这也表明，司法的独立性，并不是哪个人的主观臆想，而是世界各国共同认识到的司法活动的基本规律，是司法的内在要求。

(二) 关于司法职权独立行使的认识误区

在我们国家，司法独立的问题几度被妖魔化，成为人人忌讳的话题。其原因往往来源于对司法独立性的误解。确保司法职权的独立行使，有必要厘清对司法独立性的认识误区。

1. 误区之一：强调司法独立会削弱党的领导

有一种观点认为，我们国家是共产党执政的国家，党领导一切是我们国家政治制度的基本特色，强调司法职权的独立行使，就是向党闹独立性，就可能削弱党对司法的领导。甚至有人认为，强调司法独立就是要摆脱党的领导。

这种看法曲解了党的领导与司法独立性之间的关系，为党内某些领导人干预司法提供了堂而皇之的理由。

诚然，我们国家是共产党领导的国家。党的领导包括党对司法工作的领导。这是必须坚持的中国政治制度的基本特色。因此我们反对"三权分立"权力架构下的司法独立。但是，我们讲司法职权的独立行使是指人民法院依法独立行使审判权、人民检察院依法独立行使检察权。这样的独立性是我们党历来倡导的，也是我国宪法明文规定的、人民代表大会制度的重要组成部分。"长期以来，我国司法实践中存在以权压法、以言代法等不良现象，严重干扰了司法活动的正常、有序进行，这些是司法独立所反对的，也是与我国的根本政治制度和党的纲领、路线、政策不相符合的。"[1] 因此，强调党的领导并不能成为否定司法独立性的理由。

首先，党的领导并不意味着党要代替司法机关行使职权。

我们国家在党的领导下设立了国家的权力机关、行政机关和司法机关，并通过宪法和有关的组织法明确了各个国家机关的职权范围，并实行各司其职、各负其责的原则。党对各个国家机关的领导主要是政治方向和组织路线方面的领导，而不是具体工作上的领导。党要充分发挥各个国家机关的职能作用，支持各个国家机关在宪法法律规定的范围内通过各自的努力充分行使职权，从而实现国家管理的有序和高效。如果一切国家事务都由党的组织直接处理，不仅不利于发挥其他国家机关及其工作人员的职能作用，而且不利于维护共产党的执政地位和党在人民群众心目中的现象。因为，任何国家事务如果都由党的组织来处理，那么，每一个国家机关或者国家机关工作人员在工作中出现的问题，人民群众都会认为是共产党的问题，都会抱怨党的领导，从而损害党的形象，动摇党的领导地位。党领导司法，同样地，主要是政治上的领导，即确定司法工作的政治方向、法律政策和必须遵循的原则，当然也包括组织上的领导，即为司法机关培养、考察和选派干部，保障司法机关组织上的纯洁性。党领导司法的目的是更好地发挥司法机关的职能作用，保证司法机关正确、高效地执行法律。要发挥司法机关的职能作用，就必须尊重司法的规律性。如前所述，司法的基本规律就是在具体案件中要由司法主体根据案件的证据材料和应当适用的法律独立地进行判断、作出裁决。党对司法的领导要遵循司法规律，就是要尊重司法主体的独立性，让其能够

---

[1] 卞建林主编：《现代司法理念研究》，中国人民公安大学出版社2012年版，第397页。

在每一个具体案件中独立地依法行使职权。只有这样，才能发挥司法机关的职能作用，增强每一个司法人员的责任心，保证司法机关的高效运作。如果党对司法的领导违背了司法自身的规律性，无视司法的独立性要求，就可能事与愿违，导致司法功能的丧失，党的领导也就失去了作用。

其次，党的领导并不意味着党的每一个领导干部都可以向司法机关发号施令。

一是因为党的基层领导干部未必能代表党。执政党是一个组织严密的领导集体，只有党的中央机关才能代表党，只有党中央制定的路线方针政策和党领导人民制定的法律才能代表党的意志。个人尤其是基层党组织的领导个人的意志，很难说就代表了党的意志。过去，一些基层党组织的领导干部动不动以党自居，其奉行的逻辑是：党的领导不是抽象的，而是具体的，是通过党的各级组织实现的，在基层，党委书记就代表党，所以，党委书记的话就是党的话。尽管近些年来，地方各级党组织领导干部的法律意识不断增强，支持司法机关依法办案的越来越多，随意发号施令的越来越少，但这种现象并没有完全销声匿迹。

二是因为党的领导干部在具体案件的处理上没有发言权。案件的处理是建立在对案件中的证据材料进行具体分析，进而作出关于案件事实的判断的基础上的。党组织的领导人既不查阅案件的证据材料，也不接触案件的当事人，不可能了解案件的事实真相，因而在具体案件的处理上，应该说是没有发言权的。如果要其对具体案件发号施令，就很可能是建立在偏听偏信、主观臆断的基础上的，因而是缺乏客观性、公正性的。

三是因为通过听汇报了解案情容易被误导。有的领导人通过听取汇报来了解案情进而作出指示，这种指示同样很难保证其正确性。因为汇报的内容总是因人而异的。这并不是说汇报的人有意歪曲事实做虚假的汇报，而是每个人对证据材料的理解和对案件事实情节的判断是不同的。同样一份证据材料，检察官可能作为证实被告人犯罪的证据，辩护人可能将其作为证明被告人无罪的证据。不仅对证据材料的认识影响汇报人对证据材料的取舍，而且对犯罪情节的认识也会影响汇报人对案情的取舍。一些细节，汇报人可能认为无关紧要而不予汇报，律师则可能认为直接决定被告人有罪还是无罪。因此，通过听汇报来判断案件的事实真相，进而作出批示，必然受汇报人的思维和认识能力的影响。并且，承办案件的人员向自己的直接领导汇报案情，可能会尽量地详细，检察院、法院的领导向地方党委的领导汇报案情，则可能尽量精简，向更高一级的领导汇报案情，则会更加简明，因为越是高级的领导越没有太多的时间听汇报。过去，有的领导根据汇报，对有的具体案件在全国性的会议上大加批评，而最后案件的处理结果与领导在会议上讲的情况完全相反。正是鉴于实践中出现的这些问题，十八届三中全会决议和四中全会决议都强调要"让审理者裁判"，即意味着排除不直接接触案件材料的人对具体案件指手画脚。当然，这样说，并不排除在个别涉及国家最大利益的案件中，党的领导机关对具体案件的处理作出政策性、指导性的批示。这种情况是司法权行使中的例外，是司法权服从国家重大利益的需要。但这种情况不应该作为一种常态，不能普遍适用于各级党组织。

最后，强调司法职权的独立行使并不意味着否定党对司法的领导权。

人民法院依法独立行使审判权、人民检察院依法独立行使检察权，其前提是"依法"，即依照国家法律的规定行使职权。

这本身就是按照党的意志办事。因为法律是党领导人民制定的，是党的意志与人民的意志高度统一并通过一定的程序上升为国家意志的表现。服从法律、依法独立行使司法权，本质上就是服从党的领导，就是按照党的意志行使职权。另一方面，司法的独立性是指司法机关在办理具体案件时应当具有的独立性，并不是在政治上的独立性。强调司法的独立性，与坚持党的领导并不矛盾。因为司法的独立性并不排斥司法机关在政治上要执行党中央确定的路线方针政策，并不排斥党为司法机关培养、考察和选派领导干部。把司法独立与党的领导对立起来的观点，应该说是一种望文生义的浅薄的看法，以为"独立"就是分庭抗礼，就是毫不相干。事实上，这是不可能的。因为司法机关无论怎么独立，都是国家的司法机关，都是在执政党领导下的国家机关，况且，司法机关的绝大多数工作人员都是共产党的党员，与执政党有着千丝万缕的联系。之所以要强调司法职权的独立行使，只是因为司法活动有其自身的规律性，司法机关在自己的职权范围内依法办理具体案件时，任何个人或组织（包括党的基层组织和基层组织的领导人）不要指手画脚，干预其依法独立地作出判断和适用法律。这本身就是司法机关独立设置的制度逻辑，而实践中许多人并不理解或者并不遵守这种制度设置的逻辑，人为地破坏制度设计的初衷，总想让司法机关对具体案件的处理听从自己的指挥，总担心司法机关办错了案件。其结果，必然妨碍司法职权的独立行使，也就从根本上妨碍了司法的公正。

长期以来，我们坚持职务犯罪案件党内请示汇报制度。看起来是加强了党对职务犯罪侦查工作的领导，但在实践中却出现了一系列问题。一是向谁汇报，是向党委书记一个人汇报还是向党委常委会集体汇报，是向政法委汇报还是向纪委汇报；

二是何时汇报,是在案件初查时就汇报,还是在初查结束、决定立案时汇报,或者是在侦查终结后汇报;三是汇报后怎么办,党委领导或者有关部门在听取汇报后要不要对案件的处理作出指示,作出什么样的指示。这些问题,在不同时期有不同的做法,在不同地方也有不同的做法。但是无论怎么做,都造成了对司法公正的侵蚀。因为,如果是向党委书记或者主管的副书记个人汇报,那么,他对自己提拔的人或者喜欢的人或者信任的人,就可能要求网开一面,对自己不喜欢的人,或者对自己的对手提拔的人,就可能要求依法严查、彻查;如果是向党委常委会汇报或者是向党委的某个部门汇报,由于知道案情的人相对较多,很可能走漏案件的信息,给侦查工作造成被动甚至导致案件无法侦查下去。如果是在初查时汇报,听取汇报的人往往会左右为难,因为案件的基本事实还没有查清,难以给出一个明确的意见;如果是在初查结束或者侦查终结之后汇报,听取汇报的人往往也会左右为难,因为涉嫌犯罪的事实已经查清或者比较明朗,他不让查下去,就可能担负违法袒护涉嫌犯罪人员的风险;让继续查下去,又无法保护他想保护的涉嫌犯罪的人。另一方面,如果向党委汇报案件之后,听取汇报的领导或部门迟迟不予表态,检察机关同样会处于十分尴尬的境地,继续查办吧,怕领导不满意;等着不查吧,怕贻误查办案件的时机,导致"夹生饭"的现象。

这个问题,从一个侧面说明,党的领导不能陷入对司法机关办理的具体案件的领导。如果把党的领导理解为各级党委都有过问司法机关办理的具体案件,即使是限定在重大案件的范围内,就会使党的组织陷入具体案件的漩涡,甚至会给某些基层党委及其领导人干预司法带来机会,就会造成司法的不公和司法权的异化。不仅如此,把党的领导视为党对具体案件的领导，就可能把党的组织置于社会矛盾的第一线，把某些人民群众包括当事人对司法机关的不满直接变成对执政党的不满。而通过司法权独立行使，让司法独立地面对和解决各种社会矛盾，从而在一定程度上切割社会矛盾与执政党之间的联系，就可能避免社会矛盾中潜含或蓄积的冲突和对抗直接指向执政党并形成对政权和执政者的不满和抱怨。[1]

总之，把党的领导与司法职权的独立行使对立起来的观点，在理论上是难以成立的，在实践上是极为有害的。全面推进依法治国，作为执政党，就要尊重司法的规律，确保司法机关依法独立行使司法权，而不能片面强调加强党的领导，任意干预司法机关办理具体案件。事实上，习近平总书记在关于《中共中央关于全面推进依法治国若干重大问题的决定》的说明中对这个问题已经讲得十分清楚："党领导人民制定宪法和法律，党领导人民执行宪法和法律，党自身必须在宪法和法律范围内活动。"也就是说，党在领导人民推进依法治国中，对立法是"领导"，对执法（当然包括司法）是"保证"。

不仅如此，强调司法职权的独立行使，是在坚持党中央对司法机关和司法职权行使的集中统一领导的原则下提出的，其目的是更好地维护党中央的权威，进一步加强党中央对司法的集中统一领导。因此，强调从制度上保证司法机关依法独立公正行使审判权、检察权，绝不会削弱党对司法机关的领导。

2. 误区之二：司法独立不符合权力制约的原理

有一种观点认为，任何权力都要受制约，强调司法独立违背了权力受制约的原理，必然导致司法权的滥用。

这种观点貌似符合权力运行的原理，但实际上是不了解司

---

[1] 参见顾培东：《当代中国司法生态及其改善》，载《法学研究》2016年第2期。

法权运行的基本原理的表现。权力应当受到制约是权力运行的基本原理,但是如何受到制约则应当根据不同权力的不同特点来进行制度安排。

强调司法职权的独立行使,并不是强调司法权的行使不需要制约,而是因为司法权在行使的过程中本身要受到多方面的制约。

首先,司法职权的独立行使是在"依法"前提下的独立性。

司法机关行使司法权,独立地处理案件,必须依照法律的规定进行。法律本身就是司法活动的"紧箍咒"。所谓依照法律的规定,既包括依照法律的授权,在各自的职权范围内处理案件,不得僭越法律的授权在管辖范围之外滥用司法权;也包括按照法律的实体性规定,客观公正地对待每一个案件和案件当事人,严格按照法律规定的标准来定罪量刑、区分是非曲直,作出公正的裁判,不得任意出入人罪;还包括按照法律规定的程序来处理案件,切实尊重和保障当事人的诉讼权利,不得违反法定程序损害当事人权益。司法活动如果没有严格遵守法律的规定,就违背了司法的社会功能。因此,"依法独立行使司法权",始终是把"依法"放在独立性前面的。其意旨就是强调司法要依照法律的规定进行,要严格依法来行使司法权。这是对司法独立性的最大制约。

其次,司法机关行使司法权始终要受到其他诉讼主体的制约。

如前所述,司法权在本质上是一种对具体案件作出判断和处理的裁判权,因而司法权始终是在诉讼过程中运行的。也就是说,司法权的行使离不开诉讼过程,没有诉讼活动就没有司法权的运行场域。而诉讼永远是一个有多方参与的活动。

在刑事诉讼中,检察机关作为公诉机关,其对公安机关侦查终结的案件进行审查起诉,一方面要受到公安机关的制约,公安机关对检察机关作出的不起诉决定不服,在程序上,可以提请检察机关复议,复议不被接受还可以向上一级检察机关提请复核;另一方面要受到当事人的制约,当事人不服检察机关作出的不起诉决定,可以提出申诉,有被害人的案件,被害人不仅有权提出申诉,并且有权直接向人民法院起诉。而对检察机关提起公诉的案件,更要受到人民法院审判活动的制约。即使是检察机关直接受理的职务犯罪案件,虽然侦查、起诉都是由检察机关进行的,但随着诉讼阶段的不同,也要受到不同的制约。如在侦查阶段,要受到犯罪嫌疑人聘请的律师的制约和上一级检察机关的制约,在提起公诉以后,要受到人民法院的制约。检察机关在侦查、审查起诉阶段终止案件的,要受到人民监督员和上一级检察机关的制约。

同样地,人民法院审判案件,一方面要受到检察机关的制约和监督,判决不当的,检察机关有权提起抗诉,审判程序违法的,检察机关有权进行诉讼监督;另一方面要受到当事人的制约,被告人有权对一审判决提起上诉,被害人有权要求检察机关提起抗诉。而一旦提起抗诉或者上诉,下一级人民法院的判决就要受到上一级人民法院的审查,错误的判决就会被改判。在民事诉讼中,人民法院审理的每一个案件,都要受到原告、被告双方当事人的制约,任何一方不服人民法院的判决,都有权向上一级人民法院提起上诉,上一级人民法院则必须对案件进行审理。在行政诉讼中,人民法院审理案件同样要受到行政相对人和行政机关的制约,任何一方不服人民法院的裁判,都有权向上一级人民法院提起上诉,上一级人民法院同样要对之进行审理。此外,人民法院审理民事诉讼案件和行政诉讼案件,还要受到人民检察院的监督。不同诉讼主体行使权利的活动本身，就是对司法权行使的有效制约。

最后，司法责任制本身就是对司法权行使的有效监督。

我国1979年颁布的刑法就设立了枉法裁判罪，随着刑法立法的发展，对枉法裁判的行为设置的刑事法网更加严密。按照现行刑法的规定，司法工作人员徇私枉法、徇情枉法，构成犯罪的，要被依法追究刑事责任。

2015年，最高人民法院发布了《关于完善人民法院司法责任制的若干意见》、最高人民检察院发布了《关于完善人民检察院司法责任制的若干意见》。这些规范性文件，都进一步明确了司法工作人员在办理案件过程中应当承担的责任。尽管人们对这种司法责任的合理性持有不尽相同的看法，这种规定总是体现了"谁办案谁负责、谁定案谁负责"的精神。而司法责任制的实质正是强调司法工作人员在对案件有独立自主地作出裁判的同时要对案件的质量负责。这是从事后追究的角度设置的对司法活动的制约。

总之，法律在司法权运行的各个环节中已经按照权力制约的原理对司法权的行使设置了种种制约。这种程序性的制约本身就是为了更好地防止司法权的滥用。认为强调司法权的独立性就是主张司法权不受制约的观点，是没有根据的，也是不符合司法的实际情况的。

至于司法实践中出现的冤错案件，一方面是因为任何案件的处理都是建立在对已经发生过的案件事实的分析判断基础上的，由于人类认识的局限性和收集证据手段的有限性，对案件事实判断错误在所难免。即使是在美国那样刑事司法技术极为发达的国家，自20世纪80年代末DNA技术被用于刑事侦查以来，"已经有超过320名无辜者通过定罪后的DNA检测被无罪释放"[1]。司法活动追求尽可能地少犯错误,但无法保证不犯任何错误。正因为司法活动中难免出现错误,所以在程序设计上规定了一审、二审、再审的制度,以尽可能地减少错误的发生。另一方面是因为我们的诉讼制度还不够完善,长期存在着以侦查为中心的诉讼模式,对证据的审查不够严格,法庭审理被虚化。正因为这些问题的存在,新的刑事诉讼法确立了非法证据排除规则,党的十八届四中全会决议提出了推进以审判为中心的诉讼制度改革的意见,目的就是要进一步完善我们的诉讼制度,防止冤错案件的发生。这种情况说明,冤假错案的发生,与司法权是否受制约没有必然的联系。事实上,已经发现的冤假错案,多数与没有直接参与案件办理的人员发号施令、干预司法有关,是司法权的行使受到不当干预的结果。

这样说,并不是否认司法机关和司法人员可能滥用职权,而是说,司法权的行使本身要受到多方面的制约,这种制约是司法权运行的内在规律,也是司法独立的应有之义。强调司法职权的独立行使,意指在这种程序性的制约下,司法机关和司法人员应当独立地对案件作出判断和决定,不应当再受到其他方面的干预或制约。至于司法机关或司法人员不顾及这种程序性的制约,故意违反法律的规定,滥用职权,枉法裁判,那就不是司法权受不受制约所能解决的问题,而是追究有关机关或个人法律责任的问题。不能因为司法活动中存在滥用职权的现象,就违反司法权运行的基本规律,一味地加强监督制约,使司法机关和司法人员在处理具体案件过程中前怕狼后怕虎,无所适从。

---

[1] 〔美〕布兰登·L.加勒特:《误判》,李奋斗等译,中国政法大学出版社2015年版,中译本序,第6页。

3. 误区之三：缺乏司法独立的人力资源

有一种观点认为，司法的独立性是必要的，但我们国家目前还存在司法人员整体素质不高的现实情况，在这种情况下，让司法机关独立行使职权，党和人民不放心，所以还不能完全放手让司法人员独立办案，甚至司法机关的某些领导也认为司法人员的素质令人堪忧，担心放权给法官、检察官独立办案容易出问题，给自己惹麻烦。

这种观点，不能说没有道理。但问题是，如果没有司法独立性的制度设计，哪来高素质的司法人员？

长期以来，我们国家都是把法官、检察官作为普通的国家干部对待的，实施公务员法之后，法官、检察官也是被作为普通的公务员对待的。尽管公务员法规定，法律对法官、检察官的义务、权利和管理另有规定的从其规定，都是法官法、检察官法颁布实施多年来，法官、检察官依然是按照普通公务员的管理模式和福利待遇来对待的。在这种管理模式下，法官、检察官的待遇、晋升像普通公务员一样，要受到单位职数、工作年限、人际关系、领导和同事的认可程度等因素的影响，干与不干、干多与干少、干好与干坏，对其福利待遇和晋升没有实质性的影响，从而也就失去了努力学习、钻研业务、不断提升办案水平的动力，以致一些司法人员把人际关系看得比业务水平更为重要。在这种环境下，尽管司法机关这些年来下了很大的功夫，花了很多的经费大力进行业务培训，但整体素质的提高仍然十分有限。

从另一个角度看，由于司法人员整体素质不高，所以不敢放权给法官、检察官，而承办案件的法官、检察官手中没有权，事事要请示汇报，也就没有提高业务水平的动力。有的法官、检察官办了一辈子案件，对有关的法律规定还是不够熟悉。这种情况并不鲜见。这既说明我们的管理机制中缺乏提高素质的动力,也说明不放权形成了一种恶性循环:越是不放心,就越不放权;越不放权,就越难提高素质。

司法人员素质的另一个方面是对法律的忠诚度。只有具备较高的职业伦理,从内心忠实于法律的人员,才具有行使司法权的资格,才能得到人们的信任。但是,长期以来,我们国家的司法机关在行使司法权的过程中,受到了来自各个方面的干预,难以独立行使职权。这种状况,在很大程度上影响了司法人员对法律的信仰,客观事实迫使他们不得不相信:领导人的话比法律更有权威(一个社会,如果连从事法律职业的人都不能相信法律,这个社会就不可能成为法治国家)。与此同时,我们国家法官、检察官的待遇和管理与普通公务员的待遇和管理几乎没有什么差别,一些法官、检察官也就很自然地把自己混同于普通公务员。公务员队伍中有什么样的不正之风,司法人员队伍中也就有什么样的不正之风。这种社会存在,使司法人员丧失了信仰法律的内心动因,也使各种教育运动的效果令人啧有烦言。

因此,要想有高素质的司法队伍,就应当让司法保持高度的独立性,一方面促使司法人员不断提高独立办理案件的能力,淘汰不能胜任司法工作要求的司法人员;另一方面促使司法人员尊重法律、信仰法律,严格依法办案。离开了司法人员独立办案的路径(当然要与司法责任制配套),很难有高素质的司法人员。

(三)司法职权独立行使的制度障碍

之所以要重拾司法职权的独立行使,是因为我们国家的司法制度难以保障司法职权的独立行使。这方面存在的问题,已有太多的论述。此处仅简要指出最为突出的几个方面:

1. 地方权力对司法独立性的侵蚀

在司法体制上，我们国家的司法机关是按照行政区划设置的。这种设置，作为一种制度安排，本来是无可厚非的。但是，由于宪法在规定人民法院、人民检察院独立行使职权的时候，明确加上了一句"不受行政机关、社会团体和个人的干涉"。于是有的人就认为，司法机关只是不受行政机关的干涉，显然不包括党组织的干涉、权力机关的干涉，从而把同级党组织、同级人大及其常委会对人民法院、人民检察院的干涉制度化。特别是宪法明确规定，地方各级人民法院、人民检察院都由同级人民代表大会产生，受同级人民代表大会的监督，这更使地方司法机关在地方权力面前丧失了应有的独立性，什么事情都要听从地方领导的指示。

在我们国家，尽管地方利益和国家利益在根本上是一致的，但由于"分灶吃饭"的财政体制，地方利益毕竟具有一定的独立性。地方权力对司法机关的控制，就使国家的司法权很可能沦为地方领导实现个人意志的工具。特别是改革开放以来，地方经济的发展很不平衡，各地领导对本地的经济发展高度关注，要求司法机关为本地经济的发展"保驾护航"的呼声甚为强烈。在这种体制下，司法权很容易成为地方权力的附庸而丧失其独立性。这些年来，司法权行使中的"地方保护主义"一直是人们诟病的问题之一。

所以，党的十八届三中全会决议在提出"确保依法独立公正行使审判权和检察权"的改革任务时，首先提出的措施就是"改革司法管理体制，推动省以下地方法院、检察院人财物统一管理，探索建立与行政区划适当分离的司法管辖制度，保证国家法律统一正确实施"。这个措施的推进，必将改善我们的司法体制，使司法机关在行使职权时有可能在一定范围内摆脱地方权力的控制，保持应有的独立性。遗憾的是，在"推动省以下地方法院、检察院人财物统一管理"的过程中遇到了许多困难和阻力，如果这些困难和阻力不能很好地正视和克服，改革的结果将与改革的初衷相去甚远。

2. 司法管理中的行政化对司法独立性的干预

如前所述，司法权实际上是在具体案件中对事实的判断权和对法律的适用权，这种权力的行使需要司法主体亲自查阅案件的证据材料，接触案件当事人，独立地作出判断。但是，我们国家在对司法活动的管理方面，设置了太多的行政管理机构和管理活动。一方面，法院、检察院要按照地方党委、人大、政府的工作安排，部署本院的工作，地方党委、人大、政府每年的考核都是以其所部署的工作任务为依据，若不能很好地完成他们部署的工作任务，每年的年终奖金就会大打折扣。这就迫使地方的法院、检察院从事许多与司法权没有直接关系的工作，消耗一定的人力、精力和时间，难以集中精力行使司法权。另一方面，各级法院、检察院内部都设立了一系列行政管理部门，这些管理部门为了自己有事干，为了自己每年在年终总结时有绩可陈，不得不安排一系列的活动。这些工作部署和活动安排，在很大程度上消耗了司法人员的时间和精力，妨碍了司法人员静心尽力地钻研法律、办理具体案件。

3. 司法权运行模式中的行政化对司法独立性的影响

在司法权运行模式方面，基于对司法人员整体素质不高的评估和对司法人员的不信任，无论是各级人民法院还是各级人民检察院，都设置了一系列行政化的案件流程控制，诸如案件汇报制度、案件审批制度、审判委员会或检察委员会讨论案件制度，等等[1]。这些制度设计，如果仅限于重大案件，倒是完全有必要的。问题在于，过去人民法院、人民检察院办理的几乎所有案件，都要提请审判委员会或检察委员会讨论，特别是检察机关内部规定：所有不起诉的案件都要提请检察委员会讨论决定，所有职务犯罪案件做撤案、不起诉处理的都要提请上一级人民检察院批准，所有职务犯罪案件需要逮捕犯罪嫌疑人的都要提请上一级人民检察院批准。这种运行机制，可以说，在一定程度上适应了低素质司法人员办理案件的客观需要，有利于保障审判权、检察权行使的正确性。因为它可以通过层层审批、集体把关的方式防止因个人素质不高作出错误的裁判。但是，这样一种司法权运行机制，从根本上违背了司法独立性的规律，无法贯彻证据裁判原则，难以保证司法裁判的准确性。"司法的行政化是导致司法偏离规律、法官角色异化，削弱司法认同的主要原因。"[2]

这种司法权运行机制，不仅使承办案件的司法人员丧失了独立作出决定的权力，而且丧失了在案件处理上被信任的起码标志。

4. 人员管理中的行政化对司法独立性的影响

我们国家，对司法人员始终实行行政化管理，是司法难以独立的重要制度性因素。一是在身份定位方面，无论是否行使司法权，只要是法院、检察院的正式在编人员，大家都是国家公务员。尽管有法官法和检察官法，但工资待遇都是按照公务

---

[1] 长期以来，法院、检察院都形成了"承办案件的人员办理案件、庭长（科处长）审核案件、院长（检察长）审批案件，重大案件提请审判委员会（检察委员会）讨论决定，审判委员会（检察委员会）意见分歧或者拿不准的情况下请示上一级法院、检察院"的审判权、检察权运行机制。

[2] 吴英姿：《论司法认同：危机与重建》，载《中国法学》2016年第3期。

员法来管理的。只要行政级别达到一定的位置，不管是否会办案，也不管办没办过案，其工资待遇都是一样的。即使是法官等级和检察官等级，也都是根据行政级别来确定的，甚至法官、检察官的等级评定首先要看本单位有没有行政岗位的职数，没有职数，即使符合法官法、检察官法规定的任职资格，也不能评定法官、检察官的等级。二是在工作关系方面，各级法院、检察院普遍奉行的是行政长官制。谁的行政级别高，谁在法院、检察院的管理中包括在案件处理问题上的发言权就大，谁的行政级别低，谁就得事事听从别人的安排。一个人，无论办案的水平有多高，无论办过多少复杂案件，无论对所讨论的案件多么熟悉，如果行政级别不高，有时甚至连给审判委员会、检察委员会特别是上级领导汇报案件的资格都没有，更谈不上决定权。三是在考核评价方面，每个法院、检察院都是按照统一标准和要求来考核全体工作人员、评价工作人员。每年的年终总结，人人都按照"德、能、勤、绩"四个方面写总结、汇报工作成绩，部门领导或主管领导都按优秀、良好、称职、不称职来给自己的部下作出评语。虽然法院、检察院年年都在进行年终总结，但每个业务部门的人员谁办了多少案件，所办案件的质量如何，从来没有人能给出一个中肯的回答，因为谁也不知道。四是在晋升提拔的问题上，法院、检察院的评价标准都是以人际关系为主要依据，通过群众推荐、民主测评的方式确定入选人名单，然后再由组织部门进行考察。如果一个人在本单位的人际关系不好，群众没有推荐，或者民主测评时得票率不高，那就进不了考察的范围。

这样一种人员管理制度，在党政机关可以说是通行的做法，因为党政机关都是实行下级服从上级的管理模式和工作原则。但是对司法机关而言，这种人员管理模式，就使司法人员不得不把是否听领导的话放在首位,而不可能是把法律规定放在首位;把人际关系看得比依法办事更重要,而不可能把坚持原则看得更重要;把完成行政领导交给的任务看得更重要,而不可能把履行法定职责看得更重要。长此以往,不仅司法人员自身的独立性没有了,而且行使职权的独立意识更是没有了。[1]

以上这些问题都不是人的问题,而是制度性的问题。因此,解决这些问题,不能靠教育,不能靠提高个人的素质,或者加强对个人的管理,只能是通过制度性的改革,改变这种管理体制。体制问题不解决,其他努力都是徒劳无功的。

(四)构建能够保证司法职权独立行使的制度

从制度上保证司法的独立性,需要进一步深化司法体制改革。从2013年开始的本轮司法体制改革正在朝着这个方向努力,但一些制度性的深层次的问题依然有意无意地被回避了。这些问题如果不能有效地解决,本轮改革就很可能与以往的改革一样,是隔靴搔痒式的。

在我们国家,党的领导是不可动摇的原则,也是司法机关依法独立行使司法权的政治保障。但是,党如何领导司法却是

---

[1] 这种泛公务员化的管理模式有三个特点:第一,政治标准高于业务标准。把政治可靠作为选拔干部包括晋升的重要条件。然而,在和平时期,没有大的政治风波和变革的情况下,政治表现往往是看不见的,难以用客观的因素或者表现来衡量。这种重要而又无形的条件如何衡量,在很大程度上,便取决于"组织"上的鉴别。第二,行政级别高于实际水平。行政级别的高低,不仅与个人的福利待遇直接挂钩,而且直接影响到一个人发言权的大小。无论是办理案件,还是处理其他事务,行政级别高的人就会有更大的发言权和决策权。第三,人际关系高于工作业绩。一个人要提高自己的待遇,就必须提升自己的行政级别。而提升行政级别,除了努力工作之外,在很大程度上要看他的人际关系如何,包括他与领导的关系、与同事的关系,甚至包括与下级的关系。业务能力再强,办案质量再高,办案数量再多,人际关系一般,就很难在民主测评和民主推荐中得到多数票,很难有晋升的机会。这样一种泛公务员化的管理,给司法人员的队伍建设直接造成四个方面的问题:第一,难以造就高素质的法官、检察官队伍。第二,难以对司法人员进行有效的分类管理。第三,难以保证司法权的公正行使。第四,难以使法官、检察官抵御外界的各种诱惑。参见张智辉主编:《司法体制改革问题研究》,湖南大学出版社2015年版,第10—14页。

一个可以研究的问题，也是一个存在多种可能性的问题。通过党的地方组织领导地方司法机关，只是其中一种形式。而这种形式在实践中已经暴露出其难以克服的弊端。特别是它与宪法确立的司法机关依法独立行使司法权的原则构成了直接的冲突。在地方权力失控的时候[1]（这种情况时不时地会出现），司法权就可能变成个人意志恣意横行的帮凶。因此，改革这种领导方式，势在必行。

十八届三中全会决议既考虑到对司法机关集中统一领导的必要性，也考虑到全国各地发展不平衡的实际情况，提出了"推动省以下地方法院、检察院人财物统一管理"的改革思路，其目的就是要确保地方法院、检察院独立于地方党委、政府。这是实现党中央对司法职权集中统一领导的重要一步。目前，在中央政法委员会的领导下，全国各地正在进行这方面的试点。现在的问题是：省以下地方法院、检察院的人财物实行统一管理之后，县、市两级的法院、检察院与同级地方党委、政府的关系如何处理？法院、检察院的领导选配、人事任免是否还要由地方同级党委负责并有同级人大任免？地方党委的工作部署是否还包含同级法院、检察院？法院、检察院办理的重大案件是否还要向同级地方党委汇报请示、由地方党委政法委来协调？法院、检察院的经费特别是"人头费"是否还要由同级地方财政来保障？这些问题如果不能从根本上改变，改革就很可能是一种"穿新鞋走老路"式的改革。

应当看到，省以下地方法院、检察院人财物统一管理是一种体制性的改革，是针对以往的司法管理体制而采取的改革措

---

[1] 在这种情况下，如果司法机关与地方权力机关保持一定的距离，就可能成为制约地方权力滥用的有效措施。

施。因此，只有打破原有的管理体制，这项改革才能真正推进。如果试图在原来管理体制的基础上做一点微调，或者仅仅是强化某些工作机制，那是不可能实现这项改革的初衷的。所以，要真正推进这项改革，就需要明确以下几个问题：

1. 地方法院、检察院的人事任免权由省级党委统一行使

在推行省以下地方法院、检察院人财物统一管理试点的地方，普遍成立了法官（检察官）遴选（惩戒）委员会，负责法官、检察官的选任和惩戒工作。这种委员会应当在省级党委的统一领导下进行工作，以体现党对司法的领导权。这种委员会的职权，不应该仅仅是解决法官、检察官进入员额的资格审查问题，它应当担负起法官、检察官的录用、入职、考评、晋升、调配、待遇、惩戒等管理职能，从而使法官、检察官摆脱对同级地方党委的人身依附关系。一方面，法官（检察官）遴选（惩戒）委员会正式运行以后，县市两级地方党委对本地法院、检察院的领导人选，不应该依然保留考察提名权，而应当由遴选委员会统一提名，在宪法修改之前，继续由同级地方人大任免，但地方人大只能在省级遴选委员会确定的候选人范围内任免，不得自行变更候选人。候选人没有当选的，应当由遴选委员会重新提名候选人。在实行省以下地方法院、检察院人财物统一管理之后，如果地方法院、检察院的领导人仍然由同级地方党委提名或者"代管"，那就可能导致"穿新鞋走老路"的后果，改了还不如不改（不改，地方党委的领导更"名正言顺"）。另一方面，在法官、检察官实行省级统管之后，法院、检察院的其他工作人员包括非业务岗位的领导人，除了现有人员（已在改革方案中解决）之外，任何新录用的人员，都应当由法院、检察院根据工作需要提出方案，报请遴选委员会决定，而不能仍然由同级地方党委、政府决定。不能因为同级

地方政府愿意支付这些人的"人头费",就可以向法院、检察院"输送人才",甚至要求法院、检察院必须接收。同级地方党委如果要向法院、检察院选送干部,应当报省级法院、检察院,由省级法院、检察院按照工作需要和录用程序决定。这样可以保证地方法院、检察院相对于同级地方党委、政府的独立性。

2. 建立法院、检察院向同级地方党委政法委通报重大案件的制度

党的政法委员会是党领导政法工作的专门机构。在传统的管理体制下,政法委员会代表党委领导政法工作,包括对公安机关、检察机关、审判机关、司法行政部门以及武装警察、民政等部门的领导。实行省以下地方法院、检察院人财物统一管理之后,县市两级地方党委政法委对政法工作的领导,在范围上应当有所调整,即应当集中在对地方党委、政府管理下的相关部门的领导,而不应当继续包括对同级法院、检察院的领导。当然,同级地方党委政法委应当加强与同级法院、检察院的协调配合工作,支持同级法院、检察院依法独立行使职权。为了保证人民法院、人民检察院依法独立办案,应当废除以往的法院、检察院向同级党委汇报请示案件的制度。法院、检察院办理在当地有重大影响的案件,应当及时向同级地方党委政法委通报情况,听取意见。对于公安机关与检察机关、审判机关在案件处理上有争议的案件,应当提请上一级有管辖权的法院、检察院处理,而不应当继续由同级党委政法委组织"协调"。

3. 取消同级地方党委对法院检察院的工作部署和年度考核、评比活动

实行省以下地方法院、检察院人财物统一管理之后,法院、检察院应当按照自己的管辖范围和职责权限以及上级法

院、检察院的部署进行工作,不应当仍然按照同级地方党委、政府的工作安排开展活动。同级地方党委、政府不能要求同级法院、检察院贯彻执行本地的工作安排。因为,实行省以下地方法院、检察院人财物统一管理之后,县市两级的法院、检察院就不再是地方同级党委、政府管辖下的一个工作单位,没有理由继续接受地方同级党委、政府的工作部署。同时,对法官、检察官的考核和对法院、检察院的考评,都应当由省级遴选委员会统一组织实施,而不能继续由同级地方党委、政府进行。当然,法院、检察院也不应当继续享受同级地方政府发放的各种奖金、补贴(实行统一管理的省级财政应当考虑解决这些待遇)。

4. 明确同级党委的纪委与法院、检察院之间不具有隶属关系

党委纪委与法院、检察院的关系,也应当随着省以下地方法院、检察院人财物统一管理制度的建立,而做出相应的调整。同级地方党委纪委查办的违纪案件,如果涉嫌犯罪的,应当将案件线索及时移送有管辖权的检察机关,由检察机关依照法律的规定负责立案侦查(如果职务犯罪侦查权的归属重新调整,那就另当别论)。检察机关应当根据自己独立进行侦查的情况做出是否提起公诉的决定,审判机关应当根据自己对案件的审理情况做出裁判,法院、检察院在做出决定前,不应当请示同级地方党委纪委,更不应当按照纪委的要求做出决定。同级地方党委纪委不能要求检察机关完全按照纪委查清的案情进行起诉,更不能要求法院完全按照纪委查清的案情作出判决。特别是在推进"以审判为中心"的刑事诉讼制度改革中,人民法院对案件进行实质性审查被作为改革的重点,为了保证这项改革的真正实施,就必须破除"侦查中心主义",树立侦查机

关移送的证据必须接受审判机关审查的理念。

5. 地方党委、政府包括其领导人不得就具体案件向司法机关作出指令性的批示

2015年3月18日中共中央办公厅、国务院办公厅联合印发了《领导干部干预司法活动、插手具体案件处理的记录、通报和责任追究规定》，其中明确规定："任何领导干部都不得要求司法机关违反法定职责或法定程序处理案件，都不得要求司法机关做有碍司法公正的事情。"2016年7月21日，中共中央办公厅、国务院办公厅联合印发了《关于保护司法人员的若干规定》，其中也明确提出："任何单位或者个人不得要求法官、检察官从事超出法定职责范围的事务。人民法院、人民检察院有权拒绝任何单位或者个人安排法官、检察官从事超出法定职责范围事务的要求"。这两个规定的初衷是为了贯彻落实《中共中央关于全面推进依法治国若干重大问题的决定》，防止领导干部干预司法活动、插手具体案件处理，确保司法机关依法独立公正行使职权。这里所讲的"任何单位或者个人"，无疑包括了同级地方党委、地方党委政法委和纪委及其领导人。也就是说，即使是党委的领导人，也不能以组织或者个人的名义干预司法活动，不能过问和插手具体案件的处理。

过去，在实践中，一些地方党委包括党委政法委、纪委的领导人以听取汇报为名，要求法院、检察院的领导人向其汇报具体案件，并就具体案件的处理作出指示。这类指示往往是冠冕堂皇的，如要"严格依法办理"、要"尽快作出处理"、要"尽快给被害人一个交代"、要"按程序办"，要"慎重处理"，等等。针对这种情况，《关于保护司法人员的若干规定》中明确界定了干预司法活动的行为类型。按照这个规定，地方党委包括其政法委、纪委的领导人"以听取汇报、开协调会、发文

件等形式,超越职权对案件处理提出倾向性意见或者具体要求的"同样属于干预司法活动。这种行为,虽然没有明显地要求司法机关违反法定职责或法定程序处理案件,但由于提出了倾向性的意见,其影响力就足以使法院、检察院不得不按照该意见去处理案件。实行省以下地方法院、检察院人财物统一管理之后,县市两级的地方党委对同级法院、检察院就失去了领导权。县市两级的党委及其政法委、纪委的领导人对同级法院、检察院办理的具体案件提出的任何倾向性意见或者具体要求,就可以说是超越职权的、干预司法活动的行为,都应当予以禁止。

6. 县市地方法院、检察院的经费不应继续由当地财政来负担

既然实行省以下地方法院、检察院人财物统一管理,地方法院、检察院的经费支出,法官、检察官以及其他司法机关工作人员的待遇,就应当由省级财政统筹解决,而不能继续由县市的地方财政来保障。至于省级财政如何统筹解决,应当充分发挥中央和地方两个方面的财源,在保证中央专项转移支付适量增加的同时,省级财政应当扩展财源,充分保障各级法院、检察院的经费,不能因为省级统一管理而使法官、检察官以及其他司法机关工作人员的待遇整体下降。如果实行人财物统一管理之后,依然把法院、检察院的经费以及法官、检察官的待遇与地方同级财政捆绑在一起甚至按照地方财政向省级财政上缴的数量决定地方法院、检察院的预算额度,法院、检察院的福利待遇依然由当地财政来负担,那么,法院、检察院就必然还要继续看地方党委、政府的脸色行事,统一管理的初衷就难以实现,地方法院、检察院的独立性同样会丧失。

不仅如此,对法院、检察院的财政预算审核方式应当同步

改革，即不能仍然由省财政部门统一进行预算，"一揽子"报省人大批准，而应当由省级法院、检察院根据实际需要作出预算，直接提请省人大审查批准，省财政保证执行。预算应当包括按照规定标准计算的各项固定开支和工作需要计算的专项开支，其中，固定开支只要符合规定的标准，就应当全额保障，而不能以本地财政状况为由予以缩限；对于专项开支，可以由有关部门组织论证和审核后，有省级人大批准实施。

保证司法独立性的制度，除了国家权力结构中的制度设计之外，还应当包括人民法院、人民检察院上下级之间的独立性问题、法官、检察官身份的独立性问题。这些问题将在下文中讨论。

总之，司法的独立性只有通过制度来保障，才是可靠的、有效的。如果不是通过制度，而是试图通过教育或者管理来保障，其结果就可能是水中捞月，可望而不可即。

三、司法职权与相关职权的配置问题

正在推进的"以审判为中心"的诉讼制度改革，起因于对司法实践中事实上长期存在的"以侦查为中心"的刑事诉讼模式的否定，实际上，这项改革所涉及的，首先是侦查权、检察权、审判权之间的关系问题，是为了强化检察权对侦查权、审判权对侦查权和检察权的制约，其目标是要突出法庭审理在刑事案件处理中的实质性作用。然而，在"优化司法职权配置"和"加强人权司法保障"的大背景下，讨论侦查权、检察权、审判权的配置及其关系，就不是现有的改革所能涵盖的。无论是庭审实质化的推进，还是证据裁判规则的确立，都不能完全解决对刑事案件的公正处理和刑事案件办理中的人权保障问题。因此，我们有必要把研究的视野延伸到刑事案件的源头，系统地考虑司法职权与相关职权的配置问题。

(一) 行政处罚权与刑事处罚权的配置问题

我国《刑法》第13条规定:"一切危害国家主权、领土完整和安全,分裂国家、颠覆人民民主专政的政权和推翻社会主义制度,破坏社会秩序和经济秩序,侵犯国有财产或者劳动群众集体所有的财产,侵犯公民私人所有的财产,侵犯公民的人身权利、民主权利和其他权利,以及其他危害社会的行为,依照法律应当受刑罚处罚的,都是犯罪,但是情节显著轻微危害不大的,不认为是犯罪。"这个规定,一方面意味着,一切危害社会的行为,依照法律应当受刑罚处罚的,都是犯罪,都应当按照刑事诉讼法的规定来处罚;另一方面也意味着,一切危害社会的行为,只要情节显著轻微危害不大,就不作为犯罪来处理。对于这样的行为应当怎么办?刑法中没有明文规定,在刑事诉讼中也不能作为犯罪来立案侦查。然而在实践中,对于这样的行为,国家不可能不闻不问,不可能放弃治理权。事实上,我们国家通过行政处罚的方式,处理了大量的因为犯罪情节显著轻微而不认为是犯罪的危害社会的行为。这种行政处罚中所包含的国家权力,与对刑事案件的处理中所行使的国家权力,具有很多相通的地方:第一,都是对法律规定的危害社会行为的处罚,甚至其中的多数行为在表现形式上是一致的,或者说是同一种危害行为,只是情节轻重、危害程度不同而已;第二,对这些危害行为的处罚都是行使国家权力的表现,都表现为单方面地、积极主动地惩罚违反法律规定的行为,都是为了维护相同的法律秩序;第三,处罚这些行为的方式都是限制或者剥夺行为人的人身权利或者财产权利,所不同的只是程度上的差别;第四,行政处罚可以折抵刑事处罚,按照《行政处罚法》第28条的规定,行政机关对违法当事人给予行政拘留的,在人民法院判处拘役或者有期徒刑时可以折抵刑期,行政机关对违法当事人给予罚款的，在人民法院判处罚金时可以折抵罚金。因此，有必要对这种行政处罚的权力与刑事处罚的权力一并予以考量。

实际上，国家有关方面早已注意到行政执法与刑事司法的关系问题，提出了行政执法与刑事司法相衔接的工作机制。但这个问题并不仅仅是一个衔接的问题。特别是在当下要求加强人权司法保障的大背景下，有必要进一步调整行政执法与刑事司法之间的职权配置。

1. 行政执法与刑事司法之间分权的必要性

在某些西方国家，违法行为与犯罪行为之间没有严格的界限。轻微的违法行为通常被规定为"违警罪"，通过简易的刑事诉讼程序进行处理。在我们国家，对于轻微的违法行为，过去长期实行劳动教养制度。这是由中国的国情决定的。一方面，中国是一个人口大国，无论做什么，都会有很多人参与其中。同时，中国又是一个缺乏法治传统的国家。人们对法律的漠视与不尊重所导致的违法行为比比皆是。如果所有的违法行为都作为犯罪通过刑事诉讼程序来处理，需要投入的人力、物力资源将会十分巨大。我们国家还处在社会主义初级阶段，难以承受如此巨大的司法资源投入。另一方面，在中国的法律文化传统中，犯罪被普遍认为是一种"恶"，一个人一旦被贴上犯罪的标签，不仅其本人的就业、生活会受到不同程度的影响，而且连他的家人也会受到社会的鄙视。为了减少犯罪的标签效应，国家尽可能地不把实施轻微违法行为的人作为犯罪来处理，所以给犯罪设置了较高的门槛，只有实施违法行为情节比较严重依法应当受到刑事处罚的，才被认为是犯罪，由司法机关按照刑事诉讼法规定的程序进行处罚。

由于大量的违法行为在我们国家不被认为是犯罪，为了维护法律的严肃性，推进依法治国，实有必要建立不同于刑事司法的治理机制来处理这些违法行为。因此，我们国家通过立法赋予行政机关大量的处罚权。这种行政处罚权，既包括传统的由公安机关行使的对违反治安行政管理行为进行治安行政处罚的权力，也包括由其他政府部门行使的对违反行政管理法规的行为进行行政处罚的权力。这些行政处罚的对象，实际上可以说是轻微的犯罪行为，这些行为一旦情节严重，都是作为犯罪，由司法机关按照刑事诉讼法规定的程序来处罚的。因此，我们有理由认为，行政处罚与刑事处罚，实际上是行政机关与司法机关在处罚违法行为方面的一种分权，即：轻微的违法行为由行政机关行使国家的惩罚权，严重的违法行为由司法机关行使国家的惩罚权。

这种分权，在我们国家是十分必要的。它可以通过行政机关便捷的处罚方式处理大量的轻微违法行为，极大地减少司法资源的投入，使司法机关极为有限的司法资源用于对付那些较为严重的违法行为即犯罪，从而更有效地维护社会的安宁与稳定。

2. 对行政执法进行外部制约的必要性

行政机关依据行政法规处理轻微违法行为，具有合法性，它是根据国家法律的授权行使的国家权力，同时也具有便捷性的优势，可以快速、简捷地处理轻微违法的案件。但是也应当看到，行政机关行使对违法行为的惩罚权，本身存在难以避免的弊端，需要借助外部的国家权力进行制约。

首先，行政处罚是一个相对封闭的系统，缺乏外界权力的制约。在我们国家的法律体系中，除了国家权力机关通过法律设定的行政处罚之外，国务院可以通过行政法规设定行政处罚，也可以授权具有行政处罚权的直属机构依照行政处罚法的相关规定,规定行政处罚;地方性法规可以设定除限制人身自由、吊销企业营业执照以外的行政处罚。不仅如此,行政处罚的实施,往往是由行政法规授权的行政管理部门进行的,这些行政管理部门往往是政府的下属机关,负责制定行政处罚的具体标准,并行使行政处罚的权力,同时还可以委托依法成立的管理公共事务的事业组织或者具有熟悉有关法律、法规、规章和业务的工作人员以行政机关的名义行使行政处罚的权力。行政执法人员可以当场作出行政处罚的决定,也可以在调查、检查、询问的基础上报请行政机关的负责人作出行政处罚的决定。违法行为是否构成犯罪、是否移送司法机关,也由行政机关决定。这种完全由行政机关行使的行政处罚权,是一个相对封闭的自我循环的系统,不符合权力制约的基本原理。

其次,行政处罚的程序过于简化,难以形成有效的制约。虽然行政处罚法对行政处罚的实施作出了程序性的规定,但是由于行政处罚的特点,这种程序是十分简洁的。当场处罚谈不上制约性的程序,因为从事实的认定到处罚决定的作出都是由同一个主体在极其暂短的时间内作出的。即使是按照一般程序作出的行政处罚,也都是根据行政执法人员的调查、检查和询问笔录,由行政机关主管的负责人个人作出的。是否应当处罚、是否应当从轻或减轻处罚,完全由行政执法人员决定。这种程序中,既缺乏对抗性的事实认定过程,也缺乏被处罚人在作出决定的人面前进行辩解的机会。即使被处罚人不服行政处罚的决定而申请行政复议或者提起行政诉讼,也不能停止行政处罚的执行。被处罚人的权利很难得到充分的保障。

再次,行政处罚中涉及对公民人身权利的限制和财产权利的剥夺,需要严格控制。按照行政处罚法的规定,行政处罚的种类包括:警告;罚款;没收违法所得、没收非法财物;责令停产停业；暂扣或者吊销许可证、暂扣或者吊销执照；行政拘留；法律、行政法规规定的其他行政处罚等七种。其中，罚款、没收违法所得和非法财物，涉及对公民、法人或其他组织财产权利的剥夺，而行政拘留则直接涉及对公民人身自由权利的限制。行政处罚如果缺乏严格的程序性限制，就可能不适当地影响到公民对这些重要权利的保障。

最后，行政诉讼对行政处罚的救济十分有限。尽管行政处罚法设置了行政复议程序和行政诉讼程序作为被处罚人在不服行政处罚时的救济措施，但是，行政复议程序是在行政机关内部进行的体内循环，并且缺乏对抗性的程序，很难保障被处罚人的申诉权得到应有的尊重和对待。而行政诉讼的成本对被处罚人而言，往往显得过于昂贵。自行政诉讼法颁布实施以来，真正进入行政诉讼的不服行政机关处罚决定的案件极为有限，被处罚人在行政诉讼中胜诉的几率又极为低下，以致行政诉讼法的初衷即通过人民法院审理行政诉讼案件制约行政处罚权的愿望难以实现。正因为如此，全国人大常委会批准最高人民检察院在部分地区开展提请行政公益诉讼的试点，希翼通过检察权来制约行政机关的处罚权。[1]

因此，为了推进依法行政，对行政机关的处罚权设置必要的制约机制，即通过司法机关的司法审查来制约某些涉及公民人身权利和财产权利的行政处罚措施，是非常必要的。

---

[1] 检察机关提起公益诉讼的实践已经得到法律的确认，即2017年6月27日第十二届全国人大常务委员会通过的《关于修改〈中华人民共和国行政诉讼法〉的决定》，在现行《行政诉讼法》中增加一款，即第二十五条增加一款，作为第四款："人民检察院在履行职责中发现生态环境和资源保护、食品药品安全、国有财产保护、国有土地使用权出让等领域负有监督管理职责的行政机关违法行使职权或者不作为，致使国家利益或者社会公共利益受到侵害的，应当向行政机关提出检察建议，督促其依法履行职责。行政机关不依法履行职责的，人民检察院依法向人民法院提起诉讼。"

3. 通过司法职权的配置制约行政处罚权的制度构建

行政机关对轻微违法行为行使行政处罚权，具有实现合理性，而且在目前的国家治理体系中具有不可替代性。因此，对于大多数行政处罚措施，还应当由行政机关自行行使，但对于其中涉及公民人身权利和财产权利的处罚，则有必要设置相应的制约程序。

基于必要性与可行性的考虑，我们认为，对行政处罚中限制公民人身自由的处罚措施，以及剥夺公民、法人或者其他组织较大数额的财产权利的处罚措施，应当在作出决定前提交司法机关进行司法审查，以避免对公民、法人或者其他组织造成不必要的侵害，同时也有助于行政处罚与刑事司法的有效衔接。一方面，在公安机关决定对违法的行为人进行行政拘留时，应当将违法的证据和处罚的理由提交检察机关进行审查，检察机关同意行政拘留的，公安机关才可以执行行政拘留的决定；检察机关基于违法事实不成立而不同意的，公安机关应当放弃对当事人的处罚；检察机关基于缺乏必要性而不同意的，公安机关应当改为其他处罚措施。另一方面，对于罚款的处罚措施，应当根据违法行为的种类设定一定的额度。在一定额度内的处罚，可以由行政机关自行作出；超过一定额度的，应当由作出处罚决定的行政机关将处罚的事实根据和理由提交检察机关或者审判机关进行审查。检察机关或者审判机关同意处罚的，行政机关方可发出处罚决定并予以执行；检察机关或者审判机关不同意的，行政机关应当改变自己的决定。

检察机关或者审判机关在审查限制公民人身自由的处罚决定和较大额度的罚款决定时，如果认为行政处罚所针对的违法行为构成犯罪的，应当建议行政机关将案件移送有管辖权的国家机关立案侦查，按照刑事诉讼法的规定追究刑事责任。

(二) 检察职权与审判职权的配置问题

检察职权是以公诉为核心的权力,审判职权是以裁判为核心的职权。三大诉讼法及两大组织法,对审判职权与检察职权作了明确的规定。二者之间有着明确的分工和严格的界限。

但在刑事诉讼中,对刑事案件的处理权,存在进一步划分的必要。我们认为,对于严重违法构成犯罪的行为进行处罚的权力,应当在检察机关与审判机关之间进行分权,以保证刑事案件按照刑事诉讼法的规定,公正高效地处理。

1. 对刑事案件进行分流的必要性

党的十八届四中全会决议明确提出了"推进以审判为中心的诉讼制度改革"的任务。以审判为中心的关键是法庭审理的实质化,即控辩双方在法庭上充分地展示证据,充分地质证和辩论,使法官能够通过法庭审理查明案件的事实真相。然而目前的状况难以保证法庭审理的实质化进行。一是因为刑事案件不断增长,人民法院长期面临着"案多人少"的压力。二是因为审判资源的有限性,难以为每一个刑事案件的法庭审理提供充足的时间。三是因为某些刑事案件确实没有必要开庭审理,开庭本身只是"走个过场"。在许多案件中,犯罪嫌疑人不仅认罪,而且与被害人双方已经达成和解,取得了被害人方面的谅解,案件的性质并不严重,也没有恶劣情节,是否开庭审理,并不影响对案件的处理。对这类案件,开庭审理也只是"走个过程"而已,但会消耗人民法院的审判资源,使有限的审判资源更为紧张。

由于受到司法资源的上述限制,许多刑事案件法庭审理时,证人、被害人不出庭,法庭调查主要靠公诉人宣读证人的证言和被害人的陈述,法庭质证无法进行;法庭辩论往往是辩护人、公诉人各发表一次或两次意见,难以展开交锋,无法保证辩护律师在法庭上充分地发表辩护意见。

法官审理案件,主要是通过法庭调查来查明案件事实真相的。法庭调查的不充分,就使庭审法官难以对案件事实作出准确判断,而不得不依靠开庭后查阅侦查卷宗来进行事实判断。在司法实践中,有些案件经过一审、二审反复审理,都没有搞清楚案件的基本事实,其原因就是法庭调查没有深入进行。法院认定的案件事实不是完全根据法庭调查的情况,而是借助了法庭外的调查,就容易使被告人以及旁听群众怀疑法院判决的公正性。

律师执业最重要的是在法庭上为他的当事人辩护。法庭审理的时间太短,难以为律师辩护提供充分的机会,客观上就会迫使一些辩护律师在法庭以外寻求胜诉的途径。其中有的千方百计地寻找与审理法官或者其上级、同事的关系,希望通过关系把自己的意见和主张传达给负责案件审理的法官或者对案件有决定权的领导;有的则鼓动被告人的亲属通过互联网、报刊、微信或者上访、聚众等方式给法院施加压力,表达自己的诉讼主张;有的甚至在法庭上公开表达对庭审包括法官的不满情绪,进一步恶化了法庭审理的诉讼环境。

为了确保法庭审理的实质化进行,有必要进一步优化司法职权配置,分流刑事案件,让人民法院有充足的时间和精力审理确有争议的、重大的刑事案件,让被告人及其辩护人在法庭上能够充分地发表意见,让包括当事人在内的人民群众真正在每一个刑事案件的审判中看到公平正义的实现。

2. 刑事案件分流的域外经验

对刑事案件进行分流以便法院集中力量审理重大案件,是一些法治国家的普遍做法。如英国,轻微刑事案件传统上都是由治安法院的治安官和法官审理的。由于大量的轻微刑事案件通过治安法院被处理了,直接或通过治安法院移送而进入刑事法院的案件十分有限,所以皇家刑事法院就有充足的时间和精力审理那些严重刑事犯罪案件。美国则大量适用检察官与被告方之间的辩诉交易来处理轻微刑事案件。美国大法官沃伦·伯格在总结辩诉交易的实践时曾经指出:一旦有罪答辩从90%减少到80%,法院就需要付出双倍的人力和设施——法官、法庭记录员、法警、书记员、陪审员和法庭。美国司法系统已经非常依赖效率的提高来维持运行,如果不用类似辩诉交易式的方法将全部刑事案件作适当分流,就可能面临崩溃的危险。[1]

大陆法系国家在传统上将刑事案件分为违警罪、轻罪、重罪,只有轻罪和重罪由法院审理。但是近年来,也在探索对轻罪的分别处理模式。如荷兰,在鹿特丹市设立了庭外处理轻微刑事案件的"越开越好"试点办公室,授权检察官直接裁决轻微刑事案件而不将案件移送法院审理。

在德国,一般各州均规定,所有最高刑在6个月监禁以下的轻罪案件都由地方检察官处理。比如柏林就规定了刑法典中侵犯住宅安宁罪等30余项罪名专属地方检察官处理。柏林地方检察官还可以处理盗窃罪、侵占罪中损失额不超过2000欧元的案件。下萨克森州地方检察官可以处理侵财类案件的范围更广,除了盗窃罪、侵占罪之外,还包括损失额不超过1000欧元的诈骗、毁坏财物罪等案件。由于地方检察官办理的案件都是些不太严重的案件,因此多数案件是采取终止程序及不起诉的方式结案。地方检察官的工作大大节省了司法资源。[2]

---

[1] [美]弗洛伊德·菲尼、岳礼玲选编:《美国刑事诉讼经典文选与案例》,中国法制出版社2006年版,第262页。
[2] 黄礼登:《德国有一套鲜为人知的地方检察体系》,载《检察日报》2016年2月16日,第3版。

3. 刑事案件分流的基础

对刑事案件进行分流的前提是犯罪嫌疑人、被告人认罪认罚。如果犯罪嫌疑人、被告人不认罪认罚，无论案件的性质如何、情节严重与否，按照刑事诉讼法的规定，都只能启动普通程序进行实质化的审理，而不存在分流的可能。因此，只有对认罪认罚的案件，才可以根据从宽处罚的精神，简化诉讼程序，分情况进行分流处理。案件分流也就只能是对认罪认罚案件的分流处理。

认罪认罚案件是指犯罪嫌疑人、被告人承认自己实施了指控他的犯罪，并愿意接受司法机关依法对其处罚的案件。认罪认罚案件应当符合以下条件：（1）案件事实已经查清；（2）犯罪嫌疑人、被告人真诚认罪；（3）犯罪嫌疑人、被告人愿意接受依法处罚。

一个案件，只有同时具备上述三个方面的条件，才能作为认罪认罚案件，进行分流处理。如果缺少其中任何一个条件，都不宜作为认罪认罚案件，其中有从宽处罚情节的，可以依法从宽处罚，但在处理过程中不宜简化审理程序。

4. 刑事案件分流的具体构想

对犯罪嫌疑人、被告人认罪认罚的案件，应当根据案件的性质和严重程度，在司法机关之间进行分流，以促使这类案件快速、便捷地及时处理。

对于认罪认罚案件进行分流，首先，应当充分运用现行法律的规定，尽可能在刑事诉讼法现有的法律框架内，实现案件分流，从而把改革的成本降到最低限度。其次，应当根据刑法中从轻、减轻或者免除处罚的规定，对认罪认罚的犯罪嫌疑人、被告人从宽进行处理。

按照现行法律的规定，刑事案件的分流主要是通过以下程序进行的：一是不起诉程序。刑事诉讼法规定了四种不起诉程序，即绝对不起诉、相对不起诉、存疑不起诉和附条件不起诉。二是速裁程序。通过速裁程序可以分流部分常见、多发的轻微刑事案件。三是简易程序。按照刑事诉讼法的规定，基层人民法院对自己管辖的案件，符合一定条件的，就可以适用简易程序进行审判。四是普通程序。适用普通程序审理的案件主要是：被告人虽然认罪，但属于《刑事诉讼法》第209条明文规定不适用简易程序的案件；被告人不认罪的案件；可能判处无期徒刑或者死刑的案件。

虽然2012年《刑事诉讼法》明文规定了四种不起诉制度，但是在司法实践中，对于犯罪嫌疑人认罪认罚的案件，检察机关很少适用不起诉的法律规定来分流刑事案件，以致几乎所有的公诉案件都移交到人民法院，由人民法院通过审判程序来处理。其主要原因，可以归纳为三个担心：一是担心该权力被滥用；二是担心缺乏制约；三是担心出力不讨好。

由于检察机关极少适用不起诉程序，就使得几乎所有刑事案件都通过人民法院的审判程序来处理。这就必然加剧人民法院审判刑事案件的压力。特别是随着司法体制改革的推进，法官员额制的落实，能够主持法庭审判的法官资源更加紧缺。在这种背景下，由检察机关通过不起诉程序处理那些不需要判处刑罚的轻微刑事案件，就成了在现行法律的框架内分流刑事案件的势在必行的不二选择。

当然，充分发挥不起诉制度的功能，需要对现行的不起诉制度进行必要的改造：

第一，废除对不起诉的限制性规定。一是在刑事政策上鼓励基层检察院依法适用相对不起诉和附条件不起诉；二是实行主任检察官办案责任制以后，取消不起诉案件由检察长或者检委会决定的规定，直接交由主任检察官决定是否适用；三是进一步明确界定相对不起诉的适用条件；四是扩大附条件不起诉的适用范围，并把监督考察的主体由人民检察院改为司法行政机关。

第二，赋予人民检察院一定的处罚权。人民检察院在作出不起诉的决定时，应当有权对涉嫌轻微犯罪的行为人作出一定的惩罚性的决定，而不是单纯宣布不起诉，如责令赔偿、道歉、接受社区的监督，要求缴纳一定数额的罚款，禁止其在一定时间内从事某类职业或某项活动等，并监督刑事和解的执行。

第三，赋予当事人在不起诉案件中的辩护权。人民检察院拟作不起诉处理的案件，应当允许犯罪嫌疑人、被害人聘请律师为自己提供法律帮助，以避免当事人因不懂法而事后反悔。

第四，赋予当事人不服不起诉决定时向人民法院申诉的权利。对于人民检察院作出的不起诉决定，应当赋予当事人一定的救济渠道。无论是被告人不服不起诉决定，或者被害人不服不起诉决定，都有权向人民法院提出申诉。这样可以保证对不起诉权实行外部制约，防止该权力被滥用。

第五，增设人民法院审理不服不起诉决定的审判程序。对于当事人不服不起诉决定的申诉，人民法院应当按照普通程序开庭审理，以保证案件的公正处理。

（三）检察职权与监察职权的配置问题

2016年12月25日，根据中共中央的决定，全国人大常委会做出了《关于在北京市、山西省、浙江省开展国家监察体制改革试点工作的决定》。2018年1月，按照中央政法委员会的要求，全国各级检察机关的反贪、反渎和职务犯罪预防部门整体转隶监察委员会，其相关职权也就相应地由监察委员会行使。这项改革涉及查办职务犯罪案件方面国家权力配置的重大调整，有必要进行深入的研究。

1. 监察委员会制度改革是对我国监督机制运行状况的经验总结

长期以来,我们国家存在多种监督机制,如党内监督、民主监督、舆论监督、行政监督、社会监督、法律监督等。但是,所有这些监督并没有能够阻止腐败现象在各个领域、各个行业、各级党政机关的蔓延。这种状况说明,我们国家以往的监督机制并不能有效地遏制腐败,所以有必要探索新的更有效的监督机制,以便进一步加强反腐败工作。监察制度改革,就是为了进一步整合各方面的监督力量,形成全面覆盖、集中统一、权威高效的监察体制。

我国以往的监督机制乏力的原因,确实是监督的种类很多,力量很强,但个个都难以充分发挥监督的作用。从表面上看,也确实是因为政出多门,各种监督机构之间协调配合不够,没有形成强有力的监督合力。但是,如果认真思考一下监督机制没有充分发挥作用的深层次原因,就会发现,其根本原因在于,所有的监督都难以形成对"一把手"的监督。在我们国家,各个地方、各个单位、各个领域的"一把手",历来是不受同级监督机构监督的。因为所有的监督机构,不论是党内的还是行政部门的,甚至包括检察机关的,都是在本地区、本单位"一把手"的领导下开展工作的,只有"一把手"指挥自己的下属从事反腐败工作,监督其他主体的行为,没有哪个下属敢对自己的上级特别是本单位、本地方的"一把手"进行监督的。并且,各个地方、各个单位、各个领域的"一把手"要对自己管辖范围内的反腐败工作"负总责",就难免要对反腐败工作发号施令,所有从事反腐败工作的部门或领导都要向他汇报反腐败工作的开展情况。在这样一种领导体制下,"一把手"实际上是不可能受到监督的。唯一的可能是他的上级机关，只有上级机关的监督机构才有可能对下级地方或单位的"一把手"形成监督。从过去查处的腐败案件看，所有领导人的腐败案件都是上级纪委发现和查办的。这既是事实，也是经验。

在一个地方、一个单位，所有的监督机制都不能形成对"一把手"的监督，也就不可能对"一把手"庇护下的其他领导干部形成有效的监督。这是我们国家监督机制失灵的根本原因。因此，能否形成对"一把手"的监督，是监督机构能否发挥作用的关键。新成立的监察委员会，如果要想真正发挥监督的作用，就需要认真研究如何才能解决有效监督"一把手"的权力配置问题。如果新成立的机构仍然是在本地方、本单位"一把手"的领导下，甚至只是在"三把手"的领导下开展监督工作，那么，无论其机构多么庞大、权力多么集中，就可能与以往的监督机制一样，不可能真正发挥监督的作用。

因此，新成立的监察委员会应该是一个独立与任何地方国家机关的、自上而下的体系，它应该由国家最高权力机关产生并直接向国家最高权力机关负责的国家机关。只有当监察委员会在体制上摆脱了地方权力的控制时，才有可能形成对地方权力的有效监督。从以往的经验看，监督机关虽然有上一级国家机关直接领导，但在体制上仍然是地方国家机构中的一个组成部分，那它就必然要受到地方权力的约束，就不能不听命于地方权力中的"一把手"，也就不可能形成对"一把手"的有效监督。

2. 监察委员会的权力配置应当符合国家权力配置的基本原理

监察委员会制度改革的目的是整合监督资源，集中统一行使对国家工作人员的监督权。但是，这种监督权的配置同样要符合权力配置的基本原理，符合法治的基本要求。

首先，在监督对象方面，监察委员会的权力要能够覆盖所有的国家工作人员，包括党员领导干部。也就是说，无论是不是中国共产党的党员，只要是国家工作人员，其履行职责的行为，都应当毫无例外地纳入监察委员会监督的范围，不能因为某个人是中国共产党党员，就不受监察委员会的监督（在监察委员会的监督之外，党内可以另外对其进行党纪处分，但不能用党纪处分代替国家监督）。监察委员会依法对国家工作人员行使监督权，不受其他机构和个人的干预。

其次，在监督范围方面，监察委员会的监督应当覆盖所有履行法定职责的行为。国家工作人员在履行法定职责中可能出现的所有违反法律规定的行为，都应当受到监察委员会的监督。也就是说，不论是一般的违法行为，还是严重的违法行为即构成犯罪的行为，无论是贪污受贿的行为，还是玩忽职守、不作为、乱作为的行为，都应当受到监察委员会的监督。监察委员会对国家工作人员履行法定职责的情况进行统一的监督。这样才能达到对国家权力进行监督的"全覆盖"，才符合监察委员会设置的初衷。

最后，监察委员会的监督权应当按照权力配置的基本原理进行必要的区分。一方面，应当将调查权与处分权相分离，即负责对国家工作人员的违法行为进行调查的部门，只负责就事实情况进行调查，收集能够证明违法行为存在的证据材料，至于对违法事实的认定和处罚，应当由没有调查权的部门来负责，以保证公正地对待受到调查的国家工作人员。另一方面，应当将一般违法与严重违法相区别。在调查的基础上，对于有一般违法行为的国家工作人员，可以由监察委员会中行使处分权的部门直接给予行政处分；对于有严重违法行为即构成犯罪的国家工作人员，则应当移送检察机关，按照刑事诉讼法的规定进行处罚，不能用行政处分甚至党纪处分来代替国家法律的惩罚。在调查过程中，需要对被调查的国家工作人员采取限制人身自由等强制措施的，应当提交检察机关进行审查批准。这既是权力配置的内在要求，也是依法治国、保障人权的必然要求。在这方面，可以参考我们国家在对待一般违法与犯罪问题上设置的法律制度来设计。对法律实施中的违法行为，我们国家的法律制度采取了"两分法"或"二元制"来进行治理：对于一般违法行为，有根据的行政执法部门（公安机关和其他授权行使行政执法权的部门）进行调查处理；对于严重违法的行为即构成犯罪的行为，仍然由公安机关进行侦查，但由司法机关依照刑事诉讼法的规定进行处罚。这既是权力分工的要求，也是保障人权的要求。在监察体制改革中，我们不妨按照我们国家这种传统的制度模式进行制度设计，以防止权力过分集中可能引起的副作用，也有利于保障违法犯罪的国家工作人员的人权。

3. 监察委员会的职权应当受到检察职权的制约

随着检察机关职务犯罪侦查部门整体转隶到监察委员会，职务犯罪侦查的职权也就随之由监察委员会行使。监察委员会行使职务犯罪侦查权，必然要受到检察机关的制约。这种制约包括三个方面：

第一，检察机关对逮捕的审查批准权。监察委员会在行使职务犯罪侦查权[1]的过程中，需要逮捕犯罪嫌疑人的，应当按

---

[1] 按照监察法的规定，国家监察委员会对公职人员的职务犯罪案件行使的是"调查权"，采取的强制措施是"留置"。但实际上，这种调查权中包含了强制性的调查手段，与刑事诉讼法规定的侦查别无二致；其"留置"措施本身包含了限制人身自由的内容，与刑事诉讼法规定的逮捕也别无二致。

照我国宪法和刑事诉讼法的规定，提请检察机关批准。只有在检察机关批准逮捕后，监察委员会才能够合法地逮捕犯罪嫌疑人。为此，监察委员会在行使职务犯罪侦查权的过程中，如果认为需要逮捕犯罪嫌疑人，就应当按照刑事诉讼法的规定，在法定期限内向检察机关报送相关材料。检察机关应当认真履行审查批准逮捕的职权，严格按照刑事诉讼法的规定，决定是否批准逮捕。对于没有逮捕必要性或者不符合逮捕条件的案件，应当敢于作出不批准逮捕的决定。

第二，对侦查活动的监督权。刑事诉讼法明确规定，人民检察院依法对刑事诉讼实行法律监督。监察委员会既然行使了职务犯罪侦查权，就等于承担了刑事诉讼中的侦查职能，也就应当按照刑事诉讼法的规定，接受检察机关的法律监督。检察机关应当向对其他侦查机关一样，对监察委员会的侦查活动实行法律监督。

第三，对侦查终结的职务犯罪案件审查起诉权。监察委员会侦查终结的职务犯罪案件移送检察机关审查起诉时，检察机关应当认真履行审查起诉的职权，严格依照法律的规定，作出提起公诉或者不起诉的决定。对于不构成犯罪的案件或者不符合起诉条件的案件，应当作出不起诉的决定。特别是在推行"以审判为中心"的诉讼制度改革中，应当严格按照审判所要求的证据标准审查移送给自己的案件，确保证据的合法性、有效性。

监察委员会对于检察机关行使职权的活动，应当给予必要的尊重和配合，以便共同完成查办职务犯罪的任务。

（原载《司法职权优化配置研究》，湖南大学出版社2020年版）

论司法职权内部关系的优化配置

优化司法职权配置,一直是司法体制改革的重要任务之一。从1997年党的十五大报告提出"推进司法改革,从制度上保证司法机关依法独立公正地行使审判权和检察权",到党的十六大报告中提出"按照公正司法和严格执法的要求,完善司法机关的机构设置、职权划分和管理制度,进一步健全权责明确、相互配合、相互制约、高效运行的司法体制",从党的十七大报告明确提出"优化司法职权配置",到党的十八大报告提出"确保审判机关、检察机关依法独立公正行使审判权、检察权",以及十八届三中全会、四中全会决议中提出"优化司法职权配置"的具体举措,20年来的司法改革,都涉及司法职权[1]的优化配置

---

[1] "司法"一词,在中国有广义的理解与狭义的理解之分。广义上的"司法"包括了所有与诉讼有关的国家活动,如侦查机关、检察机关、审判机关、刑罚执行机关的活动;狭义的"司法"仅指人民检察院、人民法院的诉讼活动。与之相联系,"司法职权"在广义上包括了所有与诉讼有关的国家机关的职权,狭义上的"司法职权"仅指人民检察院、人民法院的职权。本文在狭义上使用"司法职权"的概念。因为中国的宪法及有关法律只规定了人民检察院、人民法院依法独立行使检察权、审判权的原则,中央报次报告中也只提从制度上保证人民法院、人民检察院依法独立公正行使审判权、检察权。正如有的学者指出的:"司法的核心是对案件的实际处理权,在我国只有检察机关和审判机关才享有。"参见季卫东等:《中国的司法改革:制度变迁的路径依赖与顶层设计》,法律出版社2016年版,第147页。

问题。然而,这个问题至今并没有完全解决,司法职权的配置依然有待于进一步优化。司法职权配置中的问题突出表现在两个方面:一是司法职权与其他国家权力之间的关系配置不当的问题;二是司法职权内部关系配置不符合司法规律的问题。本文仅就司法职权配置中的内部关系问题谈一点建设性的意见,以企有助于新一轮司法体制改革的顶层设计。

一、司法职权内部配置中的突出问题

在司法机关内部,不仅存在司法职权,而且存在司法管理职权和司法监督职权、司法行政职权,这些权力之间的相互联系与冲突,是司法职权配置和行使中无法回避的问题。多年来,我们有意无意地忽视了这种权力关系对司法职权行使的影响,司法改革的许多举措都是只关注司法职权的配置与行使,与忽视了司法机关内部的其他权力与司法职权的关系,以致一些看起来很有效的改革措施在实践中并没有发挥应有的效果,甚至与改革的初衷相去甚远。

从理论上讲,司法职权是指司法机关依法处理具体案件的职权。这种职权有明确的管辖范围、适用条件、程序规则。这些范围、条件、程序构成了司法职权的边界。司法权的行使是否超越了权力边界,是否依法进行,通常情况下是一目了然的。司法管理权是指对司法进行管理的职权,包括对行使司法职权的活动进行管理的权力、对司法人员进行管理的权力、对司法机关的经费进行管理的权力。而司法监督权则是指对行使司法职权的活动进行监督的权力。这些权力应该是各不相同的,彼此独立的。

但是在我们国家目前的权力配置中,由于法律规定的司法职权往往是赋予人民法院、人民检察院的,在人民法院、人民检察院内部,具体由哪个部门或哪个人来行使某一项具体职权，则缺乏明确规定。而司法管理权也大多是由人民法院、人民检察院行使的（司法人员的管理权是由同级地方党委与法院、检察院共同行使且以同级地方党委为主；司法经费的管理权则是主要由同级地方政府行使，法院、检察院在规定的额度内进行管理），司法监督权既由法院、检察院自己行使，也由上级法院、检察院行使，更重要的是由同级地方人大行使。于是就形成了权力的交叉、重叠与多重。并且，司法管理权和司法监督权的权力边界往往没有明确的规定，更缺乏适用的范围、条件、程序性规定。司法管理权和司法监督权干预司法职权的现象成为司法权行使中的常态。特别是在司法机关内部，由于不同职权之间缺乏明确的界分，不仅人民法院的院长、人民检察院的检察长为了统一领导法院、检察院的工作而身兼多职，许多副职和中层领导都是身兼多职。许多人，既是行政领导，也是办案中的领导，既是行使司法职权的主体，也是行使监督职权或管理职权的主体。在这种一人身兼多职、多人身兼多职的环节下，不同角色的混同往往是无法避免的，从而导致了不同职权的混同。

  这种不同职权的相互交织对司法职权的行使造成了多重制约。行使司法职权的主体，既要接受人大的监督，也要关注党委组织部门包括本单位人事部门对自己的评价；既要接受政府的考核（以便获得"年终奖"），也要接受本单位的考核（以便能够按时晋级）；既要接受本单位上一级领导的审核，也要接受本单位其他部门的监督。这种多重制约不仅影响了司法的效率，而且影响了司法的公正。

  更为严重的是，司法管理权通常是以行政管理的方式进行的，遵循上令下从、下级服从上级的原则，这种管理模式使下级的命运完全掌握在上级的手里。当这种管理模式与司法职权的行使相混同时，行使司法职权的过程也就自然而然地遵循了上令下从的原则。行政化管理模式一旦渗透到司法职权的行使过程中，不仅依法独立行使司法权就成了一句空话，司法规律对司法职权的支配作用就难以实现，具体承办案件的职位相对较低的司法人员恐怕连人格的独立性都难以保障了，人身依附关系成为司法机关人际关系乃至工作关系的基本形态。在这种关系下，任何一个上级领导，即使他没有司法职权，但由于他可能影响到承办案件的司法人员的升迁命运、福利待遇，他对承办案件的司法人员提出的要求往往会被遵照执行或者"充分考虑"。司法职权行使中所要求的独立性因此会荡然无存。正如有的学者指出的："中国司法制度存在的根本问题是法院的司法行政管理权与司法裁判权没有分离，使得法院的院长、庭长、审判委员会委员等司法行政管理者，同时享有高于普通法官、合议庭之上的司法裁判权。"[1]

不仅如此，司法机关与司法人员的权力边界，也是一个长期没有厘清的问题。

在我国，无论是宪法、人民法院组织法、人民检察院组织法关于审判权、检察权的原则规定，还是刑事诉讼法、民事诉讼法、行政诉讼法关于审判权、检察权的具体规定，司法职权都是赋予人民法院、人民检察院的。而人民法院、人民检察院作为一个机关，它的行动力必然要依赖于有生命力从而有行为能力的各个个体。机关的权力如何在各个个体之间进行分配和组织，就直接关系到该机关行使职权的活动。因此，在人民法院内部如何分配审判权、在人民检察院内部如何分配检察权，

---

[1] 陈瑞华：《司法改革的理论反思》，载《苏州大学学报（哲学社会科学版）》2016年第1期。

就成为司法职权配置中首当其冲的问题。

遗憾的是，新中国成立之初我们缺乏这方面的经验，在废除旧法统之后，用革命的热情建立了新中国的法律制度。这种法律制度还没有来得及认真研究，就遭遇了一系列政治运动的冲击，并在这种冲击下形成了新中国的司法传统，即：审判权集于法院院长一身、检察权集于检察院检察长一身，为了制约院长、检察长的权力，设立审判委员会和检察委员会，重大案件和其他重大事项，院长、检察长不能自行决定，而要提交审判委员会、检察委员会讨论决定。在这样一种权力配置模式下，法院、检察院的其他工作人员就都成了院长、检察长的助手和帮工，只能协助院长、检察长办理一些具体事务，而不能就案件的处理独立作出决定。

另一方面，我们国家长期以来选举任命的法院院长、检察院检察长，都是作为政治家而不是作为法律家看待的。有的法院院长、检察院检察长没有受过任何法律专业方面的教育，有的甚至完全不懂法律，更谈不上对司法实务的精准运筹。即使是后来要求法院院长、检察院检察长要有法律背景，多数也都是对法律略有了解或多少沾点边，由他们对具体案件依法作出决定是不可能的。[1] 于是就形成了一种现象：一些法院院长、检察院检察长对于自己关注的案件就要求听汇报、要求办案人员、部门负责人、分管副职发表意见，然后自己定夺，对其他案件，则原则上授权分管的副院长、副检察长代替自己作出决定。

党的十五大报告提出司法改革的任务以来，人民法院、人

---

[1] 当然，也要看到，近些年来越来越多的法院院长、检察院检察长是长期从事审判业务、检察业务的专门人才，但没有系统受过法律专业教育的人掌管法院、检察院的现象并没有完全消失。

民检察院自下而上地反思司法职权配置中的弊端，不断提出了审判权、检察权在法院、检察院内部再分配的构想和方案。核心是分解法院院长、检察院检察长在案件处理上的权力，让承办案件的法官、检察官能够自主地处理案件。但是，直到党的十八大召开以前，全国多数地方的法院、检察院依然是实行"三级审批制"，即承办案件的人员办理案件，庭长（科处长）审核案件，院长（检察长）审批案件，重大案件提请审判委员会（检察委员会）讨论决定，审判委员会（检察委员会）意见分歧或者拿不准的情况下请示上一级法院、检察院。这种审判权、检察权的运行机制，适应了低素质司法人员办理案件的客观需要，有利于保障审判权、检察权行使的正确性。因为它可以通过层层审批、集体把关的方式，防止因个人素质不高作出错误的裁判。但是，这种办案模式所反映出来的司法职权配置方案，违背了司法职权的内在规律，决定案件命运的人并没有亲自审理案件，不了解案件中所有的证据材料，不可能对案件事实作出精准的判断，通过听取汇报的方式了解到的案件事实只是承办案件的人员根据自己对案件证据材料的认识得出的结论。如果相信承办案件的人员，那就没有必要再审核、审批了，正是因为不放心承办案件的人员，所以才要求报上一级领导审核，再报分管领导审批的。既然不信任承办案件人员的业务水平，又不得不以承办案件的人员对案件的认识作为定案的根据，这本身就是一个悖论，就难以保证案件办理的正确性。并且，在这样一种"三级审批制"的办案模式下，责任追究就成了一句空话，因为承办案件的人员、审核案件的领导、审批案件的领导，个个都有责任，也都有推卸责任的理由。真正发生了错案，很难追究某个个人的责任。正因为如此，党的十八届三中全会决议中才提出了"让审理者裁判、让裁判者负责"

的改革思路。

因此，优化司法职权的内部配置，所要解决的根本问题，是司法机关内部的权力关系问题。

这是因为，权力本身是一种关系，是在关系中存在的，也是在关系中发挥作用的。任何权力都是在不同社会主体的相互作用中形成的。"政治权力所反映的是各种政治实体（群体或个体）之间相互影响、相互作用、相互制约的状况，并强调这种影响、作用、制约的方向性、不平衡性和实际的结果。"[1] 权力总是存在于权力主体和权力客体的相互作用之中。"理解'权力'概念的最好的方法是将其视为冲突的意志之间的关系。"[2] 因为，权力是一个人或许多人的行为使另一个人或其他许多人的行为发生改变的一种关系。权力现象发生在一些人对另一些人产生影响或实施控制的时候，如果权力的主体与其客体不发生任何关系，权力现象就不会发生。

问题在于，权力关系是社会存在中一张庞大的网。一对权力关系中的权力主体可能在另一对权力关系中成为权力客体，以致权力主体行使权力的行为可能随时随地受到另一对权力关系的影响。因此，人们在关注权力配置的时候，不仅要看到每一种具体的权力是如何配置的，而且要关注该权力与其他权力之间的关系，研究其他权力关系对某一种权力行使的影响程度。在讨论司法职权的配置时，我们既要研究司法职权本身的配置问题，更要研究司法职权及其配置与其他相关职权的配置及其行使之间的关系，分析其他相关的国家权力对司法职权的配置特别是行使的影响状况。只有这样，才能看清楚司法职权

---

[1] 李景鹏：《权力政治学》，北京大学出版社2008年版，再版序言第5页。
[2] 〔美〕西奥多·A.哥伦比斯、杰姆斯·H.沃尔夫：《权力与正义》，白希译，华夏出版社1990年版，第78—79页。

配置及其行使中面临的问题及其症结，才有可能提出在实践中真正有用的改革建议。不仅如此，一种权力对另一种权力的影响力往往与权力资源的控制和利用有关。所谓权力资源，就是权力主体用于影响他人行为的手段。权力资源包括权力主体可支配的财富、报酬、奖金、人力、武力，甚至信息垄断等一切人们认为有价值的东西。权力主体通过控制对人们有价值的事物，就可以实现对他人思想和行为的控制，从而获得支配和影响他人的能力。罗宾斯在分析权力时指出：关于权力，最重要的一点在于它是依赖的函数。B 对 A 的依赖越强，则在他们的关系中，A 的权力就越大。"豪门的家长只需明确的甚至隐讳的威胁——小心我把你排除在继承人的名单之外——就能牢牢控制整个庞大的家族。"[1] 正是由于这种依赖关系，权力之间不仅有了位阶的区别，而且有了一种权力对另一种权力的控制或者依赖，一种权力的行使可能受制于其他权力主体的意志或者影响。而这种意志或者影响将直接关系到权力行使的效果。因此，研究司法职权的配置，还应当关注司法机关与其他相关机关对司法资源的掌控情况，从中分析司法机关在行使司法职权时所实际具有的司法能力。

对此，法学界已有清醒的认识。如有的学者认为：中国司法所面临的矛盾和问题（至少是主要矛盾和主要问题）都同司法与其他主体权力边界不清，或权力关系不合理相关。重新配置权力是解决中国司法现实矛盾和主要问题的根本出路[2]。有些学者进一步指出的："司法职权的配置涉及四个核心问题：

---

〔1〕〔美〕斯蒂芬·P. 罗宾斯：《组织行为学》，中国人民大学出版社 1997 年版，第 355 页。

〔2〕参见顾培东：《中国司法改革的宏观思考》，载《法学研究》2002 年第 3 期；胡云腾主编：《司法改革》，社会科学文献出版社 2016 年版，第 135 页。

一是纵向中央与地方之间的司法权配置问题，即如何将统一的司法权配置到地方，以防止司法权的地方化现象，杜绝司法权行使过程中受到地方因素的不当影响；二是相同性质不同层级之间的职权配置问题，即消除不同层级司法部门之间的行政化倾向，回归原本意义上的司法层级关系；三是同一部门内部之间的职权配置问题，即消除同一司法机关内部的科层化现象，改变司法机关的行政官僚化惯习，逐步解决司法权受到行政权制约而难以独立行使的问题；四是横向不同性质部门之间的司法职权配置问题，即法院检察院与作为行政部门的公安机关、司法行政管理部门之间的机构设置、权限划分以及相互关系，主要解决的是司法权行使主体泛化导致的多头司法，以及部门本位主义盛行的问题。[1]"因此，优化司法职权的内部配置，就要从司法机关内部的权力关系入手，解决影响司法职权有效行使的内部关系方面存在的突出问题。

司法职权内部的配置问题，涉及三个方面的权力关系：一是法院、检察院上下级之间的权力配置问题；二是同一个法院、检察院内部不同主体之间的职权配置问题；三是司法机关内部的司法职权与司法管理职权、行政管理职权的配置问题。[2]

二、法院、检察院上下级之间的职权配置问题

长期以来，无论是检察系统还是法院系统，无论组织法中是如何规定的，其上下级之间在事实上都形成了领导关系。比

---

[1] 季卫东等：《中国的司法改革：制度变迁的路径依赖与顶层设计》，法律出版社2016年版，第188—189页。

[2] 亦有学者认为，"司法职权的内部配置涉及到司法权在不同司法机关之间和在同一司法机关不同层级之间和内部的机构设置、权限划分以及相互关系"。李爽：《优化司法职权配置的理论解读与制度建构——第12期金杜明德法治沙龙暨优化司法职权配置研讨会综述》，载《法制与社会发展》2016年第2期。

如，按照人民法院组织法规定，人民法院上下级之间的关系应该是监督关系，但由于法院系统内部长期流行着行政化的监管模式和"请示案件"的传统，以致使这种监督关系变成了事实上的领导关系。下级法院办理的案件，搞不清如何处理时，往往会向上一级法院甚至最高法院请示，上一级法院包括最高法院会对下级法院请示的案件提出明确的处理意见。在某些重大案件的审理过程中，上级法院会派人直接介入下级法院审理的案件。这种做法经常受到律师界的诟病，因为下级法院对具体案件所作出的裁判是按照上级法院的意见办理的，案件上诉到上一级法院甚至最高法院，其命运都是一样的。这在事实上就等于剥夺了当事人的上诉权，也使法院的审级制度形同虚设。而在检察系统，一直强调加强上级人民检察院对下级人民检察院的领导，最高人民检察院下发了一系列文件，都规定了上级检察院的领导职责和对下级检察院的要求，但是，在这些规定中，很少有上级检察院的义务和责任，很少顾及下级检察院在行使司法职权中的独立性。甚至下级检察院对某些案件拟作逮捕或者不起诉处理时还要报请上一级检察院批准。这些做法过度强调上级检察院的领导和下级检察院的服从，使领导关系变成了单方面的服从关系。这种关系，在一定程度上妨碍了下级法院、检察院在行使审判权、检察权中的独立性。在推行省以下法院、检察院人财物统一管理的过程中，这个问题将更加凸显。

因此，完善法院、检察院内部上下级之间的职权配置，重要的是尊重和保证基层法院、检察院在具体案件处理中的独立性，确保每一级、每一个法院、检察院都能够依法独立行使职权。在这个方面，需要明确的是：

第一，基层法院、检察院依法办理的案件，无论是依职权受理的，还是上级法院、检察院指令、移送或交办的案件，都有权独立地依照法律规定作出决定。在具体案件办理的过程中，应当根据事实和法律来处理案件，而不应受到任何外来的干预。上级法院、检察院认为下级法院、检察院办理的案件确有错误的，应当通过法定的诉讼程序来纠正，而不应在基层法院、检察院办理具体案件的过程中发出倾向性的要求或者就案件的处理提出具体的指令[1]。否则，上级法院、检察院在具体案件的处理中指手画脚，就可能影响到基层法院、检察院依法独立行使职权，影响到具体办案人员的积极性和责任心。只有保证每一个法院、检察院对于自己依法管辖的案件，都有权独立地作出决定，才能要求每个法院、检察院对自己的决定负责，才能真正落实人民法院、人民检察院依法独立行使审判权、检察权的宪法原则。

上级法院、检察院尤其是最高人民法院、最高人民检察院，为了保证法律适用的统一性，就司法实践中的常见情况或疑难问题制定统一标准，就法律适用中的某些问题作出解释，或者总结司法实践经验，就法律适用中存在的某些带有普遍性的问题提出纠正意见，或者就某些已经处理过的典型案件进行分析作为指导性案件加以发布，无疑是非常必要的。但是，这些活动的对象都是针对类型化的案件或者已经办结的案件进行的。对于基层法院、检察院正在办理的具体案件，上级法院、检察院应当给予应有的尊重和信任，不能随意发布指示或者提出意见。

即使是在检察机关，上级人民检察院对下级人民检察院具

---

[1] 这个原则的例外只能是涉及重大国家利益的案件。对涉及国家重大利益的案件，国家通过最高司法机关进行干预，是维护国家主权的需要。这应该是特别例外的情况，而不能成为司法中的常态。

有领导权，但在具体案件的办理过程中，也应当尊重下级人民检察院的自主权。上级人民检察院对下级人民检察院正在办理的具体案件，如果不放心或者不满意，可以通过指定管辖的方式，把案件移交其他检察院办理或者自己亲自办理；如果要对具体案件的处理作出指示，也应当通过检察委员会集体讨论决定并以书面形式正式通知下级人民检察院，而不能以个人的名义、以口头的方式、以建议或指导的口气，要求下级人民检察院如何处理具体案件。因为，只有让承办案件的人员做主，他才会有责任心去办好案件，司法责任制才有可能真正落到实处。

过去，上级法院、检察院常常以指导的名义派员介入下级法院、检察院办理的重大案件，案件的处理也往往是以上级法院、检察院派去的人员的意见或者上级法院、检察院的意见作出的。这种情况，下级法院、检察院实际上只是上级法院、检察院办案的承办人，而不是依法独立行使审判权、检察权的主体，严重影响了下级法院、检察院在具体案件办理上的独立性。随着司法体制改革的不断深入和司法责任制的推行，这种督办案件的模式应当予以改革。

诚然，许多案件中都可能涉及对政治效果和社会效果的考量。但是，一方面，可能涉及政治效果或社会效果的案件比较多，上级法院、检察院未必有精力能够全部接管或者指导。通过上级法院、检察院甚至通过本院的审判委员会或检察委员会来把关，并不是唯一可行的措施，大量的案件还是需要由下级法院、检察院的法官、检察官去办理。另一方面，应当信任下级法院、检察院包括下级法院、检察院的法官、检察官，相信他们有能力在办理具体案件的过程中考虑案件的政治效果和社会效果。因为我国目前的法官、检察官绝大多数都是中国共产党党员，具有坚定的政治立场，也具有从法律上、政治上考量案件的能力。特别是实行员额制以后，法官、检察官都是经过考核的、具有合格的政治素养和办案经验的业务骨干，完全具备对案件的政治效果和社会效果进行考量的能力。

第二，上级法院、检察院有责任保障下级法院、检察院依法独立行使职权。实行省以下地方法院、检察院人财物统一管理以后，基层法院、检察院对地方党委政府的依赖将逐步消除，反过来，其对上级法院、检察院的依赖将明显加重。上级法院、检察院应当担负起保障下级法院、检察院依法独立行使职权的责任。

这种责任，首先是人力资源的保障。长期以来，上级法院、检察院向下级法院、检察院借调业务骨干的现象大量存在。被借调的业务骨干在上级法院、检察院多数被作为"打工仔"，做一些辅助性、打杂性的工作，以致形成下级院办案人员紧缺、上级院人浮于事。实行省以下地方法院、检察院人财物统一管理以后，基层法院、检察院的法官、检察官员额十分有限，如果还像以前那样上级院任意借调，将严重影响下级法院、检察院独立完成办案任务。因此，为了保证基层法院、检察院能够依法独立行使职权，在各级法院、检察院的法官、检察官员额确定之后，上级法院、检察院特别是省级法院、检察院不应动不动就借调下级法院、检察官的法官、检察官到上级法院、检察院工作，以保证基层法院、检察院有足够的司法人员办理案件。同时，应当为基层法院、检察院配备必要的司法辅助人员，协助法官、检察官办案。在各级法院、检察院现有司法人员的基础上，需要补充法官、检察官和司法辅助人员时，省级法院、检察院应当首先满足基层法院、检察院的需要，因为大量的案件主要是基层法院、检察院办理的。另一方面，基层法院、检察院的领导人，由于不再由同级地方党委配备，省级法院、检察院就有责任及时向省委推荐人选，为基层法院、检察院配备合格的领导人员。

其次是财力资源的保障。实行省以下地方法院、检察院人财物统一管理以后，同级地方政府不再给基层法院、检察院提供经费保障。如果省级法院、检察院遇到经费保障不足时首先考虑本级法院、检察院的需要，基层法院、检察院很可能成为被"断奶"的孩子，无处求救。没有足够的财力支撑，依法独立行使职权就失去了脊梁骨，司法公正就面临制度性的崩溃。因此，如何保障基层法院、检察院在脱离同级地方政府的财政支持之后能够体面地维持自己的生计和办案的需要，将是省以下地方法院、检察院人财物统一管理后面临的重大问题之一。解决这个问题的关键，是省级法院、检察院能不能担负起上级院的责任，协调省级财政筹集充分的财力资源，确保基层法院、检察院必要的经费开支得以全额保障，能不能确立首先满足基层、其次满足本院的原则，把保障基层法院、检察院的财政需求作为自己必须担当的责任。

最后是解决问题的保障。基层法院、检察院在行使职权的过程中遇到难以克服的阻力或者困难而求助上级法院、检察院时，上级法院、检察院不能推诿、无所作为，而应积极帮助解决或者协调有关方面予以解决。

三、同一法院、检察院内部司法职权配置问题

在每一个法院、检察院内部，都存在多元的行使司法职权的主体，这些不同的司法主体之间如何分配司法职权，历来是司法职权配置方面没有真正解决的问题。这个问题，不仅表现为对事实上行使司法职权的个体的职权缺乏明确的规定，而且表现为对不同类别主体之间的职权划分缺乏清晰的界限。

(一) 法官、检察官与审判委员会、检察委员会的职权划分问题

应当承认,在目前的社会背景和司法状况下,审判权、检察权是不可能完全交由个体的法官、检察官独立行使的。那么,哪些案件的审判权、检察权由法官、检察官个人行使,哪些案件的审判权、检察权由法院、检察院行使,就涉及司法权在法院、检察院内部的分配问题。

我们认为,在"员额制"改革完成之后,法院、检察院办理普通案件的决定权原则上都应当由法官、检察官(包括担任领导职务的法官、检察官)独立行使;特殊案件的决定权依然由法院、检察院(审判委员会、检察委员会)行使。

所谓普通案件,是相对于特殊案件而言的,即特殊案件之外的所有案件都应当属于普通案件。普通案件的范围,取决于如何界定特殊案件。如果特殊案件的范围很宽泛,区分普通案件与特殊案件的划分就失去了实质意义。过去,名义上,审判委员会、检察委员会只讨论"重大复杂疑难案件",但实际上几乎所有案件都要上审判委员会或检察委员会讨论决定,因为几乎每个案件都可能被认为是重大复杂疑难案件。所以,界定必须提交审判委员会或法院主管领导审批的案件、必须提交检察委员会或检察院主管领导审批的案件范围越小,就会越放权给法官、检察官;如果必须集体讨论决定或必须审批的案件范围过大,法官、检察官依法独立行使职权的范围就会很小。

从司法实践中看,特殊案件应当是指特别重大的案件。过去,很多法院、检察院都把"重大、复杂、疑难案件"作为提交审判委员会或检察委员会讨论决定的案件范围。实际上,一个案件是否复杂、疑难,往往取决于法官、检察官个人的专业

知识、业务能力和司法经验。一个法官、检察官认为复杂的案件，在另一个法官、检察官看来可能是很容易办理的案件；一个法官、检察官对案件提出的疑难问题，另一个法官、检察官可能轻而易举地就给出了解决方案。因此，为了缩限审判委员会、检察委员会讨论决定案件的范围，特殊案件不应当包括"复杂""疑难"案件。此其一。其二，特殊案件不应当包括公检法意见不一致的案件。公检法之间有争议的案件，固然在处理上有一定的难度，也需要更加慎重，但法院、检察院在案件处理上保持各自的独立性，不受其他主体意见的左右，本是依法独立行使职权的题中应有之义，不能因为其他机关有意见，就可能改变办案程序和决策主体。其三，特殊案件不应当包括所有上级交办的案件。上级法院、检察院把案件交给下级法院、检察院办理，可能基于多种考虑。有的是因为案情重大，有的是因为在当地办理阻力太大，有的是因为媒体或领导人过于关注，有的是因为管辖法院、检察院缺乏办理该案件的专门人才。不能因为是上级交办的案件就一律作为特殊案件由审判委员会或检察委员会讨论决定。对于普通案件，即使是上级交办的，也应当有承办案件的法官、检察官按照法定程序独立作出决定，并把办理结果报上级法院、检察院备案。只有上级交办案件中的特别重大案件，才有必要提交审判委员会或检察委员会讨论决定，或者由主管领导审批。其四，特殊案件不应当包括所有"在当地有社会影响的"案件。许多案件特别是刑事案件，一旦被发现或者被披露，在当地都会产生一定的社会影响，尤其是被害人一方闹访、缠访的案件，在当地的社会影响会更大。对于这类案件，法院、检察院应当依法办理，没有理由因为被害人闹访、缠访就改变办理的程序和决策的主体。如果说，闹访、缠访的案件需要慎重处理，那么，被害人信任司法机关而没有闹访、缠访的案件，是否就不需要慎重处理了？对相同的案件一视同仁地进行处理，是法治的起码要求。当然，对于可能涉及众多人群利益的重大案件，应当特别慎重，由审判委员会或检察委员会讨论决定，无可厚非。但这类案件，不是因为有社会影响，而是因为涉及众多人的利益，处理不当可能影响到社会稳定。其五，特殊案件不应当包括新类型案件。一个案件，如果只对承办案件的法官、检察官而言，是新类型的案件，他就应当去研究其他法院、检察院，或者其他法官、检察官以前办理过的类似案件，增长办理这类案件的能力，或者申请由其他法官、检察官来办理，而不是把案件提交审判委员会或检察委员会去讨论。如果确实是司法实践中未曾出现过的案件，那么，它不仅对承办案件的法官、检察官而言是新类型案件，对审判委员会、检察委员会而言，甚至对上级法院、检察院而言，同样是新类型案件，谁都没有办理这类案件的经验，由谁来办理，实际上是一样的。与其在审判委员会、检察委员会上进行盲人摸象，还不如直接交给法官、检察官办理。办结以后，审判委员会、检察委员会甚至上级法院、检察院可以去评价案件办理的利弊得失，总结经验，形成指导性案例，进而指导司法实践。其六，特殊案件不应当包括不起诉案件、无罪判决案件。对这类案件最有效的制约，一是被害人的复议程序和检察院的抗诉程序（如果认真对待被害人的复议或者检察院的抗诉，可能滥用检察权或审判权的问题就会被发现，并且就可能通过诉讼程序予以纠正）；二是事后的案件评查（如果在案件评查中发现某个法官、检察官办理的案件存在滥用职权的情况，可以通过司法责任制追究其相应的责任，防止法官、检察官滥用职权）。

综上所述，特殊案件应当限定在特别重大案件的范围内。所谓特别重大案件，是指涉及国家重大利益、社会重大利益或者个人重大利益的案件。涉及国家重大利益的案件主要包括危害国家安全的案件，涉及国家重大军事利益或外交的案件，涉及国家重大政策贯彻执行或调整的案件等。涉及社会重大利益的案件主要包括危害众多人的生命、健康的案件，可能颠覆社会道德底线的案件，可能损害众多人员个人利益的案件，重大环节污染的案件，可能导致群体性事件的案件等。涉及个人重大利益的案件主要包括可能判处无期徒刑或者死刑的案件，涉及众多当事人利益的案件等。对于这类案件，应当作为特殊案件，按照特殊的程序来办理，即由承办案件的法官、检察官提出处理意见，提交审判委员会或检察委员会讨论决定（不同级别的法院、检察院对特别重大案件的范围界定，在程度上应该有所区别）。

涉及国家重大利益的案件，承办案件的检察官或者法官应当认真全面地审查案件的所有证据材料，提出对案件事实的基本判断和处理意见，报经检察长、院长审查后，提请检察委员会或审判委员会讨论决定。

对于不属于特别重大案件的其他案件，都应当作为普通案件，由承办案件的法官、检察官依照法律规定独立自主地作出决定。法官、检察官在办理普通案件的过程中，不接受其他主体的指令。处理决定有错误的，可以通过法定程序来纠正。法官、检察官对于错误决定有故意或重大过错的，可以按照规定追究其责任。

（二）法官、检察官与直接领导之间的职权划分

除了法官、检察官与审判委员会、检察委员会的分权之外，行使审判权、检察权的法官、检察官之间还存在一个分权

的问题，即承办案件的法官、检察官与直接领导在案件处理权上的关系问题。

承办案件法官、检察官的直接领导包括所在部门的领导、分管的院领导、法院院长或检察院检察长。法官、检察官行使职权的活动离不开直接领导的制约，而如何解决法官、检察官与直接领导的关系则直接关系到审判权、检察权的有效行使问题。笔者认为，按照权力分配的规定，凡是应当由法官、检察官行使的权力，承办案件的法官、检察官就没有必要向自己的直接领导请示汇报，而应当按照法定程序查明案件的事实真相，并依照有关法律的规定，自行作出处理决定，并按程序进行办理。对于这类案件，直接领导不能对法官、检察官发号施令。

如果承办案件的法官、检察官认为自己难以胜任某个案件的办理而需要听取其他法官、检察官意见的，则应当向部门负责人或主管院领导提出，由部门负责人或主管院领导召开法官会议或检察官会议，法官会议或检察官会议对提请讨论的案件所发表的意见，只能作为咨询意见供承办案件的法官、检察官参考。如果承办案件的法官、检察官认为该案件需要多名法官、检察官共同承办，可以向部门负责人或主管院领导提出，由部门负责人或主管院领导指派其他法官、检察官协助其共同办理该案件。如果承办案件的法官、检察官认为自己所承办的案件属于应当报请领导审批或审判委员会（检察委员会）讨论决定的案件，则应当按照规定的程序，在对案件进行实体审查之后提出初步的处理意见，报部门负责人或主管院领导审查其是否属于应当提交审判委员会（检察委员会）讨论决定或主管领导审批的案件。如是，则提请主管领导审批或审判委员会（检察委员会）讨论决定；如不是，则退回承办案件的法官、检察官自己办理。

审判委员会或者检察委员会讨论决定案件,本身就是以法院、检察院集体行使审判权、检察权的方式出现的。承办案件的法官、检察官应当就自己所掌握的全部证据材料和对事实、证据的分析如实而全面地向审判委员会、检察委员会汇报。审判委员会、检察委员会的组成人员应当负责任地发表意见、形成决议。对于审判委员会或检察委员会的决定,承办案件的法官、检察官应当执行(如有不同意见,除在审判委员会或检察委员会讨论时提出外,可在工作卷宗中注明)。承办案件的法官、检察官不执行审判委员会、检察委员会决定时,法院院长、检察院检察长可以更换承办案件的法官、检察官。审判委员会或者检察委员会讨论决定的案件,应当由审判委员会或检察委员会集体负责(但在讨论决定案件的过程中明确提出反对意见的委员,不应当承担错案责任)。

四、法院、检察院内部关系与司法职权配置问题

除了司法职权行使本身所形成的法官、检察官与法院院长、检察院检察长包括分管领导、审判委员会或检察委员会的关系之外,法院、检察院内部不同主体之间的关系,也可能影响到司法职权的行使。这些关系,实际上是司法职权与司法管理权、司法监督权之间的权力配置问题。能否通过制度性的安排处理好这些关系,本身是从制度上保证司法职权独立行使的重要方面。

(一)司法职权与司法事务的关系

在上轮司法体制改革中,通过法院、检察院工作人员的分类管理,司法职权将主要由进入员额制的法官、检察官来行使(部分司法职权由审判委员会、检察委员会来行使)。司法辅助

人员则是协助法官、检察官办案的司法人员[1]。司法辅助人员所做的工作实际上是司法事务性的工作,没有对案件的处理权即实质上的审判权或检察权。

司法职权与司法事务之间的关系,直接通过行使司法职权的法官、检察官与办理具体司法事务的司法辅助人员之间的关系表现出来。由于法官、检察官在处理具体案件的过程中离不开司法辅助人员的协助,所以,如何处理法官、检察官与司法辅助人员的关系,就会直接影响到司法职权的有效行使。

在实行员额制和司法责任制实施之后,法官、检察官与司法辅助人员的关系将会成为内部关系中一个突出的问题。一方面,司法辅助人员中,有的可能是承办案件的法官、检察官以前的领导或者同事,由于员额制的实行而成为法官、检察官的助理,并且其工资待遇与法官、检察官之间存在明显的差别,这可能使他们在心理上存在不服气、不舒心的感觉而影响到行动上的配合。另一方面,法官、检察官与司法辅助人员之间客观上存在领导与被领导的关系,这种关系如何摆脱传统的行政管理模式以适应办案的需要,本身是一个需要研究、探索的课题。不仅如此,进入员额制的法官、检察官如果其本身并不具备独立行使司法职权的资质或者没有精力履行法定职责,而将案件交由司法辅助人员来办理,自己在名义上是案件的承办人、实际上却是由司法辅助人员在办理案件,那么,司法职权

---

[1] 按照法官法、检察官法的规定,法官包括法院院长、副院长、审判委员会委员、审判员、助理审判员;检察官包括检察长、副检察长、检察委员会委员、检察员、助理检察员。但在司法体制改革中,进入"员额制"的法官、检察官仅包括具有独立办案权的法官、检察官,其他参与办案但没有独立办案职权的法官、检察官都被分类到司法辅助人员的行列。这就意味着,司法辅助人员中包含了部分正式任命的审判员、检察员和多数助理审判员、助理检察员,甚至包括个别副院长、副检察长和审判委员会委员、检察委员会委员。此处所称法官、检察官仅指进入"员额制"的享有独立办案职权的法官、检察官。

与司法事务之间的关系同样会被颠倒。

因此，正确处理法官、检察官（包括进入员额的院长、检察长）与司法辅助人员的关系，对于保证司法职权的依法行使十分重要。解决这个问题的关键在于以下三个方面：

第一，要有明确的角色定位。应当明确，法官、检察官是行使审判权、检察权的主体，在法官、检察官承办的具体案件办理过程中，只有法官、检察官有权对案件的处理作出决定。司法辅助人员是协助法官、检察官处理案件办理过程中具体事务的人员，其本身没有对案件的处理权。目前在试点过程中，有的地方法院、检察院，把法官、检察官承办的案件交给法官助理或者检察官助理去办理，员额制的法官、检察官只负责在其他法官助理或者检察官助理所办案件上签字（审批）的做法，违背了员额制的基本精神，把员额制内的法官、检察官变相地变成了原来的科室负责人，而把司法辅助人员变相地变成了法官、检察官。这种改革只是原来的办案模式的变种，毫无实质性的改革意义。员额制改革的根本点在于，员额制内的法官、检察官是经过法官、检察官遴选委员会考核合格的法官、检察官，是依法独立行使审判权、检察权的主体，而司法辅助人员则没有依法独立行使审判权、检察权的法律地位。无论案件多少，每一个案件都应当由员额制内的法官、检察官亲自去办理，即亲自查阅案卷中的证据材料，亲自讯问犯罪嫌疑人，亲自询问证人，亲自听取辩护人、被害人的意见，亲自作出对案件的处理决定。司法辅助人员就其本义，只是协助法官、检察官的人员，而不是行使审判权、检察权的主体，也就是说，他们可以帮助法官、检察官处理案件办理过程中的一些具体事务，不能代行法官、检察官对案件作出实质性的处理。

第二，要有明确的职责划分。司法辅助人员既然是辅助法官、检察官办理案件的人员，就应当听从法官、检察官的指挥，处理案件办理过程中的某些具体事务。如果司法辅助人员不听从法官、检察官的指挥，或者消极怠工、玩忽职守，影响了案件办理的进度或导致案件办理中的差错，就应当由司法辅助人员独立承担责任。而在案件处理上出现问题，则应当由法官、检察官自己承担责任。目前在司法实践中，由于各地法官、检察官与司法辅助人员之间的比例很不一致，配备方式亦不相同，法官、检察官与司法辅助人员之间的职责难以明确划分。有的法院、检察院，一个法官、检察官只能配备一个司法辅助人员甚至平均不到一个，司法辅助人员可能只是个书记员，案件办理过程中的具体事务都是法官、检察官自己去办理；有的法院、检察院，一个法官、检察官可能配备了多个司法辅助人员，其中包括若干名法官助理、检察官助理和若干名书记员，法官、检察官实际上担负了指挥管理的职责。技术类、法警类司法辅助人员，更是由法院、检察院统一使用。这种状况，在过渡期内是难以避免的，但在员额制正式实行之后，就应当逐步改变，以便对各类司法辅助人员的职责与法官、检察官的职责作出明确的划分。

第三，要有明确的评价体系。对法官、检察官的工作与司法辅助人员的工作，应当由不同的评价主体按照不同的评价体系来进行评价。法官、检察官办案的能力和质量，应当由法官、检察官遴选（惩戒）委员会组织进行评价，并作为其晋升、调动的依据。评价的指标体系应当根据行使审判权、检察权的基本要求来设置。对司法辅助人员的考评，则应当由司法辅助人员的管理机构来组织进行，司法辅助人员管理机构对司法辅助人员的考评，应当参考并尊重其所服务的法官、检察官的意见。评价的指标体系则应当根据办理案件中的事务性工作的质量要求来设置。

(二) 案件办理权与案件监管权的关系

实行法官、检察官办案责任制以后,行使司法职权的法官、检察官享有承办案件的职权,但是法官、检察官承办的案件无疑应当接受案件监管部门的监督管理,这就使承办案件的法官、检察官必然要与法院、检察院内部的案件监管部门和其他业务部门发生关系。如何理顺这种关系,直接关系到承办案件的法官、检察官能否独立行使司法职权的问题。

第一,案件的受理与分配。对案件的受理与分配,严格说来,不是一个对案件办理权的监管问题,而是服务问题。但是在我们国家,这种服务往往变成了管理,变成了一种权力。随着司法体制改革的推进,法院对案件受理的审查制变成了登记制。案件的受理明显地成为一种事务性的工作。问题在于,无论是法院还是检察院,受理案件之后如何分配给员额制内的法官、检察官来承办。

以往,这方面人为的因素比较大,有的法院、检察院甚至是由部门负责人来掌管,根据每个法官、检察官的特点来分配案件。实行员额制之后,某些院领导为了增加自己的办案数而又不愿意花费更多的时间来办案,也往往会要求分按人员把工作量小、容易办理的案件分配给自己。这就违背了员额制法官、检察官都要亲自办理案件的初衷,违背了公平分配的原则。

因此,对于本院受理的案件,应当建立一种自动分案的机制,即按照事先设定的方式,对依法受理的所有案件,在本部门享有案件办理权的法官、检察官之间,采取自动轮转的办法进行分配。这种分案机制,一方面可以保证每个法官、检察官都有平等的机会办理难易程度不等的案件,避免人为因素造成的不公平；另一方面可以检验每一位法官、检察官办理案件的效率，建立对法官、检察官进行考核的数据材料。

至于某些特殊的案件或者上级法院、检察院特别关注的案件，需要违反正常的轮转程序而由其他法官、检察官办理时，应当由案件管理部门的负责人或者本院的主管领导书面提出，并说明理由，提请法院院长或检察院检察长审批并指定其他法官、检察官来办理。

第二，案件监管的模式。以往，案件监管部门为了加强对案件的监管，提出了事前监督、事中监督、事后监督的工作思路，要求对案件办理的过程进行"全覆盖"。这样一种监管模式，是建立在对承办案件的法官、检察官极度不信任的基础上的，它妨碍了承办案件的法官、检察官积极性、主动性的发挥，在一定程度上影响了案件的及时办理。实行司法责任制之后，承办案件的法官、检察官对自己所办理的案件要承担错案责任，案件监管部门应当改变监管思路，变"全覆盖"的监督为事后监督，即案件监管部门所进行的监督管理不应妨碍法官、检察官依法独立行使职权。案件监管部门对于没有在法定期限内办结的案件，应当督促承办案件的法官、检察官抓紧时间办理；对于违反法定程序办理的案件，应当及时提出纠正意见并监督其纠正；对于案件中涉及的赃款赃物，应当负责接收并保管；对于法官、检察官向外单位移送的案件，应当负责按程序移送；对于已经办结的案件，应当提醒法官、检察官在规定时间内归档并将有关材料移送案件监管部门保存；对于已经办结的案件，可以组织质量评查。对于正在办理案件的投诉，案件监管部门应当将这种投诉转交承办案件的法官、检察官，由其自行处理，待案件办结之后，案件监管部门应当及时审查法官、检察官对投诉的处理是否得当，并将处理情况记入该法官、检察官的业务档案。因承办案件的法官、检察官对投诉处理不当而导致案件处理不公或者违法的，应当通过救济渠道来纠正对案件的处理。至于对法官、检察官贪赃枉法、违法办案的投诉，则应当由纪律检查部门来受理并依照有关规定来处理（放权法官、检察官之后，对这方面的投诉，更应当高度重视、及时查处）。

至于法官、检察官在具体案件中作出的处理决定，案件监管部门不应当过问，更不能在办案过程中对其进行审查。法官、检察官在办理具体案件的过程中，其他业务部门无论是部门负责人还是普通法官、检察官，都不应当主动过问案件的进度和办理情况；需要其他业务部门配合的，应当由承办案件的法官、检察官向本部门的负责人提出申请，由本部门的负责人与有关业务部门的负责人联系，或者报请主管的院领导决定，并安排有关人员配合。

第三，对违法办案的责任追究。案件监管权还涉及对法官、检察官的责任追究问题。在放权的同时，要求法官、检察官对自己独立办理的案件承担责任是完全应当的，也是保证案件公正处理的制度性保障。特别是在法官、检察官的职业伦理尚未普遍树立的情况下，司法责任制就是保证案件严格依法办理、保证案件办理的质量的重要措施。

对违法办案的责任追究无疑是案件监管权的重要内容。但是案件监管权特别是司法责任制不应该成为法官、检察官独立办案的"紧箍咒"。司法责任制应当建立在严格依法办案的基础上，即追究法官、检察官司法责任的前提必须是"违法"。法官、检察官在独立行使职权的过程中，如果严格遵守了法律的规定，就能够获得制度上的保护；只有在明显违反了法律规定（包括形式违法和实质违法）并且造成严重后果的情况下，才能被问责。最高人民法院颁布的《关于完善人民法院司法责任制的若干意见》和最高人民检察院颁布的《关于完善人民检察院司法责任制的若干意见》，都对法官、检察官的司法责任以及追究司法责任的程序做出了明确的规定。这些规定，从另一个方面对法官、检察官独立行使职权进行了制度上的制约，也可以说是依法独立行使审判权和检察权的制度性保障。

在此，值得重视的不是责任追究，而是责任豁免。如果对法官、检察官的责任追究过于严苛，特别是对"重大过失"的认定过于宽泛，就可能违背司法活动中的认识规律，导致法官、检察官不敢办案的结局。正如有的学者指出的："如果置司法产品制作的特殊性于不顾，沿袭古代对错案一概追责的做法，或简单照搬产品严格责任的归责方式，那必然会使司法人员人人自危，从而严重挫伤他们的积极性。"[1]

依笔者之见，对法官、检察官的责任追究，不应该以是否发生了错案为基础。这不仅是因为错案的认定争议很大，错案发生的原因复杂，而且因为诉讼程序的设计本身就是为了防止错案。检察官审查侦查机关移送的案件，法官审查检察官移送的案件，二审法院审查一审法院判决的案件，再审纠正二审的错误，这些程序本身就是一个不断纠正可能发生的错案的过程。程序失灵导致的错案不是司法人员的责任，不能因为发生了错案，就一定要由司法人员承担责任。更重要的是，责任追究的目的不是为了防止错案的发生，因为无论如何追究司法人员的责任，错案总是难以避免的。在司法活动中追究司法人员的责任，根本目的是防止司法人员滥用司法职权。因此，对法官、检察官的责任追究，应该以实现司法公正为目的，着重审

---

[1] 朱孝清：《错案责任追究与豁免》，载《中国法学》2016 年第 2 期。

查其在办理案件的过程中是否故意违反了法律规定的程序、是否故意违反了实体法的要求。而不能因为发生了错案，就一定要有人对之承担责任。

（三）司法职权与司法行政事务管理权的关系

每一个法院、检察院都会有一些行政管理方面和人事管理方面的事务。这些事务本来是服务性的，但在"官本位"的管理模式下，对这些事务的管理就成了一种领导权，而这种领导权直接关系到法院、检察院所有工作人员的升迁和待遇。如果用这种"领导权"来制约承办案件的法官、检察官，就可能妨碍其依法独立行使司法职权。

这种关系具体表现为法官、检察官与法院、检察院司法行政事务管理部门及其工作人员特别是这些部门领导的关系问题。在以往的行政化管理模式下，行政管理部门安排的活动往往比办案还要重要，法官、检察官经常被迫放下手中的案件去参加各种行政管理性活动，如"政治学习"、各种各样的教育实践活动、非业务类的"专项工作"，甚至包括文化体育运动类、爱国卫生类活动等。因为对这些活动的态度包括对行政管理部门领导的态度直接影响到法官、检察官的政治生命甚至包括物质待遇。行政管理部门及其工作人员尤其是其领导人也往往滥用这种影响力，对法官、检察官发号施令，包括在具体案件的处理上提出明确要求。这种状况无疑影响了司法职权的依法独立公正地行使。

推行法官、检察官员额制和司法责任制，必须打破这种行政化管理模式，保证法官、检察官在行政管理部门及其工作人员面前具有人格上、行动上的独立性。

首先，应当明确，法院、检察院的主业是依法独立公正地行使审判权、检察权。为此，在工作安排上，要把主要精力放在如何保障审判权、检察权的行使活动中,而不是把主要精力放在各种各样的社会活动、行政管理活动上。只有这样,才能保障法官、检察官把自己的主要精力和时间用在依法独立公正地行使审判权、检察权方面,而不是放在应付各种与行使司法职权无关的活动上。

其次,在法官、检察官与行政管理部门的关系上,应当突出法官、检察官在法院、检察院的主体地位。行政管理部门要围绕法官、检察官行使司法职权的需求来做好行政管理工作,而不能绑架法官、检察官去参加行政管理部门安排的各种活动,不能任意占用法官、检察官的工作时间。对于行政管理部门安排的各种活动,应当尊重法官、检察官的选择权,即法官、检察官有权根据自己的工作安排选择是否参加这类活动。如果选择不参加,行政管理部门不得强迫法官、检察官参加。因为,法院、检察院毕竟是以审判业务、检察业务为主要工作内容的国家机关,审判或检察业务工作应当是法院、检察院的主业,因而也是法官、检察官的主业。法官、检察官为了完成自己的办案任务而不参加行政管理活动,不应当受到非议。并且,法院、检察院的行政管理工作本身,应当是为法官、检察官更好地办理案件服务的,应当服从办案的需要,而不是反其道而行之。

最后,对法官、检察官工作业绩的评价,应当由案件管理部门来进行,而不是由行政管理部门来进行。行政管理部门及其工作人员不能对法官、检察官履行职责的情况进行评价,更不能把这种评价作为行使行政管理权的依据,影响法官、检察官的升迁和待遇。因为法官、检察官的工作业绩是行使审判权、检察权的情况。这种情况具体体现在其办理案件的数量和质量上。法官、检察官工作的好坏,应当由案件监管部门来评价。行政管理部门并不接触法官、检察官办理案件的情况，没有资格来评价法官、检察官的工作，也没有依据来评价法官、检察官的"人品"，更没有理由用行政管理部门工作人员对法官、检察官的评价来影响法官、检察官的升迁。

(四) 法官、检察官的职业保障与司法职权的关系

法官、检察官的职业保障问题，是从制度上保证依法独立公正地行使审判权、检察权的重要方面。没有充分的职业保障，法官、检察官就没有抵御来自各个方面的、各种各样的诱惑与干预的盾牌，司法机关就无法防止司法职权被滥用。

关于法官、检察官的职业保障问题，目前大家关注度比较高的是法官、检察官的入职门槛和工资标准。提高法官、检察官的入职门槛和福利待遇是保障其独立性的重要方面，建立高于普通公务员的职业保障标准对于防止其职务被收买，具有非常重要的意义。但这只是职业保障中的一个方面。更重要的是对法官、检察官履行职责独立性的保障。2016年，中共中央办公厅、国务院办公厅公开印发了《保护司法人员依法履行法定职责规定》，对保障法官、检察官依法独立行使审判权、检察权作了明确的规定，这对法官、检察官的职业保障是非常必要的。

但是仅有这个规定是不够的，还应当建立一种制度：法官、检察官的工资和待遇根据其本人的法官、检察官等级来确定（在总体上应当高于普通公务员），法官、检察官的等级确定与晋级根据其工作年限和遴选（惩戒）委员会的考评来决定，不受本人所在单位行政级别和职数的影响、不受各级领导和同事认可程度的影响。只有这样，才能从制度上保证法官、检察官在履行职责的过程中敢于对任何人干预司法活动的要求说"不"，敢于独立自主地对法律负责。否则，即使"有权拒

绝任何单位或者个人违反法定职责或者法定程序、有碍司法公正的要求",即使要求"对任何单位或者个人干预司法活动、插手具体案件处理的情况,司法人员应当全面、如实记录",法官、检察官也不敢对干预司法活动的行为进行登记报告,甚至领导干部无需直接干预,只要有任何意思表示,法官、检察官都得揣测领导的意图并按照领导的意图处理案件,因为自己的前途命运掌握在领导人的手中。即使不是自己的直接领导,但只要对法官、检察官的升迁晋级具有影响力,法官、检察官就不能不顾及其意见和要求。

因此,职业保障最根本的问题,就是要从制度上杜绝个人的意见和看法影响法官、检察官的职业生涯,使法官、检察官在任何个人的意见面前都能够无所顾忌地依法履行职责(当然,这种无所顾忌是以司法责任制为底线的)。

(原载《法学家》2019 年第 4 期)

论捕诉一体

逮捕权（审查批准逮捕和决定逮捕的权力）、公诉权是法律赋予检察机关的两项重要职权。这两项职权在检察机关内部如何配置、如何行使，历来是法学理论界和检察实务界普遍关注的重大问题，也是司法体制改革中面临的重大课题。随着新一轮司法体制改革中捕诉一体化的实行，这个问题再次成为议论的热点。本文拟就这个问题进行探讨，以期对检察制度的发展完善有所裨益。

一、理论之维：捕诉分离抑或捕诉合一

捕诉分离还是捕诉合一，在法学理论界素来就有争议。在理论上，关于捕诉合一的争论主要围绕两个方面展开的：

（一）权属之争：逮捕权与公诉权是不是两种性质完全不同的权力

法学理论界普遍认为，逮捕权与公诉权是两种性质不同的权力[1]。审查批准逮捕是一种司法审查，具有程序裁判的性

---

[1] 参见龙宗智：《检察机关内部机构及功能研究》，载《法学家》2018年第1期；沈海平：《捕诉关系的辩证思考》，载《国家检察官学院学报》2018年第4期；高忠祥、董海敏：《试谈捕诉合一机制的弊端》，载中国企业维权网2011年8月1日。

质，而公诉权是一种国家追诉权，具有控诉犯罪的性质。据此，一些学者认为，这两种权力应当分别由不同的主体来行使，才符合权力配置和权力制约的原理。捕诉合一直接否定了逮捕的独立价值，可能导致逮捕权的滥用，侵犯公民的人身自由。有的学者甚至认为，"逮捕与公诉具有截然不同的性质"，公诉权是行政权，审查逮捕权是司法权，将两种权力赋予同一检察官行使会使权力发生混同，导致审查逮捕与公诉的同质化。因此，在任何法治社会，逮捕与公诉都必须是分离的，要分别由两个国家专门机关依法行使，而绝对不能实行"逮捕与公诉的一体化"[1]。亦有学者认为：审查起诉与审查逮捕一样，都具有司法权性质，难以清楚划分为审查逮捕就是司法权、审查起诉就是行政权。因此以批捕权属于司法权、公诉权属于行政权为理由反对"捕诉合一"，理据不足[2]。"宪法将批捕权、起诉权统一赋予了检察机关，且没有规定检察机关必须分开行使，这就为检察机关统一行使批捕权、起诉权提供了宪法依据，捕诉合一就具有内在的合理性。"[3]

问题在于：逮捕权与公诉权是不是两种不可融合的权力？如果说，这两种权力是无法融合的，就不应当由同一个主体来行使。但是如果认为这两种权力之间存在某些共性，彼此之间是可以融合的，那就不能完全排斥由同一个主体来行使。

---

[1] 陈瑞华：《异哉，所谓"捕诉合一"者》，载微信公众号"中国法律评论"2018年6月5日；闵春雷：《论审查逮捕程序的诉讼化》，载《法治与社会发展》2016年第6期；王海燕：《检察机关审查逮捕权的异化与消解》，载《政法论坛》2014年第6期。

[2] 张建伟：《"捕诉合一"的改革是一项危险的抉择？——检察机关"捕诉合一之利弊分析"》，载《中国刑事法杂志》2018年第4期；《"捕诉合一"：职能整合之功能分析》，载《人民检察》2018年第14期。

[3] 邓思清：《捕诉合一是中国司法体制下的合理选择》，载《检察日报》2018年6月5日，第3版。

笔者认为，对这个问题应当具体分析。逮捕权与公诉权，确实是刑事诉讼中两种不同性质的权力，但它们之间也确实存在某些共性，具有彼此融合的可能性。

首先，从权力的属性上看，逮捕权与公诉权都是法律监督权的组成部分。

我国的国家机构不是按照"三权分立"的框架建立的，而是以人民代表大会为根本政治制度。"在这一权力构造基础上，检察机关被定位于法律监督机关，检察权因此而具有法律监督权的属性。这是由我国宪政制度所确定的，应当说是无可争议的一种权力定性。"[1]"将检察权确定为法律监督权，这样的权力定位不仅符合检察权本身具有的多重属性，也是中国社会主义国家权力制约机制内在规律的必然选择，是国家权力分配和有效控制的重要保障。"[2] 这意味着，法律赋予检察机关的各项权力，无论是审查批准逮捕的权力，还是审查提起公诉的权力，抑或诉讼监督的权力，都具有法律监督的性质。

不可否认，逮捕权特别是审查批准逮捕的权力，具有司法审查的性质，是司法机关对侦查机关的侦查活动进行程序控制的一种手段。但是这种司法审查本身就是对侦查权的一种法律监督。[3] 也正是因为这种司法审查具有法律监督的性质，我国宪法和法律才会把这种权力赋予检察机关而不是其他国家机关。

---

[1] 龙宗智：《检察制度教程》，法律出版社2002年版，第99页。
[2] 樊崇义主编：《检察制度原理》，法律出版社2009年版，第121页。
[3] "检察机关通过审查公安机关提供的证据材料，如果符合逮捕条件的就予以批准，否则就不予批准。如果发现应当逮捕而公安机关未提请逮捕犯罪嫌疑人的，检察机关可以要求公安机关提请批准逮捕，如果公安机关不提请批准逮捕的理由不能成立的，检察机关可以直接作出逮捕的决定，交公安机关执行。显然，检察机关的批准逮捕对公安机关的侦查具有监督作用，因而具有法律监督的性质。"参见朱孝清、张智辉主编：《检察学》，中国检察出版社2010年版，第326页。

"我国检察机关的批捕权,既是基于其作为刑事追诉机关的法律地位和权力,更是基于法律监督机关的法律地位和权力。……在审查批准和决定逮捕的活动中,检察机关还承担着发现并追究漏罪和漏犯,并发现和纠正侦查活动中违法行为的责任。"[1] 逮捕权所承载的这种责任,与检察机关作为国家的法律监督机关的使命是完全吻合的,是法律监督的一种功能性权能。

诚然,在西方国家,逮捕权通常都是由法院行使的。之所以要由法院来行使而不是由侦查机关自行行使,本身就是为了监督制约侦查权的行使。而在大陆法系国家,由于普遍实行"警、检合一"的诉讼模式,侦查活动被认为是"公诉之准备",侦查机关与检察机关在法律上被视为同一个主体,审查批准和决定逮捕作为一种对侦查活动进行监督控制的权力,自然不能由检察机关行使。而在英美法系国家,虽然实行警、检分离,侦查机关与检察机关互不隶属,但是在当事人主义诉讼模式下,检察官被视为一方当事人(政府律师)。为了保障控辩平等原则的贯彻,更不能允许检察官享有批准和决定逮捕的权力。而在我们国家,检察机关在宪法上被定位为国家的法律监督机关,完全独立于行使侦查权的公安机关,由检察机关对公安机关行使侦查权的活动实行法律监督,就是一种顺理成章的制度选择。

另外,公诉权是法律赋予检察机关的国家追诉权。国家追诉不同于当事人起诉的显著特征之一,就是国家追诉的目的是维护国家法律的统一正确实施[2],并且是通过诉讼的方式来进

---

[1] 龙宗智:《检察制度教程》,法律出版社2002年版,第237页。
[2] 国家追诉是建立在这样一个理念基础上的:"国家有责任维护社会法律秩序和保护社会成员的利益,对犯罪应当由国家进行追诉。"参见宋英辉:《刑事诉讼原理导读》,法律出版社2003年版,第203页。

行的，因而具有明显的法律监督性质。"在中国刑事诉讼中，审查起诉的基本任务有三点：一是审查侦查活动的过程和结果，纠正侦查活动中的违法行为，对侦查活动中的偏差和遗漏问题予以补救；二是通过审查案件的事实问题和法律适用问题，合理斟酌影响案件处理的各种因素，作出正确的起诉或不起诉的决定；三是掌握案件的全面情况，为支持公诉做好准备。"[1] 如果说，对公安机关提请批准逮捕的案件进行司法审查是一种法律监督，那么，对公安机关侦查活动的合法性进行审查以及对侦查终结的案件是否需要提起公诉进行审查，同样是一种法律监督。这两种权力，虽然性质不同，各有特点，但在法律监督这一点上，可以说是相同的。

有的学者指出，根据现行法律规定，结合检察机关法律监督实践，对检察机关法律监督的内容在理论上作具体划分，可以分为三种类型：第一种类型，主要基于检察机关的刑事追诉权所实施的诉讼监督行为，这种行为常被称为检察机关的办案业务；第二种类型，主要基于司法监督权实施的监督行为；第三种类型，既是基于刑事追诉权又是基于诉讼监督权的诉讼监督行为，如对公安机关提请批准逮捕的案件审查批捕，它既是一种司法监督行为，又是一种办案业务。[2] 这也表明，在理论上，行使公诉权的行为是一种法律监督，审查批准逮捕的行为也是一种法律监督。尽管这是两种不同类型的监督，但都可以统一在法律监督的属性中。甚至可以说，审查批准逮捕的行为兼具"法律监督"与"办案业务"两种属性，与审查起诉的行为在权力属性上并无根本性的冲突。

---

[1] 龙宗智、杨建广主编：《刑事诉讼法》，高等教育出版社 2003 年版，第 300 页。
[2] 参见龙宗智：《检察制度教程》，法律出版社 2002 年版，第 116—117 页。

其次，从权力的内容上看，逮捕权与公诉权都包含了对侦查活动进行监督的内容。

按照刑事诉讼法的规定，检察机关在审查批准逮捕的时候，一方面，需要查明犯罪嫌疑人是否符合逮捕的条件，包括是否有证据证明有犯罪事实、是否可能判处徒刑以上刑罚、采取取保候审是否不足以防止发生社会危险；另一方面，还需要查明公安机关的侦查活动是否合法。检察机关在审查批准逮捕工作中，如果发现公安机关的侦查活动有违法情况，应当通知公安机关予以纠正，公安机关应当将纠正的情况通知人民检察院。与之相类似，检察机关在审查起诉的时候，一方面，必须查明犯罪事实、情节是否清楚，证据是否确实充分，犯罪性质和罪名的认定是否正确，有无遗漏罪行和其他应当追究刑事责任的人，是否属于不应追究刑事责任的；另一方面，必须查明侦查活动是否合法，如果认为公安机关可能有以非法方法收集证据的情形，可以要求其对收集证据的合法性作出说明，公安机关不能说明证据合法性的，检察机关可以排除该证据。这表明，检察机关无论是审查批准逮捕还是审查起诉，都包含了两个基本相同的重要内容：一是犯罪嫌疑人的行为是否构成犯罪、是否需要追究刑事责任；二是侦查机关的侦查活动是否合法。正是权力对象的这种趋同性和行使权力要求的一致性，使检察机关有可能把这两种行为交给同一个主体去行使。

不仅如此，2018年修改后的《刑事诉讼法》第115条规定了当事人和辩护人、诉讼代理人、利害关系人对于司法机关及其工作人员的违法行为向有关机关申诉或者控告的权利，并且规定申诉人或者控告人对有关机关的处理不服的，可以向人民检察院申诉，人民检察院对这种申诉应当及时进行审查，情况属实的，有权通知有关机关予以纠正。由于这个规定是作为

"侦查"一章中的"一般规定"出现的,因而可以认为这个规定主要是针对侦查活动的。这就意味着,这种审查纠正的权力是法律赋予检察机关的一项对侦查活动进行监督的权力。而这种权力既不属于逮捕权,也不属于公诉权。如果从权力的具体属性上讲,它就应当属于第三种权力。如果有一种权力就要单独设立一个机构来行使,就可能造成检察机关的机构重叠。而这种权力同样包含了对侦查活动实行法律监督的内容,与审查批准逮捕、审查起诉具有重叠的部分。在检察机关内设机构整合的过程中,把这些功能相近的职权一并予以考虑,统一由一个内设机构来行使,应该说是顺理成章的。

最后,从权力行使的目的上看,逮捕权与公诉权都是为了保证国家追诉的有效进行。

在刑事诉讼法学界,逮捕通常被认为是"为了防止犯罪嫌疑人和被告人逃跑、串供、毁灭证据,或继续犯罪,妨碍诉讼活动的顺利进行,而依法暂时剥夺其人身自由并予以羁押的强制措施"[1]审查批准逮捕或者决定逮捕,同样是为了"有效地保证犯罪嫌疑人和被告人不逃避侦查、起诉和审判,保证其不毁灭、伪造、变造、隐匿证据和串供,不继续犯罪,不逃避刑罚的执行"[2]。也就是说,在刑事诉讼过程中,之所以要对犯罪嫌疑人、被告人采取逮捕的强制措施,一方面是为了保证刑事诉讼的顺利进行,另一方面是为了防止其继续危害社会。而保证刑事诉讼的顺利进行,正是为了有效地追诉犯罪,实现国家追诉权。这与审查起诉的目的,应该说是完全一致的。公诉权行使的目的就是为了有效地追诉犯罪,维护国家法律的尊

---

[1] 谢佑平:《刑事司法程序的一般理论》,复旦大学出版社2003年版,第140页。
[2] 谢佑平:《刑事司法程序的一般理论》,复旦大学出版社2003年版,第145页。

严和社会秩序的稳定。

当然，审查批准逮捕和决定逮捕的权力之所以不能由侦查机关自行行使而要由其他机关来行使，除了保证刑事诉讼的顺利进行之外，还有保障人权的目的。逮捕毕竟是限制人身自由的强制措施，这种措施使用不当或者过分使用，就可能不必要地侵犯犯罪嫌疑人和被告人的合法权利，因此必须对其进行严格的控制。这种控制包括两个方面：一是在法律上对其设置严格的实体性条件；二是在适用上对其设置司法审查程序。由独立于侦查机关的检察机关对逮捕犯罪嫌疑人的请求进行审查批准，就是我国法律中设置的司法审查程序。检察机关在审查批准逮捕的活动中，不仅要考虑有效追诉犯罪的需要，同时要考虑保障人权的需要，防止逮捕措施的不当使用。同样地，检察机关在审查起诉的活动中，既要考虑有效追诉犯罪，又要保障无罪的人不受刑事追究。正如《刑事诉讼法》第173条规定的，检察机关在审查起诉过程中发现犯罪嫌疑人没有犯罪事实，或者有《刑事诉讼法》第15条规定的不追究刑事责任的情形之一的，就应当作出不起诉的决定。也就是说，检察机关无论是对逮捕请求进行审查，还是对追诉请求进行审查，都包含了两个基本相同的目的：一是保障有效地追诉犯罪（在审查批准逮捕中，这个目的具体表现为保证侦查取证活动的顺利进行，而在审查起诉中，这个目的具体表现为保证追诉活动的正确、顺利进行）；二是保障公民的人身权利不受不应有的侵害（在审查批准逮捕中，这个目的具体表现为保证不符合逮捕条件的人包含无罪的人不被逮捕，而在审查起诉中，这个目的具体表现为保证不需要追究刑事责任的人包括无罪的人不被起诉）。

上述三个方面表明，逮捕权与公诉权尽管在具体的权属上并不完全相同，但它们之间存在某些共性的东西，不仅同属于检察机关的法律监督权,而且具有重叠的内容和大致相同的目的,很难说二者之间根本没有融合的可能性。

(二) 角色之争:捕诉一体会不会导致检察官的角色混同

有的学者认为,捕诉一体将两种不同的权力赋予同一检察官行使,必然导致权力发生混同,不可避免地造成承办检察官办案思维及节奏的混乱,使其不得不处于"变速跑"的状态,不利于培植审查逮捕检察官应具有的中立性和被动性,也无助于检察官精细化与专业化的职业养成[1]。"从法理上分析,捕诉合一实质上是将裁判权与追诉权交由同一主体行使。这种职能冲突与角色冲突,是捕诉合一受到学界批评的主要原因。"[2]

这种观点不能说完全没有根据,但是无论是在理论上还是在实践中,这种观点都是很难成立的。在现实生活中,一个人具有多重角色,通常并不必然导致角色混同的问题。比如,在现实生活中,一个男人,既是父母的儿子,又是妻子的丈夫,还是子女的父亲。一般情况下,要同时扮演多个角色,并不会发生角色混同的问题。同样地,在司法实践中,一个检察长,既是检察业务的领导者,也是检察机关行政管理的领导者,同时也是承办案件的检察官。在通常情况下,并不会因为既要扮演检察长的角色、党组书记的角色、检察官的角色,就出现角色混同的问题。只有在出现异常的情况下,一个具有多重角色的主体才会发生角色混同的问题。在刑事诉讼中,即使是专门从事审查逮捕工作的检察官,他既是应当保持中立的决定者(在侦查机关与犯罪嫌疑人之间客观公正地裁定是否批准逮捕),同时也是对侦查活动实行法律监督的监督者;而从事审

---

[1] 参见闵春雷:《论审查逮捕程序的诉讼化》,载《法治与社会发展》2016年第3期。
[2] 《争议"捕诉合一":新方向还是回头路?》,载《南方周末》2018年8月2日。

查起诉的检察官，同样需要保持客观公正的立场来对待每一个案件，不能仅仅站在控诉方的立场上扮演公诉人的角色。实行捕诉合一之后，同一个检察官可能要同时扮演多个角色，但是每一个角色都会有不同的实体性规范和程序规则来约束其行为，如果不是人为地滥用职权，通常就不会发生角色混同的问题。例如，检察官在审查批准逮捕的过程中，他只是一个对侦查机关提请批准逮捕的案件进行审查的检察人员，一方面要审查案件的全部材料和侦查机关提请批准逮捕的理由，讯问犯罪嫌疑人，了解案件的全部情况并按照刑事诉讼法规定的逮捕条件，决定是否有必要逮捕犯罪嫌疑人。在这个阶段，他既要对是否需要逮捕犯罪嫌疑人提出意见，又要对侦查活动中是否存在违法行为进行审查，甚至还可能要对需要进一步侦查的问题提出意见。他已经扮演着多个角色，但是在这个阶段，由于还没有决定是否需要对犯罪嫌疑人提起公诉，因而他不可能扮演公诉人的角色。如果一个检察官既要审查逮捕又要审查起诉，他也许会在审查逮捕的时候考虑该案件能否依法提起公诉的问题，但是在这个阶段，他依然是站在客观公正的立场上考虑问题的，因为他还没有进入控诉犯罪的角色，不会一味地站在控方的立场上来审查案件。正如有的学者指出的，就像法官可以在一起诉讼案件中既充当调解员又担当裁判员，且不会因为他所扮演的双重角色而导致调解程序与庭审程序的混同或替代一样，捕诉合一并不包括功能合一、程序合一等内容，不会导致检察官的角色混同。[1]

此外，捕诉一体只是检察机关内部的职权整合和机构整

---

〔1〕 参见叶青：《关于"捕诉合一"办案模式的理论反思与实践价值》，载《中国刑事法杂志》2018年第4期。

合,并不改变刑事诉讼的程序构造和规范要求。同一个检察官在审查批准逮捕的过程中,依然要按照刑事诉讼法的规定和检察机关的刑事诉讼规则,既要审查侦查机关移送的请求逮捕犯罪嫌疑人的报告,又要讯问犯罪嫌疑人,听取律师意见,还要询问被害人,听取其意见,审查逮捕环节的司法审查性质并没有受到损伤,诉讼化特征并没有因为以后可能由其审查起诉而受损。而在审查起诉环节,检察官不仅要审查案件的证据,判断案件的事实,决定是否需要追究犯罪嫌疑人的刑事责任,如果提起公诉,还要准备出庭应诉,接受被告人及其律师的诘问,公诉的对抗性同样不会受到影响。

(三)利弊之争:捕诉一体究竟利大于弊还是弊大于利

围绕着捕诉合一的利弊得失,学者们发表了不同的观点。一些学者认为,捕诉合一弊大于利。其理由主要是:"捕诉一体",将使检察机关对侦查机关的诉讼监督受到严重削弱,导致侦查质量严重下降;不符合司法制度精密化和检察职能精细化的要求,不利于保证案件质量;人民检察院内部失去监督,容易导致错案的发生;弱化必要性条件在逮捕措施中的地位,加重逮捕的异化现象;将审查批准逮捕与审查起诉两道工序合二为一,嫌疑人和辩护人就只能获得一次辩护机会,不利于保障人权。[1]

但是有些学者认为,捕诉一体利大于弊。其理由主要是:捕诉合一可以强化侦查监督力度,提高案件侦查质量;可以提高诉讼效率和办案质量;可以提高检察官的能力素质,提升检

---

[1] 参见陈瑞华:《异哉,所谓"捕诉合一"者》,载微信公众号"中国法律评论"2018年6月5日;高忠祥、董海敏:《试谈捕诉合一机制的弊端》,载中国企业维权网2011年8月1日;孙远:《为什么捕诉合一不可行?》,载中国政法大学国家法律援助研究院微信公众号,2018年6月17日。

察官队伍的专业化水平；有利于律师辩护，更好地保障人权。[1] 有的学者认为，"捕诉一体"模式在提高效率、强化监督、保障人权和两法衔接等方面具有重要作用，符合我国司法实践的客观规律，具有一定的正当性。[2]

也有学者认为，捕诉一体，有利有弊。学理上分析，弊大于利；但从中国特定制度背景之下的实践操作看，也许利大于弊。[3]

还有学者认为，捕诉分离，使批捕检察官只关注把握逮捕的法定条件，一般不会去全面研究和把握案件的整体事实、证据问题；只关注批捕的正确性和质量，对于软性的侦查监督任务并不太关心；检察办案人员重复劳动，造成资源重复投入和浪费；批捕检察官在作出批捕决定后，给公诉检察官造成了一种无形的压力，使一些事实证据存在瑕疵的案件勉强起诉，影响了起诉案件的质量和公诉效果。[4]

捕诉一体究竟是弊大于利还是利大于弊，关键在于评论者站在什么样的立场上、用什么样的价值取向来衡量。如果用理论的自洽性作为分析工具，从是否有利于保持权力行使的完整性来衡量，自然会得出弊大于利的结论。但是如果用实践理性作为分析工具，从是否有利于检察权的有效行使来衡量，就会得出相反的结论。

逮捕权与公诉权毕竟是两种相对独立的权力，分别行使，在理论上总是可以自圆其说的。实践一旦打破了这种理论上的

---

〔1〕 参见邓思清：《捕诉合一是中国司法体制下的合理选择》，载《检察日报》2018年6月5日，第3版。

〔2〕 洪浩：《我国"捕诉合一"模式的正当性及其限度》，载《中国刑事法杂志》2018年第4期。

〔3〕 参见龙宗智：《检察机关内部机构及功能研究》，载《法学家》2018年第1期。

〔4〕 沈海平：《捕诉关系的辩证思考》，载《国家检察官学院学报》2018年第4期。

自洽性，站在原有理论的基础上，自然会认为这种实践是错误的。

但是，理论本身需要创新和发展，需要接受实践的检验。特别是像法学这种实践性很强的学科，法学理论不仅应当接受司法实践的检验，而且应当在司法实践中创新发展。应当看到，传统的关于逮捕权和公诉权的理论，在原来的诉讼模式下具有充分的理论基础。一方面，以侦查为中心的诉讼模式决定了侦查活动的好坏对于案件质量具有至关重要的意义，所以无论是理论界还是实务界，都十分重视对侦查活动的法律监督，通过审查批准逮捕和审查起诉两个环节来加强对侦查活动的监督，就是理所当然的选择。另一方面，在"三级审批制"的办案模式下，承办案件的检察官无论是办案水平还是办案的责任心都难以使检察院放心地把案件完全交给同一个检察官去办理，以致于出现了许多内部制约的环节。如过去的职务犯罪案件逮捕权上提一级、职务犯罪案件不起诉由上一级检察院决定，以及审查批准逮捕与审查起诉相分离等措施，都是在这种办案模式下为了保证案件质量不得不采取的工作机制。

而在以审判为中心的诉讼模式下，侦查活动不仅要受到检察机关审查批准逮捕和审查起诉环节的监督制约，而且受到审判环节的实质性审查，在审查批准逮捕阶段对侦查活动合法性进行监督的意义已经不像原来那么关系重大，相反，庭审实质化对侦查取证的要求却越来越高。与此同时，随着检察官"员额制"和司法责任制的推行，检察官的办案水平和责任心都在快速提升，错案追究不再是空洞无物的口号，这些都将促使承办案件的检察官认真负责地对待自己所承办的案件。在这种背景下，如果仍然固守传统理论而不与时俱进，显然不能完全适应司法实践的需要。

如果用实践理性来分析逮捕权与公诉权合一后在实践中是否更有利于权力行使的目的，就会发现，捕诉一体对于更好地行使逮捕权和公诉权似乎更为有利，不失为优化检察职权内部配置的一种有益尝试。其理由是：

第一，由同一个主体行使这两种权力并没有改变诉讼程序，没有减少诉讼环节，因而也没有违背这两种权力应当分别行使的原理。同一个检察官在侦查活动中行使审查批准逮捕的权力，必然要遵循逮捕权的规律，按照刑事诉讼法规定的逮捕条件来审查，以保证审查批准逮捕和决定逮捕行为的合法性、正确性。特别是近些年来最高人民检察院一直强调审查批准逮捕要讯问犯罪嫌疑人、要听取律师的意见，而不能仅仅根据侦查机关移送的案卷材料来审查并决定是否批准逮捕。这种诉讼化的审查逮捕模式并没有因为实行"捕诉一体"而改变。而在审查起诉阶段，即使是由审查批准逮捕的检察官来审查起诉，同样要遵循公诉权行使的规律，保证审查起诉的合法性、正确性。诚然，同一个检察官审查同一个案件时，会因为思维的连续性而把自己在审查批准逮捕阶段形成的内心确信延续到审查起诉阶段，强化追诉犯罪的倾向。而这种倾向只会更有利于国家追诉权的实现，而不是削弱国家追诉权的行使。并且，反过来看，如果检察官用行使公诉权的标准来把握审查批准逮捕的证据标准和实体标准，那么，只会更有利于对犯罪嫌疑人的权利保障，因为起诉的标准总是严于逮捕的标准。

第二，由同一个主体行使这两种权力更有利于加强对侦查活动的监督制约。无论是审查批准逮捕或者审查起诉，都有一个重要的功能，那就是监督制约公安机关的侦查活动，都包含了对侦查活动合法性的审查。由两个主体来监督制约侦查活动，可能会多一层监督，但也可能引起侦查机关的不满。特别是当两个主体的监督意见不完全一致的时候，侦查机关会感到无所适从。如果由同一个主体监督侦查活动，所提出的监督意见就更容易保持前后的一致性，更容易得到侦查机关的认可与合作。不仅如此，如果用有效追诉的标准来审查批准逮捕并及时提出侦查活动的重点，可能会更有利于侦查取证的有效性。因为，在审查起诉阶段发现证据不足而退回补充侦查，往往会因为时过境迁而难以获取有价值的证据材料。如果在审查逮捕阶段就按照庭审的要求提出补充侦查的意见，必然会更有利于侦查机关及时调查获取指控犯罪所必需的证据材料。这既有利于逮捕权行使的目的，也有利于公诉权行使的目的。如果运用得好，一个主体可能会比两个主体来行使逮捕权和公诉权取得更好的效果。

第三，由同一个主体行使这两种权力更有利于保障人权。在理论上，审查批准逮捕必须站在中立的立场上行使权力，审查起诉则是站在控方的立场上行使权力。这是一些学者认为这两种权力不能合一的重要理由。但是在实践中，如果由同一个主体来行使这两种权力，审查批准逮捕的检察官必定会从提起公诉的要求出发来审查案件，从而提高逮捕的证据标准（这并不意味着降低羁押必要性审查的标准，因为羁押必要性审查是审查批准逮捕不可或缺的一个环节，是衡量批准逮捕质量的一个重要因素，不会因为审查主体的改变而放弃或忽略）。特别是在以审判为中心的诉讼制度背景下，审查批准逮捕的检察官必然要考虑批准逮捕的案件以后能不能诉至法院，能不能经受得起辩方的质疑和法庭的审查。逮捕的证据标准提高了，可能批准逮捕的案件或人数必然减少，羁押率必然下降。这就意味着，由以后可能审查起诉的检察官来办理审查批准逮捕的案件，会在一定程度上减少批捕率和羁押率，而这两个比率的降低，本身就意味着犯罪嫌疑人审前羁押的可能性减少了。这对犯罪嫌疑人的人身自由而言，无疑是有利的。

第四，相近的权力由同一个主体来行使有利于整合检察资源，提高诉讼效率。如前所述，按照我们国家刑事诉讼法的规定，检察机关对侦查活动的监督实际上存在三种权力，即审查批准逮捕的权力、审查起诉的权力、审查控告申诉的权力。这三种权力如果分别由三个独立的主体来行使，必然造成检察资源的浪费，而在检察机关普遍存在"案多人少"压力的情况下，检察机关自然不希望这种状况继续存在。整合资源的必然要求就是整合检察机关的内设机构，把相近的权力相对集中地由一个主体来行使。这种选择无疑具有功利性的成分，但很难说就是错误的。恰恰相反，功利性说明这种选择在实践中是有效的。如果要权衡利弊，就不能不考虑实践的有效性。

当然，如果单纯从制约的角度看，捕诉合一可能使承办案件的检察官更多地关注追诉犯罪的有效性而忽略对侦查活动中某些不当的侦查行为的监督。正如有的学者所担心的，出现"弱化侦查监督"的情况。但是如果从全局的观念看，无论是宪法还是刑事诉讼法，都明确规定，公检法三机关在刑事诉讼法不仅要互相制约，而且要互相配合。检察机关行使审查批准逮捕的权力，并不仅仅是为了控制和监督公安机关的侦查活动，还有保障刑事诉讼顺利进行，在保障人权的同时保障有效追诉犯罪的任务。捕诉合一，用刑事追诉的标准审查批准逮捕，可能更有利于控制逮捕措施的适用，更有利于保障人权，同时也有利于实现追诉犯罪的目的。单方面地强调互相制约，单纯用评价侦查监督工作绩效的指标来衡量审查批准逮捕的效果，难免有以偏概全之嫌。

在理论上，捕诉合一可能存在的问题，或许有三：一是同一个检察官既审查批准逮捕有审查起诉,由于其在审查批准逮捕时已经对案件形成了自己的判断,一旦这种判断错误,就可能延续到审查起诉阶段,导致一错再错的情况;二是由于减少了内部制约的环节,一旦承办案件的检察官徇私枉法放纵犯罪,就很难被发现;三是如果实行捕诉合一,承办案件的检察官可能会更多地关注案件的审查批准逮捕和审查起诉工作,而不去关注与办案没有直接关系的工作,导致出现"专项活动"没有人愿意做的状况。这些问题,是捕诉合一的制度设计中不能不认真加以考虑的。

二、实践之维:捕诉一体的实践探索

检察机关实行捕诉合一的制度改革,并不是哪个人的心血来潮,而是检察工作实践的客观需要。

事实上,一些基层检察院长期以来就是实行捕诉一体的办案模式。如苏州工业园区检察院,2004年成立时,全院只有18个编制,每年要办理400件左右的刑事案件,刑检部门只能实行捕诉合一的办案模式。2016年因上级要求捕诉分离而分设两个部门,但由于"案多人少"的矛盾突出,难以在法定时限内办结全部受理的案件,一年后又恢复了捕诉一体的办案模式(类似的情况并不是个别的,特别是在一些工业园区或开发区检察院)。

除了个别基层检察院全面实行捕诉一体之外,就全国而言,随着新刑事诉讼的实施和司法体制改革的推进,捕诉一体在检察机关的某些领域也逐渐成为一种制度实践。

首先,未成年人犯罪案件普遍实行了捕诉一体。2012年修改后的刑事诉讼法专门设立了"教育为主、惩罚为辅"的未成年人刑事诉讼特别程序。为了更好地贯彻执行这个特别程序,最高人民检察院多次要求各级人民检察院设专人办理未成年人刑事案件。2013年以来，全国各地检察机关陆续成立了未成年人刑事检察办公室或者指定了专门的办案人员[1]。在一些人员比较多的检察院，对未成年人犯罪的案件，审查批准逮捕工作通常由侦查监督部门办理，审查起诉工作则由公诉部门办理；而在人员比较少的检察院，"专人办理"就意味着只能由一个承办案件的检察官来办理未成年人犯罪的案件。特别是2017年最高人民检察院提出办理未成年人犯罪案件应当实行"捕、诉、监、防一体化工作机制"之后，对未成年人犯罪的案件，检察机关普遍实行了捕诉一体的工作机制。2018年最高人民检察院进一步提出，对侵害未成年人权益的案件亦由未成年人检察部门办理。对这类案件，许多检察院也是实行捕诉一体的工作机制。也就是说，捕诉合一的问题，已经在全国绝大多数基层检察院的未成年人检察部门成为一种实践。并且，在笔者所调研的对象中，几乎没有一个检察院发现这种工作机制存在明显的不当或者出现过错案件。[2]

其次，监察委员会移送的案件需要实行捕诉一体。在上一轮司法体制改革中，原来由检察机关行使的职务犯罪案件侦查权整体移交给国家监察委员会。监察委员会办理的职务犯罪案件并没有纳入刑事诉讼法的管辖范围，因此监察委员会在办案中"留置"犯罪嫌疑人并不需要提请检察机关审查批准逮捕。

---

[1] 2013年12月19日，最高人民检察院印发了《人民检察院办理未成年人刑事案件的规定》，其中第8条规定："省级、地市级人民检察院和未成年人刑事案件较多的基层人民检察院，应当设立独立的未成年人刑事检察机构。地市级人民检察院也可以根据当地实际，指定一个基层人民检察院设立独立机构，统一办理辖区范围内的未成年人刑事案件；条件暂不具备的，应当成立专门办案组或者指定专人办理。"

[2] 调研中有的检察人员分析这种状况的原因，认为未成年人犯罪案件都是比较简单、轻微的案件，本身出错率就不高，捕诉合一后没有出现明显的错误是很正常的。但是笔者同时也发现，基层检察院办理的刑事案件同样地多数都是案情比较简单的、常见的犯罪。在这些案件中实行捕诉合一，也应该不会出现明显的错误。

但是在监察委员会侦查终结移送检察机关审查起诉的时候，检察机关通常不得不对犯罪嫌疑人采取逮捕的强制措施，而这个时候再把案件交给侦查监督部门去审查，似乎已经没有必要。因此，2018年以来，监察委员会移送给检察机关审查起诉的职务犯罪案件，通常都是由公诉部门审查决定逮捕，同时由公诉部门审查决定起诉的。这类案件的特殊性，也决定了检察机关不得不在办理监察委员会移送的职务犯罪案件中采取捕诉合一的工作机制。

最后，检察人员分类管理制度迫使一些基层检察院不得不实行捕诉合一。在上一轮司法体制改革中，全国检察机关普遍实现了检察人员的分类管理制度。分类管理制度实现的结果是，全国相当一部分基层检察院，在职务犯罪侦查部门整体转隶之后，只有10名左右的"员额制"检察官。在这些基层检察院，除了院领导（一般有3—5名），每个业务部门只有一名员额检察官（有的甚至平均不到一名），一旦遇到员额检察官生病、休假、出差、被借调，或者遇到多人犯罪的案件（如"扫黑除恶"专项行动中一次报送几十个人审查批准逮捕），侦查监督部门和公诉部门的员额检察官就不得不一起承办案件，很难再区分你是办理批捕案件的、我是办理公诉案件的。并且，在上一轮司法体制改革中，一些基层检察院在内设机构整合的过程中，就把侦查监督部门、公诉部门、刑事执行检察部门合并为一个"刑事检察部"实行"大轮案"制度。在这些检察院，无论是审查批准逮捕的案件还是审查起诉的案件，都只能由一组员额检察官轮流承办，没有侦监、公诉部门可分，每个员额检察官，轮到批捕的案件，就办批捕的案件，轮到公诉的案件，就办公诉的案件。而在一些人员较多、案件量也很大的检察院，则希望走专业化的道路，每个员额检察官只办理某一类别或者相近的案件，以便提高办案的熟练程度从而节约时间。在这些检察院，为了减少重复劳动，节约检察资源，也希望实行捕诉一体，以减少熟悉案情、审讯犯罪嫌疑人、制作法律文书的时间。

此外，司法责任制的实行，也使一些基层检察院越来越倾向于谁批捕的案件谁起诉。因为在实践中，一些案件，侦查监督部门的检察官根据侦查机关报捕的材料认为应当批准逮捕，但是案件到了公诉部门，审查起诉的检察官如果认为证据不足不符合提起公诉的实体条件，就要求作出不起诉的决定。而一旦作出不起诉的决定，检察院就要承担错捕的责任。这个责任由谁来承担，往往会引起争议。负责批捕的检察官会认为这个案件完全可以提起公诉，负责公诉的检察官会认为不符合提起公诉的条件，诉了可能被判无罪。鉴于这种情况，一些员额检察官也要求谁批捕的案件谁起诉，如果捕后诉不出去，责任就只能由自己承担。事实上，在上一轮司法体制改革中，某些基层检察院为了解决"案多人少"的矛盾，已经实行了捕诉一体。

因此，可以说，随着司法体制改革的推进，实行捕诉合一已经成为基层检察机关和检察人员的普遍呼声，成为全国检察机关的一种制度选择。2018年下半年以来，全国各级检察机关普遍按照最高检的要求，逐步实行捕诉一体的工作机制。近一年来的实践进一步表明，实行捕诉一体，不仅有利于提高工作效率，而且没有出现严重的问题。实践证明，这项改革是成功的。

当然，对于捕诉一体，一些检察人员也存在这样那样的担忧。一是担心自己的能力不能适应出庭公诉的要求。这主要是长期从事侦查监督工作而没有从事过公诉工作、年龄较大的员额检察官。他们认为，实行以审判为中心的诉讼制度改革以来，法院对庭审的要求提高了，并且很多地方法院都实行庭审过程直播，而自己又没有出庭支持公诉的经验，担心在法庭上出丑。而自己年龄大了，不像年轻人那样容易学习新东西，因而具有畏难情绪。二是担心不捕率提高。一些检察人员认为，"谁批捕谁起诉"容易使检察官用起诉的标准来审查批准逮捕，从而提高逮捕的证据标准，而公安机关侦查的案件报捕时往往质量不高，用起诉的标准来衡量，很容易导致相当一部分案件不能批准逮捕，会引起公安机关的不满，甚至会出现打击不力的情况。三是担心侦查监督会弱化以及专项工作没有人做。以往，侦查监督部门不仅承担着审查批准逮捕的工作，还承担着对立案活动和侦查活动进行监督的工作，并且承担着各种"专项工作"[1]。一旦实行捕诉一体，承办案件的检察官将会把注意力集中在办案上，而很少去关注立案监督和侦查监督工作，更没有人愿意去做"专项工作"（因为在检察机关的考核体系中，这些工作不能算办案量）。四是担心缺乏内部制约。在捕诉分离的模式下，一个检察官办的案件，还有另一个检察官重新审查，如果有错误，还可以纠正。但是批捕起诉由同一个检察官办理，一旦对案件的证据或性质认识错误，就没有人能够帮他发现问题进而纠正。如果承办案件的检察官以权谋私，由于缺乏内部制约，也很难发现和纠正。五是担心时间冲突。一些从事公诉工作的检察官担心，如果自己手里有几个公诉案件需要准备出庭，而一下子来了一个多人报捕的案件，就会打乱自己的时间安排，因为审查批准逮捕的案件必须在7天之内办

---

[1] 如"扫黑除恶专项行动""扫黄打非专项行动""资源保护专项治理专项活动""食药安全专项检查专项活动""重大社会稳定风险防范化解专项行动"，等等。

完，除了阅卷、审查证据材料、告知、起草法律文书之外，还要提审每一个犯罪嫌疑人，几乎没有时间再办理公诉案件。特别是在缺少检察官助理的情况下，这种时间上的冲突很可能在办案时限内难以办结案件[1]。

这些担忧，应该说都不无道理。关键在于如何看待和对待这些担忧。首先应当看到，这些担忧或者说问题，与捕诉合一的实践需求相比，并不是足以否定捕诉合一的理由。因此不能因为有这样那样的担忧，就否定捕诉合一的实践需要。其次，应当正视捕诉合一中可能出现的问题。而正视这些问题，除了转变观念、提高能力之外，更多地则需要从制度设计上来解决。

三、制度之维：捕诉一体的制度构建

正如学者们一致理解的那样，捕诉合一并不是把逮捕权与公诉权合二为一，而是把逮捕权与公诉权交给同一个主体来行使。也就是说，捕诉一体既不改变逮捕权行使的标准和程序，也不改变公诉权行使的标准和程序。审查批准逮捕和决定逮捕仍然要严格按照刑事诉讼法规定的逮捕条件和法定程序进行，审查起诉仍然要严格按照公诉的实质要件和形式要件来权衡。由同一个主体来行使逮捕权和公诉权并不是简单的部门合并，而是要通过合理地整合与改造，优化检察机关内部的职权配置，实现检察权运行的一体化。因此，"一体"的制度设计，最根本的问题是如何把检察一体化的理念落实到检察权的内部配置和具体运行过程中。只有按照检察一体化的思路，统筹解决审查批准逮捕、审查决定逮捕、审查起诉、出庭公诉、刑事诉讼监督甚至包括刑事控告申诉等检察职权在检察机关内部的

---

[1] 事实上，从长期实行捕诉合一的基层检察院的实践看，这些担心多数是多余的。除了个人素质一时难以适应外，实行捕诉合一的检察院与实行捕诉分离的检察院，在检察机关质量考核的各类指标体系中，多年来并没有明显的差别。

配置和运行，才能真正实现检察资源的合理整合和检察权的有效行使。

总结近年来检察机关捕诉一体的实践，结合逮捕权、公诉权行使的内在要求，笔者认为，捕诉一体的制度设计应当重点解决以下几个问题：

（一）坚持捕诉一体的理念，机构调整与职能整合并进

由同一个主体来行使逮捕权和公诉权并不是简单地部门合并，而是要通过合理地整合与改造，优化检察机关内部的职权配置，实现检察权运行的一体化。因此，"一体"的制度设计，最根本的问题是如何把检察一体化的理念落实到检察权的内部配置和具体运行过程中。只有按照检察一体化的理念，统筹解决审查批准逮捕、审查决定逮捕、审查起诉、出庭公诉、刑事诉讼监督甚至包括刑事控告申诉等检察职权在检察机关内部的配置和运行，才能真正实现检察资源的合理整合和检察权的有效行使。

捕诉一体本身源自基层检察机关的实践，实行捕诉一体需要充分考虑基层检察机关的实际情况，完善基层检察院内设机构改革。笔者在调研中发现，基层检察院在内设机构改革中普遍面临着三个方面的问题：

第一，人员、案件量差别过大的问题。最高人民检察院在实行捕诉一体制度改革的过程中，经中央编办批准，把刑事检察业务部门按照案件类型划分为若干个内设机构。这种做法符合刑事检察的实践需要，符合检察机关历来提倡的专业化建设的要求。各省级人民检察院甚至包括多数市级人民检察院都可以按照这种做法重新设置刑事检察业务部门（事实上有的省级人民检察院已经这么做了）。但是从全国的情况看，相当多的基层检察院人员编制数不超过50人，员额检察官一般在10人

左右。这些检察院中从事刑事检察工作的员额检察官,除了院领导之外,一般为5—7人。如果还是按照原来的做法划分为侦查监督部门、公诉部门、未成年人检察部门、刑事执行检察部门、刑事控告申诉部门,一个部门就很难保证有1名员额检察官。而如果按照最高人民检察院的做法,划分出若干个专门办理不同类型刑事案件的内设机构,同样难以保证一个部门有一个可以独立承办案件的员额检察官。因此,在基层检察院甚至包括一些市级检察院,实行捕诉一体的必然选择就是将这些与刑事检察工作相关的部门整合为一个刑事检察部门,所有员额检察官统一参加轮案,即检察院受理的所有刑事案件在刑事检察部门的所有员额检察官中间轮流分配。这样既可以解决闲忙不均的问题[1],也可以解决案件来了没有员额检察官承办的问题。但也有极少数基层检察院人员编制在100人以上,甚至个别基层检察院人员编制多达两三百人。在这些基层检察院,从事刑事检察工作的人员完全有可能根据案件类型实行专业化的办案团队。因此,基层检察院的机构设置,应当在相对统一(刑事检察部)的基础上,允许人员多、案件量大的检察院建立专业团队,分设若干个办案单元,分别承担不同类型案件的刑事检察工作(不仅仅是批捕、起诉)。而在市级以上检察院,由于人员相对较多,在捕诉一体的基础上,完全可以按照案件类型设置办案单元或内设机构,分别承担不同类型案件的审查批准逮捕和审查起诉工作。

这里,既涉及一个观念转变的问题,也涉及一个工作机制改革的问题。在观念上,"专业化"不能理解为"单一化",

---

[1] 检察机关内部因为不同业务部门之间的工作性质不同,案件量相差悬殊,长期存在闲忙不均的问题。有的部门全年办不了几个案件,有的部门则需要加班加点办案,年人均办案量逾百。

不能因为强调专业化，就认为检察官办理案件的分工越细越好，似乎一个检察官只有专门办理某一类型的案件，才能做到精准和娴熟。专业化指的是检察官必须经过法律专业训练，具有从事检察工作所必需的法律专业知识和经验积累，而不是指负责审查批准逮捕的检察官就只会办理审查批准逮捕的案件而不会办理审查起诉的案件，也不是指负责办理经济犯罪案件的检察官就只会办理经济犯罪案件而不会办理其他类型的刑事案件。对于级别高、人员多的检察院来说，分工细一些可能更有利于办案的专业化，有利于培养办理某些类型案件的专家型检察官。但是对于绝大多数基层检察院来说，办理案件更需要的是"全科"检察官而不是"专科"检察官。因为基层检察院办理的绝大多数案件都是普通的、常见的刑事案件，不需要对每一个刑事案件都精雕细琢地来办理，也没有那么多的人员进行精细化的分工[1]。当然，基层检察院也可能会遇到个别专业性很强、犯罪嫌疑人不认罪的、涉众型的案件。一方面，这类案件在绝大多数基层检察院并不多见；另一方面即使遇到特别专业的重大、疑难、复杂、敏感性案件，也完全可以通过人工分案的方式组成专门的办案组来办理，或者移交上级检察院或者其他检察院来办理。按照新修改的《人民检察院组织法》第24条的规定，上级人民检察院可以对下级人民检察院管辖的案件指定辖区内的其他检察院管辖，也可以直接办理下级人民检察院管辖的案件。因为上级检察院具有按照案件类型设置的专门办理某类案件的刑事检察部门。这就涉及检察机关上下级之

---

〔1〕 从2018年8月到2019年1月，笔者先后到44个不同级别的检察院进行调研。其中，26个基层检察院办理的刑事案件95%以上都是法院判处三年以下有期徒刑、拘役的案件，并且80%以上都是按照简易程序或者速裁程序审理的。这些案件多数是盗窃、危险驾驶、故意伤害、寻衅滋事等常见、多发、简单、轻微的刑事案件。

间的工作机制改革问题。

第二，职能分工问题。检察机关依照法律规定承担着多项不同的职能，每一项职能都需要有人来做工作。在以往的检察实践中，由于对不同的职能强调要由专门的部门来承担，以至于检察机关内部的机构设置过多。在上一轮司法体制改革中，最高人民检察院试图减少基层检察院的内设机构，要求基层检察院实行"大部制"即把内设机构分为几个大的部门，如"刑事检察部""民事行政检察部""诉讼监督部"等。但是由于在"大部制"改革中没有认真研究和解决不同职能之间的关系问题，以致于实行"大部制"以后，内设机构形式上合并了，实际上，仍然是"各干各的"，每一个部门内又分成若干个"组"，分别行使不同的职权、履行不同的职能，基本上没有达到"整合"的效果，甚至使"案多人少"的矛盾更加突出。在捕诉一体的制度设计中，需要重新考虑检察职能的分解与组合问题，把原来由不同部门或者不同人员分别行使的职权整合在一个部门之后，就应当相应地调整办案模式，真正实现人员和职能的同步整合，让同一个部门的人员形成一个整体共同履行本部门承担的各项检察职能，而不能像原来那样每一项职能都由专人来负责，同一个部门的人员职能不同、各行其是。同一个部门的人员应当统一调配使用，本部门的各项检察职能原则上都应当实行统一轮转制度，每一员额检察官轮到什么案件，就办理什么案件[1]，尽可能地避免"机构合并职能不合

---

[1] 在检察机关的考核体系中，应当重新界定"办案"的标准，不能简单地把"办案"限定在某几种检察业务上，应当全面考虑检察职能，凡是履行检察职能的活动，都应当纳入考核的范围，并尽可能使用相同的标准。以前由于职能分工过细，不同部门之间设定了不同的考核标准。在资源整合之后，在同一类别中，检察官之间的分工没有了，不同职能的考核标准也就应当作出相应的调整。

并""一些人干一些人看"的局面。

第三,部门领导的职责问题。在检察机关,内设机构的领导人既是业务领导又是办案主体。在上一轮改革中,由于实行"大部制",在内设机构中出现了"一正多副"的现象(合并前的每个部门分别由一个副职分管),以适应不同职能管理的需要。在捕诉一体的制度设计中,首先应当解决这种"部门合职能不合"的状况,由部门负责人统一领导本部门的各项检察职能的行使,统一调配本部门的人员。在基层检察院,从事刑事检察工作的人员全部集中在一个部门之后,部门负责人应当更多地从事业务管理工作,特别是办案过程中的协调和重大问题的处理。一方面,需要协调、管理的工作量明显加大,另一方面,遇到疑难问题需要亲自处理或者召集检察官会议讨论,因而对部门负责人不能像其他员额检察官一样完全用办案量来考核其工作。在人员较少的基层检察院,部门负责人原则上应当由副检察长担任。

总之,只有按照"一体化"的思路,同时整合检察机关的内设机构和检察职能,才能满足捕诉一体的内在需要,才能真正体现捕诉一体的改革价值。

(二)按照捕诉一体的要求,改革办案模式

许多一线办案的检察官担心,实行捕诉合一后办案节奏难以控制,即在集中精力办理公诉案件的同时接到审查逮捕的案件,因审查逮捕的案件时限很短,不得不放下公诉的案件优先办理审查逮捕的案件,从而打乱了工作的节奏,影响了出庭支持公诉的质量。因此,实行捕诉一体,必须按照"一体化"的要求建立新的办案模式和工作机制。这种新的办案模式和工作机制需要解决三个方面的问题:

第一,轮案与分案。在上一轮改革中,许多地方检察院已经实行了"轮案制"。尚未实行轮案制的基层检察院，首先应当在刑事检察部门实行"轮案制"，即案件管理部门受理的所有刑事案件[1]在刑事检察部门统一按照轮流承担案件的方式分配给员额检察官；同一个案件出现在不同诉讼阶段的，案件管理部门应当通过自动分案系统分配给同一个员额检察官办理。在刑事检察分设若干部门或办案组的检察院，轮案制则应当是不同类型的案件分别在不同部门或办案组内部轮流分配。但是在实践中，无论是基层检察院受理的案件，还是市级以上检察院受理的案件，都可能出现审查批准逮捕与审查起诉不同步的问题。一是上级检察院批准逮捕的案件可能会交由下级检察院审查起诉，或者下级检察院审查批准逮捕的案件交由上级检察院审查起诉（基于案件管辖范围的要求），一个检察院审查批准逮捕的案件可能通过指定管辖交由另一个检察院审查起诉。如果一个检察官先轮到批捕起诉不同步的案件，又遇到自己批捕的案件需要审查起诉，就会出现时间上的冲突。二是在专项活动中集中批捕的案件，在审查起诉阶段如果都交给同一个检察官办理，可能会难以承受。三是员额检察官办理审查批准逮捕的案件之后休假特别是修产假时、被借调从事其他工作时，案件到了审查起诉阶段，都无法由审查批准逮捕的检察官来承办（受办案时限的制约）。四是员额检察官因办理重大复杂案件需要花费更多的时间和精力，很难在法定期限内办理审查逮捕的案件时，亦需要通过人工调案的方式，避免员额检察官在办案时间上的冲突。五是员额检察官在接到自动轮案分配给自己的案件时，自认为自己的能力、经验不能胜任办理该案的要

---

[1] 这些案件可能包括审查批准逮捕的案件、审查起诉的案件、刑事申诉的案件、羁押必要性审查的案件、对侦查机关提出控告对不服侦查机关决定的案件、刑事上诉或抗诉的案件等。

求时，也会申请将案件交由其他检察官办理。在诸如此类的情况下，都需要通过人工分案来协调解决。

为了防止人工分案蜕变为人为分案，破坏"轮案制"的初衷，有必要对人工分案设置一定的原则和程序。首先，应当坚持"谁批捕谁起诉的原则"（在自动轮案系统中设置），强调人工分案只是自动轮案的例外。没有特别理由，不能打破自动轮案的原则。其次，人工分案应当是在自动轮案的基础上由承办案件的检察官提出，经部门负责人或者分管检察长审查批准，再由案件管理部门进行人工调整。最后，承办案件的检察官提出申请，应当说明理由。这些理由应当根据检察机关办理批捕起诉案件的实践经验统一设定。部门负责人应当本着公平公正、实事求是的原则审查决定。如果承办案件的检察官提出人工分案的理由是其自身的水平能力问题，就应当影响对他本人的考核。

第二，分工与协作。实行司法责任制以来，员额检察官基本上都是独立承办案件（分工模式）。有的检察院，每个员额检察官都配有一定数量的检察官助理和书记员，形成"办案单元"；有的检察院则是几个员额检察官共用检察官助理和书记员。实行捕诉一体，应当继续坚持员额检察官独立承办案件的原则，审查批准逮捕的案件与审查起诉的案件原则上由同一个员额检察官组成的办案单元来承办。但是在遇到重大复杂的案件时，单个办案单元往往难以在法定时限内办理完毕，就有必要通过多个办案单元（即多名员额检察官及其助理）协作的方式来承办案件。这种协作模式，首先需要由在自动轮案的基础上承办案件的检察官提出；部门负责人或者分管检察长经审查认为确有必要时，应当根据承办案件检察官的请求并征得其他员额检察官的同意，组成新的办案单元。这种协作模式的办案单元原则上应当由提出协作请求的员额检察官负责,统一调配使用单元内的员额检察官和检察官助理、书记员。在协作模式下,应当强化协作意识,尽可能减少原有办案单元在承办案件中的独立性。参与协作的其他员额检察官应当在负责该案件的员额检察官领导下承办案件,但同时也要对案件办理的质量负责,每个参与协作办案的人员当然要对自己的行为负责。协作办案中遇到的问题,应当通过检察官会议讨论解决。此外,对于适用速裁程序的案件,为了适应法院集中审理的需要,一些地方实行"轮案办理、委托出庭"的协作方式,大大节省了办案时间。这不失为一种有效协作以调节办案节奏的办法。

第三,独立办案与上级领导。实行司法责任制以来,员额检察官独立办案已经成为检察机关办理案件的基本模式。但是这没有改变检察机关内部一体化的领导体制。一方面,承办案件的员额检察官在办理案件的过程中,认为应当改变案件的定性或者需要终止程序时,或者遇到社会影响大的案件时,按照最高人民检察院有关司法责任制的规定,就应当提请检察长或者检察委员会讨论决定;另一方面,上级检察院交办或者督办的案件,上级检察院往往会派员指导或者过问案件的办理情况,而这种指导或者过问实质上是领导(不仅承办案件的检察官,甚至包括下级检察院,事实上不可能不遵从上级检察院的意见,哪怕只是检察院派来指导或督办的个人的意见)。在这些情况下,都涉及承办案件的检察官与上级领导的关系问题。实行捕诉一体,这个问题从审查批准逮捕开始,就将伴随着案件的办理。承办案件的检察官遇到应当请示汇报的案件时,应当在哪个阶段或者在什么情况下提出,就是一个需要明确规定的问题:检察官在承办这类案件时,是每一个处理意见都需要报请上级领导(检察长或检察委员会、上级检察院或其派来的检察官）来决定，还是只有在改变案件定性或者终止程序时才需要报请上级领导来决定？在审查批准逮捕阶段，如果认为应当改变罪名才能批准逮捕时，是否需要报请上级领导决定？在审查起诉阶段，如果认为需要退回补充侦查时，退补提纲是否需要报请上级领导审查？如果认为部分案件事实不能认定但不影响提起公诉时，是否需要报请上级领导决定？诸如此类的问题，在捕诉一体的制度设计中，不能不予以考虑。

（三）遵循捕诉一体的规律，改革业务考评机制

考评关乎到对每个考评对象工作业绩的评价，因而历来都是各项工作的"指挥棒"。考评关注什么、如何评价，检察人员就会在检察工作中重视什么。因此，实行捕诉一体不能不重新考虑考评机制中的评价体系。

在检察系统原有的考评机制中，随着捕诉一体制度的推行，需要重新考虑并作出调整的主要是：

第一，考评的对象。捕诉合一和职能整合以后，刑事检察作为一个整体，每一项刑事检察工作都应当纳入考评的范围。如果只考评办理批捕、起诉案件的数量，而把从事其他检察业务活动只作为参考，就可能导致其他检察业务没有人愿意做的状况。因此，考评的对象不仅应当包括办理批捕、起诉案件的数量，而且应当包括参与专项活动、办理控告申诉案件的数量、未检案件的数量、提出纠正违法意见的数量等。同时考虑到"谁批捕谁起诉"的案件在检察机关办理的刑事案件中可能只是一部分，多数案件无法做到谁批捕的案件都由其起诉，所以在考评体系中，批捕的案件与起诉的案件还是应当分别计算案件量，不宜把一个案件从批捕到起诉甚至到提出抗诉都作为一个案件。不然，与其他案件的工作量计算就会相差悬殊。

第二，评价的标准。无论什么案件，作为考核评价的标

准，只能是法律标准，即是否符合相关法律的规定包括相关司法解释的规定。在每一个办案环节，只要是完全遵守了相关的规定并且符合法定的条件和程序，就是合格的案件，不能因为后一个环节中被否定，就认定前一个环节是错误或者不当。每一个诉讼环节都有自己的功能和价值，不能用后一个诉讼环节的结论去否定前一个诉讼环节的合法性。特别是在实行捕诉合一之后，应当允许检察官在办案过程中主动校正自己的办案思路甚至包括主动纠正自己的错误，以便在整体上保证办案的质量。当然，如果后一个环节否定了前一个诉讼环节的结论，并且发现前一个诉讼环节中确实存在违法的情况，可以作为线索来追查前一个诉讼环节中的问题。否则，就不能简单地因为还要一个诉讼环节否定了前一个诉讼环节，就直接认定前一个诉讼环节的检察官办了错案。至于办案水平的高低，可以通过评选优质案件来给承办案件的人员加分，以引导和鼓励检察官不断提高自己的业务水平，但不宜作为考核的内容。因为一方面，考核的目的是鼓励检察人员切实履行检察职能、努力工作，而达到这个目的的方法就是比较每个检察人员办理案件的数量，检查办案中是否存在违法办案的情况；另一方面，办案水平高低的问题，既有专业基础知识方面的原因，也有经验积累的过程，不涉及一个人的工作态度和责任心。

第三，考评的主体。对检察人员的业务工作业绩进行考核，既不能由考核对象中的一些人来进行，也不能完全由行政部门的人员来进行。因为前一部分人本身就是考核的对象，他们在设计评分标准、计算业绩的过程中牵涉到自身利益，很难做到客观公正；而后一部分人则完全不了解检察业务，难以对检察业务工作的业绩作出令人信服的评断。基于这种考虑，对检察业务工作业绩的考核，应当由案件管理部门统一提供办理案件的数据，并由熟悉检察业务管理人员进行评价。对检察业务管理人员的工作业绩，则应当由全体检察官来评价。

（四）完善监督制约机制，保障捕诉一体制度改革的顺利进行

捕诉合一面临的最大问题应该说是滥用权力的问题。由于同一个主体既审查批准逮捕又审查起诉，一旦其与当事人及其代理人进行交易，就很容易成功而且很难被发现。这是人们对捕诉合一普遍担心的问题。防止滥用逮捕权和公诉权，最有效的办法是充分发挥程序的制约制约。

第一，发挥审查程序的作用。检察机关办理审查批准逮捕的案件并不是由承办案件的检察官独自办理的。按照刑事诉讼法和人民检察院刑事诉讼规则及其相关的规定，承办案件的检察官审查批准逮捕，只能提出批准逮捕或者不批准逮捕的意见，这种意见必须经检察长审查决定或者检察委员会讨论决定才能生效。在实践中，由于种种原因，检察长决定往往只是走一个程序，很少进行实质性审查。实行司法责任制以来，对于公安机关提请批准逮捕的案件，承办案件的检察官提出不批准逮捕的意见时，检察长（分管副检察长）都要求在审查意见中说明不批准逮捕的理由。实行捕诉一体之后，检察长对员额检察官提出的不批准逮捕的意见，应当重点审查不批准逮捕的理由，真正发挥审查把关的作用。此外，2015年最高人民检察院与公安部联合发布了《关于逮捕社会危害性条件若干问题的规定（试行）》，其中明确规定"人民检察院对于以无社会危险性不批准逮捕的，应当向公安机关说明理由，必要时可以向被害人说明理由"。如果被害人对不批准逮捕的理由不服，提出异议的，检察长（分管副检察长）更应当仔细审查全部案件材料，防止承办案件的检察官与犯罪嫌疑人及其代理人进行幕后

交易。之外，许多地方检察院在实行司法责任制过程中，就针对可能出现问题的环节明确规定，承办案件的检察官遇到特定情形（列举的）时，必须提交检察官会议讨论或者提请主管领导审核的。这也是从程序上防止检察官滥用权力的一种措施。

第二，发挥复议复核程序的作用。对于公安机关提请批准逮捕的案件，按照刑事诉讼法的规定，检察机关不批准逮捕的，公安机关可以要求复议；如果意见不被接受，还可以提请上一级检察机关复核。对于依法应当批准逮捕的犯罪嫌疑人，如果承办案件的检察官滥用权力或者以权谋私，就可能以各种理由提出不批准逮捕的意见[1]。如果这种意见被采纳，公安机关可以依法提请检察机关复议，甚至可以提请上一级检察机关复核。这里，关键的问题，一是公安机关提出复议或者复核的请求时，不能由原来承办案件的检察官进行复查，而必须更换办案人员，以便隔断原来承办案件的检察官与案件的联系，防止利益输送引起的滥用权力。二是检察机关复议、复核时，应当全面审查案件的证据材料，如果发现确实属于该捕未捕的，就应当坚决纠正，及时作出批准逮捕的决定，而不能为了顾及检察长的"面子"知错不改，推诿敷衍。如果能够真正发挥复议、复核程序的作用，因承办案件的检察官滥用职权导致该捕不捕的问题，就可以有效防止。

第三，发挥审判程序的作用。对于依法不应当批准逮捕的犯罪嫌疑人，如果承办案件的检察官滥用权力提出了批准逮捕的意见，那么，随着"谁批捕谁起诉"的实行，在审查起诉阶段他同样会作出提起公诉的决定。但是这种案件到了审判阶

---

[1] 按照刑事诉讼法的规定，逮捕犯罪嫌疑人要由检察长决定、重大案件要提交检察委员会讨论决定。所以承办案件的检察官只能提出批准逮捕或者不批准逮捕的意见。

段，如果充分发挥庭审实质化的作用，同样可以有效防止因滥用逮捕权导致的后果。因为，不该逮捕的犯罪嫌疑人可能是本身就无罪的人，也可能是有罪但不符合逮捕条件的人。如果是无罪的人，那他就没有犯罪的事实，更不存在犯罪的证据。刑讯逼供、弄虚作假获得的证据，在庭审实质化的法庭上，必然经不起法庭辩论的拷问，很容易被否定。审查批准逮捕毕竟只是刑事诉讼中的一个程序，最终要接受法庭审判的检验。在以侦查为中心的诉讼程序中，错误逮捕很可能导致无罪的人被判刑，但在以审判为中心的诉讼程序中，逮捕仅仅是一种诉讼中的强制措施，不足以使无罪的人被追究。

第四，发挥案件评查的作用。案件评查是一种事后监督，但若认真进行评查，也可以发现滥用职权的问题。案件评查虽然是通过随机抽查的方式进行的，但对每个员额检察官办理的案件还是可以发挥监督的作用。一方面，案件评查制度的建立，可以促使承办案件的员额检察官树立所办案件必须经得起检查的责任意识，不敢轻易在办理案件的过程中故意做手脚。另一方面，案件评查可能发现办案过程中存在的瑕疵，通过这种瑕疵可以追溯到案件背后可能存在的交易，从而追究有关人员的责任。问题的关键是，进行案件评查的人员必须是具有专业知识、熟悉办案的人员，并且必须是秉公执法的人员。只有熟悉办案的人员，才能真正了解办案过程中可能存在问题的关节点，才善于发现案件中可能存在的问题（检察机关可能考虑聘请退居二线的或者已经退休但尚未丧失工作能力的、经验丰富的检察官、法官或者律师、法学教授来进行案件评查的工作）。这既是有效监督的重要方面，也是落实司法责任制的重要措施。

总之，对实行捕诉一体后，检察官办案的监督，一方面要重视外部监督，这种监督应该说是最有效的监督，如侦查机关的复议复核、被害人的意见、律师的意见、法院的审查等；另一方面要重视内部的监督，如内部管理、程序规则、案件评查、考核等；同时要加强对检察官的教育和引导。这些措施如果能够切实发挥作用，捕诉一体后的监督制约问题就可能有效地得以解决，甚至起到比不同主体分别办理审查批准逮捕和审查起诉的案件的"分工负责"更好的监督制约作用。

（原载《法学杂志》2020 年第 4 期）

刍议国家统一司法考试与检法机关用人制度的衔接

2001年6月30日九届全国人大常委会第22次会议修正的《中华人民共和国法官法》和《中华人民共和国检察官法》，确立了国家统一司法考试制度。《中华人民共和国法官法》第51条和《中华人民共和国检察官法》第54条，分别规定"国家对初任法官、检察官和取得律师资格实行统一的司法考试制度"。《中华人民共和国法官法》第51条规定："初任法官采用严格考核的办法，按照德才兼备的标准，从通过国家统一司法考试取得资格，并且具备法官条件的人员中择优提出人选。"《中华人民共和国检察官法》第13条规定："初任检察官采用严格考核的办法，按照德才兼备的标准，从通过国家统一司法考试取得资格，并且具备检察官条件的人员中择优提出人选。"按照这两部法的规定，初任法官、检察官，应当从通过国家统一司法考试取得资格并且具备法官、检察官条件的人员中选任。

一、国家统一司法考试制度的初衷与检法录用制度的冲突

在国家统一司法考试制度实行三年之后，中共中央组织

部、最高人民法院、最高人民检察院于 2004 年 11 月 19 日联合下发了《关于进一步加强地方各级人民法院、人民检察院考试录用工作的通知》。该通知明确要求，地方各级人民法院、人民检察院录用工作人员实行省级统一招考，并规定："报考担任法官、检察官职务的人员，还必须具备《中华人民共和国法官法》《中华人民共和国检察官法》规定的担任法官、检察官的条件，并通过国家统一司法考试。"

但是，根据上述通知的精神，2005 年一些省在实施全省统一招考法院、检察院工作人员的过程中，并没有按照法官法和检察官法的规定以及上述通知的要求从通过国家统一司法考试的人员中录用法官、检察官。有的省明确规定，只要具有高等院校法律专业本科以上学历即可。如《河南省统一录用法院工作人员简章》中规定的招录审判工作岗位的范围和对象是"全国普通高等院校国家计划内普招的法律专业大学本科以上学历毕业生（含 2005 年应届毕业生）；国家教育主管部门认可的高等教育自学考试、函授以及其他成人教育法律专业大学本科以上毕业生"；报考条件是"具有高等院校法律专业本科以上学历"。其中，硕士研究生毕业、通过国家统一司法考试、取得博士学位的人员，可以放宽年龄。而取得博士学位的考生和报考县级法院的硕士研究生毕业考生可以免于笔试，但是通过国家统一司法考试的考生是否能免于笔试却没有规定（意味着不能）。新疆也是将具有法律专业硕士、博士学位和通过国家统一司法考试的人员报考年龄放宽到 45 岁。云南省的统一录用考试则明确规定："已通过国家统一司法考试或已取得法学博士研究生以上学历、学位证书，同时具备报考相应职位要求条件的报考人员，可免考法律专业科目。"（公共基础知识还得考）

这种录用司法人员的做法，显然向国家统一司法考试提出了严峻的挑战，不能不引起人们的疑虑和担忧：

1. 国家统一司法考试的功能何在

之所以要实行国家统一司法考试，就是要统一录用法律职业人员的行业标准。如果一边实行国家统一司法考试，一边可以不问是否通过国家统一司法考试而录用法官、检察官，国家统一司法考试就丧失了其应有的功能。

有一种观点认为，国家统一司法考试是资格考试，公务员（包括法官、检察官）录用考试是用人考试，二者是有区别的。有的甚至公开主张"把司法机关吸收录用工作人员考试与统一司法考试区分开来"。

诚然，资格考试与录用考试是有区别的。但是这种区别不应当是各行其是。如果资格考试不能影响或制约用人制度，资格考试就丧失了存在的价值。从另一方面讲，之所以要进行资格考试，根本目的就是要限制没有取得资格的人进入被录用的程序。因此，已经建立了资格考试制度的行业，应当坚持只从通过资格考试从而取得了准入资格的人员中，根据用人的员额限制和用人单位的要求决定录用的人员，而不能在没有取得准入资格的人员中选拔录用人员（除非录用标准中有明确的例外规定）。已经通过国家统一司法考试的人员，就证明他已经具备了担任法官检察官的资格。但是如果录用时再对其进行考试，实际上就是否定了他已经具备的担任法官检察官的资格。

法官法和检察官法既然已经明确规定初任法官、检察官应当从通过国家统一司法考试的人员中选任，没有通过国家统一司法考试的人员也就没有资格被录用到法官、检察官工作岗位上工作，除非有法律规定的例外情况。

2. 先录后考的人员不能通过国家统一司法考试时怎么办

当然，有的人强调，录用到法官、检察官工作岗位上工作的人员，在正式任命之前并不是法官、检察官，只是从事这方面的工作。待其通过国家统一司法考试并具备其他条件时再任命为法官或检察官。因此录用符合担任法官、检察官的条件尚未通过国家统一司法考试的人员，与实行国家统一司法考试的制度并不冲突。

笔者认为，这种观点或工作思路是令人担忧的。因为这种观点，第一，削弱了国家统一司法考试的权威性。这种做法使一些准备进入法官检察官队伍的人可以无视国家统一司法考试的要求先行进入法官检察官的工作岗位。第二，容易留下后遗症。如果这些人没有通过国家统一司法考试就进入法官检察官队伍，而一旦进来后经过多次考试仍然不能通过国家统一司法考试时，就会给法院、检察院形成编制员额上的压力。第三，影响了通过国家统一司法考试的人员进入法院检察院工作。由于没有通过国家统一司法考试的人抢先占据了法院、检察院的编制空额甚至是法官检察官的员额，也就使通过国家统一司法考试的人员由于编制上的限制而最终难以进入法院、检察院担任法官检察官。

3. 录用考试能否取代国家统一司法考试

笔者注意到，在各省统一录用考试的内容中，都有法律专业知识考试。这项考试内容存在的必要性，显然是考虑到招录法官检察官岗位的专业要求。然而，这种法律专业知识考试，第一，在范围、数量和难度上，与国家统一司法考试相比，差距十分明显，甚至不可同日而语；第二，录用考试中法律专业知识所占比例甚少。在省内统一录用考试中，通常分笔试和面试两部分。有的省笔试占60%、面试占40%；有的省笔试占70%、面试占30%。而笔试通常又有两三个部分，如公共基础知识、法律专业知识、行政职业能力等。其中，法律专业知识只在笔试中约占 40%—50%。如果按总分计算，法律专业知识所占比例应该是在 30% 左右。

这种考试难以反映考生的法律专业水平，通过这种统一录用考试考进来的司法工作人员，与建立国家统一司法考试制度所期望的保证司法官队伍专业化水平的初衷实在是相去甚远。

有的同志认为，之所以要确定从有本科学历的人员中而不是从通过国家统一司法考试的人员中招录法官检察官工作岗位的人员，是因为通过国家统一司法考试的人员太少，无法满足用人的需要。特别是在西部地区，通过国家统一司法考试的人极缺，仅限于从通过国家统一司法考试的人员中招录法官检察官岗位的工作人员，招录工作就无法进行。

这种情况，应该说是客观存在的。但是，面对这种情况，首先应当反思一下我们国家检法机关的人事制度，而不是否定国家统一司法考试存在的必要性及其价值功能。实行国家统一司法考试以来，全国已经有三次 71037 名考生通过了国家统一司法考试。这些通过国家统一司法考试的人，除了 16451 人本身是检法机关的人员之外，其他 5 万多人有多少进入了检法机关？这些人没有进检法机关的原因是什么？这个问题，值得我们特别是从事检法机关人事工作的同志深思。

笔者认为，我们国家目前的司法官人事管理制度在很大程度上影响了法官检察官队伍建设，因而也影响了通过国家统一司法考试的人进入检法机关。第一，法官检察官的待遇太低，使一些通过国家统一司法考试的人不愿进入法官检察官队伍。有的原来在检法机关工作的人，通过国家统一司法考试之后，很快从检法机关辞职从事律师业务，而不愿在检法机关工作。特别是在西部地区，法官检察官的基本生活需要难以保障（基本生活需要不仅仅是能吃饱饭，还涉及住房、探亲、交际、子女入托上学等方面的需要）。在社会对法律人才需求还比较多的情况下，法律人才选择职业的空间很大。不解决西部地区和基层检法机关法官检察官的待遇，即使没有通过国家统一司法考试的要求，法律专业本科以上的毕业生照样没有多少人愿意去西部地区和基层检法机关工作。第二，法官检察官人事管理制度太死，正常流动的机会太少。一旦进入某个机关，无论是对单位不满意还是发现该单位不适合自己，要想通过正常渠道离开，往往十分困难。加之我们国家法官检察官的逐级遴选制度尚未建立，一旦到基层检法机关工作，无论专业水平多高、工作能力多强、努力程度如何，都很难通过正常的渠道晋升到较高级别的检法机关工作（或者说能够晋升的非常有限）。这就使一些人在选择职业和单位时十分慎重，即使在大城市一时找不到工作，也不愿贸然去偏远地区的检法机关工作。第三，工作环境差距太大。检法机关行政化管理色彩浓厚，法官检察官的成长并不完全或者主要依赖于其法律专业水平的高低，在一定程度上影响了一些通过国家统一司法考试的人进入法官检察官队伍。一些检法机关管理水平低、执法观念乃至思想观念陈旧，使一些受过高等教育并通过国家统一司法考试的年轻人感到过分压抑而难以接受。第四，人事管理制度中的弊端使不适宜担任法官检察官的人员出不去，同时也使通过国家统一司法考试的人员进不来。一些地方特别是西部地区的检法机关，通过其他渠道已经录用了许多没有受到正规法律教育的人员，其中有些人并不适合在法官检察官岗位上工作，但是由于已经占了位子，使国家确定的检法机关编制已满。而我们的人事管理制度又不能为其提供出路，使其及时离开法官检察官工作岗位。因而即使单位想引进一些通过国家统一司法考试的人，由于没有空编而难以实现。这些问题，只能通过国家司法官人事制度的改革来解决。

据权威人士透露，司法机关近年来人才流动出现了三大趋势：一是司法官流向律师的在流动人员中占95%，而律师流向司法官的则不足5%；二是中西部地区司法官流向东部沿海地区的占95%，而反向流动的则不足5%；三是基层司法官流向大中城市的占95%，而反向流动的不足5%。[1]这种状况，完全是现行人事管理制度下人才自然流动的结果。如果不改革现行的检法机关人事管理制度，如果不采取必要措施对法律职业人才流向进行宏观调控，国家统一司法考试无论怎样进行，也无论用人单位怎样变通或降低录用标准，都无法解决西部地区甚至包括沿海地区个别基层检法机关的人才短缺问题。[2]

当然，国家统一司法考试，也应该认真思考如何根据中国的实际情况改进考试的内容和通过的标准，以适应法律职业实际情况的需要。

二、解决国家统一司法考试制度与检法用人制度冲突的途径

笔者认为，解决国家统一司法考试与检法机关用人制度的衔接问题，应当从如下三个方面入手：

1. 完善国家统一司法考试，加强与检法机关用人制度的衔接

国家统一司法考试作为法律职业准入考试，应当充分考虑法律规定的担任法官检察官必须具备的条件和岗位职责的要求，调整和充实考试的内容，使其能够涵盖法律职业所要求的

---

[1] 张建军：《我国司法官遴选制度的建构》，载《国家检察官学院学报》2005年第5期。

[2] 据广东省人民检察院研究室和人民法院研究室的联合调查，广东省"很多山区基层检察机关因工资待遇低，职级晋升慢，发展空间小，缺乏职业吸引力，出现空编严重却连续多年招不到人，即使招来了也留不住。韶关市检察院2002年公开招考竟无一人报名。汕尾市2000年到2003年计划招录本科生10名，全部落空。"

各个方面，而不仅仅是法律知识。只有在这个基础上，国家统一司法考试才能在法官检察官准入制度中取得排他性的权威考试的地位。

目前，国家统一司法考试在考试科目内容的设置上，过多地受到法学教育科目的影响，要求每一位考生熟练掌握每一门法学教育主干课程的内容。这在客观上，不仅难以做到（特别是对于长期从事某项具体的司法工作的人员来说），而且容易导致考生的死记硬背，而忽视基本法律知识的掌握和基本法律技能的训练。另一方面，这种考试为了照顾各个主干科目的需要，不得不把考试的知识点撒得很广、很宽，以致无法满足法律职业对法律人才的需求，以致在一定程度上背离了国家统一司法考试是为法律职业选拔人才的初衷。因而难以得到检法机关人事部门的认同。

鉴于这种情况，建议国家统一司法考试在内容上进行适当的调整。如考试的知识点应当以基本知识、基本能力为主，而不应片面追求知识点的数量；考题应当允许考生根据自己的专业特点有所选择，不能要求所有的考生都掌握所有的法律知识点，以便使那些在法律的某些方面具有专长但对其他领域的法律知识掌握不够的考生也能通过国家统一司法考试。

此外，国家统一司法考试在时间安排上，应当充分考虑到法律本科毕业的时间和检法机关录用工作的时间。应届法律本科毕业生如果不能在毕业前参加国家统一司法考试并得到考试成绩，就必然影响到他们择业的机会和去向。如果国家统一司法考试把法律本科应届毕业生排除在考生之外，他们的去向必然会影响到检法机关录用人员的工作，导致国家统一司法考试与法律本科毕业生择业和检法机关录用人员工作的脱节。

2. 发挥国家统一司法考试的功能，确立国家统一司法考试的权威性

通过国家统一司法考试，即意味着国家认定了该考生已经具备担任法官检察官和律师所要求的法律专业知识，从而有资格参加法官检察官的遴选；相反，没有通过国家统一司法考试的人，实际上就意味着其没有资格担任法官检察官（法律规定的特殊情况除外）。承认国家统一司法考试的必要性和权威性，就应当充分发挥其在检法机关录用法官检察官岗位人员制度上的"准入"功能。没有通过国家统一司法考试的人员，就没有资格参加法官检察官岗位的遴选，检法机关也不得在没有通过国家统一司法考试的人员中录用法官检察官岗位的工作人员。

诚然，通过国家统一司法考试从而取得担任法官检察官资格的人员是否能够被检法机关录用而实际担任法官检察官，当然还要考虑其他一些因素。如本人是否愿意、本人愿意去的检法机关是否有编制上的空额、报名人数的多少，以及取得资格的人是否有法律规定的不能担任法官检察官的情况等。在取得资格的报名人数多而录用名额有限的情况下，用人单位完全可以通过审查、考察等方式进行录用选择。但是这种选择录用人员的工作，应当是在通过国家统一司法考试的考生中间进行的，而不能以选择为由，否定国家统一司法考试对法官检察官录用制度的制约，在没有通过国家统一司法考试的人员中间录用法官检察官工作岗位的工作人员，也不能对已经通过国家统一司法考试的人员再进行法律专业知识考试，因为对已经通过国家统一司法考试的人进行法律专业知识考试，实际上就是否认国家统一司法考试所认证的其已经具备的法律专业水平。

因此，检法机关在录用制度中应当明确规定：没有通过国家统一司法考试的人员不得录用到法官检察官岗位上工作；通

过国家统一司法考试的人员申报法官检察官工作岗位无需再对其进行其他考试。如果允许检法机关在没有通过国家统一司法考试的人员中直接录用法官检察官岗位的工作人员，或者允许检法机关在国家统一司法考试之外另设考试，那么，国家统一司法考试就在实际上丧失了其存在的价值。

当然，国家统一司法考试在检法机关用人机制上的"准入"功能不应当是绝对的。虽然没有参加国家统一司法考试，但是具备一定条件的人员，法律应当认可其担任法官检察官的资格。例如法官法、检察官法中规定的担任法院院长和检察院检察长的人员，可以是没有参加国家统一司法考试的人员。因为这些人员，既是法官检察官，也是由人民代表大会选举产生的法院检察院的政治领袖，其身份具有一定的特殊性。又如，在法律的某个领域具有很深造诣的法律专业研究人员和法学教学人员，有的本身就是国家统一司法考试的专家命题委员会的成员，要求他们参加国家统一司法考试，既是对其专业水平的蔑视，也对其他考生不公平。因此建议法官法检察官法应当明确规定这类人员可以不参加国家统一司法考试而直接担任法官检察官。当然法律在确认其免于参加国家统一司法考试的同时，应当规定明确的条件限制，以免免考范围的人为扩大。

3. 完善司法官管理制度，实现与国家统一司法考试的衔接

目前，国家统一司法考试制度与检法机关录用制度之间的脱节，集中表现为西部地区和其他偏远地方的基层检法机关难以从通过国家统一司法考试的人选中录用到法官检察官，以致不得不从没有通过国家统一司法考试的人员中录用法官检察官岗位的工作人员。

解决这个问题，首先在观念上应当认识到，这需要一个过程，不能为了满足眼前的用人需要而降低用人标准以致造成恶

性循环，给解决用人问题带来更大的困难；其次在措施上应当下大气力，运用国家宏观调控的能力帮助西部地区和基层检法机关解决用人问题中的实际困难。我认为，解决这个问题，最主要的有三条：第一，在财政上，国家应当给予西部地区检法机关更多的支援，以保障西部地区检法机关工作人员的生活待遇不低于中等城市检法机关的待遇。实行国家统一司法考试制度的目的就是为了解决司法机关人员素质标准的统一性。既然他们具有大致相同的教育背景和法律专业知识，他们在相同的岗位上就应当享受大致相同的待遇，包括薪水收入，而不应当因为单位之间、地域之间、城乡之间的差别而在待遇上出现重大的差异。事实上，实行国家统一司法考试的必要性也就决定了国家统一解决司法人员待遇的必要性。如果国家不能从根本上解决统一司法人员待遇的问题，国家就没有理由推行国家统一司法考试制度，没有理由要求司法人员具有大致相同的法律专业水平。可以说，统一司法人员待遇的问题是与统一司法考试同样重要的、密切相关的问题。第二，在司法考试政策方面，国家可以规定通过国家统一司法考试的人员每年应当承办一定数量的案件，如果连续两年或者三年没有承办案件，其已经取得的资格应当重新通过考试来认证。这样可以避免通过国家统一司法考试的人员宁在大中城市闲等也不愿到基层或西部地区择业的状况，避免在检法机关急缺法律专业人才的情况下法律专业人才的浪费。国家还可以提供优惠政策吸引通过国家统一司法考试的人员到西部地区和基层检法机关就业，以便逐级缓解西部地区法律人才短缺的问题。第三，在司法官遴选制度上，应当推行法官检察官从基层检法机关遴选制度，使通过国家统一司法考试的人员如果想担任法官检察官，就必须到基层检法机关择业，并且从制度上保障在基层检法机关工作出色的法官检察官有足够的机会到较高级别的检法机关工作。

此外，一些通过国家统一司法考试的人员，之所以不愿到西部地区检法机关择业，甚至不愿到东部沿海地区的某些基层检法机关择业，除了待遇过低之外，一个很重要的原因是认为这些地区的检法机关执法观念陈旧、执法环境不好，难以接受其工作环境。这个问题，既与这些地区的经济发展状况有关，也与这些地区的社会环境有关。解决这些地区法律人才短缺问题的出路，不应当是放宽录用的条件，因为这样做的结果只能是导致恶性循环，影响这些地区的长远发展，而应当是采取积极的措施改善这些地区的工作环境，更新管理理念和执法观念，为法律专业人才到基层检法机关工作提供良好的人文环境。

总之，只有有效地解决了检法机关人事管理制度与国家统一司法考试的衔接问题，才有可能树立国家统一司法考试的权威，发挥其为法律职业队伍选拔人才、保障法律职业队伍专业化的应有功能。

（原载《中国司法》2006年第1期）

有关司法改革的成果索引

一、著作类

1.《优化司法职权配置研究》(主编),湖南大学出版社 2020 年版。

2.《司法体制改革问题研究》(主编),湖南大学出版社 2015 年版。

3.《检察权优化配置问题研究》(主编),中国检察出版社 2014 年版。

4.《司法改革热点问题》(主编之一),中国人民公安大学出版社 2000 年版(2001 年 9 月获全国检察机关精神文明建设"金鼎奖"图书奖一等奖)。

二、文章类

1.《检察改革之我见》,载《检察日报》1999 年 8 月 4 日(2000 年 9 月获检察日报社"21 世纪中国法治展望征文"二等奖)。

2.《法国的司法改革》(署名:武功),载《检察日报》2000 年 7 月 17 日。

3.《德国的刑事司法改革》(署名:武功),载《检察日报》2000 年 8 月 7 日(获检察日报社 2000 年度理论类好稿件二等奖）。

4.《澳大利亚的司法改革》（署名：武功），载《检察日报》2000年8月14日。

5.《日本司法改革：贴近市民》（署名：武功），载《检察日报》2000年8月21日。

6.《以理论创新推动检察改革》，载《检察日报》2002年12月26日，第3版。

7.《改革检察管理机制刍议》，载《检察日报》2002年8月9日，第3版。

8.《检察体制改革简论》，载《西安检察》2003年第2期。

9.《论检察改革的切入点》，载《人民检察》2003年第11期（2004年3月8日获《人民检察》2003年度一等奖）。

10.《论深化检察改革的途径与方法》（与邓思清合写），载孙谦、张智辉主编：《检察论丛》（第六卷），法律出版社2003年版。

11.《检察改革的目标设计》，载《法制日报》2004年2月5日。

12.《借鉴法国检察制度，拓展我国司法改革》（署名："武功"），载《法制日报》2004年2月19日。

13.《检察改革宏观问题研究》，载张智辉主编：《中国检察》第七卷，北京大学出版社2004年版。

14.《检察改革的目标设计》，载《法制日报》2004年2月5日。

15.《检察改革宏观问题研究》，载《人民检察》2005年第4期上半月。

16.《刍议国家统一司法考试与检法机关用人制度的衔

接》，载《中国司法》2006 年第 1 期。

17.《优化司法职权的瓶颈》，载《法制日报》2008 年 1 月 27 日，第 13 版。

18.《行政化管理：优化司法职权配置的瓶颈》，载《检察日报》2008 年 1 月 28 日，第 3 版。

19.《司法体制改革背景下检察改革的总体思考》，载《吉林检察官》2009 年第 2 期。

20.《应当重视检察机关内设机构改革》，载《检察日报》2011 年 8 月 19 日，第 3 版。

21.《检察改革要以检察职权优化配置为核心》，载《河南社会科学》2011 年第 3 期。

22.《检察改革与刑事诉讼制度的完善》，载《国家检察官学院学报》2012 年第 5 期。

23.《抓好改革项目落实，努力攻克难点重点》，载《人民检察》2013 年第 1 期。

24.《优化检察权的实践探索》，载《民主与法制》2013 年第 8 期。

25.《司法改革：问题与思考》，载《国家检察官学院学报》2013 年第 5 期。

26.《司法体制改革的重大突破》，载《理论视野》2014 年第 1 期。

27.《积极稳步推进检察改革》，载《人民检察》2014 年第 1 期。

28.《关于人财物统一管理的若干思考》，载《法治研究》2015 年第 1 期。

29.《司法规律的逻辑分析》，载《法制日报》2015 年 4 月 15 日，第 10 版。

30.《论司法责任制综合配套改革》,载《中国法学》2018年第2期(2019年获全国检察理论研究优秀成果一等奖)。

31.《论司法职权内部关系的优化配置》,载《法学家》2019年第4期。

32.《论捕诉一体》,载《法学杂志》2020年第4期。